特殊教育概论

（第2版）

主　编／吴武典　石梦良

重庆大学出版社

图书在版编目（CIP）数据

特殊教育概论 / 吴武典, 石梦良主编. -- 2版. --
重庆 : 重庆大学出版社, 2023.12
高等院校特殊教育新形态教材
ISBN 978-7-5689-4146-4

Ⅰ. ①特… Ⅱ. ①吴…②石… Ⅲ. ①特殊教育-高
等学校-教材 Ⅳ. ①G760

中国国家版本馆CIP数据核字(2023)第240725号

特殊教育概论

（第2版）

TESHU JIAOYU GAILUN

主　编 吴武典　石梦良

策划编辑：陈　曦

责任编辑：陈　曦　　版式设计：陈　曦

责任校对：邹　忌　　责任印刷：张　策

*

重庆大学出版社出版发行

出版人：陈晓阳

社址：重庆市沙坪坝区大学城西路21号

邮编：401331

电话：（023）88617190　88617185（中小学）

传真：（023）88617186　88617166

网址：http://www.cqup.com.cn

邮箱：fxk@cqup.com.cn（营销中心）

全国新华书店经销

重庆愚人科技有限公司印刷

*

开本：787mm×1092mm　1/16　印张：22.25　字数：491千

2023年10月第1版　2024年1月第2版　2024年1月第2次印刷

ISBN 978-7-5689-4146-4　定价：68.00元

主编简介

吴武典 岭南师范学院特殊教育系特聘教授、特殊教育系主任

石梦良 岭南师范学院特殊教育系副教授、特殊教育研究中心主任

作者简介

（依章序排列）

吴武典（第一、二、三章）

美国肯塔基大学哲学博士（学校心理学）

台湾师范大学特殊教育系名誉教授（创系主任）、岭南师范学院特聘教授、特殊教育系主任（创系主任）、屏东大学终身荣誉讲座教授

石梦良（第三、六章）

台湾师范大学博士（特殊教育）

岭南师范学院特殊教育系副教授、特殊教育研究中心主任

胡永崇（第四章）

彰化师范大学博士（特殊教育）

屏东大学特殊教育系原教授（创系主任）、岭南师范学院特殊教育系原教授

王大延（第五章）

美国北科罗拉多大学博士（特殊教育）

岭南师范学院特殊教育系教授

罗丰苓（第七章）

台湾师范大学博士（特殊教育）

台中市立黎明初中辅导及特教教师

黄俊玮（第七章）

彰化师范大学博士（特殊教育）

台中特殊教育学校教师

吴道愉（第八章）

  台湾师范大学博士（特殊教育）

  泉州师范学院特殊教育系原副教授

张敏婷（第九章）

  韩国又石大学博士（特殊教育）

  广州体育学院讲师

吴永怡（第十章）

  高雄师范大学博士（特殊教育）

  岭南师范学院特殊教育系教授

杨淑兰（第十一章）

  台湾师范大学博士（咨询心理学）、美国伊利诺大学香槟校区博士（语言病理学）

  屏东大学特殊教育系教授

谌小猛（第十二章）

  华东师范大学博士（特殊教育）

  华南师范大学特殊教育系副教授、系主任

蔡瑞美（第十三章）

  台湾师范大学硕士（特殊教育）

  岭南师范学院特殊教育系原讲师

佘永吉（第十四章）

  台湾成功大学博士（医学工程）

  台湾师范大学特殊教育系副教授

郑荣双（第十五章）

  吉林大学博士（心理学）

  岭南师范学院特殊教育系教授

卢祖琴（第十六章）

  台南大学博士（特殊教育）

  岭南师范学院特殊教育系讲师

唐荣昌（第十七章）

  美国范德堡大学毕保德学院博士（特殊教育）

  嘉义大学特殊教育系教授、学务长

程国选（第十八章）

  台湾师范大学博士（特殊教育）

  岭南师范学院特殊教育系原副教授

主编序

　　教育是一种爱心事业，真正的教育爱是无条件地接纳和关怀每个孩子，尤其是有特殊需要的孩子，把"特别的爱给特别的他"乃是一种教育价值的展现。古来以"春风桃李"比喻师生关系，残障（残疾）学生也是桃李，只是他们是较瘠瘦的一群，需要更多春风的照拂。所谓"天生我才必有用"，通过特殊教育和康复服务，他们可以"残而不废""障而无碍"，进而"学有所成""学有所用"。

　　特殊教育本着人道精神，在多元化社会中，它不只企求平等，更强调公义，即提供适性教育，不但不放弃任何一位学生，还要使人人尽兴学习、尽展所能，也就是"让每一名残疾儿童青少年都有人生出彩的机会"。特殊教育工作者，要具备比普通教育教师更大的爱心、信心和耐心，并且要有精湛的专业知能，才能克尽厥职，达成任务。在融合教育思潮下，普通教育教师亦需具备基本特教知能；普教和特教相辅相成，特殊生和普通生相亲相爱、相濡以沫、共同成长。

　　2017 年 10 月习近平总书记在党的十九大报告中，明确指出要"办好特殊教育"，提出了"努力让每个孩子都能享有公平而有品质的教育"的重要论述。2022 年 1 月，国务院办公厅转发教育部等部门制定的《"十四五"特殊教育发展提升行动计划》，计划中指出，"要将融合教育全面推进……推动特殊教育学校和普通学校结对帮扶共建……推动残疾儿童和普通儿童融合。"这些政策的落实，有赖特殊教育强师计划的推行，一方面要培养优质特殊教专业教师，另一方面要充实普通教育教师及康复人员的特教基本知能。《特殊教育概论》便是基本的教材。本书的推出，盼能符应国家政策和社会需求。

基于此，我们两位特殊教育园丁，老干和新枝，大胆站出来，在重庆大学出版社的支持和鼓励下，共同主编和参与撰写本书。感谢 17 位海峡两岸特殊教育专家学者慷慨支持，帮我们圆了此一特教梦，也完成了一个心愿。

本书分为通论和分论两部分，共 18 章。通论部分综述特殊教育的基本概念、欧美和我国特殊教育的演进与发展、特殊儿童评估、特殊教育教学原理与基本策略、特殊教育安置与支持系统，以及融合教育理念与实践。论及我国特殊教育，谈到实施模式已呈现多元化发展，但也面临若干了问题与挑战。

分论部分，析论各类特殊儿童的定义与鉴定、心理特征、教学策略，以及相关论题与发展趋势。除了资赋优异（超常），本书论述下列 11 种残障（残疾）儿童的心理与教育：智力障碍、学习障碍、语言与沟通障碍、视觉障碍、听觉障碍、肢体障碍、脑性麻痹（脑瘫）、性格与行为异常、自闭症（孤独症）、多重障碍、发育迟缓。

本书的内容，力求理论与实务兼顾、国际潮流与本土需求结合，提供的信息新颖确切，每章开始有学习目标与重点提示，帮助读者掌握要旨，内文尽量辅以图表以利阅读，章末提供讨论问题与延伸阅读，以增学益思，书末提供参考文献和重要名词索引，以利资料检索。

此外，本书配合新形态教材建设要求，在每章内穿插"小智库"和"思考与练习"若干则，以活化学习历程，并有二维码数字学习资源链接（书末提供的索引），提供补充教材，以利扩展学习。这些均为本书的特色。

本书可作为特殊教育与康复服务专业的入门教科书，也适合普通教育教师职前教育的通识教材或在岗进修（职后）的专业发展课本，还可作为相关专业研究生补充教材。

本书从发想到定稿，前后花了将近三年时间，虽再三审酌修正，必仍有疏漏之处，在此野人献曝，尚请方家指正。

吴武典、石梦良

2023 年 5 月

目 录

第一章　特殊教育基本概念

学习目标

□知识目标

1. 了解特殊教育的主要含义。

2. 了解特殊教育的基本原理。

3. 了解特殊教育的安置模式。

□能力目标

1. 能正确辨识回归主流的迷思与正思。

2. 能根据适性教育原理，评析特殊教育安置措施。

3. 能应用"下限""上限"的概念诠释"有教无类""因材施教"的理念。

□情意目标

1. 拥有爱护生命、尊重差异、照顾弱势的特教情怀。

2. 肯定特殊教育的价值，愿意献身或支持特教事业。

3. 愿意接纳、协助安置在普通教育环境中的特殊儿童。

本章重点

教育建设根本上是数量、质量并进的问题。要求数量的扩展，便要实施全民教育，做到"有教无类"；要求质量（素质）的提升，便要推展特殊教育，做到"因材施教"。观察一个国家或社会对特殊教育重视与发展的程度，可大概窥知其文明程度与教育水平。特殊教育问题的探讨，一方面要了解先进国家的发展，以资借鉴，并与世界脉动同步；另一方面也要有自知之明，根据本国社会文化的特质和条件，务实地前进。

在特殊教育的基本理念上，我们发现中西相通之处甚多，有教无类、因材施教的教育思想，即其一端；但在步调与进度上，仍有相当落差。特殊教育的核心课题在了解特殊学生的特质和需要，提供适切的教育安置、课程与干预。种种特殊教育思潮和策略，莫不渊源于此。本章的讨论，也是从这个观点出发，首先厘清特殊一词的意义与范畴，再析论特殊教育的基本原理，说明教育的下限与上限及特殊教育的实施原则。最后讨论特殊教育的安置模式，厘清回归主流的迷思与正思，解析回归主流、融合教育与普通教育革新的含义及其间的差别，强调应把握多元与弹性原则，回归适性教育，务实地以多元化的安置，逐步迈向融合的理想。

关键词：有教无类、因材施教、安置模式、回归主流、融合教育、适性教育特殊教育到底特殊在哪里？特殊到哪里？有必要先加以厘清，再进一步讨讨论其主要内涵、基本原理和推动策略。

第一节 "特殊"的意义与范畴

特殊教育与普通教育在表面上看似对立，实质上是相对而不相反；特殊儿童与普通儿童之关系亦然。特殊教育是普通教育中较特别的一环，而不是大圆圈外的小圆圈；特殊儿童的基本身份是"儿童"，而不是儿童之外的儿童。特殊一词，只是方便的名称，有必要加以厘清，然后对特殊教育的内涵，才能有进一步的了解。

一、常态与异态的区分

（一）常态与异态是相对的概念

"特殊儿童""特殊教育"的特殊（exceptional 或 special），常被视为不正常或异常的同义词。其实，常态与异态是相对的概念，特殊儿童与普通儿童虽在某些方面有某些程度上的差异，并无本质上的不同；这种程度上的差异，很少是全面性的，且往往是同者多于异者。为了避免误导和不当的标记化（labeling），最近在特殊教育用词上有几个趋势：第一，避免把残障当形容词使用。这在英文里特别明显，例如，中文里惯称的"残障者""残疾人"或"身心障碍者"一词，英文里便通用"有残障的个体"（individuals with disabilities）之说，而避免称呼"残障的人"(disabled persons)，两者中文都译成"残障者"（或"残疾人""身心障碍者"），但在英文里的含义是不同的；第二，以中性的殊异（diversity）概念来诠释特殊性（exceptionality），例如，"学习障碍"(learning disabilities)一词在英国称为"学习困难"(learning difficulties)，含义较广，甚至称为"学习有别"(learning differences)，含义更广，更没有标记感了；第三，以特殊教育需求（special educational needs; 简称 SEN）代替残障、障碍（handicap）或失常（disorder）等用词。因此，特殊儿童即是"特殊教育需求儿童"，或称"特殊需求儿童"（children with special needs）。

学习障碍

学习障碍（learning disabilities）为美国的法律用词，学术界也通用，但英国则以学习困难（learning difficulties）界定各种学习上的问题（包括低成就）。至于"学习有别"（learning differences），则更认为学习问题只是个别差异问题（如学习方式的差异），只是不一样，未必不好。"学习有别"的说法，完全去除标记，却也失去了准头，正如特殊教育中不分类的主张一样，很中听，却不准确、不实用，目前仅止于口号而已。

【资料来源】作者自编

（二）三种界定的标准

根据叶叙代等的看法，常态或异态的界定标准有三：[1]

统计的标准：基于常态分配理论，以偏离常模（平均值）的程度来决定异常的程度。例如，智商（IQ）低于平均值2个标准差以下者为智力障碍（以韦克斯勒智力量表而言，即IQ在70以下；该量表设定IQ平均值为100，标准差为15）；IQ在平均值2个标准差以上者为智能优异（智能超常）（以韦克斯勒智力量表而言，IQ在130以上）。

医学的标准：以是否有病症为准。例如，有无基因异常、染色体变异、产前疾病、病毒感染、大脑创伤等，特殊的病症可能连带着产生特殊的学习或适应问题。

社会的标准：这是最普遍，也是社会学者、心理学者、人类学者和教育工作者最常用的标准。这是以一般人认为的社会常模作判断，例如三岁的孩子该已学会如厕，如果一位三岁的小孩还不会自己处理大小便，在自理能力上他便有发育迟缓现象。这种判断会因地、因人而异，因此，较之前述两种标准，这种标准比较主观。

不同的标准所评定出来的特殊性，有其不同的意义，解读时需了解其所依据的标准。医学的标准较为客观，但在教育上的意义较小；统计的标准与社会的标准最符合相对性的意义。在心理与教育诊断上，往往需三者综合应用。

（三）区分残障与特殊教育需要

某生被医生鉴定为有生理的异常—肢体残障，需要坐轮椅，因此他有医疗或康复的需要。然而，他智力正常、情绪稳定、人际关系良好，因此，除了特殊体育（适应体育）外，他没有其他特殊教育需要。这就是说，残障（客观的事实）的鉴定和特殊教育需求的评估是不一样的。特殊儿童鉴定之后，必须继之以特殊教育需要评估，后者是特殊教育方案规划的依据。换言之，身心障碍儿童或资赋优异儿童，虽然有客观上的特殊性，未必需要特殊教育服务，除非经过评估有特殊教育需要；也许他在普通的环境里，通过普通教育措施，就能满足其需要了。特殊教育之外，他是否需要康复服务，也应循同一程序（通过康复服务需要评估）处理。

二、何谓特殊儿童？

如前所述，特殊儿童与普通儿童是相对的名词，我们可以从三方面来进一步了解特殊儿童的含义。

（一）个别差异特别显著的儿童

特殊儿童是在某方面或某几方面的个别差异特别显著，而可能有特殊的学习或适应状态的儿童。从个别差异的观点来诠释特殊儿童，较合乎心理学的原理，也较符合人道精神，

---

[1]Ysseldyke, J. E. , Algozzine, B. , & Thurlow, M. L. Critical issues in special education [M]. 3rd ed. Boston: Houghton Mifflin, 2000.

尤其对残障者更是如此。这些与常态有别的特质包括心智、感官、沟通、行为、情绪、肢体、动作等方面。根据这些特质，柯克等人[1]曾将特殊儿童归成下列六大类：①智力殊异者，包括智力障碍和资赋优异；②沟通殊异者，包括语言障碍、学习障碍；③感官殊异者，包括听觉障碍、视觉障碍；④行为殊异者，包括情绪困扰、社会适应不良；⑤多重且重度障碍者，即兼具两种以上障碍而彼此无因果关系者，如脑瘫兼智力障碍，或既盲又聋；⑥身体殊异者：包括肢体障碍、身体病弱。当然，还有很多种分类方法。分类本身不是目的，分类的目的是为诊断，诊断的目的是为教育、辅导、康复或矫治，不是为了贴标签。

（二）有特殊困难或特殊需要的儿童

个别差异是一种自然现象，差异的原因可能是先天不足，可能是后天失调，也可能两者兼具，以至于在学习或适应上有特殊的困难或特殊的需要。

在教育上，我们必须充分发挥特殊儿童的健全部分或优势特质；对于缺陷部分或弱势特质，则施以补救教学。同样的道理，资赋优异的孩子因为在某一或某些性向方面太超常了，而可能衍生特殊的需要和困难，以致较难适应普通教育环境，需有特别分组教学、充实或加速方案设计。

（三）得天独厚或得天独薄的儿童

特殊教育依对象分为两大类：一类是资赋优异教育，一类是身心障碍教育（残障学生教育）。资优儿童"得天独厚"，障碍儿童则"得天独薄"。对于得天独厚者的教育，不是锦上添花，而是适应差异；对于得天独薄者的教育，不是浪费资源，而是教育爱的体现；两者都比一般孩子更需要"因材施教"。另有一些儿童，集障碍与资优于一身，是为"双重特殊"，具有双重特殊需要，更需特别的照顾。

双重特殊

双重特殊系指个体有某方面的障碍，却伴随某种特殊才能，或资赋优异学生有着某方面的障碍。1975 年美国对有此双重特殊现象称为"资优残障者"（the giftedhandicapped），1990 年《残障者教育法》(IDEA) 改称为"gifted with disabilities"，到了 90 年代初期，学术界开始使用"dual exceptional"或"twice exceptional"的形容词。2004 年修正 IDEA 时，仍未提及此一类别，但首次承认双重特殊学生的需求。常被提到的双重特殊类型有：学习障碍资优、自闭症资优、情绪行为障碍资优、注意力不足过动 (AD/HD) 资优、视觉障碍资优、听觉障碍资优、弱智异能等。

【资料来源】作者自编

---

[1] Kirk, S., Gallagher, J. J., Coleman, M. R., & Anastasiow, N. J. Educating exceptional children (What's New in Education) [M]. 14th ed. Boston: Houghton Mifflin, 2014.

三、何谓特殊教育？

特殊教育乃是为满足特殊儿童不寻常需要的特殊设计；所谓特殊的设计包括特殊的课程、教材、教法、设备和设施。例如，对于视觉障碍学生，提供大字体或盲文（点字）课本；对于听觉障碍学生，提供助听器、手语教学或口语教学；对于肢体障碍学生，提供交通接送服务及安排适应体育课程；对于情绪或行为障碍学生，实施行为改变技术、正向（积极）行为支持或团体咨询；对于智力障碍学生，实施结合心理评量、物理治疗、职能治疗、语言治疗、编序教学、心理辅导、医药治疗等的诊疗教学技术；对于特殊资优学生，安排缩短修业年限、独立研究、创造思考活动、领导才能训练、假日研习或良师指导等。

以下进一步从三方面说明特殊教育的基本精神：

（一）有教无类

教育是一种爱心事业，真正的教育爱是无条件地接纳和关怀每个孩子，哪怕他有多么大的缺陷或困难。因此，不管哪一种特殊儿童，都应该是我们教育的对象，也就是有教无类。本章作者大学生时代曾参访台北盲聋学校（今台北启聪学校），见到聋童（常被误以为是"哑巴"）在老师教导下竟然也会说话了，深受感动。感动之余，写下"教育补恨天"一文，其中一段文字或可作为"特殊教育爱"的注脚：

古来以"桃李春风"比喻师生间的关系，用桃李来比喻聋生，也许有人觉得不恰当，但我却坚信他们也有"生生化育"的生机。不错，他们是较瘠瘦的一群，然而谁敢说他们的心灵也虚空？世上多少行尸走肉，"身不残而心废"矣，又岂能与"残而不废"者相比？正因为他们薄取于自然，所以需要更多教育的滋补；就如枯瘠的桃李，需要更多春风的照拂。我感佩那些从事盲聋教育的老师，他们以其青春，以其爱心，滋润那些孤寂的心灵，使他们获得生活的勇气，获得谋生的技能，这真是人类爱的至高表现，是人性的光辉呀！[1]

试举一个"特殊教育爱"的实例，在小组中与同学、同事或朋友分享。

（二）因材施教

因材施教（Teaching students according to their aptitude）是适性教育的体现，具体地说，即实施"个别化教学"（individualized instruction）。个别化教学可以是个别的（一对一）教学，也可以是一对一个小组的教学，但不可能是大班级式的教学。现代特殊教育思潮中的回归主流（mainstreaming）或融合教育（inclusive education），强调在普通班安置特殊需要儿童，视需要以资源教室方案实施部分时间的补救教学，或将特教资源、咨询服务、康复服务送

---

[1] 吴武典．教育补恨天—台北盲聋学校参观记感［J］．葡萄园，1967，25：30-31（转5）．

入普通班级中。美国国会在 1975 年通过的《全体残障儿童教育法》，即明确规定要为 3 至 21 岁的残障儿童提供免费且适性的公共教育，其中包括拟定个别化教育方案。

（三）教育治疗

有些西欧国家惯以教育治疗称呼特殊教育，所谓"教育治疗"（educational therapy），就是通过教育的手段达成治疗的目的，而任何治疗工作，都是在个别化方式下进行，对症下药 [1]。这些手段固然包括物理治疗、职能（作业）治疗、心理治疗、医药治疗等各种康复措施，更包括特殊需要课程和课程调整。前者如生活管理、社会技巧、学习策略、职业教育、沟通训练、盲文、定向行走、功能性动作训练、辅助科技应用等；后者如弹性的教材、教法、评量、编班、分组及特殊的环境和设施等。其目的可以说是"教育补恨天"，即是用特殊教育的方法来弥补先天的缺憾。

另一方面，对资优儿童而言，特殊教育的重点不是补救缺陷，而是发展潜能。同样地，亦需规划特殊需要课程（如创造力、领导才能、情意发展、独立研究或专长领域教材），并视需要弹性调整学习内容、学习历程、学习环境及学习评量。因此，广义的教育治疗，亦包括潜能发展，即通过补偏救弊，发展潜能；不但"不放弃任何孩子"，而且进一步要"成就每一个孩子"。

关于特殊教育教学原理与基本策略，本书第五章将详作说明。

第二节　特殊教育的基本原理

"人生而平等"这句老话是政治性的口号或人道性的诉求，却不见得是现象界的事实。事实是：人一生下来，无论遗传特质或环境条件，没有两个人是完全相等的，人生的起跑点是各个不同的。我们必须面对这个事实，鼓励每个人从各自的起跑点上，奋力向前，发挥潜能；我们的社会则不能因个人先天特质不同、文化种族背景殊异或家庭社经地位不利，而不公地对待或限制每个人的发展机会。

特殊教育本着人道精神，适应社会需要，并且立法保障，而在施行上具有很大的包容性和弹性。在多元化社会中，它不只企求均等、平等，更强调公义、公正，以适应个别差异，保障少数且弱势的族群。特殊教育工作者，要具备比普通教育教师更大的爱心、信心和耐心，并且要有专业的知能。

一、为何要发展特殊教育？

观察一个国家或社会对特殊教育重视与发展的程度，可大概窥知其文明程度与教育水平。特殊教育之所以越来越受到重视，基本原因在此。进一步分析，现代国家推展特殊教育，有下列三大理由：

---

[1] 郭为藩. 特殊儿童心理与教育 [M].5 版. 台北：文景书局，2007.

（一）人道的思想

早期，残障者（残疾人）被视为是多余的、劣等的，是社会的包袱，他们被歧视，受到拒绝、排斥，这是残障者生存史上的黑暗时代，甚为漫长。后来，终于有些善心人士（特别是西方教会人士），博爱为怀，创办了养护机构，收容残障者，人们对残障者的态度才逐渐由拒绝、歧视，转变为同情、怜悯。但这种做法多少含有施舍的味道，用心虽好，却不够尊重，且往往流于消极的救助。在这个时期，特殊教育属于慈善事业或救济事业。

演变到今日，基于人道思想，肯定残障者也是人，和一般人是平等的；人既生于世，就有存在的价值，并有其尊严，我们应接纳他们，就像接纳兄弟姊妹一样。由此产生了另外一种态度—接纳与协助。这是一种积极的态度，也是人道精神的体现。

由此看来，社会态度的演变，是先由野蛮的歧视、拒绝，进而变成消极的同情、怜悯，再进入积极的协助、接纳与教育。我国儒家思想自来就讲求人道精神，《礼运大同篇》中就有"鳏寡孤独废疾者，皆有所养"之句，显示了儒家仁民爱物的情怀。这种传统的儒家社会福利观，属于前述的第二个阶段—悲悯以对，今日看来似乎有点落伍，第一，"废疾"一词不妥，如同"残废"用语，标记感太强，有歧视味道；第二，"皆有所养"层次太低，不但应"有所养"，还应"有所教""有所用"，甚至"有所成"！但在两、三千年前，有这样的人道思想，远远超过西方社会，已经相当不容易了！

（二）社会的需要

曾有人批评，特殊教育的投资是纯消耗性的，有去无回。这是一种误会。其实，办理特殊教育可以帮助解决许多家庭问题和社会问题，甚至有助于开发社会人力资源。

在一个有残障儿童的家庭里，不但需负担庞大的医疗和教养费用，更肩负着沉重的精神负担，家庭气氛也受到严重的影响。本章作者早年在美国访学时，曾认识一对美籍华裔夫妇，双双在美国一所名校取得心理学博士学位，只因为家里有一位多重且重度障碍的孩子，从小亲自照顾，不忍心送到教养院，以致二三十年来放弃了许多到外地高就的机会，就此限制了他们的事业发展。在这样的家庭里，不但家庭经济受影响，家庭气氛受影响，家人的发展受影响，对社会也是一项重大的损失。

何况有些残障朋友本身就有相当能力，甚至还是资优者，譬如海伦·凯勒，从小又盲又聋，却在文学上有非凡的成就；美籍华裔许倬云博士，是举世闻名的历史学家，虽有肢体障碍，行动不便，学术成就却远远超过常人。再如台湾已故知名作家刘侠（杏林子）（1942—2003），生前是一位百分之九十关节不自由的残障者。她用笔彩绘人生，给人带来希望，还创办了伊甸社会福利基金会，虽然自己站不起来，却照顾了许多残障朋友。再如，被誉为 20 世纪最伟大物理学家之一的英国史蒂芬·霍金曾主持剑桥大学理论宇宙学研究中心，获奖无数。他年轻时罹患罕见的肌萎缩型脊髓侧索硬化症，全身瘫痪，无法说话，必须依赖语音合成器来与别人沟通。在他 76 年人生岁月里，展现了无比的生命力和智慧，提出了黑洞蒸发理论和无边界的霍金宇宙模型，在天文物理学上走出了重要一步。他的科普著作《时间简史：从大爆炸到黑洞》被译成多国文字，广受欢迎。再如中国残疾人艺术团团长邰丽华本身是听障者，却是一位杰出的舞者，她以单人舞蹈《雀之灵》感动了千万观众，她领舞的《千手观音》集体舞蹈，更风靡海内外，吸引了世界赞叹的目光，成为中国最著名的听障舞蹈家。这些兼具残障与资优于一身的"双特"人士，都创造了"残而不废，障而无碍"，进而成己也成人的传奇！

如果我们能提供机会，让残障者学习与发展，他们也一样能有所成就，并对社会有所贡献。因此，纯从功利的观点，办理特殊教育亦有其价值；虽然成本偏高（平均约为普通教育的三倍或更多），仍是值得投资的。

（三）法律的依据

法治的社会，一切依法行事。现代国家大都制定法律明文保障残障者的人权和福祉，包括生存权、教育权、工作权和人格权，如美国的《全体残障儿童教育法》(PL 94-142)（1975）及《美国残障者法》（Americans with Disabilities Act, 1990, 1997, 2004）、中国的《中华人民共和国残疾人保障法》（Disabled Persons Protection Act）（1990, 2008, 2018）及《中华人民共和国残疾人教育条例》（Regulation on the Education of the Disabled)（1994, 2017）等皆是。这些法律完全符应我国有教无类与因材施教的传统教育精神。

<table>
<tr><td rowspan="1">小智库 1-3</td><td>

IDEA 公法

1990 年美国国会修正 94-142 公法，改称《残障者教育法》（Individuals with Disabilities Education Act，简称 IDEA 公法），后经 1997 及 2004 两次修正。2015 年国会通过《让每位学生成功》法案（Every Student Succeeds Act, 即 114-95 法案），再次修正补强 IDEA 公法。

【资料来源】作者整理
</td></tr>
</table>

二、教育的下限与上限

美国 94-142 公法（1975）给予我们最大的启示是重新诠释了教育的下限与上限。这可以从这个法案的三大保证、六大原则看出来 [1][2][3]。

三大保证如下：

（一）零拒绝

所谓零拒绝，其意义相当于我国"有教无类"的传统教育思想，更学术性的说法是"教育没有下限"。既不能以残障为由拒绝儿童入学（适用于 3 ~ 21 岁），也不能因有身心

---

[1] 吴武典. 特殊教育的基本原理 [M] // 何英奇. 心理与特殊教育新论. 新北：心理出版社，2004：193-220.

[2] Kirk, S., Gallagher, J. J., Coleman, M. R., & Anastasiow, N. J. Educating exceptional children(What's New in Education) [M]. 14th ed. Boston: Houghton Mifflin, 2014.

[3] Turnbull, III H. R., & Turnbull A. P. Free appropriate public education [M]. 6th ed. Denver, CO: Love Publishing Co., 2000.

障碍而拒绝给予个人工作机会。例如智力落后虽也是一种障碍，但智障儿童无论是轻度、中度、重度或极重度，都应给予受教育的机会，没有"IQ 零蛋"或"不可受教"这件事！

（二）个别化教育方案

个别化教育方案相当于"因材施教"或"适性教育"。在个别化教育方案要求下，任何学校不但不能拒绝残障儿童入学，且在确认为法定障碍者后一个月内，要为这位学生拟订个别教育计划。如何拟订呢？要为每个学生组成 IEP 小组，小组成员包括家长、学校行政人员、特教教师、普通班教师、心理学家、测验专家、相关专业人员及转衔服务人员等，必要时得邀学生本人（已达初中阶段者）参加其 IEP 小组会议，经过家长签字后生效，并至少一年要修订一次。

（三）最少限制的环境

所谓最少限制的环境（the least restrictive environment, LRE），意谓必须把各种环境的限制加以排除，使身心障碍学生能够得到最适当的安置，以便接近各种社会资源，并参与各种社会活动。这些限制包括有形的交通和建筑等障碍，也包括无形的课程、教学、态度等障碍，这些障碍都必须排除，使具有可及性和融合性。最少限制的环境，原指的是普通的教育环境，即是一个师资设备齐全，每位学生都可受到良好照顾的环境。让残障儿童尽量回到普通的教育环境，意为"不剥夺"，手段是求统合（一体化）（integration）或所谓回归主流，目的是希望真正帮助有特殊困难或特殊需要的孩子。"最少限制的环境"向前推进一步，就变成"最大的发展机会"。最后的目标应是"最大的发展机会"，"最少限制的环境"只是过程而已。"最大的发展机会"不但对残障者适用，对资优学生更适用，这时其意义便是"教育没有上限"了。

所谓六大原则，即除了上述三大保证外，另加三项如下：

（四）无歧视的评鉴

无歧视的评鉴（nondiscriminatory evaluation）是指通过专业的衡鉴，评估需要接受特殊教育和相关服务的障碍儿童。这个程序必须是公正的、客观的，不能有任何歧视，尤其不能有任何对弱势族群或殊异文化背景者人为不利的情形。

（五）正当的程序

正当的程序（due process）是指父母有权利要求检视其障碍子女 IEP 执行情形及孩子的学习表现纪录。如果发现 IEP 未被执行或执行不力，或孩子的教育权未获得应有的保障，家长可以要求举行听证会，提出申诉或控告。

（六）父母的参与

父母参与（parent participation）是指父母不但有权力参与有关其障碍子女教育服务的各种决定（如参加 IEP 小组），也有责任送其子女入学，并要求按规定上学。

> 反思在我求学过程中，是否遇到过"特殊需要者"？他在班上是否受到友善的对待？那时，我怎看待他？

三、特殊教育的实施原则

那么，如何实施特殊教育呢？以下提出四项原则，以供参考：

（一）肯定人人都有教育的可能性和教育的权利

现代教育的发展趋势是：对于任何特殊儿童均不得剥夺其就学的权利。过去不少人曾对智力障碍儿童的教育有所误解，以为"可教育性"的智障儿童才可以进入学校就读；至于"可训练性"及"养护性"的智障儿童，便不适合接受学校教育，而应送到隔离的养护机构安置，或让家庭自己照顾。这显然曲解了教育的本质，甚至是一种歧视。

现在大家的观念已有改变，普遍了解到所有特殊儿童都有受教育的权利，拒绝特殊儿童入学是违反人权且违法的。对于智障的分类也舍弃了易致误解的"可教育性""可训练性""养护性"之说，改为轻度、中度、重度、极重度，以与教育需要联结。所谓智障儿童，只是智能较低，学习较困难，但绝对不是没有学习能力的个体。每个孩子都是可教育的，都有进步的可能性，只是进步的大小不同罢了。套句教育界的金语，就是："没有不可教的孩子，只有不会教的老师"！何况学习的内容也不限于读、写、算等知识学科，食、衣、住、行等日常生活的技能，乃至做人的道理、做事的方法，皆可以是教育的题材。由此可知，对于特殊儿童的教育，从法律的观点来看，是不得拒绝；从理性的角度来看，也应该是可以接受的。

（二）特殊教育和普通教育并行不悖

世界各国对于特殊教育的发展，有一个共同现象，即总是在普通教育发展到相当程度以后，才发展特殊教育；也就是行有余力，才照顾到残障儿童。有人根据这一观点，认为目前我们大力推行特殊教育，还不是时候，因为普通儿童的教育问题仍然很多。这一观点似是而非，有必要加以厘清。

事实上，目前我国经济发达，国民教育普及，国力已臻世界前沿，政府应该而且绝对有能力发展特殊教育[1]，此其一。何况特殊教育也是教育的一环，特殊儿童也是公民，应该有和普通儿童平等接受国民教育的权利，只是因为他有某方面的特殊困难，需要多加一点点。这个"多加一点点"，乃是因材施教，不是救济施舍或给予特权。因此，特殊教育和普通教育不该有轻重先后之分。更何况特殊教育的提倡，可提升普通教育的质量。由此

---

[1]2017年10月习近平总书记在党的十九大报告中，明确指出要"办好特殊教育"，提出了"努力让每个孩子都能享有公平而有品质的教育"的重要论述。

看来，普通教育"先"，特殊教育"后"，在理论上是站不住脚的。普通教育和特殊教育是可以而且应该同时并进的。

（三）最少限制的环境，最大的发展机会

1970年代美国兴起回归主流运动，其目的是尽量让特殊儿童在普通环境里接受教育，不要隔离，也不要给予标记。这个人道运动的重要含义是：撤除生活与教育环境中的樊篱，让残障者也能拥有同等享受各种社会资源（包括教育资源）、参与各种社会活动（包括教育活动）的权利，以使他们有最大的发展机会。

最少限制环境的概念不但对残障儿童适用，对资优儿童也很适用；因为学制、课程、进度、评量等的刻板化，的确会限制资优儿童的潜能发展。类似"特殊教育学生得视实际状况，调整其入学年龄及修业年限"的规定，可使学制更富有弹性，特殊教育学生（包括资优学生）发展的限制大为减少。

（四）多元的模式，弹性的调整

特殊教育安置有三种主要形态：第一种是特殊学校，如培智学校（智力障碍）、启明学校（视觉障碍）、启聪学校（听觉障碍）、仁爱学校（肢体障碍）等。第二种是特殊班，又分为三种形态：①自足式特殊班（self-contained special class），全班同学都是特殊儿童，整天生活在一起，学习在一起，又叫作全部时间制特殊班；②合作式特殊班（cooperative special class），学生大部分时间在特殊班，一部分时间（如艺能课、体育课、综合活动）和普通班儿童在一起学习；③资源教室（resource classroom），大部分时间统合在普通班，少部分时间（不超过在校总时数的二分之一）抽离到资源教室接受补救教学或充实教学。第三种统合教育或一体化教育（integrated education），例如在中国台湾地区行之有年的"盲生走读计划"（正式名称是"盲生混合教育计划"）[1]，盲生完全统合在普通班中，由盲生辅导员提供巡回辅导服务；又如在中国大陆广为推行的"随班就读"计划，皆属之。

至于如何为残障学生选择适切的特殊教育安置方式？需根据学生的障碍类别、障碍程度、居家远近和个人意愿等因素，综合考量、审慎决定，并视进展情形弹性调整。

第三节　近代特殊教育思潮

一、回归主流的迷思与正思

1970年代兴起的回归主流运动反映出许多特殊教育学者的哲学思维，他们深信，对于任何一位残障儿童，特殊教育的环境与教学方案仅是一种过渡的措施，而非终极目的。特殊教育旨在帮助儿童克服其生理的、心理的与社会的障碍，使能适应正常的环境，过独立

---

[1] 吴武典. 融合教育的回响与检讨 [J]. 教育研究月刊，2005(136)：28-42.

自主的生活，故统合式安置应取代隔离式安置。

然而，柯克和格雷格指出：把残障者从机构中释放出来是不够的，我们必须提供他们正价的环境；单纯为智障儿童迁置环境，并无助益，除非我们能帮助他们适应那个环境。因此，要改变的不只是环境，更包括课程设计与教学策略。因此，回归主流是否成功，需具备一些配合条件，安置标准即其一端。美国 1975 年国会通过的 94-142 公法便不使用"回归主流"一词，而使用"最少限制的环境"(LRE)，应是为了端正视听，避免误解。

对于回归主流常有的迷思有以下两种：第一，以为把特殊儿童安置在普通班或普通学校即是回归主流（忘了必须有个别化教学与环境的支持）；第二，以为各类、各种程度的残障儿童的最佳安置皆是回归主流（试看智障儿童的教育安置，融合教育当道的美国，特殊班方式仍占大宗，有别于其他类障碍学生的教育安置，特教需要不同之缘故也）。

最近，国际上回归主流、统合（一体化）、普通教育革新（Regular Education Initiative, REI）等名词逐渐为融合教育一词所取代。融合教育强调普通学校在不牺牲普通儿童权益的原则下，应主动作些改变，以适应有特殊需要的儿童；其观点强调有意义的融合、共同成长、主动改变（包括教师的再教育）。这些都是很有价值的论点，真正掌握了回归的要义。惟仍陈义甚高，实际上要普通教育环境作大幅度的改变，以适应所有学生的需求，即使在欧美，亦无法全面做到，有必要采取渐进策略，并有配套措施。

二、从回归主流到融合教育

回归主流在基本哲学和实施上，仍采普通教育与特殊教育分离的二元系统，普通学生与特殊学生的统合主要是在非学业性的活动上[1]。回归主流模式提供特殊教育服务的主要地点是资源教室，且普通教师和特殊教师是分开的，各司其职；学生在普通教室与在资源教室中所接受的教育方案是不同的。融合教育方案则是将特殊儿童安置于普通班级中，将特殊教育服务输送到普通教室里，只在必要时才提供抽离式的特教服务。换言之，普通儿童接受教育之处，即特殊儿童接受教育之所；在融合教育理念下，不仅特教教师要进入普通班中服务特殊儿童，普通教育教师也必须具备基本特教知能以教导特殊儿童，和特教教师共同承担教育特殊儿童的责任。

其实，融合教育依融合程度又有部分融合和完全融合之别，前者特殊教育与普通教育平行运作，但密切合作；后者则不分障碍类别与程度，一律采单一的普通教育安置系统，可说是彻底"特殊教育普通化"了，其引起的争议也较大[2]。

---

[1] Kirk, S. A., & Gallagher, J. J. Educating exceptional children [M]. 7th ed. Boston: Houghton Mifflin, 1993.

[2] Ainscow, M. (1994). Special needs in the classroom: A teacher education guide [M]. London: Jessica Kingsley Publishers, 1994.

回归主流、部分融合和完全融合之区别

	回归主流	部分融合	完全融合
1. 主要时期	1960—1980	1980s—现在	1990s—现在
2. 主要对象	轻度障碍	轻、中度障碍	所有特殊学生
3. 回归普通班时间	部分时间	全部或部分时间	全部在校时间
4. 主要教学责任	特殊教育教师	依需要及障碍程度:普通班教师为主,特教教师支持	普通班教师
5. 教育系统运作	特殊教育与普通教育各自独立运作	特教与普教平行运作,但密切合作	废除特教系统以形成单一的普教系统
6. 安置形态	多元化安置	多元化安置	单一安置

【资料来源】钟素香.美国对"限制最少环境"理念的发展与实践[J].台湾中山大学社区科学季刊，2000，2(1)：143-153.

至于"普通教育革新"（也可直白地说是"把普通教育搞好"）的提倡，主要在配合美国政府经济政策，为了降低特殊教育人数及特殊教育经费支出，针对轻度障碍的学生（占大多数），将其安置于普通教育环境中，虽然不无道理，打的却是经济算盘，因此是一种由上而下的改革运动。融合教育则是一种消费者取向的改革运动，其提倡者多为特殊教育的消费者、特殊儿童父母或实际从事特殊教育的人员，服务对象则扩充到中重度障碍者。普通教育革新的另一目的是要提升轻度障碍学生的学业成就水平；融合教育除重视障碍学生在普通教育环境中的学业成就外，也强调其社会化的技能、态度和积极的同伴关系。虽然两者有上述之不同，但基本上，二者均主张在普通教育环境中提供特殊教育服务。

三、多元化安置与迈向融合

融合可作为一种理想，完全融合又如同大同世界，非一蹴可就。衡诸不同社会文化背景和现实条件，各国或各个社会，可以有其不同的做法，但绝不宜走隔离的回头路。融合乃是自然调适的过程，加上现代社会具有多元化的特质，特殊儿童也有极大异质性，渐进地、有条件地推展融合教育，应是兼顾理想与现实的做法。

综合上述，与其强调容易误解的回归主流，不如强调最少限制的环境、适性教育或因材施教（个别化教育），并且要有适当的配合措施，包括：①正确的鉴定，②多元的安置，③设施的改善，④课程的修订，⑤教师的热忱，⑥环境的接纳等。

访问调查一位普通班教师和一位特殊教育教师，了解并比较他们对于融合教育的看法。

有关融合教育的课题，本书第七章将专章进一步讨论。

至于最适当安置，吴武典以为可以雷诺氏（Reynolds）所提出的阶梯式服务模式为准（见

图 1-1），另加修正补充（如图 1-2）[1][2][3]。

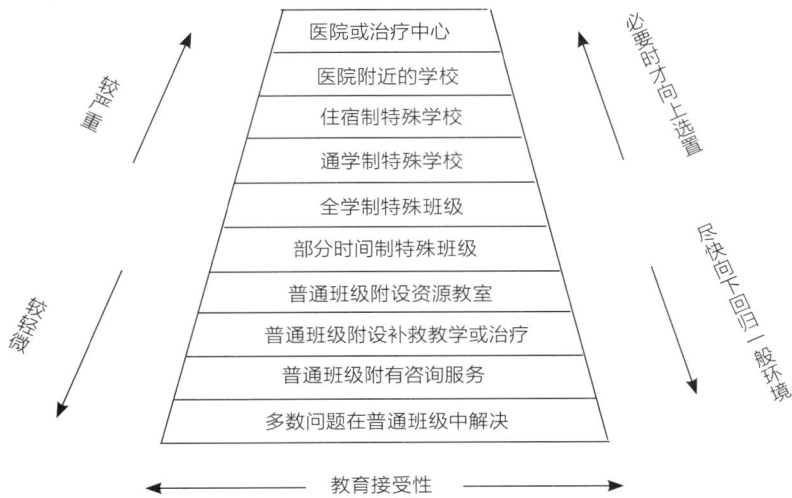

图 1-1 是阶梯金字塔图，从上到下：
较重 → 必要时才向上选置

- 医院或治疗中心
- 医院附近的学校
- 住宿制特殊学校
- 通学制特殊学校
- 全学制特殊班级
- 部分时间制特殊班级
- 普通班级附设资源教室
- 普通班级附设补救教学或治疗
- 普通班级附有咨询服务
- 多数问题在普通班级中解决

较轻 → 尽快向下回归一般环境

教育接受性

图 1-1　雷诺氏的阶梯式服务模式（1962）

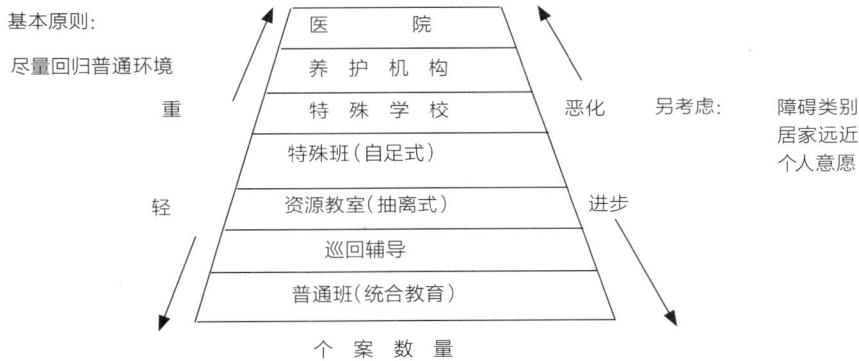

图 1-2：
基本原则：
尽量回归普通环境
重

- 医　　　院
- 养　护　机　构
- 特　殊　学　校
- 特殊班（自足式）
- 资源教室（抽离式）
- 巡回辅导
- 普通班（统合教育）

轻

恶化　进步

另考虑：障碍类别
居家远近
个人意愿

个　案　数　量

图 1-2　修正最适当安置模式（吴武典，1997，2020）

图 1-2 显示，最适当的安置即是最适应个别差异的安置，在尽量回归普通环境的基本原则下，除了要考虑雷诺氏所提的两个因素：①障碍程度（轻者尽量统合，重者可以抽离），与②进步情形（有进展者尽量往下回归，情况恶化者可向上迁置），尚可考虑下列三项要素：③障碍类别，如语言障碍、学习障碍，以统合为佳；智力障碍、多重且重度障碍，则势必要有某种程度的抽离；④居家远近，以邻近住家或能通勤上学为原则，以便于享受家

[1]Kirk,S.A., & Gallagher, J. J. Educating exceptional children [M]. 7th ed. Boston: Houghton Mifflin, 1993.

[2]Ainscow,M. (1994). Special needs in the classroom: A teacher education guide [M]. London: Jessica Kingsley Publishers, 1994.

[3]Lipsky, D.K., & Gartner,A. Inclusion: What it is, what it's not, and why it matters [J]. Exceptional Parent, 1994, 24(10): 36-38.

庭温暖及获得家人的协助，此尤以年幼者为然；⑤个人意愿，尊重个人或其监护人的选择。以上五种因素，综合考虑，弹性运用，即是"最适当的安置"；符合的情形越高，则此种安置对个人的成长发展越有帮助，可能的争议也较少[1]。

讨论问题

1. 特殊教育到底特殊在哪里？特殊到哪里？

2. 特殊教育跟普通教育之关系为何？特殊教育本身有无特别的内涵？

3. 特殊教育的上、下限为何？

4. 美国 94-142 公法有何重要内涵？

5. 特殊教育的主要实施原则为何？

6. 回归主流运动之意义与发展为何？

7. 何谓最适当的特殊教育安置方式？

延伸阅读

1. 陈云英.随班就读的课堂教学 [M].北京：中国国际广播出版社，1996.

2. 方俊明.特殊教育学 [M].北京：人民教育出版社，2007.

3. 郭为藩.特殊儿童心理与教育 [M].5 版.台北：文景出版社，2007.

4. 刘全礼.特殊教育导论 [M].北京：教育科学出版社，2003.

5. 刘春玲，江琴娣.特殊教育概论 [M].2 版.上海：华东师大出版社，2016.

6. 肖非，傅王倩.特殊教育导论 [M].北京：北京师范大学出版社，2021.

本章作者：吴武典

---

[1] 吴武典.融合教育思潮与回响 [M] // 吴武典，林幸台，等.特殊教育导论.台北：心理，2020，第七章，187-216 页.

第二章 欧美特殊教育的演进与发展

学习目标

□知识目标

1. 了解欧美特殊教育的演进。

2. 了解近代国际特殊教育改革的重点。

3. 了解国际资优教育改革的源起与诉求。

□能力目标

1. 能正确评价欧美特殊教育演进中的若干关键事件。

2. 能评析若干重要法案（如美国 IDEA 公法）的影响。

3. 能综合比较特殊教育改革与普通教育改革的同与异。

□情意目标

1. 具有对残障者（残疾人）积极接纳与协助的态度。

2. 支持"因材施教""适性扬才"的特殊教育改革运动。

3. 肯定培养资优人才的重要，正面看待资优教育。

本章重点

本章首先说明欧美特殊教育的演进，再解析近代特殊教育改革运动的重点。整体而言，无论中外，特教发展脉络在对残障者（残疾人）的态度上，由拒绝、歧视到同情、怜悯，再到接纳、协助；在制度上，由无到有，由有到好；在策略上，由关怀少数到普及、多元；在理念上，由人道思想出发，转变为人民的基本教育权利，并立法保障；在安置上，从隔离式的安置演变为多元化安置及融合教育的实践；在服务对象上，首先关怀残障（残疾）儿童，晚近才注意到资优儿童的特殊需求。

在方兴未艾的教育改革浪潮中，今日任何教育改革运动莫不把特殊教育列入其中，特殊教育改革与普通教育改革逐渐合流，形成联动、互补的关系。

关键词：特殊教育、教育改革、残障（残疾）、人道思想、融合教育、资优儿童自有人类以来，特殊儿童的问题即已存在，然而谈到现代特殊教育的起源，咸以为源自西方社会。总体而言，对残障者（残疾人）照顾在先，对资优者（英才）的培育在后。对残障者的态度由拒绝、歧视到同情、怜悯，再到接纳、协助。

第一节　欧美特殊教育的演进

欧美特殊教育以法国为重要的启蒙地，之后发扬光大于美国，再辐射全世界。分析欧美特殊教育的发展脉络，其演进阶段和重要的里程碑有如下述。

一、发展阶段

特殊儿童受到的对待，随着时代而有不同。即以残障儿童为例，柯克及加拉赫（Kirk & Gallagher）认为依据人们对残障儿童态度的演变，大致可分成四个阶段[1]：

第一阶段：基督教兴起之前，残障儿童常受到漠视、虐待与摒弃。

第二阶段：基督教扩展时期，残障儿童受到同情、怜悯与保护。

第三阶段：18、19世纪养护机构兴起，提供残障儿童隔离式的教育。

第四阶段：始自20世纪末，接纳残障儿童，并尽可能让他们回归主流。

娜·米·纳扎洛娃在主编的《特殊教育学》[2]一书中，根据特殊教育国家体系形成与发展的历史，从社会文化的观点，将特殊教育的发展分为五个时期：

第一时期：由侵犯和不能容忍，到承认养护残疾人的必要性。

第二时期：由认识养护残疾人的必要性，到理解教育聋、盲儿童的可能性；由个别教学经验的收养院，到第一批特殊教学机构。

第三时期：由理解感官损坏障碍儿童教学的可能性，到承认异常儿童教育权利——特殊教育体系的形成。

第四时期：由承认个别领域发展偏常儿童需要特殊教育的必要性，到懂得教育所有需要特殊教育儿童的必要性——特殊教育体系的发展与区分。

第五时期：由平等权利到平等可能性，由机构化到融合。

社会大众对残障者的态度，直接或间接地影响残障者的处境；社会大众在态度上的转变，也往往导致特殊教育措施的变革。这和前述柯克及加拉赫对残障者教育发展的历史观点，大致上是一致的。残障者从早期受到排斥到今天获得接纳，代表在接纳量尺上，从一个极端到另一个极端移动。几百年来社会对残障者的态度，从排斥到接纳；对残障者的处境，也从隔离演变为统合[3]。这种社会态度和教育观念的改变，是渐进的过程，是许多人长期

[1]Kirk, S. A., & Gallagher, J. J. Educating exceptional children [M]. 7th ed. Boston: Houghton Mifflin, 1993.

[2] 娜·米·纳扎洛娃主编，朴永馨，银春铭等译. 特殊教育学 [M]. 北京：北京师范大学出版社，2011.

[3]Winzer, M. A. The history of special education: From isolation to Integration [M]. Washington, D. C.: Gallaudet University Press, 1993.

努力的结果，显示社会的进步、文明的提升。

二、发展里程碑

纵观西方特殊教育发展史，以下事件是一些重要的里程碑[1]①：

1555 年前后，西班牙传教士乐翁（Pedro Ponce de Leo'n）成功地以小班的方式教导聋童说、读、写。这是一项重大的突破，因为当时的教会根据亚里士多德的说法，认为聋人是不能说话，也无法接受教育的。

1620 年，西班牙博纳（Juan Bonet）发明指拼法（finger spelling）教导聋生，是为记号法，为后来手语法的滥觞。到 18 世纪时，波艾拉（Jocab Pereira）改良博纳的指拼法，发明读唇法。

1644 年，英国医师布尔沃（John Bulwer）出版了第一本聋教育的书。

1690 年，英国哲学家洛克（John Locke）尝试分辨智能障碍与精神病的差异。

1760 年，传教士雷士贝（Charles-Michel Lespee）在巴黎创办第一所收聋童的学校，这是正式聋教育的开始。

1767 年，英国数学教师布莱德渥（Thomas Blaidwood）在爱丁堡创办了英国第一所聋校，其教学法融合了口语和手语教学的元素。

1778 年，德国教师海尼克（Samuel Heinicke）在莱比锡创办了德国第一所公立聋校，他主张教聋童读唇及发音，因而创造了口语法，成为全世界口语教学法的基石。

1785 年，法国慈善家豪伊（Valentin Haüy）在巴黎设立第一所盲学校，采用凸字进行教学。该校也接受明眼学生。

1798 年，法国伊达医师（Jean Marc Gaspard Itard）开始采用个别化而系统性的感官训练法，教导一个在阿维隆地方发现名叫维克多（Victor）的野孩子，但效果有限，维克多显然是个智障儿。虽然这项训练计划未获成功，但伊达在《阿维隆的野孩》（*The Wild Boy of Aveyron*, 1801）一书中所描述的训练方法，为一个世纪后个别化的启智教育奠定了基础，因此被誉为"特殊教育之父"。

1817 年，加劳德特（Thomas H. Gallaudet）在美康州哈特福德开办美国第一所聋学校（现为"美国聋校"）。1857 年进一步在华盛顿建立了加劳德特学院，1864 年美国国会通过议案承认该校的大学资格，大学宪章由林肯总统签署。1986 年改制为加劳德特大学，是世界上唯一一所全部课程与服务都是为聋人或重听学生而设的大学。

1829 年，法国盲教师布莱叶（Louis Braille）发明点字，使盲教育产生革命性的变化。布莱叶也就成为"盲人点字"（盲文）的代名词。布莱叶是豪伊的学生。

1832 年，何威（Samuel Gridley Howe）创办美国第一所盲人教养院。

1837 年，法国精神科医师塞根（Edouard Seguin）在巴黎创办第一所智能障碍学校，

[1]Armutte, S. L, Fitzpatrick, M., & Theoharis, N. R. Foundations of special education: Understanding students with exceptionalities [M]. 2nd ed. Dubuque, IA: Kendall Hunt, 2016.

强调以知觉动作的方法来训练智能障碍者。塞根是伊达的学生。后来他移民美国，继续从事智障儿童训练工作，其所著《智力障碍的生理疗法》一书中表述的全人教育、个别化教学、从起点行为进行教学、增进师生关系、感官训练等理念，至今仍有一定的影响。

1848 年，美国在马萨诸塞州的南波士顿城创设第一所州立智能障碍学校。

1860 年，德国创立第一个为智障儿童设立的特殊班。

1866 年，美国新泽西州伊丽莎白市的学校开始对资赋优异儿童实施系统性的鉴定与教学，并采学习能力分组，使能力优异的学生得以加速学习。

1875 年美国在克利夫兰市开办第一个智障儿童特殊班。

1886 年，安·苏利文（Anne Sullivan）开始教导又盲又聋的海伦凯勒（Helen Keller），获得突破性的进展。

1890 年，意大利蒙台梭利（Maria Montessori）开始教导智障儿童，并发展学前教育的理论与课程。同年，美国贝尔发明了电话，导致听障者使用的助听器之开发。

1891 年，美国开始发展"剑桥计划"（the Cambridge Plan），允许资优学生在四年内完成小学六年的学业。

1899 年，英国伦敦创设第一所肢体障碍学校。

1904 年，法国教育部任命比奈（Alfred Binet）与西蒙（Theodore Simon）发展鉴定智障儿童的测评工具，并根据测验结果将此等儿童转介至特殊班。

1904 年，德国柏林创设第一所身体病弱儿的露天学校。

1911 年，美国各大城市开办资优儿童特殊班。同年比奈与西蒙修订其编制的智力测验，并用心理年龄来解释测验结果。

1916 年，推孟（Lewis Terman）在斯坦福大学（Stanford University）将比奈 - 西蒙测验翻译成英文，并建立美国的常模，而成为斯坦福 - 比奈智力量表（the Stanford-Binet Intelligence Scale）。

1922 年，国际特殊儿童协会（the International Council for Exceptional Children）成立，是为特殊儿童协会（the Council for Exceptional Children, CEC）的前身。

1939 年，韦克斯勒（David Wechsler）编制了韦氏智力量表（the Wechsler-Bellevue Intelligence Scale），是为韦氏成人智力量表（the Wechsler Adult Intelligence Scale）与韦氏儿童智力量表（the Wechsler Intelligence Scale for Children）的前身。

1949 年，韦克斯勒编制了韦氏儿童智力量表。

1966 年，美国在联邦教育署内成立残障者教育局，以推动残障教育。

1968 年，美国唐恩（Lloyd Dunn）发表专文，对特殊班的价值质疑。此文咸认对 1970 年代的回归主流运动（the mainstreaming movement），产生了触发的作用。

1973 年，美国智能障碍学会（the American Association on Mental Deficiency）对智力落后（mental retardation）一词重新界定，对智能障碍的认定影响深远。

1973 年，美国制定康复法（Rehabilitation Act; 即 PL93-112）。

1975 年，美国制定《全体残障儿童教育法》（Education for All Handicapped Children Act; 即 PL94-142）。此立法经多次修正后，于 1990 年更名为《残障者教育法》（Individuals with Disabilities Education Act, IDEA），2004 年修正改名为《残障者教育促进法》(Individuals with Disabilities Education Improvement Act, IDEIA)。自 1978 年起，每年联邦政府须向国会提出执行情形报告。

1978 年，美国制定《资赋优异教育法》（Gifted and Talented Education Act, PL95-561）。

1979—1980 年，美国教育署从卫生、教育与福利部独立出来，成为教育部。同时残障者教育局也与康复服务局合并，成为特殊教育与康复署，有助于全国特殊教育行政与社会福利行政事权之统一。

1988 年美国国会通过《杰维斯资赋优异学生教育法案》(Jacob K. Javis Gifted and Talented Students Education Act, PL103-382)，1994 年修正。

1990 年，美国制定《美国残障者法》（Americans with Disabilities Act, ADA）。此一立法对无障碍环境之设置，有相当具体的规定。

1990 年，美国国会通过将 94-142 公法更改为《残障者教育法》（Individuals with Disabilities Education Act, IDEA），扩大服务对象。1997 年修正。

2002 年，美国国会通过《不让任何孩子落后法案》（No Child Left Behind, NCLB），强化对绩效责任的要求及融合教育的实施。

2004 年，美国再次修正 IDEA 公法，更名为《残障者教育促进法》(Individuals with Disabilities Education Improvement Ac, IDEIA)。

2006 年，联合国通过《身心障碍者权利公约》（Convention of Rights for People with Disabilities，简称 CRPD），高达 160 多个会员国（包括中国）和欧盟签署此一公约，是晚近最重要的人权公约之一，2008 年 5 月 3 日正式生效。签约国每四年要提出国家报告，并接受国际小组的审查。该公约第 24 条主题为"教育"，强调缔约国应确保各级教育实行融合教育制度及终身学习。

2015 年，美国国会通过《让每个学生成功法案》(Every Student Succeeds Act, ESSA)，接续 NCLB 法案，成为未来基础教育指导方针。

从某种程度来说，美国的特殊教育的普及化和优质化做得很好。根据 2019 年美国联

典范人物扫描

任举一位西方特殊教育历史中的关键人物（如伊达、雷士贝、加劳德特、布列尔、海伦·凯勒、蒙特梭利、推孟、唐恩），以小组方式，搜集其生平事迹与贡献，写成报告或制成 ppt，分享同学或同事。

思考与练习 2-1

邦政府教育部国家教育统计中心之报告（NCES 2020—009），2017—2018 年度美国 3~21 岁残障特殊教育学生（13 类）达 696.4 万余名，占全体学生的 13.7%。其中以学习障碍人数最多，占特教生总数的 33.6%、学生总数的 4.6%；次为语言障碍（占特教生总数的 19.5%、学生总数的 2.7%）、身体病弱（占特教生总数的 14.4%、学生总数的 2.0%）、自闭症（占特教生总数 10.2%、学生总数的 1.4%）。详如【小智库 2-1】表 2-1 所示：

美国 3~21 岁残障特殊教育学生统计

表 2-1　2017-18 年度美国 3~21 岁残障特殊教育学生统计

排序	类别	人数（千人）	占特教生总数	占学生总数	排序	类别	人数（千人）	占特教生总数	占学生总数
1	学习障碍	2342	33.6%	4.6%	8	多重障碍	132	1.9%	0.3%
2	语言障碍	1357	19.5%	2.7%	9	听觉障碍	75	1.1%	0.1%
3	身体病弱	1002	14.4%	2.0%	10	肢体障碍	41	0.6%	0.1%
4	自闭症	710	10.2%	1.4%	11	视觉障碍	27	0.4%	0.1%
5	发展迟缓	461	6.6%	0.9%	12	大脑创伤	27	0.4%	0.1%
6	智能障碍	436	6.3%	0.9%	13	盲聋双障	1	<0.05%	<0.05%
7	情绪障碍	353	5.1%	0.7%		合计	6964	100%	13.7%

注：1. 本表系由本章作者整理，障碍类别依人数多寡排序。
　　2. 依 IDEA，有 14 个障碍类别，表中未明列的聋生人数并计在听觉障碍类。
【资料来源】U.S.Department of Education,National Center for Education Statistics (2019, p.84).

第二节　特殊教育改革运动

教育改革运动在国际上仍方兴未艾，特殊教育作为教育的一环，在教育改革浪潮中，当然不能置之不顾。由于特殊教育属传统上弱势教育范畴，基于"公平 / 均等"与"公义 / 公正"的基本要求，它顺理成章地成为重点之一。因此，虽然普通教育改革开始时几乎都没谈到特殊儿童，但自 1990 年以后，情况改变了，任何教育改革运动莫不把特殊教育列入其中，两者有了交集，相辅相成，驯至逐渐合流[1]。事实上，特殊教育本身就具有浓厚的变异性与革新性，爆发力十足，与普通教育改革有联动、互补的关系，甚至有带头作用。

一、美国的做法

其实，从历史上看来，特殊教育改革运动比普通教育改革运动更早开始。如果说美国

[1]Ysseldyke, J.E, Algozzine, B., & Thurlow,M.L.Critical issues in special education [M]. 3rd ed. Boston: Houghton Mifflin, 2000.

教育改革运动正式肇始于 1983 年联邦政府教育部发布著名的《国家在危机中——教育改革势在必行》报告 [1]，那么美国正式的特殊教育改革运动便早已于 1975 年展开了。如所周知，美国国会于 1975 年通过《全体残障儿童教育法》，该法案被称为指标性的残障者公民权法案，最被人称道的是对 3~21 岁残障者提供三大保证、六大原则：零拒绝、适性教育、最少限制的环境、无歧视的评鉴、正当的程序、父母的参与（详如本书第一章第二节所述）。

94-142 公法在 1975 年颁布之后，历经若干次的补充修正。1986 年的修正案（PL 99-457），将适用年龄向下延伸至零岁。1990 年的修正案（PL 101-476），更改名称为《残障者教育法》（IDEA），强调转衔服务的必要性，并扩大服务对象，增加自闭症（autism）、大脑损伤（traumatic brain injury）及发育迟缓（developmental delay）三类。1997 年 IDEA 再次修正（PL 105-17），又有突破。根据美国特殊儿童协会（CEC）的一本专著《使 IDEA 修正案落实》，这个影响当时美国 580 万残障儿童（目前约有 700 万名）教育权益的重要法案之修正目的有五：①使专业人员（尤其教师）更有权力和弹性，使行政人员和决策者得以较少的花费提供特教服务；②让家长在其残障子女的教育上更有发言权和参与机会；③使学校更安全一些；④减少个别化教育计划（IEP）书面作业，强化实质帮助；⑤设计各种方案以强化学校服务残障儿童（含婴幼儿）的潜力。

IDEA 法案在 1997 之后，于 2004 年又作了一次修正（PL 108-446），主要是配合《不让任何孩子落后法案》（PL 110-107），强化对绩效责任的要求，要求对特教学生设定年度可评量的目标，除非他已容许采用替代性目标及替代性评量；此外，并界定了合格特教教师的条件，大幅提高对教师专业成长经费挹注的幅度，提供在职教师更多进修的机会；对有危险性行为的特殊儿童之"替代性安置"作了更明确的规范（可长达 45 日）；也进一步简化了 IEP 的书面工作和程序。

上述的若干改变反映出融合教育的影响，一方面，特殊教育改革要与普通教育改革同步进行，学校本位的改革系以全体学生为对象，自然要照顾到每位特殊儿童；另一方面，残障儿童在融合教育下，若有暴力、破坏、纵火等公共危险行为者，其处理必须兼顾特教需求与校规，以免造成特教、普教两败俱伤的局面。

二、联合国的宣言

联合国对残障者教育权的关怀始于 1948 年的人权宣言（Universal Declaration of Human Right），1971 年时，联合国通过《智能障碍者权利宣言》(Declaration on the Rights of Mentally Retarded Persons)，开始强调残障者的权利基础。更在 1975 年时发表《残障者权利宣言》(Declaration on the Rights of Disabled Persons)，指出残障者与其他人口相同，都享有基本公民权利。1976 年，联合国大会宣示 1981 年为"国际残障者年"，强

---

[1]U.S.Department of Education, National Commission on Excellence in Education.A nation at risk：An imperative for educational reform [M]. Washington, D.C.：The author, 1993.

调"完全参与"与"平等"两个概念。紧接着联合国将 1983—1992 年十年定为"残障者十年",同时通过《世界残障者行动纲领》(World Program of Action Concerning Disabled Persons)。1990 年世界教育会议更以"全民教育"为主题发布宣言（the World Declaration on Education for All），强调两点：①人人有教育的权利，不因个别差异而有不同；②残障者应有均等的教育机会。1994 年 6 月 7 日至 10 日联合国教科文组织（UNESCO）在西班牙萨拉曼卡召开世界特殊教育会议，以"通达与质量"（Access and Quality）为主题，会后发表萨拉曼卡宣言（the Salamanca Statement），除了重申残障者（特殊需求者）的教育权利外，特别推销融合教育的理念。以下为其重要宣示：

基本主张：

—每位儿童应有机会达到一定水平的学习成就。

—每位儿童有独特的特质、兴趣和学习需求。

—教育制度与教育方案应充分考虑儿童特质与需求的殊异性。

—特殊需求儿童应进入普通学校，而普通学校应以儿童中心的教育满足其需求。

—融合导向的普通学校最有利于建立一个融合的社会、达成全民教育的目标，这对全体儿童与教育效能也有帮助。

呼吁各国政府：

—把改进教育制度、促进全民教育列为最高的政策，并在预算上优先考虑。

—在教育方法与政策上采取融合教育的原则，除非有特别的理由，原则上应让所有儿童在普通学校就读。

—发展示范性方案，鼓励国家间融合教育经验的交流。

—特殊教育的规划、监督与评鉴，应采分权制，共同参与。

—鼓励家长、小区和残障者团体参与特殊教育的规划与决策。

—加强早期鉴定、早期疗育及在融合教育中的职业辅导。

—系统地办理职前与在职的师资培育工作，使教师在融合式学校中提供特殊教育服务。

2006 年，联合国通过《残障者权利公约》(Convention of Rights for People with Disabilities，CRPD)，高达 85% 的会员国签署此一公约，是晚近最重要的人权公约之一。这项公约共有 50 条，其基本原则是：

（1）尊重个人的固有尊严和个人的自主，包括自由作出自己的选择，以及个人的自立。

（2）不歧视。

（3）充分有效地参与和融入社会。

（4）尊重差异，接受残障是人的殊异性和人性的一部分。

（5）机会均等。

（6）无障碍。

（7）男女平等。

（8）尊重残障儿童逐渐发展的能力并尊重残障儿童保持其身份特征的权利。

该公约第 24 条主题为"教育"，强调缔约国应确保各级教育实行融合教育制度及终身学习，残障者（残疾人）应获得融合、优质及免费之中、小学教育，并提供相关配套措施与援助。

第三节 资优教育的演进

思考与练习 2-2

残障者（残疾人）权利知多少？

阅读 2006 年联合国通过的《残障者权利公约》教育部分（见本章小智库 2-2），并就我国现况，尝试回答下列相关问题：

1. 残障者（残疾人）是否能免费接受义务教育？
2. 残障者（残疾人）是否能就近接受义务教育？
3. 残障者（残疾人）在普通教育系统内是否能获得必要的支持和协助？
4. 残障者（残疾人）是否能依自己的障碍需求习得适当的沟通方式（如盲文，手语)？
5. 残障者（残疾人）是否能平等地获得普通高等教育？
6. 残障者（残疾人）是否能平等地获得职业培训？
7. 残障者（残疾人）是否能平等地获得成人教育和终身学习机会？

小智库 2-2

《残障者权利公约》第 24 条（教育）全文

一、缔约国确认残障者享有受教育之权利。为了于不受歧视及机会均等之基础上实现此一权利，缔约国应确保于各级教育实行融合教育制度及终身学习，朝向：

（一）充分开发人之潜力、尊严与自我价值，并加强对人权、基本自由及人之多元性之尊重。

（二）极致发展残障者之人格、才华与创造力以及心智能力及体能。

（三）使所有残障者能有效参与自由社会。

二、为实现此一权利，缔约国应确保：

（一）残障者不因残障而被排拒于普通教育系统之外，残障儿童不因残障而被排拒于免费与义务小学教育或中等教育之外。

（二）残障者可以于自己生活之社区内，在与其他人平等基础上，获得融合、优质及免费之小学教育及中等教育。

（三）提供合理之对待以满足个人需求。

（四）残障者于普通教育系统中获得必要之协助，以利其获得有效之教育。

（五）符合完全融合之目标下，于最有利于学业与社会发展之环境中，提供有效之个别化支持措施。

三、缔约国应使残障者能够学习生活与社会发展技能，促进其充分及平等地参与教育及融合社区。为此目的，缔约国应采取适当措施，包括：

（一）促进学习盲文、替代文字、辅助与替代性传播方法、模式及格式、定向与行动技能，并促进朋辈支持及指导。

（二）促进手语之学习及推广听觉障碍社群之语言认同。

（三）确保以最适合个人情况之语言与传播方法、模式及于最有利于学业及社会发展之环境中，提供教育予视觉、听觉障碍或视听觉障碍者，特别是视觉、听觉障碍或视听双障儿童。

（四）为帮助确保实现该等权利，缔约国应采取适当措施，聘用合格之手语或盲文教学教师，包括残障教育教师，并对各级教育之专业人员与工作人员进行培训。该等培训应包括障碍意识及学习使用适当之辅助替代性传播方法、模式及格式、教育技能及教材，以协助残障者。

四、缔约国应确保残障者能够于不受歧视及与其他人平等基础上，获得一般高等教育、职业训练、成人教育及终身学习。为此目的，缔约国应确保向残障者提供合理之对待。

【资料来源】United Nations Division for Social Policy and Development Disability. Convention of Rights for People with Disabilities (CRPD) [M]. New York：The author, 2008.

在特殊教育范畴中，资赋优异教育一向是较弱的一环，惟近年渐受到各国政府及专家学者的注意，无论政策上或学术上，特殊教育大都兼涉障碍和资优两部分。兹试从资优教育历史的演进加以分析 [1][2]。

一、发展趋势

（一）从少数精英到兼顾全民

从人类历史来看，资优教育的发展经历了下列的演变：从讲求平等到追求公正与卓越，从栽培少数精英（拔尖）到兼顾全民才能发展（拓宽），从随性式的零碎充实到系统的完整教育。这些演变也发生在亚太地区，当前的热门话题是：多元智能、文化殊异、资优低成就、残障资优（双重特殊）、生态系统、区分性方案，以及教育改革运动中资优教育的角色等。然而，各国为资优学生所提供的特殊方案与服务，却很不一样。少数国家（地区）早在20世纪60年代即展开资优教育计划，而在今日已有全国性的大规模方案；大部分的国家（地区）直到20世纪60年代才开始小规模的实验计划或由民间开始办理。到了20世纪90年代，各式各样的资优教育方案在各国（地区）蓬勃展开。

---

[1] 吴武典. 世界资优教育的发展与展望 [A]// 吴武典、高强华等. 优质、创新与前瞻 [C]. 台北：学富出版社，2006：1-28.

[2] 吴武典. 资优教育中的争议与平议：全球视野，在地行动 [J]. 资优教育论坛，2012，11(1)：1-16.

（二）起起伏伏，好事多磨

英才教育的事实几乎从人类文明有记载时便已开始，但随着时代的变迁而有不同的重点，例如，何种人才需要培育？培育到何种程度？以及由谁来培育？虽然资优教育在世界各地逐渐成为被关切的议题，但引领风骚的还是美国，无论资优会议、资优领域相关出版品、论文与期刊、师资培训等活动或资源，美国毫无疑问地是世界资优教育的龙头。但美国政府与社会对资优教育的关注并非平稳地直线加温，其间有着起起伏伏的过程。美国资优教育的发展，可说是在卓越与均等间摆荡，采用多元模式、多元标准，呼应多元社会的需要，并且有法律的依据。

二、重要里程碑

纵观世界资优教育或英才教育发展史，以下事件是一些重要的里程碑，可以看出各时代对于资优人才教育的兴趣之演变[1]：

早期历史记载	埃及、希腊、罗马、中国、日本等国，基于国家的利益，培育杰出的人才。
1400—1600	文艺复兴时代，欧洲各国政府鼓励并支持艺术及有创意的艺术家。学徒制是当时用以培育杰出人才的方法。对于画家、雕刻家与音乐家的资助，是通过教会来提供（例如：达文西）。
1700—1800	美国的低度兴趣期：当时社会注重公平与服从，唯有上流社会富有家庭中的男士才有权接受私人家教的教学。在欧洲，具有杰出资质才艺的人（例如：莫札特），才可接受王公贵族的供养。在美国，杰弗逊总统倡议以公众资金，为最聪明的男孩提供教育。
1869	英国法兰西斯·高尔顿（Francis Galton）发表《遗传的天才》一书，书中提到对高度能力家族的研究。
1916	兴趣提升：美国洛杉矶和辛辛那提一带，开始出现为资优学生设立的特殊班级。
1921	美国斯坦福大学教授路易斯·推孟（Lewis Terman）开始进行一项对资优人士特质与行为的著名长期研究。研究对象为1528名智商在140以上的学童，平均年龄11岁。初步研究结果多达五册，名为《天才的发生学研究》，在1925年出版。
1930	再度陷入低度兴趣期：一方面由于美国社会要求公平，另一方面因为经济大萧条所引起的财政困难。
1942	美国莉塔·何林渥斯（Leta Hollingworth）发表《智商180以上的儿童》一书，内容为对高度资优儿童的研究。
1946	兴趣提升：美国资优者研究协会（American Association for the Study of the Gifted）成立，成为该领域中第一个专业学会。
1954	美国全国资优儿童学会（National Association for Gifted Children, NAGC）成立

---

[1] 资料来源：修改补充自 Clark, B. 著，花敬凯译. 启迪资优 [M]. 新北：心理出版社，2007：11-13.

1956	基尔福 (J. P. Guilford) 担任美国心理学会 (APA) 主席时，在演说中提到创造力研究的重要性，并阐明智力的概念。
1957	高度兴趣期：苏联在发射史普尼克号 (Sputnik) 人造卫星后，引发美国学校培养数理高度能力学生的需求，导致学校内资优方案的快速成长，并通过课程改革，满足资优生的学习需求。
1958	美国通过《国防教育法》(the National Defense Education Act, 85-864 公法)，以支持特别是数学、科学和外国语文的才能发展。特殊儿童协会 (Council for Exceptional Children, CEC) 所附属的资优儿童协会也于此时成立。
1960	低度兴趣期：美国社会要求公平的声音，削弱对于资优教育的支持。
1965	美国通过《中小学教育法》(the Elementary and Secondary Education Act, 89-10 公法)，提供各州资优教育方案发展和人员培训所需的支持。
1970	美国修正《中小学教育法》(91-230 公法) 第 806 项规定，"提供资赋优异儿童相关服务"，建立联邦政府对资优儿童的教育需求之重视，国会也要求提出相关方案现况的报告。
1972	高度兴趣期：美国联邦教育署署长马兰 (Sidney Marland) 向国会提出资优教育报告书，首度提出联邦政府对于"资赋优异"的定义，以及根据研究证据发展出的资优学生教育策略。
1975	联邦资优教育办公室经国会授权，拨款 250 万美元办理资优教育，且经费逐年提高。到 1980 年时，经费已达 620 万美元。
1978	美国国会根据马兰报告书，提出教育修正案 (Educational Amendment of 1978; 95-561 公法)，界定"资赋优异"为一般智能、特殊学术性向、创造能力、领导才能、视觉及表演艺术等五类。
1981	低度兴趣期：虽然通过《教育强化与改进法》(the Education Consolidation and Improvement Act, 97-35 公法)，美国联邦对资优教育的补助经费却减少 40%，原本补助 29 个方案的经费，也被分配给各州。联邦资优教育办公室提议删减经费，以减少联邦政府对资优教育的直接介入。
1988	兴趣再提升：美国通过《杰维斯资赋优异学生教育法》(Jacob K. Javis Gifted and Talented Students Education Act, PL 103-382)，联邦资优教育办公室拨款 790 万美元，提供具竞争性之经费计划，并成立国家资赋优异研究中心于康州大学。
1993	美国教育部发表《国家的卓越性：发展美国人才能之道》报告书。
1994	美国杰维斯法案修正案中，虽提议拨款 951 万美元资助资优教育，却在国会政党与理念改变的情况下，该笔经费遭到减半。
2000	美国国会开始针对《中小学教育法案》修正的方向进行辩论，立法增加教育经费的可能性大增。进入新世纪以来，对资赋优异教育的关注仍持续高涨。
2015	美国国会通过《让每位学生成功》法案 (Every Student Succeeds Act, 114-95 公法) [1]，补强 IDEA 公法，确认潜能发展的概念适用于所有学生。

---

[1] Public Law 114 - 95 of USA (2015). Every Student Succeeds Act. 取自 https://www.govinfo.gov/content/pkg/PLAW-114pub195/pdf/PLAW-114pub195.pdf

第四节　资优教育的改革

如前所述，美国政府与社会对资优教育的关注并非平稳地直线加温，对资优教育的热度有着起起伏伏的过程，在行政支持上远不及对残障者教育般的坚决和稳定。但总体来说，由于若干外在因素的冲击，影响了立法，看出了一些进展。

一、资赋优异教育立法

1972 年，美国联邦政府教育署向国会提出了首件国家级的《资赋优异教育报告》[1]，指出：“资赋或才能优异儿童乃是具有高度能力表现而为合格专家鉴定者。对于此类儿童，除正常的教育措施外，还需要非常的教育计划或服务，以充分发展其潜能、裨益个人，并造福社会。”

是年，美国国会通过了一项宣言，表示其对特殊儿童的基本义务，确认“人生而有其价值，须给予平等的机会以发展其全部的潜能。”此项信念，充分表现了“教育机会均等”的真谛，对于资赋优异儿童而言，尤具有特别的意义，因为他们最需要的是充分发挥其潜能的机会。

1973 年，美国特殊儿童委员会（CEC）附设政策委员会在主席雷诺签署下，发表了一篇“对于资赋优异教育的政策声明”[2]，引起了广泛的注意。声明中提示了资优教育的方向，也揭示了若干新的见解，例如“广泛发掘”“及早鉴定”“学前以至成年的教育计划”“差异化与个别适应”“师资专业化”“资赋优异教育模式的建立”“唤起大家注意与了解”等。希望此后在政府与民间的双重努力下，美国的资优教育，将有较大的进展。

1978 年，美国国会根据 1972 年教育署署长马兰的资优教育报告书，提出教育修正案（Educational Amendment of 1978; 即 95-561 公法），是为第一个资优教育法案，界定“资赋优异”（giftedness and talents）为：

“指在学前或中小学阶段，经过鉴定，在下列领域有卓越表现或高度潜力者：①一般智能，②特殊学业性向，③创造能力，④领导才能，⑤视觉及表演艺术才能。”

1988 年，美国国会通过《杰维斯资赋优异学生教育法案》，1994 年修正。对资赋优异的界定，与 1978 年法案一脉相承，只是在名词上将“视觉及表演艺术才能”改称为“艺术才能”：

“资赋优异系指儿童或青少年在一般智能、创造力、艺术才能、领导才能，和特定学科领域中，确证有高度表现潜力者，他们需要提供特殊的服务或活动，以充分发展其潜能。”

---

[1]Marland,S.P. Jr.Education of the gifted and talented: Report to the Congress of the United States [R]. Washington,DC: U.S.Government Printing Office, 1972.

[2]Reynolds,M.C.A policy statement on education of the gifted [J]. Exceptional Children, 1973, 40：73-76.

二、美国资优教育政策

1993 年，美国联邦政府教育部教育研究与发展处首度发布资优教育白皮书，名为《国家的卓越性：发展美国人才能之道》[1]，论及如何寻求卓越与发展才能。这份政策性宣言有三项重点：第一，美国现在教育上有一个宁静的危机，例如，和其他工业化国家比较，美国顶尖的学生在参加很多国际性测验竞赛上成绩落后；第二，美国学生在学校里接触的课程非常松散，他们读的书很少，家庭作业很少，中学毕业生进入工作世界的准备也不足；第三，在全国教育成就评量上，属于最高水平的学生人数也很少。这表示美国学生的成就偏低，这是美国教育的危机，然而却是大家未注意到的，故称为"宁静的危机"。事实上，这个"宁静的危机"早在 1991 年即被著名的资优教育专家阮儒礼夫妇（Renzulli & Reis）所指出来 [2]。

其次，这个报告指出资优生在此危机中是受害者。因为他们在入小学前已经对所要学的课程掌握了三到五成，入学后，还要学一些已经会的，非常浪费时间；而大多数普通班的老师，都没有对资优学生提供任何特别辅导，造成资优学生厌烦学习；大多数成绩优异的学生每天用于学习的时间不到一个小时，也就是说不用怎么努力，就可以得到高分，而因为得高分太容易，所以资优生就不会很努力；在教育投资方面，若教育经费有一百元，资优教育（从幼儿园到高中）只用了两分钱（共占 0.02%），可见政府对于资优教育投资太少了。这说明在美国的教育体制下，资优生并没有受到充分的照顾。这似乎跟我们想象的不大一样。

美国人自我检讨，觉得他们的资优教育还差得很。至于努力的方向，该报告书提到下列几点：

（1）把课程标准提高，发展出更具有挑战性的课程标准（这点正好和我们相反，我们是要设法减轻学生课业负担，让学生快乐一些）。

（2）要提供更具挑战性的学习经验给资优生，因为目前的学习经验太无聊了。

（3）加强早期教育。要早一点发掘资优生，早一点让他们接受资优教育。

（4）增进对社经地位不利及少数族群资优学生学习的机会。很多的美国教育方案，也都显示出类似的人道精神和普遍化原则。

（5）扩展资优的定义。并非只有智力高才是资优，认知能力之外还有情意智能、艺术才能、创造能力等。扩展资优的含义，乃是因为有更多的人才需要被发掘，有更多的人需要更好的学习。

（6）在师资方面，应提升教师的素质，包括提供教师进修的渠道。

---

[1]U.S. Department of Education,Office of Educational Research and Improvement. National excellence：A case for developing America's talent [R].Washington,D.C.：The author，1993.

[2]Renzulli, J.S., & Reis, M.(1991).The reform movement and the quiet crisis in gifted education [J]. Gifted Child Quarterly，1991，2：26-35.

（7）向国外取经，也就是学习外国提升学生程度的方法。

三、残障者的潜能发展

无独有偶，1997 年英国教育与就业部发布的身心障碍教育白皮书，名为《所有儿童尽展所能：满足特殊教育的需求》[1]。可见即使是残障者，也有发展潜能、自我实现的需求；身心障碍教育不能只定位为补偿教育，所谓特殊教育需求，还包括发展潜能的需求，而且人人有此需求。

其实，历史上不乏资优与残障集于一身的人物，如：又盲又聋的海伦·凯勒是位杰出的作家和教育家，她一生致力于社会福利事业，呼吁世人关怀盲人，强调盲教育的重要，被称为"光明天使"。患有小儿麻痹症（肢体障碍）的富兰克林·罗斯福总统是位深得人心的领袖；托马斯·爱迪生和阿尔伯特·爱因斯坦都有书写的困难，但各在发明与科学研究上有绝顶的成就。再如中国残疾人艺术团团长邰丽华 (1976-)，本身是听力障碍者，却是一位杰出的舞者，她以单人舞蹈《雀之灵》感动了千万观众；她领舞的《千手观音》集体舞蹈，更风靡海内外，吸引了世界赞叹的目光，成为中国最著名的听障舞蹈家。因此，成功的人生不是任何人的专利品，残障人士一样可以奋斗成功；社会人士的关怀与爱心，是残障者成功人生的滋养剂和催化剂。残障者的潜能发展是过去特殊教育的"盲点"，应成为今后特殊教育的"重点"[2]。

再说，特殊教育改革的方向之一即为从全民教育走向全民优质教育，再推进到全民卓越教育。这与普通教育改革的目标是一致的 [3]。

小智库 2-3

残障者的才艺发展与职能发展

为了促进残障者的才艺发展，国际特殊才艺协会 (Very Special Arts International) 于 1974 年在美国肯尼迪家族成员珍·肯尼迪·史密斯（Jean Kennedy Smith）倡导下成立，积极推展残障者艺术才能训练及展演活动。该协会总部设在华盛顿约翰·肯尼迪表演艺术中心，在 50 多个国家（地区）成立分会，构成全球性网络，每年有高达七百万人参加相关活动。

国际上推动残障者职业技能发展最力的组织是国际展能协会 (International Abilympic Federation)。该协会成立于 1985 年，获得联合国教科文组织 (UNESCO) 及国际康复联盟 (Rehabilitation International) 的大力支持，每 4 年举办一次国际展能节大会，以残障者之职业技能竞赛与观摩研讨为主。

【资料来源】作者自编

[1]U.K. Department of Education and Employment. Excellence for all children: Meeting special educational needs[M]. London: The Stationary Office, Ltd., 1997.

[2] 吴武典. 残障者潜能发展刍议 [J]. 资优教育季刊，1995，55：1-7.

[3] 吴武典. 教育改革与特殊教育 [J]. 教育资料集刊，1998，23：197-220.

讨论问题

1. 何以社会大众对残障者（残疾人）态度的转变，往往导致特殊教育措施的变革？试举例说明之。

2. 从特殊教育的发展脉络中，可看出哪些重要的演变方向？

3. 特殊教育改革与普通教育改革的联动和互补关系为何？

4. 何以见得残障者（残疾人）也有潜能发展的需求？

5. 美国对其资优教育不满意，这是何故？

延伸阅读

1. 娜·米·纳扎洛娃.特殊教育学 [M].朴永馨、银春铭，等译.北京：北京师范大学出版社，2011.

2. 方俊明.特殊教育学 [M].北京：人民教育出版社，2007.

3. 刘春玲，江琴娣.特殊教育概论 [M].2 版.上海：华东师范大学出版社，2016.

4. 郭为藩.特殊儿童心理与教育 [M].5 版.台北：文景出版社，2007.

本章作者：吴武典

第三章　我国特殊教育的发展与展望

学习目标

□知识目标

1. 了解我国特殊教育的演进历程。

2. 了解我国特殊教育政策特色。

3. 了解我国当前特殊教育的课题与挑战。

□能力目标

1. 能正确评价我国特殊教育的重要思想。

2. 能评析我国当前特殊教育的发展方向。

3. 能提出我国特殊教育应兴应革的事项。

□情意目标

1. 衷心地关怀我国特殊教育的发展。

2. 矢志参与我国特殊教育振兴运动。

3. 乐于参与特殊教育终身学习活动。

本章重点

本章首先解析我国特殊教育的源流，阐述仁民爱物、中庸之道的传统思想，并指出我国特殊教育的演进历程，包括肇始、转折与再出发几个阶段，近年则加强力道、加速发展，形成以特殊学校为骨干、以普通学校随班就读和附设特教班为主体、以送教上门和远距教学为补充的特殊教育发展格局，与西方国家相较，别具特色。

本章从教育行政、权益保障、服务对象、教育安置、课程实施、教育人员及支持系统等七方面，分析当前我国特殊教育政策的特色。改革开放以来，我国特殊教育取得长足进步，例如增加特殊教育经费及增设特殊教育学校、扩大残疾儿童入学机会等。但仍有一些问题有待解决或改进，例如，特殊教育的发展不充分、不均衡；特教教师的数量与质量均有不足；以及"随班就读"沦为"随班混读"等，都是重大的挑战。

展望未来，我们宜根据世界潮流、本土文化背景、社会需求及研究文献，综合考虑，妥谋应兴应革之道。本章作者特别提出特殊教育的中庸之道，并以教师职前教育模式、特殊教育课程设计、特殊教育专业服务规划及特殊学生教育安置模式四者为例，加以阐述。从教育改革的视角，我国特殊教育要想真正健康发展，须完成若干变革，包括在政策层面由特殊教育条例向特殊教育法律法规的改变，服务对象由盲、聋、弱智等三类残疾儿童向特殊需要儿童的改变等。

关键词：中庸之道、特殊学校、特殊教育政策、残疾（残障）儿童、特教教师、随班就读

第一节　我国特殊教育源流

我国特殊教育的发展与西方国家相较，起步与速度略有差异，发展轨迹则大致相同。例如，特殊教育的对象皆始自聋、盲儿童，再渐次扩及智力障碍、肢体障碍、资赋优异等其他类别。特殊教育的兴办，皆先由民间（教会为主）开创于先，再由政府致力于后。早期特殊教育的实施，多秉承人道主义思想，再考虑到社会的需要（尤其是残障者家庭的困境），最后政府以立法来保障特殊儿童的受教权利。社会态度的演变，是先由歧视和拒绝，进而变成同情、怜悯，再进入积极协助、接纳与教育。

一、历史演进：启蒙植基，轨迹相似

谈到稍为正式的特殊教育，我国有 140 余年历史（在台湾地区有 120 余年历史），以 1874 年在北京创设"瞽目书院"为准，比西方于 1760 年在巴黎创办第一所聋校晚了 114 年。这 140 余年中，历经清朝、民国 / 新中国时代（台湾地区则包括长达 50 年的日据时代，时值清朝和民国时期）。整体而言，我国特殊教育的发展先慢后快，早期的六七十年正值近代中国时局动荡、国势积弱的时期，属启蒙植基期或雏形阶段，之后才逐渐扩展，迈向现代化、制度化。

以下是一些启蒙植基期的重要里程碑：[1][2][3]

1874 年，英籍牧师莫伟良（William Moore）在北京设立"瞽目书院"（或称"瞽叟通文馆"，现为北京市盲人学校），专收盲童，课程除圣经外，并授以读书、算术、音乐等科，并创制中国盲文"瞽目通文"，为中国盲教育之始。

1887 年，美国籍的米尔斯夫人（Annette Thompson Mills）于山东登州（今蓬莱）创立"登州启瘖（喑）学馆"，收容听障儿童，曾出版以"贝利"字母编辑的《启瘖（喑）初阶读本》，为中国聋教育之始。1898 年迁至烟台，1906 年改名为"烟台启瘖（喑）学校"。

1891 年，英国长老会牧师甘雨霖（William Gamble）在台南设立"训瞽院"，教导盲人圣书、点字、手艺等，开启了中国台湾特殊教育的先河，为今日台南启聪学校前身。

1916 年，清末状元、中国近代实业家、政治家、教育家张謇先生为实现"造就盲哑具有普通之学识，俾能自立谋生"的愿望，在江苏南通设立盲哑学校（现为南通市聋哑学校和南通市盲童学校），这是中国第一所由国人自办自教的特殊教育学校，被誉为"中国特殊教育之鼻祖"。

1917 年，日本人木村谨吾在中国台湾的台北市设立"木村盲哑教育所"，是台湾地区第一所特殊教育学校，为今日台北启聪学校的前身（1975 年盲聋分校）。

---

[1] 吴武典. 台湾特殊教育综论（一）：发展脉络与特色 [J]. 特殊教育季刊，2013，129：11-18.

[2] 刘春玲，江琴娣. 特殊教育概论 [M].2 版. 上海：华东师范大学出版社，2016.

[3] 郭卫东. 中国近代特殊教育史研究 [M]. 北京：高等教育出版社，2012.

1921 年，江苏省立第三师范附小为弱智儿童开设了"特殊学级"，成为我国首个智力障碍特教班（启智班）。

1922 年，国民政府公布《教育系统改革令》，学制管理中的条例对特殊教育的意义、目的和对象有所陈述，其中提到"对精神上或身体上有缺陷者，应施以相当之特种教育"，标志着我国特殊教育步入法制化时代。

1927 年，南京市创立盲哑学校（现为南京市聋人学校和南京市盲童学校），是中国第一所公立的盲聋学校。

1929 年，无锡中学实验小学实施天才教育实验计划，上海市教育局创办了上海第一实验小学，从上海市区内的 19 所公私立小学的 9000 多名学生中测试选拔天才儿童，为他们设计了更有针对性的课程，开展天才儿童教育实验，为中国早期的资优教育实验计划。

1935 年，儿童教育家陈鹤琴在出席国际幼稚教育会议及完成 11 国教育考察后，发表《对于儿童年实施后的宏愿》一文，提出"愿全国儿童从今日起，不论贫富，不论智愚，一律享受相当教育，达到身心两方面最充分的可能发展"。这是中国教育研究者首度以特殊儿童为对象的论文。他在上海国立幼稚师范专修科讲授儿童研究课程时，专章讲述了低能儿童问题；他还对耳聋儿童、口吃儿童和低能儿童的心理进行了研究。

1937 ~ 1949 年，战争时期，几无特殊教育新建设可言。

1949 年，中华人民共和国成立之后，海峡两岸分途并进发展特殊教育。

回顾早期我国特殊教育发展史上的各大事件，可了解我国特殊教育发展的轨迹，也见证盲聋学校的设立启蒙了我国特殊教育 [1]，也奠立今日我国特殊教育发展的基础。

思考与练习 3-1

找出一位影响中国特殊教育发展的历史人物，说明其事迹与贡献。

二、重要思想：仁民爱物、中庸之道

（一）仁民爱物的情怀

在古希腊斯巴达时代，婴儿若残障或体弱，即被父母毫不怜惜地抛弃。古代的欧洲，人们甚至把残障者看成是"魔鬼缠身""上帝的惩罚"，残障者的处境十分悲惨，生存权得不到保障，更别说教育权了。相对而言，古代中国对残障者的态度还是比较文明的，他们之中的一部分人有时多少能得到一些救济、帮助和同情。

我国儒家哲学从来就讲求人道精神，《礼运·大同篇》中就有"鳏寡孤独废疾者，皆

---

[1] 郭卫东.中国近代特殊教育史研究 [M]. 北京：高等教育出版社，2012.

有所养"之表述，即显示了儒家仁民爱物的情怀，这种精神即是今日推展特殊教育的基本道理[1]。

在古代中国，残障者不仅能得到同情和施舍，有时也能接受一定的教育。据记载，周代的瞽蒙教育已具备相当的规模，一支300人的盲人乐队分成上瞽（40人）、中瞽（100人）、下瞽（160人）。由2名大夫和4名上士分别担任大师和小师。这些大师和小师本身也是从优秀的盲人乐师中提拔出来的，既具有较高的专业水平又有作为盲人的亲身经历。由于学生多，教师少，据推测已采用了课堂教学与个别教育相结合的形式。周代除了启蒙教育之外，还有对哑人（聋聩、喑哑）、肢残人（跛、断）等其他类型（侏儒）的残障者的教育。例如："古者以废弃之人，主卜巫祝之事。"（《荀子·王制》）当时的巫祝是为许多重大的决策服务的，上自国家出兵打仗，下至平民百姓的婚丧喜庆都离不开巫祝主卜。因此，这些残障者也就必须接受专门的教育。在周代，残障者的教育已不是一种盲目的实践，而是开始形成了最初的理论。例如，人们已经认识到残障者只有通过一定教育和训练才能获得一技之长和谋生的手段，从某种意义上来讲，此时，人们已朦胧地意识到残疾人的教育比正常人都教育更有必要。

从公元前221年秦始皇称帝到1911年清朝灭亡，中国经历了两千多年的封建社会。在儒家思想的影响下，有的帝王为了得到民心，巩固政权，也采取了一些抚恤与救济措施，但是，在"万般皆下品，唯有读书高"的封建社会，能系统地接受教育的残障者多半生于官宦富贵之家，而一般平民百姓是望尘莫及的。

清朝政府在光绪二十八年（1902年）颁布的《钦定小学章程》中明确规定：凡资兴太低，难期进益者；困于疾病者，都应退出学堂。在第二年发布的《奏定初等小学章程》中仍然规定："学龄儿童，如有疯癫痼疾，或五官不具不能就学者，本乡村绅董可奏明地方官，经其查实，准免其就学。"由此可见，封建社会是把残障儿童的教育排除在外的。

据记载，清朝甚至还有公开"以貌取人"的授官制度"举人三科会试不中进士，可于榜后应答挑，授以官职。不考文字，专取状貌"。这对残障者来说，就更为不利了，无论他有多大学问，也不例外。

但是，在漫长的封建时代，以坚强意志刻苦学习并学有所成的残障者却层出不穷，他们身残志不残，仍能绽放人生的光芒。例如，左丘明失明，却写出两本历史巨作《左氏春秋》与《国语》；孙膑剕刖，却能以奇谋打败敌人并写下著名的军事经典《孙膑兵法》；司马迁受宫刑，但忍辱负重，以残障之躯完成了中国第一部纪传体通史——《史记》。此外，发明纸张的蔡伦和率队远航的郑和也都是遭受宫刑的宦官。他们的毅力和才能为残障者树立不朽的榜样。

因此，我们可以说，在儒家仁民爱物思想的影响下，中国的特殊教育（残障者教育），起源很早，在周代就走在世界特殊教育发展的前列。可惜，特殊教育事业和其他学科一样，

---

[1] 吴武典.特殊教育的基本原理 // 载于何英奇主编.心理与特殊教育新论（193-220页）[M].新北：心理出版社.

在封建社会的桎梏下，没能得到应有的发展。无论其独立性、科学性，还是立法与发展都渐渐地和同时代的西方世界拉开了差距。中国对残障者的人道思想和实践，从远远超过西方社会，到近代显著落后，甚至靠着西方传教士为我国现代特殊教育启蒙奠基，实在令人汗颜！如何振衰起敝、急起直追，也是"中华民族伟大复兴"的一项重大功课吧！

（二）中庸之道

中庸之道简称"中道"，是不偏不倚的儒家哲学，乃我中华文化之精髓。这是一个持之以恒的成功之道。孔子曰："中庸之为德也，其至矣乎！民鲜久矣。"可见中庸之道的重要性。教育现代化过程中，难免与国际脉动碰撞激荡，在本身基础不稳、经验不足情况下，很容易走偏入极，例如盲目崇洋，一味西化；或基于民族自尊，守旧拒新，这便涉及传承与创新孰轻孰重，以及国际化与本土化孰优孰劣的问题了。

在一个发展中的社会，在加速发展政策驱动下，很有可能为求速效，在策略选择上有所偏颇。结果往往祸福难料，诚如《老子》所云："祸兮福之所倚，福兮祸之所伏。"这时我们就要思考是否有两全其美、兼筹并顾的中庸之道。

中道可用来诠释及化解现代化过程中许多教育上的纷杂与争议问题，例如：国际化与本土化孰优孰劣？数扩充与质量提升孰先孰后？经师与人师何者为重？传承与创新能否兼容？均等与公义能否并蓄？乃至有教无类与因材施教能否并进、形式与功能能否兼顾等议题。在特殊教育上可罗列的许多问题亦可本着中道原则寻求解答。

特殊教育现代化过程中涉及的中道问题，不胜枚举，吴武典曾就所触所思所感，罗列如下[1]：

（1）教师条件：教师的形式条件与实质条件何者为重？

（2）教师教育：教师培育方向应是专业型还是复合型？

（3）残障教育：残障（残疾）学生鉴定与教育宜采医学模式还是教育模式？

（4）人才培育：拔尖与拓宽何去何从？

（5）标记作用：如何看待分类产生的标记作用？

（6）服务原则：对特殊需要学生的服务宜采平等原则或保护原则？

（7）教育安置：对残障（残疾）学生的教育安置宜采隔离式还是统合式？

（8）课程设计：特殊教育课程设计宜一体化或分殊化、以能力为本或以教材为本？

（9）适性教育：个别化教育计划的形式与功能何者为重？

（10）教学模式：有无最佳教学模式或方法？

（11）科技辅具：科技辅具可否代替教师角色？

（12）教学效能：教学效能依靠爱心还是技巧？

（13）学习评量：统一标准（质量管理）还是多元评量（因材施评）？

---

[1] 吴武典. 现代化过程中特殊教育的中庸之道 [A]. 第六届海峡两岸特殊教育高端论坛主讲论文. 南京：南京特殊教育师范学院，2019 年 11 月 16-17 日.

（14）职涯辅导：残障学生职涯辅导应重庇护性还是支持性？

（15）班级经营：特殊班的情境和普通班有何不同？

（16）特教对象：障优兼容或只障不优？

（17）双特学生：对于双特学生（兼具障碍与资优特质）的教育重点是"扬长"还是"补短"？

吴武典曾进一步以特殊教育四项重大议题为例，从中道观点加以阐释，并尝试提出解决方案：第一，教师职前教育模式（三连贯卓越师培模式）；第二，特殊教育课程设计（普、特融合的课程设计）；第三，特殊教育专业服务规划（特殊教育跨专业合作的模式）；第四、特殊学生教育安置模式（多元化的安置，逐步迈向融合）[1]。详见本章第四节之四的论述。

思考与练习 3-2

教育现代化过程中，国情难免与国际思潮或脉动碰撞，产生困扰，试举例说明之。

第二节　我国特殊教育的演进

我国特殊教育的对象，主要是残疾（残障）儿童，包括视力残疾（视觉障碍）、听力残疾（听觉障碍）、肢体残疾（肢体障碍）、智力残疾（智能障碍或智力障碍）、言语残疾（语言障碍）、精神残疾（情绪行为障碍）、多重残疾（多重障碍）及孤独症（自闭症）的儿童[2]。

回看特殊教育的演进，大体可分为如下几个阶段：

一、肇始阶段

中华民族的伦理道德观自古强调"扶助弱小"，因此，如前所述，在《礼记·礼运》中有这样的表述："人不独亲其亲，不独其子；使老有所终，壮有所用，幼有所长，鳏寡孤独废疾者皆有所养。"太平天国时期的《资政新篇》也专门提出："兴跛盲聋哑院。有财者自携资斧，无财者善人乐助，请长教以鼓乐书数杂技，不致为废人也。兴鳏寡孤独院。准仁人济施，生则教以诗书各法，死则怜而葬之。"这是中国近代化方案中首次主张建立残障者社会保障制度。

如前所述，中国最早的特殊教育学校雏形，是英籍牧师莫伟良 1874 年创办于北京的盲教育机构"瞀瞍通文馆"。

---

[1] 吴武典. 现代化过程中特殊教育的中庸之道 [A]. 第六届海峡两岸特殊教育高端论坛主讲论文. 南京：南京特殊教育师范学院，2019 年 11 月 16-17 日.

[2] 朴永馨主编. 特殊教育辞典 [M].3 版. 北京：华夏出版社，2014.

近代聋教育的开创，当属 1887 年美国传教士米尔斯（Charles Rogers Mills）夫妇共同在山东登州（今蓬莱）创办的"登州启喑学馆"，学馆办学初期不仅费用全免，而且免费供应食宿，即便这样，入学者也是寥寥无几。只因当时民众因为不理解，而传言"西洋人有幻术邪行，蛊惑人听"。学馆在米尔斯病逝后的 1896 年因经费问题不得已暂时关闭，后来，米尔斯夫人通过多方面努力，筹集资金，1898 年复校，迁至烟台，1906 年改名为"烟台启瘖学校"，逐渐发展壮大。中华人民共和国成立以后，人民政府接管了这所学校，并改名为"烟台市聋哑学校"，1952 年由于兼收盲生，更名为"烟台市盲哑学校"（现为烟台市聋哑中心学校和烟台市盲人学校）。

从北京瞽叟通文馆创立到 1911 年，中国先后创办多所盲校（含盲哑学校）、聋校，但还没有出现专门的培智教育机构。总体上来看，这个时期的特殊教育办学规模不大，师资缺乏，学校的招生和经费等面临重重困难，接受教育的盲、聋人所占比例非常小。但或多或少对当时中国特殊教育发展起到了积极的作用，客观上有助于政府和知识分子开始关注障碍者，对当时的中国特殊教育的发展有一定的推动作用。

在 1949 年中华人民共和国成立前，全国共有 42 所盲聋学校，在校生 2380 名。当时残障儿童入学率非常低，而且大多局限于盲聋两类儿童的教育，且多为私立学校，更谈不上残障儿童的义务教育。

二、转折与再出发

从中华人民共和国成立初期到 20 世纪 80 年代，特殊教育学校一直是实施特殊教育的主要形式。1966—1976 年，特殊教育专业的发展一度停滞。1979 年开始，北京创办了弱智儿童特殊教育班，1983 年全国开始建立首批培智学校（南通培智学校即建于 20 世纪 80 年代末 90 年代初）。

1985 年，很多地区为了提高残疾儿童入学率，采取了在普通学校中设置特殊教育班的形式，后来演化为"随班就读"形式。1988 年，教育部在北京召开全国特殊教育工作会议，将江苏以特殊学校为骨干、以普通学校附设特教班和随班就读为主体的特殊教育发展模式，作为标杆经验，向全国推广。

1990 年开始，中国农村也出现了大量随班就读形式，解决了因经济落后、交通不便造成的残疾儿童求学困难的问题。随班就读这种形式与后来国际上提出的"融合教育"（inclusive education）（或称"全纳教育"）在指导思想上接近，在操作形式上相吻合 [1]。

1999 年，教育部在齐齐哈尔召开的特殊教育工作会议上，南通代表就随班就读和特殊教育免费教育问题作出了重要发言，受到与会者的高度评价。之后，中国逐步形成了比较稳定的以随班就读和特教班为主体，以一定数量的特殊教育学校为骨干的多种办学形式。

---

[1] 陈云英. 全纳教育的元型 [J]. 中国特殊教育，2003，2：1-9.

随班就读成了具有中国特色的融合教育的开端。

三、最新发展

中国的特殊教育基础素来较为薄弱，自 1990 年代开始有了转变。依据《中华人民共和国残疾人保障法》（1990 发布，2018 修订），以国家的力量保障残疾人受教育的权利，对残疾儿童实施义务教育，并以随班就读形式，推动"全纳教育"（融合教育）。近年连续提出两期特殊教育提升计划，同步增设特殊教育学校和加强随班就读、资源教室方案，并增设特教班。目前正处于历史上的转捩点，蓄势准备再出发。例如，2016 年由邯郸学院牵头成立"河北省特殊教育协同创新中心"，同年北京师范大学成立融合教育研究中心，2017 年由岭南师范学院牵头成立"广东省特殊教育教师发展联盟"（简称"广东省特教联盟"），2020 年华中师范大学成立融合教育学院，2021 年华东师范大学成立融合教育研究院等，皆旨在加强高素质专业化创新型特殊教育教师队伍建设。期许全面启动、群策群力，加速特殊教育发展。

实施改革开放 40 年来，特殊教育模式已实现多元化发展，如特殊学校、康复机构、特殊班、送教上门、随班就读、同班共读等，多元选择，朝向融合；医疗模式、功能模式、经济模式、社会模式、教育模式、福利康复模式等，百花齐放，以教为主，统筹兼顾[1]。

2013 年，教育部等五部门发表《关于加强特殊教育教师队伍建设的意见》，要求依照特殊教育事业发展的实际需要，到 2020 年形成一支数量充足、结构合理、素质优良、富有爱心的特教教师队伍。教育部于 2015 年 9 月颁布《特殊教育教师专业标准（试行）》，强调特殊教育教师要经过严格的培养与培训，具有良好的职业道德，掌握系统的专业知识技能，为达成多元优质的特殊教育奠定基础。

第一期《特殊教育提升计划（2013—2016）》结束，第二期《特殊教育提升计划（2017—2020）》接续，加上 2017 年 10 月习近平总书记在党的十九大报告中，明确指出要"办好特殊教育"，提出了"努力让每个孩子都能享有公平而有品质的教育"的重要论述，对第二期计划中"三大任务"及"六项措施"的持续落实，产生了巨大的政策性催化作用。三大任务是：完善特殊教育体系、增强特殊教育保障能力、提高特殊教育质量；六项措施是：提高残疾儿童少年义务教育普及水平、加快发展非义务教育阶段特殊教育、健全特殊教育经费投入机制、健全特殊教育专业支撑体系、加强专业化特殊教育教师队伍建设、大力推进特殊教育课程教学改革。

改革开放后，我国的特殊教育获得了长足进步，1990 年发布《中华人民共和国残疾人保障法》(2018 修订)，1994 年发布《中华人民共和国残疾人教育条例》（Regulation on Education for Persons with Disabilities）(2017 修订)，第一、二期特殊教育提升计划的推动

---

[1] 邓猛. 全球化视野下的中国大陆融合教育本土化范式反思 [A]. 第四届海峡两岸特殊教育高端论坛主讲论文，岭南师范学院，2017 年 11 月 11-12 日。

及第三期特殊教育提升计划（2021—2025）上场，皆显示国家对于残疾者的照顾及教育迈向法治化；在依法行政下，残疾国民的生存权、教育权、工作权及人格权获得了较大的保障。虽然如此，随着社会进步和发展，特殊教育仍不能满足当前的社会需要，《残疾人教育条例》在操作性和强制性上甚为不足，也被诉病[1]。

教育部 2022 年特殊教育工作要点

工作要点：启动实施"十四五"特殊教育发展提升行动计划，进一步提升特殊教育发展水平。

目标任务：以适宜融合为目标办好特殊教育，进一步巩固和提高特殊教育普及水平，完善特殊教育保障机制，提升特殊教育教学质量。

工作举措：组织编制和启动实施第三期特殊教育提升计划（2021—2025）。会同相关部门健全残疾儿童少年入学数据核对机制，落实"一人一案"，巩固残疾儿童少年义务教育普及水平。加快特殊教育向"两头"延伸。鼓励 20 万人口以上县特殊教育学校建设，推动孤独症学校建设。全面推进融合教育，进一步加强特殊教育资源中心和普通学校资源教室建设。贯彻落实三类特殊教育学校课程标准，组织审查部编教材，启动新课标教材国家级培训。加强特殊教育师资队伍建设。

【资料来源】2022.2.8 教育部 2022 年工作要点

第三节　我国特殊教育政策特色

据 2022 年统计数据显示，我国特殊教育学校已有 2314 所（还在增设中），基本形成普通学校随班就读和附设特教班为主体，以特殊教育学校为骨干，以送教上门和远程教学等形式为补充的特殊教育发展格局[2]。行政上，基本形成了以教育部门为主，民政部门、卫生部门、残联部门和社会力量作补充的特殊教育办学渠道，正在形成包括学前教育、基础教育、中等教育、高等教育的残疾人教育体系。

2022 年初，教育部召开"十四五"国家基础教育重大项目计划实施部署工作会议，总结"十三五"国家基础教育改革发展成就，部署推动实施"十四五"国家基础教育重大项目计划。教育部怀进鹏部长强调要准确把握"三段一类"教育的不同阶段性发展需求，推动基础教育整体高质量发展。一要大力促进义务教育优质均衡，二要大力促进学前教育普及普惠，三要大力促进县域高中整体提升，四要大力促进特殊教育拓展融合。在特殊教育方面，要加快健全特殊教育体系，积极发展学前特殊教育，着力发展以职业教育为主的高中阶段特殊教育，推动普特融合、职特融合，医教、康教和科教融合，创设融合教育环境，

---

[1] 彭霞光. 中国特殊教育发展的六大转变 [J]. 中国特殊教育，2010，9：3-8.

[2] 邓猛. 全球化视野下的中国大陆融合教育本土化范式反思 [A]. 第四届海峡两岸特殊教育高端论坛主讲论文，岭南师范学院，2017 年 11 月 11-12 日.

做到"应随尽随、应融尽融"[1]。我国特殊教育政策方向已日益鲜明。

根据《中华人民共和国残疾人保障法》(2018 修订)、《中华人民共和国残疾人教育条例》(2017 修订) 和相关法规，以及教育部最近出台的相关重要文件，当前我国特殊教育政策的特色，可从教育行政、权益保障、服务对象、教育安置、课程实施、教育人员及支持系统等七方面综合分析。说明如下：

一、教育行政方面

颁布《中华人民共和国残疾人保障法》和《中华人民共和国残疾人教育条例》，作为推进特殊教育事业发展的依据。政府统筹规划与执行特殊教育，将残疾人教育作为国家教育事业的组成部分，合理配置资源，保障经费投入，改善办学条件；同时也鼓励民间办学、捐资助学。特殊教育行政主管单位，除了教育部基础教育司与国务院残疾人工作协调委员会外，还有残疾人联合会（简称"残联"），是经国务院批准和国家法律确认的将残疾人自身代表组织、社会福利团体和事业管理机构融为一体的残疾人事业团体，具有"代表、服务、管理"职能：代表残疾人共同利益，维护残疾人合法权益；开展各项业务和活动，直接为残疾人服务；承担政府委托的部分行政职能，发展和管理残疾人事业。依《中华人民共和国残疾人教育条例》(2017 修订) 规定，残联及其地方组织"应当积极促进和开展残疾人教育工作，协助相关部门实施残疾人教育，为残疾人接受教育提供支持和帮助。"

二、权益保障方面

为保障残疾人享有平等接受教育的权利，禁止任何教育歧视，各级教育机构不得以残疾为理由拒绝残疾学生；在义务教育阶段，政府对贫困残疾人家庭的学生提供免费教科书，并给予寄宿生活费等补助；为办理学前特教，广设残疾幼教机构、普通幼教机构残疾儿童班及特殊教育机构学前班，对残疾儿童实施早期发现、早期康复和早期教育；普及与提高结合，以普及为重点，着重发展职业教育，积极开展学前教育，逐步发展高级中等以上教育；在残疾人成人教育方面，对残疾人开展扫除文盲、职业培训、创业培训和其他成人教育，鼓励残疾人自学成才。

《中华人民共和国教育法》（2021 修正）第 10 条规定："国家扶持和发展残疾人教育事业。"第 38 条规定："国家、社会、学校及其他教育机构应当根据残疾人身心特性和需要实施特殊教育，并为其提供帮助和便利。"作为教育领域的基本法，着重要扶持特殊教育，并提出适性教育的理念，对后来的特殊教育发展起到强有力的指导作用。

1996 年，第八届全国人大常委会第十九次会议通过了《职业教育法》，其中第 15 条规定："残疾人职业教育除由残疾人教育机构实施外，各级各类职业学校和职业培训机构及其他教育机构应当按照国家有关规定接纳残疾学生。"

---

[1] 教育部新闻办【微言教育】. 教育部部长怀进鹏：4 方面着力，推动基础教育整体高质量发展 . 2022-02-18.

1999 年，《中华人民共和国高等教育法》对高校招生作了规定："高等学校必须招收符合国家规定的录取标准的残疾学生入学，不得因其残疾拒绝招收。"

2006 年，修订《中华人民共和国义务教育法》进一步完善和充实了有关特殊教育的要求，从政府责任、受教育形式、经费保障、教师待遇和法律责任均作出了具体规定。

2008 年，修订《中华人民共和国残疾人保障法》（2018 再修订），其中第三章专门对残疾人教育的权利、管理体制、发展方针、学制结构和机构组成等作出规定。进一步强调了残疾人平等接受教育的权利与政府在特殊教育事业中的职责，充分体现了义务教育的强制性、免费性和普及性。

三、服务对象方面

1990 年发布《中华人民共和国残疾人保障法》(2018 修订)，界定残疾人包括视力残疾、听力残疾、言语残疾、肢体残疾、智力残疾、精神残疾、多重残疾和其他残疾等八类。这也是目前法定的特殊教育服务对象。近年特教服务对象扩及孤独症（自闭症）、脑瘫及发育迟缓，少数地方（如江苏省）将学习障碍也纳入进来。

另外，政府未制定资优教育法案，官方亦无资优教育方案规划，因此，法定的特殊教育服务对象不包括资赋优异儿童（超常儿童）。

四、教育安置方面

如前所述，安置形式以融合为取向，以特殊学校为骨干，普通学校随班就读及附设特教班为主体，送教上门和远距教学等形式为补充的安格局初步形成。一方面，要求常住人口 30 万以上的县（市、区、旗）须至少设立一所特殊教育学校（目前已进一步鼓励 20 万人口以上的行政区办好一所标准化特殊教育学校），特殊学校密度之高，前所未有。另一方面，积极推动融合教育，根据残疾人的残疾类别和接受能力，采取普通教育方式或特殊教育方式，但以普通教育方式（随班就读和附设特教班）为优先，特殊学校则扮演支持角色，起骨干作用。

此外，为掌握残疾儿童资料，根据新生儿疾病筛查和学龄前儿童残疾筛查、残疾人统计等资讯，对义务教育适龄残疾儿童进行入学前登记，全面掌握各行政区适龄残疾儿童的数量和残疾情况，以落实残疾儿童义务教育。

安置原则坚持就近、适当。《中华人民共和国残疾人教育条例》（2017 修订）第 17 条规定："适龄残疾儿童、少年能够适应普通学校学习生活、接受普通教育的，依照《中华人民共和国义务教育法》的规定就近入学接受义务教育。"《特殊教育学校暂行规程》（2012 修订）第 9 条规定："学校应对残疾儿童、少年的残疾类别、原因、程度和身心发展状况等进行必要的了解和测评。"第 11 条规定："特殊教育学校应接纳其教育行政部门批准、不适应继续在普通学校就读申请转学的残疾儿童、少年，并根据其实际情况，编入相应班级。"

第 14 条规定："经考查能够在普通学校随班就读的学生，在经得本人、其父母或者其他监护人的同意后，应向主管教育行政部门申请转学。"

特教学校是否与融合教育理念冲突？

新京报：为什么特教学校也在增加？是否与融合教育理念冲突？

邓猛：不能把融合教育狭隘地理解为将所有残疾孩子推进普通学校。"一刀切"式地为了融合而将特教学校取消，反而会让很多残疾程度深的孩子受教育权利落空。而且，特殊学校的存在不仅仅是为让残疾孩子入学，它们还承担了为融合教育提供专业支持的任务。特殊学校专业力量集中，专业人才、专业资源相对丰富，能更好地为本地区普通学校做指导、咨询、教师培训等工作，为融合教育提供专业支持。

【资料来源】邓猛. 推动融合教育，让更多残疾孩子进入普校. 北京新浪网，2022-04-12.

五、课程实施方面

强调弹性课程与学制，根据残疾人的身心特性和需要，课程、教材、教法、入学和在校年龄可以有适度弹性，必要时其入学年龄和在校年龄可以适当提高。此外，应加强补偿教育和职业教育。如《中华人民共和国残疾人教育条例》（2017 修订）第 21 条规定："在普通学校随班就读残疾学生的义务教育可以适用普通义务教育课程设置方案、课程标准和教材，但是对其学习要求可以有适度弹性。" 并进一步在第 25 条提出："残疾儿童、少年特殊教育学校（班）的课程设置方案、课程标准和教材，应当适合残疾儿童、少年的身心特性和需要。"

六、教育人员方面

强化教师培训和待遇保障，一方面有计划地培养、培训特殊教育师资（包括盲文和手语师资），普通师范院校开设特殊教育课程或讲授有关内容，使普通教师掌握必要的特殊教育知能。为提升特教教师素质，2015 年教育部颁布了《特殊教育教师专业标准 (试行)》。该项标准包括师德为先、学生为本、能力为重、终身学习等四项基本理念。基本内容包括专业理念与师德、专业知识和专业能力三大层面。另一方面，为激励特殊教育工作者，县级以上人民政府应为特教教师制定优惠政策，特教教师和手语翻译员，均得享受特殊教育津贴。

七、支持系统方面

在支持系统方面，为充实特教相关资源，县级以上地方人民政府教育行政部门应统筹安排支持特殊教育学校建立特殊教育资源中心，在一定区域内提供特殊教育指导和支援服务。政府有关部门应当组织和扶持盲文、手语的研究和应用、特教教材的编写和出版、特教教学用具及其他辅助用品的研制、生产和供应。为建设无障碍环境，特殊教育机构应具备适合残疾人学习、康复、生活的场所和设施。

此外，鉴于父母的参与非常重要，明确残疾人家庭应当帮助残疾人接受康复训练和教育，同时积极开展家庭教育，为残疾儿童、少年接受教育提供支持。残疾儿童的父母或监护人与学校就入学、转学安排发生争议时，可以申请县级人民政府教育行政部门处理。

思考与练习 3-3

阅读《中华人民共和国残疾人教育条例》（2017 修订），并与同学讨论其重点和疑难之处。

第四节　我国特殊教育的回顾与展望

一、已有的成就

如前所述，改革开放后，中国的特殊教育获得了长足进步，以接受特殊教育服务的残疾（残障）学生而言，根据教育部的统计，2019 年义务教育阶段（6 ~ 15 岁）残疾学生约 93.88 万人，占学生总数的 0.61%，其中包括特教学校 14.42 万人（占 15.36%），普通学校 79.46 万人（占 84.64%）。普通学校特教生中，包括随班就读 39.05 万人（占 49.15%），附设特教班 3845 人（占 0.48%），送教上门 17.08 万人（占 21.50%），以及其他[1]。根据教育部发布的特殊教育评估报告，未入学残疾儿童数从 2010 年的 14.5 万人减少至 2013 年的 8.3 万人。其中，视力、听力及智力残疾学生入学率提升，孤独症、脑瘫、多重残疾学生人数亦逐年增加。

此外，1987 年，北京大学通过全国高考招收了 21 名残疾大学生，这是一个突破，残疾学生第一次可以和正常学生一样参加高考并上大学。2014 年全国共招收残疾大学生 9542 人，其中 7864 名残疾学生被普通高等院校录取，1678 名残疾学生进入特殊教育学院学习。近年的数据有待更新与补充，但一般相信，特殊教育学生人数必定逐年增加，且向义务教育的前后两头显著延伸。

以特殊教育教师队伍建设而言，十余年来特教教师总数平稳成长，2009 年以后增长速度加快。2003 年共有专任特教教师 4 万 853 人，2012 年增至 5 万 3615 人，十年间增长了 31%。2019 年更增至 6 万 2400 人，比七年前又增长了 16%。在教师素质提升方面，教育部于 2013 年发表《关于加强特殊教育教师队伍建设的意见》，要求依照特殊教育事业发

---

[1] 杨希洁，冯雅静，彭霞光，等．中国特殊教育发展报告（2014-2016）．北京：华夏出版社，2019.

展的实际需要，到 2020 年形成一支数量充足、结构合理、素质优良、富有爱心的特殊教育教师队伍。教育部于 2015 年 9 月颁布《特殊教育教师专业标准（试行）》，今后特殊教育教师要经过严格的培养与培训，具有良好的职业道德，掌握系统的专业知识技能，为达成多元优质的特殊教育奠定基础。

二、当前的课题

近年政府推动特殊教育的力道越来越强，例如，增加特殊教育经费及增设特殊教育学校、扩大身心障碍儿童入学机会。但不容讳言，特殊教育仍存在一些问题需要解决或改进，例如，特殊教育方案不充分、区域发展不均衡，特殊教育教师的数量与质量均有不足，特殊教育课程与教学改革深度与广度均有待强化，医疗机构、康复机构、普通学校及特殊学校之间的分工与合作机制尚未建立等，都是重大的挑战[1]。

再如，目前的随班就读状况有些令人担忧，一般学校不配备特殊教育教师，没有设立适合这些特殊儿童发展的资源教室。从事随班就读教育的教师，常因升学率压力而关注不到残疾儿童，一些随班就读的残疾儿童不能正常参加学校和班级的活动，享受不到与正常儿童相等的待遇，随班就读成了"随班混读"[2]。

邓猛指出，中国似乎是全球唯一持续大规模建设特殊教育学校的国家，中国特色的融合教育必然是以特殊教育学校为基础。他认为，当下要继续完善特殊教育发展体系与格局，促进特殊教育学校综合化发展与功能转型，打造融合教育学校文化特色，并注重多种干预技术的情境化运用等，在此基础上才能实现全纳、悦纳、慧纳[3]。近年来，为因应随班就读政策的推进，加上入学的特殊儿童之障碍程度也越来越严重，乃大力推广"医教结合"与"教育康复"模式，强调"复合型"特殊教育教师的培育，要求特殊教育教师既要懂特教，也要懂康复[4]，其理论基础、定位、可行性及效果，似均有待厘清与检验[5]。

任何教育改革，须兼顾教育原理、时代潮流、固有文化及本土需求，庶几在变迁迅速的社会中，不致迷失方向。今日特殊教育面临变革的压力，若干议题仍众说纷纭，向前？向后？向左？向右？莫衷一是，我国特殊教育学校建设与世界融合教育思潮的矛盾与冲突，即其一例；再如残障（残疾）学生鉴定与教育宜采医学模式还是教育模式？对特殊需要学生的服务宜采平等原则或保护原则？这些又是在现代化过程中我们常遇到的问题。

[1] 杨希洁，冯雅静，彭霞光，等. 中国特殊教育发展报告（2014—2016）. 北京：华夏出版社，2019.

[2] 彭兴蓬，雷江华. 论融合教育的困境：基于四维视角的分析 [J]. 教育学报，2013,9(6)：59-66.

[3] 邓猛. 全球化视野下的中国大陆融合教育本土化范式反思 [A]. 第四届海峡两岸特殊教育高端论坛主讲论文，岭南师范学院，2017 年 11 月 11-12 日.

[4] 王雁，朱楠. 中国特殊教育教师发展报告 2014[R]. 2015，北京：北京师范大学出版社，2015.

[5] 彭兴蓬，林潇潇. 特殊教育医教结合的反思：政策分析的视角 [J]. 教育学报，2014，10(6)，59-66.

三、问题与挑战

显然，我国特殊教育的发展，自改革开放以来，在数量上与素质上已有长足进步，唯在落实特殊教育理想与实践的历程中，仍面临一些问题与挑战，有待克服与精进，其主要者有如下列：

（1）如何落实残障国民义务教育并规划并向下延伸至学前阶段？

（2）如何落实无障碍环境之营造与推动？

（3）如何加强普教与特教之协调与合作？

（4）如何加强客观鉴定与多元评量？

（5）如何加强专业团队的人力与运作？

（6）如何贯彻残障学生零拒绝与融合教育措施？

（7）如何加强残障学生的生涯规划与职业辅导？

（8）如何加强研发特殊教育课程及教材教具？

（9）如何规划资优教育（超常儿童教育、英才教育、优才教育）方案？

（10）如何强化弱势与文化殊异群体资优学生的鉴定与辅导？

保障残障者平等参与社会生活之人权已成为现代文明社会的基本共识，而教育则是残障者通往享有平等人权社会的必由之路。特殊教育是衡量一个国家与社会的政治、教育、文化、经济、科技、卫生保健、福利等水平的重要指标，是国家及其文明程度的视窗，而不是可有可无或施舍救济。当今我国普通教育的普及率及水平已有傲人成绩，但特殊教育的地区差异大、财政投入结构不均衡、特教教师稳定性不强，这些均与实际需求有较大差距[1]。显然，在适应国际特殊教育发展趋势与普及和优化残障儿童教育的课题上，我们还需作更大的努力。

四、未来的展望

众所周知，今日教育的课题一方面是要求参数量的扩充，一方面要求质量的提升。要求数量的扩展，便要实施全民教育，做到"有教无类"；要求质量的提升，便要推展特殊教育，做到"因材施教"。

其实，特殊教育没有定规，唯适性而已。在国际上一场又一场的知识飨宴里，各种课程与教学模式，纷至沓来，相互争宠，令人眼花缭乱。我们引进国外各种课程与教学模式时，不要忘了因时、因人、因地而制宜，依功能（学生的特质和需要）做抉择。如果随便拿一套模式，把每个学生都套进去，那就是"拿来主义"，就太肤浅、太牵强、舍本逐末了。

在现代化过程中，社会变迁迅速，面对许多两难的问题与冲击，如何兼顾教育原理、时代潮流、固有文化及本土需求，寻找出路？中庸之道可能是答案所在。中庸之道作为"定海神针"，有助解决纷扰、开拓新局。中庸之道不但是千百年来的华夏之道，也是世界之道、

[1] 彭霞光. 中国特殊教育发展现状研究 [J]. 中国特殊教育，2013(11)，3-7.

未来之道，可用于析理当前的种种教育问题，包括特殊教育问题。

谈到特殊教育的中庸之道，吴武典曾就当前特殊教育发展的重大议题中，择其四项，从中道观点，试加析论如下[1]：

其一，教师职前教育模式：涉及教师的形式条件与实质条件何者为重？师资培育方向应是专业型还是复合型？等问题。吴武典提出"三连贯卓越师培模式"，旨在建立"现代人—大学生—特教人"三连贯卓越师培制度，培养多元专长、理论与实务兼顾的中小学特教教师。

其二，特殊教育课程设计：涉及融合教育中普通教育和特殊教育的同与异、特殊教育课程设计的一体化或分殊化、能力为本或教材为本、个别化教育计划的形式与功能等问题。吴武典提出"普、特融合的课程设计模式"，指出特殊需要学生的课程应包括普通课程、特殊课程及调整课程三大部分。其中，"课程调整"是融合教育成败的关键；在全局课程设计中，"生本"成分理当大于其他范畴。

其三，特殊教育专业服务规划：涉及平等原则或保护原则？医学模式或教育模式？如何减除负面的标记作用？有无最佳的专业团队服务模式？等问题。吴武典指出，专业合作是硬道理，建议采用个案中心的"跨专业合作模式"，结合特殊教育和康复服务，一并纳入个别化教育计划中，落实个案管理。

其四，特殊学生教育安置模式：涉及融合教育的核心课题：教育安置宜采隔离式或统合式？一元化或多元化？特殊班和特殊学校有无存在的必要？对于双特学生的安置与教育重点是"扬长"还是"补短"？等问题。吴武典指出，"多元化的安置，逐步迈向融合"最符合国情和中道精神，也最可行；最适当的安置应综合考虑学生的障碍类别、障碍程度、进步情形、居家远近和个人意愿等要素。

从教育改革的视角，诚如彭霞光的分析和建言，我国特殊教育要想真正健康发展，须完成下列六大变革：[2]

（1）政策层面：由特殊教育条例向特殊教育法律法规的改变。

（2）特殊教育的对象：由盲、聋、弱智等三类残疾儿童教育向特殊需要儿童教育的改变。

（3）特殊教育投入：由单纯重视硬体投入向满足残疾儿童需要的改变。

（4）教育形式：由特殊学校教育逐渐向随班就读学校教育的改变。

（5）学校教育建设重心：由东部发达地区向中西部地区的改变。

（6）师资培训方式：由单一的特殊高校师资培养向普通大学开设特教专业培养方式的改变。

总之，特殊教育已成了教育中的"显学"。此一"显学"未来的发展如何？我们努力的方向为何？宜根据教育原理、世界潮流、本土文化背景、社会需要，以及相关研究文献，

---

[1] 吴武典. 现代化过程中特殊教育的中庸之道 [A]. 第六届海峡两岸特殊教育高端论坛主讲论文. 南京：南京特殊教育师范学院，2019 年 11 月 16-17 日.

[2] 彭霞光. 中国特殊教育发展现状研究 [J]. 中国特殊教育，2013(11)，3-7.

综合考量。期望有志之士携手合作，集思广益、切磋琢磨，迎接未来的挑战，共创我国特殊教育的荣景。

海峡两岸特殊教育携手前行

海峡两岸特殊教育已逐渐发展与精进，但仍面临许多问题与挑战。特殊教育应持续维护学生权益与福祉，以学生需求为本位、学生权益为优先、学生优势发展为首要。期待未来两岸特殊教育继续携手合作，往下扎根、向上提升，顺应教育思潮，依循相关法规和现实需要，落实教育机会均等，建构优质适性教育环境，设置完整支持网络，增进全面家庭参与，营造无障碍校园环境，发展多元适性教育安置方案，提升特教学生的学习质量，建立终身学习体制，促进个人生涯发展，以实现适性扬才、成己成人之目标。

【资料来源】吴武典.海峡两岸特殊教育的演进、特色与展望 [J].教育研究月刊，2021,332：115-129.

试勾勒出一幅 10 年后我国特殊教育发展的愿景。

讨论问题

1. 我国特殊教育的源流与西方国家相较，有何同与异？

2. 我国特殊教育最新发展的重点为何？试列举说明之。

3. 我国特殊教育政策特色中，何者你认为最重要，为何？

4. 以中庸之道析理特殊教育的争议问题，是否可行？试评论之。

5. 从教育改革的视角，我国特殊教育最需要的变革为何？

延伸阅读

1. 杨希洁，冯雅静，彭霞光，等.中国特殊教育发展报告（2014—2016）[M].北京：华夏出版社，2019.

2. 教育部.《特殊教育教师专业标准（试行）》[L].2015,北京：作者。

3. 郭卫东.中国近代特殊教育史研究 [M].2012，北京：高等教育出版社。

4. 彭兴蓬，雷江华.论融合教育的困境：基于四维视角的分析 [J].教育学报，2013，9(6)：59-66。

本章作者：吴武典　石梦良

第四章　特殊儿童评估

学习目标

□知识目标

1. 了解特殊儿童评估的意义、性质与实施目的。

2. 了解正式评估与非正式评估的实施方式。

3. 了解特殊儿童需要评估的内容。

4. 了解个别化教育计划的性质与内容。

□能力目标

1. 能依据特殊儿童的类别，拟定一份简要的评估计划。

2. 能依据评估结果，决定特殊儿童的需要及教育计划。

□情意目标

1. 能遵守特殊儿童评估的伦理原则。

2. 制订的评估计划与教育计划能符合特殊儿童与家长的需要。

本章重点

就特殊教育历程而言，儿童的学习或行为问题，可能经由父母或教师的察觉与推荐，也可能经由筛查测验发掘。推荐或筛查的疑似对象，接受进一步鉴定，若符合政府所制订的法定资格，则具有接受特殊教育安置与服务的权益。法定资格确定后，即需进一步评估儿童的需要，并据以为该生制订及执行个别化教育计划。计划执行过程也需对儿童的学习与行为持续进行评估，以监控计划成效，作为计划续行或调整的依据。因此，整个特殊教育历程，评估都扮演重要角色。

关键词：诊断、评估、鉴定、相关服务、个别化教育计划

第一节　特殊儿童评估的相关用词

特殊儿童评估可能出现许多相关名词，这些名词其意义或广或狭，皆与评估的含义有关，因此，有必要先加以探讨。

一、评估相关名词释义

特殊儿童评估有几个相关词汇：①测验：以测验工具对特殊儿童施测，以获得代表其身心特质的某特定指标的历程。测验工具包含正式（或标准化）与非正式（或非标准化）二类；②测量：根据某一既定量尺，对儿童某项特质加以测定的历程。所谓量尺，应指具有数字或量化的标尺。测量是测验方式之一，但较强调测定结果的量化；③诊断：是确认某一病症或障碍的原因或性质，并根据病因给予适当处方的流程；④鉴定：根据法定标准，判定儿童是否符合接受特殊教育服务的法定资格；⑤评鉴：根据某一标准对儿童身心状况或教育状况，作价值判断的历程。例如，对个别化教育计划实施成效加以评鉴；⑥评估或评量：以各相关方法搜集儿童教育有关的信息，以作为教育与相关服务决策依据的系统化流程。

就上述相关名词而言，其中相似者应多于相异者，当然，有些名词的确切意义，或许不同学者有不同定义，不过其中应仍以"评估"一词，所包含的范围最广。评估是指综合应用各种适性评估方式的历程。

二、诊断与评估

"诊断"一词来自医学，应用于特殊教育具有正面意义：①障碍病因及性质的医学检查，有利于医教结合；②高度专业化，需由专业人员从事；③精确判断，不容错误；④诊断与处方结合，对症下药。

"诊断"一词在特殊教育的使用也可能产生限制：①易使人误认评估的精确无误；②易使评估偏向医学或生理的检查；③教师很难由病因病名导引出教育内容与方法；④易使人误认为障碍是难以改变的"病"或生理缺陷；⑤易使教师认为评估是高度专业化的，并非教师能力所及；⑥易使人误认为评估必须使用精密、复杂的工具或仪器设备。

第二节　特殊儿童评估的意义、性质与目的

一、特殊儿童评估的意义

综合而言，特殊教育评估即利用各种有效的评估工具或评估方法，搜集儿童与特殊教育有关的完整信息，借以了解学生有利于及不利于特殊教育的条件，并做出特殊教育有效决策的系统化历程。分析而言，此一定义具有几个重要意义：①评估方式包含使用评估工

具及各种评估方法；②各种评估方式皆需考虑其信效度；③所搜集的信息必须是与教育具有相关性的；④必须搜集医学、心理、教育、社会等方面的完整信息；⑤应搜集有利于及不利于儿童教育的各种信息（优弱势）；⑥评估的最终目的在于对学生作出有效的教育决策，并进一步评估此一决策的有效性；⑦评估是从发现问题、判断问题性质、发展教育计划、评鉴与调整的系统化专业历程。

二、特殊儿童评估的特质

（一）合目标

评估必需是解决问题的目标导向历程，需针对家长或教师主诉的儿童学习或行为问题；评估的结果也必需有助于解决造成教师或家长困扰的问题。

（二）完整性

评估应搜集儿童完整而与教育有关的资料。所谓完整，至少应包括医学、心理、教育、社会等方面与提供学生特殊教育有关的信息。

（三）统整性

评估涉及各相关专业领域人员及教育相关人员的相互合作。所谓合作，不仅是人员的间的共事或共同参与，还应是成员的积极参与，以及成员间的相互沟通、专业分享、协调、合作。

（四）专业性

评估者所应具备的专业知识，至少包括下列几方面：①测验专业知识（例如测验的信度、效度、常模等）；②测验所欲测量的构念（例如智力理论、创造力理论、学习障碍学生在智力测验上的组型等）；③特殊儿童身心特质（例如自闭症、注意缺陷多动障碍）；④测验结果与教学相互结合的结果应用（例如依社会适应测验结果调整智力障碍学生的教学）；⑤评估者所应遵守的专业伦理守则；⑥非标准化测验应用的专业能力。

（五）主动性

"主动性"包括以下几个意义：①主动发掘儿童的特殊性，在家长同意下主动推荐儿童接受相关的鉴定与评估，使具有特殊需求的儿童皆能经由评估获得适性教育机会；②家长、普通班教师、特教教师、相关专业人员等，于评估历程中皆应主动配合及提供必要的信息；③依评估结果所作出的教育决策，家长、相关教师、相关专业人员皆应主动配合及执行；④对于教育决策的适当性及教育绩效，相关人员皆应主动监控及采取必要的调整措施。

（六）个别性

特殊儿童本身即是异质群体，任何特殊儿童皆是独特个体。每个儿童其行为表现实况皆各不相同，即使具有相同的行为表现，亦未必皆为相同原因所造成。同一学生，在不同时空下，亦将有不同的行为原因。不同的儿童，身心条件不同，其需求也可能互有差异。

（七）教育性

特殊儿童评估应搜集与儿童教育具有相关性的信息，凡与学生教育无明显关系或涉及学生隐私的信息，皆非教育评估范围。特殊儿童评估亦需在其实际的教育情境中进行评估，评估不但应了解儿童在教育情境中的表现，且应了解教育情境中相关因子间的互动关系。此外，评估结果应实际应用于儿童的教育或教学决策，若仅以获取评估结果或其病因、病名为满足，或仅以评估结果对学生贴上标签，则此评估即不能谓之"教育评估"。因此，评估仅是达成教育的过程或手段，本身并非目的。评估的真正目的在于促进适性教育或提升教学质量。

（八）连续性

就教学的过程而言，评估至少应注意以下连续性过程：①教学连续性过程的评估，重视学生学习过程的形成性评估；②任何行为皆为连续性的过程，因此，评估者应重视各种学习或行为现象的前因、后果的评估；③注意对评估结果或评估结果应用的重新检核与调整。评估不应是"一试定终身"，而是具有再评估或修正与调整机制的持续性历程。

（九）分析性

评估并非以获得单一笼统分数（例如智商或对照常模的各种标准分数）为满足，应进一步对评估内容加以分析，了解儿童在各组型、各分测验或甚至各题项上的反应状况，及其产生此反应的可能原因，以作为教学应对的参考。

（十）客观性

评估的过程与解释，评估者皆应保持客观或中性态度，评估前不对评估结果预作判断，亦不因学生的外表、言谈或社经背景，而对其评估结果存有预设立场；评估后，任何有关评估结果的解释判断及教育决策，皆应有事实依据，而非仅凭个人主观认定。多数专业人员共同参与、会商与综合析判，也是保持评估结果客观性的重要途径之一。

（十一）合法性

所谓合法性，至少具有三层意义：①鉴定标准的合法性，符合政府的法令规定；②评估过程的合法性，符合法定的评估程序；③合法权益的保障。评估过程重视儿童及其家长权益的保障。

（十二）合伦理

任何专业皆有其伦理原则，特殊儿童评估自不例外。评估伦理的重点包括以下几方面[1]：①评估前，选择的评估工具或评估方法需符合儿童的身心条件及问题，对接受评估的特殊儿童具有适当信度与效度，避免产生歧视或偏误；②评估中，需注意遵守测验的标准化施测过程，控制适当施测情境，避免产生测验误差，且在不影响测验效度情况下，适性调整评估过程以因应儿童身心条件限制；③评估后，需注意评估结果是否受到测验误差的影响，是否对儿童产生测验偏误。测验结果的解释也要注意同时考虑儿童的优势与弱势，并避免作出未获实证研究支持的结果解释，且需依据测验结果提供及调整儿童的教学与辅导，并评估儿童的学习或行为问题是否因而获有效解决。此外，对于测验内容及测验结果亦需保密。

（十三）多元性

"多元"的目的即在于促使评估的内容、工具与方式更具个别化与适当性。多元评估包括以下层面：①评估内容多元：不同发展阶段及不同身心特质的儿童，所需着重的评估内容不同，同一儿童亦需作多向度的评估；②评估方式多元：不同学生的评估方式不同，同一学生亦可经由多种评估方式获得较完整的评估信息。例如采标准化测验工具或访谈；③评估时间多元：不同学生适合评估的时间可能不同，同一学生也可能因时间不同而有不同的评估表现，评估者最好取得不同时间的评估结果相互参照；④评估人员多元：评估应由多元专业人员共同参与，评估流程的信息提供者也应包括多元重要关系人；⑤评估情境多元：不同学生在不同情境下的行为表现可能互异，即使同一学生亦可能因情境不同而有不同的行为表现，评估者应考虑参考学生在多元情境下的行为表现；⑥评估标准多元：特殊儿童可能具有个别间与个别内的差异，因此，评估者所设定的通过标准或精熟标准亦需因应此一个别差异条件。

三、特殊儿童评估的目的

评估的目的有三：行政上的目的，教学的目的，辅导的目的。若将辅导的目的并入教学目的，则就特殊教育的历程而言，特殊儿童教育评估的目的如下[2]：

（一）筛选

即对大多数学生或被推荐学生，实施一项较为简单的测验(通常为团体测验)或检核表，以选出疑似对象，再作进一步的鉴定。筛选测验的应用通常也会采取较为宽松的标准，以避免因误差而筛除可能符合最终鉴定标准的受试者。例如智力障碍、资赋优异，若鉴定标准分别为智商正负 2 个标准差，则筛选测验结果即可分别放宽为正负 1.5 个标准差。

（二）资格认定

资格认定历程也称鉴定，即以特殊教育的法定标准，决定学生是否具有接受正式特

---

[1] 胡永崇. 特殊教育学生评量的伦理原则 [J]，特教园丁季刊，18(4)，2003：11-16.

[2]Kritikos, E. P., McLoughlin, J. A., & Lewis, R. B., Assessing students with special needs[M].Upper Saddle River, NJ：Prentice-Hall, 2018, 8-9.

殊教育的资格。由于身心障碍儿童可能同时具有社会福利权益与特殊教育权益，因此，常会同时接受二个系统的鉴定，但二个系统鉴定的目的、标准、工具、流程，仍可能会有差异，因此，各自的法定资格虽可相互参考，但却并非直接相互采认。

（三）评估儿童的教育需求

确认儿童具备接受特殊教育的法定资格后，即需进一步评估儿童的优势、弱势与教育需求，并据以发展儿童的教育计划。儿童的教育需求评估包括安置方式的需求、所需补救教学的各课程领域、课程与教学的调整、相关服务、行为干预与辅导策略等。

（四）拟订个别化教育计划

所有评估历程，其最终目标皆不外为学生提供一个适性的个别化教育计划，特殊儿童教育需求的各项评估结果，都是发展个别化教育计划的最重要基础。

（五）监控学生的进步状况

个别化教育计划发展后即应付诸执行，执行历程也需时时评估计划成效或学生进步状况，并随时调整教学内容与教学方法，以达成教学绩效责任，确保学生的学习权益。

（六）评鉴与调整特殊教育计划

个别化教育计划虽根据评估结果拟订，但教学或学习所涉及的因素甚多，并非教师所能完全控制，因此，任何计划的执行，其实际表现与预定目标之间常具有差距。教育人员需于计划执行中及执行后，随时对计划加以检讨与调适，才能保障学生的学习权益。

第三节　特殊儿童评估的实施方式

特殊儿童教育评估所使用方式甚多，若依测验的正式性，则可分为使用正式测验与未使用正式测验二种。

一、使用正式评估工具

所谓正式的评估工具，指的是标准化的、常模参照的评估工具，此种评估工具，可将评估结果化成各种标准分数或常模分数，以了解受试者在团体中的相对地位，测验所得分数的意义亦依其在团体的相对位而定。就特殊教育的历程而言，鉴定或特殊教育资格认定，大都采用标准化评估工具作为判断依据。此类测验通常可以在出版社的网站查得相关信息，特殊儿童评估的专书通常也会对各测验加以介绍[1]。

标准化的测验工具，可依其在特殊儿童评估的功能作以下分类。

（一）智力测验

智力测验的目的在于评估儿童的智力功能，在鉴定上可用以决定儿童是否符合智力障

---

[1] 王辉 . 特殊儿童教育诊断与评估 [M] . 3 版 . 南京：南京大学出版社，2020，5-14 章 .

碍、智能优异的鉴定标准。学习障碍、智力障碍、一般智能资赋优异等类别儿童的鉴定，皆需应用智力测验。在教学上可用以决定儿童的学习表现是否受其智力功能影响，或决定其学习表现是否符合智力水平，用以判别儿童是否为低成就者。用于鉴定的智力测验通常为个别智力测验（一次只对一个学生施测），其中以韦氏儿童智力量表（WISC-Ⅳ）最为常用。

（二）认知能力测验

认知能力测验的目的在于评估儿童认知历程的各项能力，例如注意力、记忆力、推理能力、知觉能力、认知速度等。此类测验可能为单一能力的测验工具，例如记忆力、视知觉能力等测验；也可能是整体智力测验或认知能力测验其中的分测验，例如韦氏儿童智力量表中的记忆广度分测验。由于目前并无认知障碍或认知优异的特殊儿童类别，因此此类测验的目的通常用于辅助鉴定，了解儿童是否具有特定认知能力缺陷，但并非主要的鉴定工具。

（三）创造力测验

创造力也属于认知能力之一，资赋优异学生其中一类为创造能力资赋优异，因此，此类学生的鉴定即需使用创造力测验。此外，一般能力资赋优异、学术性向资赋优异、艺术才能资赋优异等类别学生的鉴定，也可能使用此类测验，用于了解儿童的创造能力，以作为鉴定的参考。

（四）学术性向测验

虽然智力测验有时也被称为学术性向测验，不过，二者仍有区别，前者通常用以评估一般的或综合的认知功能，且尽可能不涉及学校的学科领域课程；后者，则主要在于评估学生的学科领域学习潜能，其内容虽非直接取自学校的学科领域课程，但其题型、能力，却与学科领域学习较为接近。此类测验可用于学术性向资赋优异学生的鉴定，也可作为一般能力资赋优异学生鉴定的辅助工具，此外，亦可发展艺术性向测验，鉴别艺术潜能优异学生。

（五）学业能力或学业成就测验

"学业能力"测验内容通常并非直接取自学生在校日常学习的课程内容，例如识字、阅读理解、口语理解、口语表达、书写表达等测验；"学业成就"测验的内容则直接取自儿童在校学习的课程内容，例如语文科、数学科等学业成就测验。此类测验可用于评估儿童的整体或特定学业领域（例如整数乘法、分数计算）的学习表现。智力障碍、学习障碍、学术性向资赋优异学生的鉴定皆可能使用之。教师也可能使用此类测验评估学生的学习表现。另外，有些测验针对学业学习策略加以评估（例如整体学习策略、阅读理解策略、写作策略等）。

（六）语言能力测验

语言能力测验通常用于评估儿童的构音、拼音、语音、语法、语意、语用、语言沟通等能力。语言障碍儿童的鉴定与教学，最可能使用此类测验，此外，学习障碍儿童、听觉障碍儿童的鉴定与教学，也可能使用此类测验。

（七）情意与行为测验

情意与行为测验通常包括人格测验、人际关系或社会技巧测验、情绪或行为困扰测验等。此类测验最常用于情绪行为障碍学生的鉴定，例如使用情绪障碍量表、行为与情绪评估表，以了解儿童是否符合情绪行为障碍的鉴定标准。或使用注意缺陷多动障碍量表、自闭症量表等测验，以了解儿童是否属于该类障碍。

（八）社会适应量表及儿童发展量表

智力障碍鉴定需同时具备智力明显低下与社会适应明显困难等双重条件，因此，社会适应量表最常应用于智力障碍学生的鉴定。此外，此类测验也可用于情绪行为障碍、自闭症等儿童的辅助鉴定工具。儿童发展量表通常应用于学前幼儿的筛选与鉴定，了解幼儿整体或特定领域的身心发展有否迟缓现象。

二、使用非正式评估工具

使用非正式的评估工具，虽较无法有效判断学生在团体中的相对地位，但却可使评估结果与教学相结合。此类测验通常为教师自编测验，或使用实地调查、观察记录、作品分析等方式进行评估。未使用正式评估工具的评估流程，有时也称为替代性评估，其具有以下多种评估方式。

（一）观察法与访谈法

观察法即借由观察者搜集学生的行为表现信息，以作为教育决策参考的评估方法。就观察的情境而言，观察法可分为实验情境观察与自然情境观察两种。为在较短时间内获得完整的行为信息，评估者常需采用模拟情境以观察儿童的行为反应，例如在教室的模拟情境中，观察儿童的购物行为、挫折反应等。不过，模拟情境不同于自然情境，因此，若能再配合自然情境的观察，则更有利于了解儿童在真实生活环境下的行为表现。访谈法则借助儿童重要关系人的观察结果与回忆，而非评估者的亲自观察，虽然准确性可能较低，但可以节省许多人力物力。不管观察或访谈，也都会配合使用一些检核表、评定量表、访谈提纲。

（二）行为功能评估

行为功能评估的"功能"有二层含义，其一为函数，其二为目的或手段。函数意即行为与环境的因果关系（例如天气热导致儿童上课难以保持专注）；目的或手段意即行为所欲达成的目的（例如儿童以哭泣来逃避学习或获取强化物）。行为功能评估也称A-B-C分析法，

A(antecedents) 指行为的前置条件，B(behaviors) 指行为本身，C(consequences) 指行为的后果。此评估模式的目的在于了解儿童行为问题的前因与后果，借以调整环境、指导积极的替代行为、改变行为的后果条件等，以处理儿童的行为问题。

教师可采用观察、访谈、行为因果假设验证等方法，进行行为功能的评估。有效了解行为的功能与其应对策略，目标行为的界定需符合明确、可观察、可量化、可处理等条件，而非仅是模糊的概述或人格批判。例如"在午餐桶里吐口水"即较"不遵守用餐规范"或甚至"用餐时调皮捣蛋"，更符合行为功能评估的要求。

行为功能评估的应用练习

行为功能评估经常与积极（正向）行为支持 (positive behavior support, PBS) 并用，最常应用于评估学生的行为问题，找出行为的可能原因并据以处理。读者可以参阅本章所提供的参考文献，并实际找一个具有情绪行为问题的学生，观察及评估行为功能，以练习行为功能评估的实际应用。

1. 徐胜、孙涛. 积极行为支持对自闭症儿童课堂干扰行为的个案研究 [J]. 重庆师范大学学报（社会科学版），2020, 4：77-85.

2. 杨春英. 积极行为支持干预对轻度听力障碍儿童攻击行为的个案研究 [J]. 郑州师范教育，2021, 10(2)：69-73.

3. 王辉. 特殊儿童教育诊断与评估 [M].3 版. 南京：南京大学出版社，2020, 325-337.

（三）课程本位评估

课程本位评估即课程内容与评估内容相结合的评估方式。此种评估方式通常皆先确定整体的课程内容，然后以此内容作为教学与评估依据，借以决定教学起始点。教学后，亦以此课程内容作为评估学生对此课程内容的学习成效。此评估方式采用标准参照的评估模式，着重于确认学生表现是否达到既定标准或精熟水平，而非了解学生表现在常模参照评估模式中的团体相对地位。

由于课程本位的评估方式，其评估内容就是教学内容，极有利于教师确定学生教学前的起点行为及教学后的学习成效，因此，其亦被视为最能使评估与教学相结合的评估方式。课程本位评估常采用具有相同难度的题目内容，对儿童作持续性的评估，以了解其是否循进步曲线而逐渐接近学习目标。例如教师自教学材料的 200 个字中，每次抽取其中 20 个字作为教学及评估内容，并依 10 次评估流程，评估儿童对此 200 字的认读、书写、语意了解等学习表现，是否逐渐累积达成教学目标。

广义而言，凡评估内容与课程内容充分结合，有助于了解学生对课程的学习进步情况以作为教学调整的依据者，皆可谓课程本位评估，但实施方式也有不同形式，有的课程本位评估即采较为标准化的课程本位测量模式，包括课程内容、评估内容、评估过程、进步趋势曲线等，皆较标准化及较具信效度，而评估次数也更频繁，评估结果更能严密监控儿童的学习进步情况，因此，有时也被称为学业温度计[1]。

（四）生态评估

生态评估的"生态"意指环境中各因子间的互动关系，因此，生态评估重视了解学生所处生活及学习环境及环境中各相关因素间的交互作用。此评估模式有几个主要观点：①学生的学习及行为表现深受环境中各种互动因素的影响，许多学习问题或行为问题是环境不当所致，而非学生本身的问题；②若未同时处理环境的互动因素，则教学及行为干预其效果皆仅是短暂的；③教学内容及教学方法皆应考虑与学生所处生态环境的配合及实际环境中的应用；④特殊教育的目的在于培养学生适应环境的能力，因此，需评估学生适应其生态环境的困难、所需具备的能力及环境本身所需的调整，作为教学计划的依据。

（五）动态评估

动态评估以认知的"鹰架理论"为基础。"动态"有两层意义，其一为重视评估者对受试者的提示或指导，其二为强调受试者的表现会因接受教导而改变，教学后的进步幅度或作出正确表现所需协助的大小，也代表受试者潜能的高低。学习潜能高者，在教学过程中获益较大、所需教师提示的程度较小。最常用的动态评估模式为"渐进提示系统"，即依学生所需提示的大小来判断其潜能高低。动态评估重视的并非学生目前的学习表现，而是教学指导后的学习表现，或教学前与教学后学生表现的差距，此一差距也称为"最近发展区"，差距越大代表潜能越大。相较于静态评估只评估学生目前的成就表现，动态评估更有利于了解学生学习新事物的潜能高低。

（六）档案评估

档案评估重视儿童平时表现资料的搜集与汇整，借由儿童实际表现的汇总，了解其能力现况或进步情形。例如学习障碍儿童的鉴定或教学成效评估，除标准化测验外，若能再搜集平日的测验卷、作业单、日记、学习历程记录、教师与家长访谈等，在对各项信息的综合分析后，更有利于对儿童的障碍性质或进步情形作出正确判断。另外，有些领域难以使用标准化测验进行评估，也适合应用档案评估。例如艺术领域，借由各种竞赛、展演、检测、修习经历、推荐等资料，即可了解学生的艺术能力现况或进步情形。

（七）实作评估

实作评估即借由观察受试者实际进行某一任务，以评估其能力现况。此类评估最常应用于与动作或技能有关领域的评估，例如音乐、美术、舞蹈、戏剧等艺术才能的评估，或购物、如厕、洗衣等生活适应技能的评估。实作评估也可应用于学业学习领域的评估，例如教师观察儿童朗读、写字、写作、数学计算、生活中数学问题的解决等实际作业过程，评估其

---

[1]Taylor, R. L. Assessment of exceptional students: Educational and psychological procedures[M]. Boston, MA: Pearson Education, 2006: 133.

语文、数学能力。

（八）真实评估

真实评估意指评估情境、评估内容、评估过程，皆与真实生活情境符合，评估所测得的能力也是实际生活中所需应用的整体能力（例如真实情境中以书写方式与他人相互沟通的能力），而非某一或某些单一的、单纯的或抽离的特定能力（例如语法正确性、拼字正确性）。越具生活情境的真实性，即越接近真实评估的概念。真实评估与实作评估、档案评估的概念类似但仍有差异，例如儿童在模拟情境中的购物技能表现、各项音乐比赛成绩，属于实作评估或档案评估，但由于评估情境皆非真实情境，因此，仍非真实评估。

评估方式的真实性方面，例如要求儿童读一段真实报纸的文章后，给予选择题式阅读理解测验，则评估方式仍非真实生活的阅读能力表现方式。真实生活中，人们评估能否理解报纸内容，会针对报纸内容作内容重述或口语问答，而非选择题型的阅读理解测验。

（九）工作样本分析

工作样本分析即根据学生从事或完成某项工作样本的过程或优劣点，评估学生的能力现况及作为教学的参考。其分析方式可分为着重历程分析与着重结果分析两种。前者重视儿童执行某一工作或任务所需的能力，及其从事此一任务的历程所表现的各项能力优弱。例如写作能力方面，观察儿童自教师揭示写作题目起至其完成写作内容，在此一历程中所表现的能力；后者则重视学生已完成作品的分析（例如作品、作业簿），或已完成的任务的分析（例如折好衣物、刷完牙），了解学生完成此一作品或任务的优弱势或对错。在学业的样本分析方面，教师亦可分析学生已完成的作业内容，评估其学业表现。例如分析学生写作样本，以了解其语意、语法、语形、段落、结构、标点等能力及错误类型。

（十）教学干预法

教学干预法借由儿童教学干预后的改善情况，评估儿童的学习或行为问题是来自教学、环境的问题或能力的缺陷。例如某一具有行为问题或学习困难的儿童，若经由采用实证研究验证有效的干预后，其行为或学习问题即获得明显进步，则该儿童的问题即为教学或环境因素所致而非能力缺陷；相反地，干预效果不明显者，才属于情绪行为障碍或学习障碍。《美国残障者教育促进法》(the Individuals with Disabilities Education Improvement Act, IDEA 2004) 所订的 RTI (Response to Intervention) 学习障碍"干预反应"鉴定模式，即采用教学干预反应模式评估儿童的学习困难是属于教学不当或能力缺陷，若为能力缺陷才符合学习障碍的鉴定标准。

第四节 特殊儿童需要评估

为完整了解儿童需要据以制订个别化教育计划，现况评估通常包括社区状况、家庭状况、健康状况、感官功能、动作与行动能力、社会适应能力、生活自理能力、各项认知能力、语言与沟通能力、情绪与行为、学科学习能力等项目。为使评估结果有利于提出因应策略，评估的目标及叙写需尽量明确，例如"无法自己步行上下楼梯"即较"行动能力不佳"更具明确性。

因应儿童需要所作的调整，需依据儿童本身的特殊需要而定，而非依学校固有条件而定。儿童的需要可能包括安置、课程调整、支持服务等几方面。

一、安置需要

特殊儿童因其障碍类别、障碍程度、障碍性质的不同，所需教育安置亦不同。儿童安置需综合考虑其现况与教育需要、可安置资源、家长与儿童的意愿等。安置类型就其与普通环境的隔离或限制程度而言，主要包括普通班、普通学校巡回辅导服务、学校本位资源教室、普通学校附设集中式特殊教育班、特殊教育学校、其他适当场所的巡回辅导服务等（例如家庭巡回辅导、医院巡回辅导、其他场所巡回辅导）。此外，安置应尽量符合融合教育的精神，且不管安置环境限制程度如何，皆需考虑儿童接受不同程度的融合教育需要，尽量避免让儿童安置于完全隔离的教育环境中。

二、课程调整需要

课程调整需要包括课程内容、教学过程、评估方法等三方面的调整措施。各项调整措施需同时实施于学校（例如学校的段考）、教室（例如教师的平时考）、家庭（例如家庭作业）及其他相关教育场所（例如校外教学）。

（一）课程内容调整

课程内容的调整指针对特殊儿童的现况与需要，提供及调整其学习领域与内容、特殊需求领域课程。特殊儿童能力现况不同，其所需接受的补救教学课程领域与课程内容也不同。有些特殊儿童可完全学习普通班的课程，有些只需删减部分普通班课程内容，有些则可能需对普通班课程领域及内容，作较大幅度的调整。除学习领域课程的调整外，多数特殊儿童亦有提供特殊需要课程的必要。特殊需要课程需因应儿童个别差异与需求。主要的特殊需要课程包括学科补救教学、学习策略、生活管理、社会技巧、社会适应、生活自理、语言沟通与听语训练、动作机能、盲文、定向行走、职业教育、辅助科技设备与服务等项目。

（二）教学过程调整

教学过程调整，即依儿童身心条件与能力现况，调整教学环境、教学过程与教学时间以因应其需要。教学过程调整包括几方面：①教学环境安排，包括学生座位、桌椅、适性教学环境（例如照明、噪声、出入动线、空间大小等）、教室安全、教室结构化安排等调整；②教学方法调整，包括教师专长契合、个别指导、小组教学、协同教学、合作咨询、同侪指导、教学策略应用、社区资源应用、辅助科技应用、行为强化机制、教材呈现方式、学生反应方式等调整；③教学时间调整，包括自普通班抽离接受补救教学或相关服务的时间安排与节次、每周接受补救教学或相关服务的时数、每次教学的持续时间、每一教学领域及单元所需的教学时间等调整。

（三）评估方法调整

评估方法调整意指在不影响评估效度的情况下，因应特殊儿童的身心条件与需要弹性调整评估方法。评估方法调整包括以下几方面的调整：①评估场所：包括个人试场、小组试场、特殊设备试场（例如空调试场）、无障碍试场（例如电梯、低楼层、出入动线等）、座位安排、提醒与提示服务、秩序控制、手语翻译等；②评估时间：包括评估时段（例如儿童适合接受评估的时段）、延长评估时间、增加休息时间、分段评估等；③评估内容呈现方式：包括试题与答案卡放大字体、盲文试卷、试题间距调整、试题重点强化、试题标注拼音、题意解释、有声试题、试题报读、电子试卷等；④儿童反应方式：包括口述作答、代画答案卡、点字或手语作答、计算机打字作答、直接在试卷作答等；⑤辅具服务：包括扩视机、放大镜、盲用计算机、盲文打字机、助听器、数学计算器、照明设备、特殊桌椅等。

三、支持服务需要

支持服务也称相关服务，意指因应特殊儿童身心条件与能力现况，提供其学习及生活所需的服务措施。支持服务包括以下几方面的需要：①教育辅具：包括视觉辅具、听觉辅具、行动移位与摆位辅具、阅读与书写辅具、沟通辅具、计算机辅具、生活辅具及其他辅具；②适性的特殊教材：包括点字教材、有声书、大字体课本、色彩与字体强化教材、电子与语音播放教材、手语翻译教材等；③人力支持：包括适性班主任与适性班级、普通班减少班级人数、教师助理员或学生助理员、住宿与生活协助人员、手语翻译人员等；④无障碍校园环境：包括教室楼层升降设施、无障碍盥洗设备、无障碍校园动线、照明、提醒设备与服务（例如视障生或听障生上下课的语音提示或灯示）、友善校园、参与普通教育与各项活动、危机处理与行政支持等；⑤家庭支持：包括家长咨询、培训与资源信息、家校合作、经济补助、上下学交通服务、复健与医疗咨询合作。

特殊需要评估的应用

特殊需要评估是制订个别化教育计划的必要过程，评估结果除需与计划结合外，计划实施过程也要进行监控与评估，必要时需重新检核"需要评估"的正确性。读者可参考以下文献，实际找一位特殊儿童练习需要评估。

1. 特殊教育需要学生评估报告。

2. 特殊儿童需要转介表与现况调查表。

3. 参见张文京、严小琴. 特殊儿童个别化教育：理论、计划、实施（第3版）. 重庆：重庆大学出版社，2020, 第五章。

相关服务

《美国残障者教育法》（1997）将相关服务界定为有助特殊儿童接受特殊教育的交通、发展、矫治及其他支持性服务。服务项目包括：语言矫治、听语、解释、心理、物理治疗、作业治疗、休闲、早期鉴别、咨询（含康复、定向与行走、医学等咨询）、学校健康与护理服务、社会工作、父母咨询与培训等。

我国《中华人民共和国残疾人保障法》《残疾人教育条例》对康复、无障碍环境、手语、盲文、文化休闲、经济支持及其他相关支持，也作了诸多规范。

第五节　个别化教育计划

整个特殊教育的核心或基石就是个别化教育计划。特殊儿童评量的目的也在于制订个别化教育计划，以保障特殊儿童接受适性教育的权益。

一、个别化教育计划的性质

个别化教育计划是指依据特殊儿童个别需求所制订及执行的教育与相关服务计划。个别化教育计划具有几项重要性质：①符合个别需求：既称"个别化"当然符合学生的个别需求是首要条件；②法定文件：计划的制订过程及应包含的主要内容必须符合教育行政部门出台法规或文件的规定；③可执行的计划：计划是必须付诸实施的具体方案，各项特殊教育服务、相关服务、教育目标，都应作可执行的具体化叙述，而非只是原则性说明；④连续性过程：从需要评估到计划的制订、执行、考核、调整等，是连续性及循环性的历程；⑤权益保障而非法律承诺：除非计划内容及其执行确有损及学生权益及违反法令规定，否则服务未完美、计划目标未达成，学校及相关人员不负法律责任，至于有否行政或伦理疏失，则可另予考评；⑥制订对象包括所有接受特殊教育服务者[1]：所有障碍类别、障碍程度、教育安置类型、教育阶段的学生，都必须为其制订计划；⑦团队合作：计划制订需包括学生本人、家长、普通班教师、特殊教育教师、学校行政人员、教育行政人员、相关专业团队人员参与。参加人员也需依儿童个别需求调整之。

二、个别化教育计划的内容

个别化教育计划必须符合政府出台法规或文件的规定，不同国家或地区对计划内容的规定可能有若干差异。一般而言，计划需包含以下内容：①学生能力现况、家庭状况及需

---

[1]《残疾人教育条例》第24条规定（节选）：特殊教育学校（班）"必要时"应当制定个别化教育计划。《教育部关于加强残疾儿童少年义务教育阶段随班就读工作的指导意见》第8条规定：普通学校"要"针对残疾学生的特性，制订个别化教育教学方案。因此，我国目前尚未将个别化教育计划的制定列为强制性规定。

求评估；②学生所需特殊教育、相关服务及支持策略；③学年与学期教育目标、达成学期教育目标的评量方式、日期及标准；④参与普通教育情况，包括最少限制环境的安置、接受普通教育课程及调整、参与普通学生各项活动等；⑤学生接受评估或考试的调整服务；⑥具情绪与行为问题学生所需的行为功能介入方案及行政支持；⑦转衔辅导及服务内容。

个别化教育计划

个别化教育计划的"计划"，英文也可能称为 plan，不过，由于《美国残疾者教育法》的用词为 program，因此，目前正式文件仍多采用 program 一词。此外，中文译法，以往亦有译为"个别化教育方案"，但目前几乎都称"个别化教育计划"。"个别化教育计划"是符合学生个别需要的教育（包含教学，但不只是教学）及相关服务计划，因此，不宜称之为"个别教育计划"或"个别化教学计划"。

"个别化教育计划"与个别化家庭服务计划 (Individualized Family Service Plan, IFSP)、个别化转衔计划 (Individualized Transition Plan, ITP)、个别化支持计划 (Individualized Support Plan, ISP)、个别化服务计划 (Individualized Service Plan, ISP) 等，用词虽相近，但其适用对象与内容仍有异，读者亦需区分之。

讨论问题

1. 评估与诊断二个名词，在特殊教育应用的优点与限制为何？

2. 社政系统（或医疗系统）与特殊教育系统，对各类身心障碍的鉴定，有何异同？

3. 特殊儿童评估的伦理原则为何？

4. 解释测验或评估结果应注意哪些原则？

5. 目前可用于各类特殊儿童评估的正式测验工具有哪些？其信度与效度如何？

6. 使用非正式评估工具的特殊儿童评估方式有哪些？具体做法为何？

7. 特殊儿童评估调整的方式有哪些？具体做法为何？实际实施可能遇到哪些困难？如何解决？

8. 我国特殊教育学校、普通学校对个别化教育计划的实施现况与困难情形如何？如何改善？

延伸阅读

1. 张世彗，蓝玮琛. 特殊教育学生评估 [M].9 版. 新北：心理出版社，2022.

2. 王辉. 特殊儿童教育诊断与评估 [M].3 版. 南京：南京大学出版社，2020.

3. 韦小满，蔡雅娟 . 特殊儿童心理评估 [M].2 版 . 北京：华夏出版社，2016.

4. 袁玉芬，汤剑文，蒋建强 .IEP 理念下培智学校课程本位评估体系 [M]. 长春：东北师范大学出版社，2020.

5. 张文京，严小琴 . 特殊儿童个别化教育：理论、计划、实施 [M].3 版 . 重庆：重庆大学出版社，2020.

本章作者：胡永崇

第五章 特殊教育教学原理与基本策略

学习目标

□知识目标

1. 了解特殊教育教学原理。

2. 学习教学基本策略。

3. 掌握特殊教育教学原理与基本策略。

□能力目标

1. 应用教学原理于教育现场。

2. 分析学生的基本学习能力。

3. 综合学习策略，培养教学技能。

□情意目标

1. 型塑特殊教育的理念。

2. 热爱特殊教育的情感。

3. 培养终身奉献特殊教育的情怀。

本章重点

　　特殊教育的对象是残障（残疾）与资优学生，他们的身心特质原本就不同于一般学生，在融合班中，如果教师把他们跟一般学生同等看待，使用相同的课程、教材、教法和评价标准，就可能产生不适应的情形在；对残障学生而言，可能因而遭到二度隔离，反而失去了融合的意义。教导特殊需要学生，需使用特殊方法，例如编序教学法，将教材分成细小的单位，应用逐步塑造、提示等方法，以使智力障学生获得有效的学习。

　　本章共分为五节，第一节论述教学原理的基本理论，包括行为学派理论、认知行为学派理论、生态学理论、结构主义理论等。第二节论述特殊教育教学基本原理，阐明编序教学的历史源流、原理与策略、教学机之应用，以便学得既快又有效。第三节阐述区分教学原理与策略，说明如何在班级教学中，依学生程度实施小组教学，以增进教学效能。第四节叙述课程调整原理与策略，课程的内容、方法和评量，以提高教学效能。第五节阐述正向行为支持理论，论述正增强原理、尊重个体、自我决定及提升学生幸福感。最后一节阐述证据本位干预理论与策略，探讨研究的忠实性，讨论取样不足、取样偏差的问题，研究成果是否符合科学证据等论述。

关键词：编序教学、教学机、区分性教学、课程调整、正向行为支持、证据本位

第一节　特殊教育的基本原理与方法

特殊教育有其理论根源。在基本原理与策略上，奠基于各种教学理论，以发展教学方法，作为身心障碍学生疗育的根基。这些理论包括：应用行为科学、结构主义、生态学、认知学派、认知行为学派，并借重医疗理论论述残障者（残疾人）的病理。从理论的研究当中发展多重方法，干预残障者的情绪、行为、认知、社会互动、生活自理能力等。依据理论，将干预内容归纳出四个领域，即认知学习、情绪行为和社会发展需求、沟通和互动，以及生理需求。以下将依据各派理论阐述特殊教育的基本原理与方法。

一、行为学派的理论基础与教学方法

行为学派理论对特殊教育的教学影响很大。其中，增强理论在不同的教学情境中，使用观察学习增强行为的历程几乎独占性地影响特殊教育的教学方法。此理论认为所有的教学行为，规律地受到塑造、改变、工作分析等步骤的支持。与行为学派息息相关的理论，如认知行为学派，认为个体对外界的认知先于自身的学习行为，因此有自我决定论之说。在学习历程中个体通过自我觉知，学习自我控制，若达到目标则自我增强，最后，获得社会性增强，教师只是扮演协助性角色。例如，2000年之后自闭症的教学普遍应用认知行为教学，其结果是自闭症者变得较没有压力，选择自己喜爱的事物学习，教师只是从旁指导，减少焦虑的情绪，学习成效较佳。

根据结构主义学派的学习理论，残障者主动参与学习，在此历程中，残障者主动追求有兴趣的领域的知识，经验成为生活中有意义的部分，得到内在的满足，从学习中解决问题。结构主义的学习理论，说明学习者习得的知识，转移至更多的学习机会，得到更广阔的知识，增加了弹性学习新的信息。社会学习理论把学习置于同伴团体的组成，经由有意义、有目的的活动，习得新知或有所创新。

生态学习理论，涉及宏观系统下的大社会组织和许多不同层次的微观系统。残障者需学习的是宏观系统下社会的认知需求，以及在微观系统下个人系统与家庭或班级脉络间的知识，因此教学的内容不仅要兼顾微观系统，而且需要学习更广大社会的人群关系，所有残障者均应接受两大系统文化的熏陶[1]。

二、沟通能力理论

影响沟通的理论有心理语言学、行为学派理论与社会结构论等。行为学派研究沟通的方法包括：模仿、塑造、示范、提示、增强作用等。认知学派旨在储存沟通的信息，并加以组织和修正，内容则有发展历程、文字的学习层次、语义、语法、语用、文法、造句法、语句，其他如听觉记忆、不同层面的语言保存等。从发展的观点，强调在于自然情境中直

---

[1]Davis, P., & Floriam, L. (2004). Teaching strategies and approaches for pupils with special educational needs: A scoping study. Queen's Printer.

接教学，而互动理论则鼓励残障学生在所处的环境与他人沟通，获得积极的回应，解决问题，使用各种不同的沟通策略，达到沟通的意图。

三、认知和学习

认知学习是四个特殊教育原理的基本策略之一。应用的范围包括智力障碍、学习障碍、行为与情绪障碍、重度及脑瘫的学生，干预的范围包括生理因素、心理因素、社会和文化因素。认知学习障碍最明显的是智力障碍学生，他们有注意力不足、记忆缺陷、学习速度缓慢、问题解决能力差、欠缺学习后的类化能力，语用能力缺陷、认字能力落后于一般正常的学生，以及情境类化能力的困难。

根据认知学习理论，首先要以元分析做教学研究，进行知觉训练、思考和学习控制，例如思考的技巧、学习策略、学习如何学习、字与词的连接意义等。其次，根据社会结构教学理论，学生是有活力的，有动机与同伴共同解决问题，顺应所在的社区，能发展社区居住所需的能力。在社群中残障学生与友伴一起学习，从专家的指导中逐渐将社会结构内化，形成自我规范，在学习过程中，与他人沟通、互动；教学过程中，要教导残障学生对社会负责任。

四、情绪行为和社会发展理论

目前有三种理论解析情绪行为和社会发展，即行为学派、认知行为学派和系统模式。行为学派理论对情绪行为和社会发展，应用增强原理减少不当行为，增加社会适应行为。认知行为学派理论，主张改变个体的行为，首先要学生学习正确的行为，如自我控制、自我规律等，最后自我主动改变行为，内化社会规范。系统理论主张在有组织的情境中，要个人表现正当的行为，应先改变不当的情绪行为，并配合药物治疗。但是使用药物治疗，态度宜保守，并听候医嘱才正式实施。

五、教学策略

基本上干预情绪行为的策略包括：行为管理，同伴监控，社交技能的训练等。认知行为治疗鼓励学生自我监控，使用愤怒控制、自我教导、自我增强等方法，多元干预可以加入家庭治疗[1]。

第二节　编序教学原理与策略

编序教学（programmed instruction, PI）是著名的教学方法之一，在特殊教育的教学上广被应用。编序教学法是基于行为学派理论，应用逐步塑造、提示、区辨、增强、削弱、

---

[1]Davis, P., & Floriam, L. (2004) Teaching strategies and approaches for pupils with special educational needs: a scoping study. Queen's Printer.

回馈等教学原则。研究文献对 PI 教学法褒贬不一，许多研究认为 PI 教学法优于传统的教学方法，也有研究指出 PI 教学法与传统法无异，甚至更无效。有学者使用元分析，总结过去许多不同的研究成果，指出现今的 PI 课程比早期的 PI 教学效果较佳[1]。本节拟就 PI 的历史背景与发展、教学理论、教学方针，以及由 PI 延伸出的精熟学习，做一整体论述，提供特殊教育教师发展教学课程时的参考。

一、历史背景和理论源起

编序教学名词起源于 1950 年代，是帮助学生自学的一种方法。斯金纳（B. F. Skinner）是这个学习方法的创始者，1954 年在匹兹堡大学举办的学术研讨会中，斯金纳提出"科学学习与教学艺术"论文，检讨学生学习失败，是因学校教师教学策略没有效能，原因有四：其一，学校教育依赖惩罚教育学生，极少使用自发性增强，学生基本上以逃避的行为避免教师的威吓，教师在学校不愉快，均因学生的成绩低落，而受到校长斥责；其二，教师不知如何使用有效增强，鼓励学生正确地反应；其三，缺乏良好的课程设计，逐步达到复杂的学习内容；最后，增强的频率过低，有研究指出只教学四年的教师，教数学应至少要使用 25000 次有效增强[2]。教学是一种科技，须依学习的效能设计教材。直至 1958 年，斯金纳首先提出编写课程教材和设计教材的概念，其后才有操作制约、教学机、编序教学等名词出现。到目前为止，虽然此教学方法历经六十余年，屡有修改，依旧广被应用，尤其是教育残障学生，不管是认知、生活自理训练、生活语文、生活数学、职业训练，无一不受工作分析的影响。即使普通班的教学，亦使用逐步塑造、增强原理，以养成学生的正确行为；甚至工商行业亦受到编序教学的影响，公司的文案广告及其员工训练，都采用逐步塑造、增强原理，以增效益。

二、编序教学的定义

编序教学是斯金纳首创的教学方法。意指在课程的教学设计上，使用工作分析、逐步塑造、区辨训练、刺激选择、增强原理等教学方法，改善学生的学习成效，提高学生学习兴趣。在实施 PI 的过程中，教师扮演着分析教材、指引学生学习方法、使用增强策略鼓励学生学习的角色，教学过程中学生可操作教学机，自我学习经设计的教材内容，正确与否立即得到回馈。此教学方法促成 1970 年代至 1980 年代电子计算机辅助教学的发展，因此 PI 与电子计算机科技结合，突破传统教学模式，带来教学的革新。

[1]Jaehnig, W., & Miller M. L. (2007). Feedback types in programmed instruction：A systematic review. Psychological Record, 57, 219-232.

[2]Lee, S. H., Wehmeyer, M. L., Soukup, J. H., & Palmer, S. B. (2010). Impact of curriculum modifications on access to the general education curriculum for students with disabilities. Exceptional Children, 76, 213-233.

编序教学方法经历多次的修改与变革，仍保持其三个基本特征：①依次安排一系列的题目，不论是何种题型或问答题，学生均需回答；②学生需做填空题，选择一系列的问题回答；③学生的回答可以立即得到正确与错误的回馈，回答错误时，在另外一页或另一个视窗会出现正确的答案，得到自我校正的机会[1]。

总之，编序教学是将新的学习领域以编序的方式呈现。学生的学习步骤由简单到难度高的问题依序排列，依自己的学习速度逐题学习，对与错可获得立即的回应，立即增强，或再学习，最后达到精熟的程度。所呈现的教材不一定在书本上，因而可增加学习的广度，以及适应个别差异。

三、编序教学的心理学基础

斯金纳是行为学派大师，其学说根植于操作制约。行为学派学者认为人类行为的变化是环境与个体的变数。但是，个体本身却有操作的能力，对外界的刺激可以决定如何反应，具有主动的能力，而非只是对外在刺激被动的反应而已，因此，个体的主动与操控性与古典制约的学习迥异。以下说明斯金纳的操作制约学习理论基础。

（一）行为随正增强而建立

斯金纳强烈反对教学时使用惩罚。他认为教师教学的失败来自于使用厌感制约，不知如何使用逐步塑造和增强原则，引导学生学习，因此所学很快就遗忘。在增强的过程中，学习新的单元或刚开始教导学生学习，应使用固定时距、固定比率的立即性增强；当学生较熟练时，调整为不定比例不定时距的间歇性增强，则成效较佳[2]。其次，应将学习材料区分成细小的成分，逐步增强，类化增强，通过刺激类化原则，再次发生制约学习。

（二）制订目标

编序教学的中心思想在于决定学完课程之后学生的学习成效。学习的结果必须是客观的，整体学习历程必须是可观察和可计量的活动，客观地制订目标行为是 PI 设计最基本的要素。课程的客观的目标需建立在情境背景之上，评估学生对每一个学生的反应。依布鲁姆（B. S. Bloom）的认知六个层次理论，从基本的认知到最高层次的评鉴[3]。实施使用目标为本位的测验，依学生的能力区分为不同的单元，以效标参照和标准参照排列目标的等级。

（三）刺激控制转移

系列学习初期要求学习者反应所学教材。当教材难度逐渐增加，学生的学习能力便开始出现，将原始的反应转移到新的教材内容，学习新的事物。斯金纳使用模仿作为学生初

[1]Gustafson, K., & Branch, R.M. (2002). What is instructional design? In R.A. Reiser & J.A. Dempsey (Eds.), Trends and issues in instructional design and technology. Upper Saddle River, NJ: Merrill/Prentice Hall.

[2]Reiser, R.A., & Dempsey, J.A. (2002). Trends and issues in instructional design and technology. Upper Saddle River, NJ: Merrill/Prentice Hall.

[3]Pappas C. (2014). Instructional design models and theories: Programmed instruction educational model. Google Cloud Platform, 1-12.

始学习的 PI 教学，接着再使用提示策略，利用线索引导学生的行为，逐渐引发学习兴趣，发生转移的效果。

四、设计编序教学教材

编序教学的教材设计，迄今仍然没有一个可依循的标准方法。PI 发展的初期，宜先界定特殊的课程内容，并建立最终的目标。参与 PI 发展学习的目标团体（班级）或个人需先分析他们的能力，以便于执行编序教学时，教材合乎学生的需求。教学需求的界定之后，即做学习的工作分析，逐步引导学生达到预设的目标。越了解学生的需求和能力，则课程的学习路径，学习者越能遵循。一旦课程的一般原则确定，系列性的编序教材即可开始实施。以下将重点分析课程发展。

（一）选择目标教材内容行为分析

大部分编序教学的发展过程都先决定内容或主题，由定义决定完成的目标。一旦决定最终的目标，就需创题，评量每一题目的适切性，以及评估策略，以便制订计划，评估学生所能完成的教学成就目标。

实施教学前，教师需先收集学生的资料，包括学习者的智力、学业成就、先备能力、学习动机等，以便决定课程设计。这些前置作业，电子计算机辅助教学设备需作为支持编序教学的准备，工作分析之前，需做行为分析，减少自学时的困难。行为分析，至少包括区辨、类化和连锁。区辨指对两个明确的刺激有区别的能力；类化，指相类似的刺激，学生有能力加以反应；连锁，指系列的反应引发另一个刺激促成一个新的反应。

（二）教学机与精熟学习

教学机的概念起源于 S. L. Pressey，直到 1950 年代斯金纳介绍教学机的概念异于 Pressey 的设计。斯金纳提出的教学机的概念，是指教学机是一个课程的组织，把教学和测验的题目结合，学生通过这些材料去学习。这个"机器"是以填空的方式置于电子计算机档案或作业簿，学生可独自操作学习，如果答案正确则获得增强，继续出现下一个题目，如果错误，则重新学习，下一次回答正确时，可获得增强。如此，刺激与反应不断地产生联结，则越能预测学生的反应，学习的效果越大，此学习过程可塑造人类的学习行为。在每一个过程，个案必须操作已设定的学习内容，可得到回馈。这即是后来布鲁姆所提倡的精熟学习。

精熟学习有以下的优点：①使用操作键盘的设计，经由回馈校正测验，可增进学生的学习效果；②用此课程设计，可增加自我引导学习的机会；③系统的键盘操作，可提供学生自我学习的机会，学习状况也获得改善；④自我记录成绩、自我教导借着操作键盘而获得成效；⑤这种学习的技巧可立即获得知识，学习不同的主题。

五、编序教学在特殊教育上的应用

斯金纳的编序教学法，以增强作用、工作分析、学习机等概念不断地影响特殊教育的教学。首先，增强作用是特殊教育教师经常使用的策略，为了增进残障学生的学习效率，教师使用代币增强，鼓励学生学习，改变不良行为，以达到行为目标。编序教学在特殊教育的应用上，利用工作分析，将学习的内容分为细小的单位，逐步塑造学生的行为，直到学生完成整个单元目标为止。工作分析应用的范围十分广泛，例如残障学生的生活自理训练、穿衣、穿鞋、用餐、居家生活、清洁工作、乘坐交通工具、职业训练、配对、组合、包装、分类等结构化教学，认知学习等。初期的行为塑造，几乎使用工作分析方法建立新行为，应用刺激区辨，逐步塑造，连锁等增强作用学习新的生活技能。至于学习机，亦利用工作分析，将学习的内容依难易的程度，由简单到复杂，由容易到困难，通过逐步渐进原则，编写教材，编排入电子计算机程序内进行自我学习，因而影响科技辅助教学的概念。总之，编序教学对特殊教育的影响极为深远，对残障学生的教学几乎都离不开编序教学原则。

叙述编序教学法之教学原则，并讨论其在教育上的得失。

第三节　区分性教学原理与策略

学校教育的责任是在保证所有的学生获得均等的学习机会。自从 1990 年代开始实施融合教育之后，特殊学生与普通班学生在同一个教室中接受教育，学习相同的课程，原来普通班的学生学习能力已有个别差异，加上残障学生融入普通班级之后，全班的学生的差异性更加扩大了。特殊教育教师在融合班中需协助普通班教师做学生学习能力评估，并依据评估结果进行区分性教学（differentiated instruction, DI），以确保教育效能，让不同能力的学生，均能充分发挥学习潜能。本节就区分性教学相关内容及议题展开论述。

一、区分性教学的源起与定义

美国的教育政策在 1980 到 1990 年代，发生了重大的变革。从 1970 年代的回归主流（mainstreaming），到 1980 年代之后的普通教育革新（Regular Education Initiative, REI）、不让任何孩子落后（No Child Left Behind, NCLB)，不断地提出任何孩子都不应被隔离于正常教育之外的概念。1990 年之后进一步提出融合教育的主张，特殊学生包括中重度学生和资优生，无论其种族、社经背景、能力差异，均应回到普通班与一般学生共同学习。[1]影响所及，普通班教师必须面对班上能力差异极大的学生进行有效的教学。基于此，教育需及早因应，包括对于资优学生，提供加深加广的课程、给予多元学习的机会；对于如语文落后、阅读困难、数学能力落后等的学生，发展适合其能力的适异性课程，减少学习困难。

在融合教育之下，每位学生的预备状态差异极大，教师需为不同背景的学生调整课程、教材，强调区分性教学（或称适异性教学、差异化教学）。

本文对"区分性教学"的定义如下：教师积极地修正课程，改变教学方法，充分利用教学资源，计划不同的教学活动，依据不同的课程分成不同的小组进行教学，以适应不同差异的学生，让班级所有的学生获得最大的学习成效[2]。

二、区分性教学的理论和研究

区分性课程与教学反应学生的预备状态。根据维果斯基（L. S. Vygotsky）的最近发展区理论[3]，预备状态是指学生进入学习的心理状态，若利用搭鹰架方式加以支持，则学习新知容易产生效果。教师的工作是推动学生进入最近发展区，指导学生完成较困难的工作，鼓励学生独自完成学习的内容。经过不断地反应学习的过程，学习者把握新的见解，熟练新的技能，成为独立思考者，解决遇到的问题；而学习内容的难度，应设在中等难度，这样学生比较愿意挑战新的知识。假使学习材料已经熟练，学生不易成长，若学习的单元较难，则易生挫折、困惑。如果使用单一的工作内容去面对各种不同的预备状态，则学生的学习在最近发展区之外，欠缺工作与学习者相互吻合的状况时，准备状态就不易发生[4]。因此，太难的学习材料学生易生挫折，太简单的学习课程，学生容易索然无味。

区分性学习课程与教学应反映学生的学习兴趣，学习材料符合预备状态，则学习充满着兴趣。因此，兴趣本位的学习与动机相互联结，正向地冲击学习的长短期目标。在区分性课程与教学中，教师通过调整学习材料，易引起学生的学习兴趣，使其有能力自我决定，接受挑战，激发创造潜能，更可发展更高层次的学习技能。[5]

[1]Tomlinson, C. A., Brighton, C., Hertberg, H., Callahan. C. M., Moon, T. R., Brimijoin, K., Conover, L. A., & Reynolds. T. (2003). Differentiating instruction in response to student readiness, interest, and learning profile in academically diverse classrooms: A review of literature. Journal for the Education of the Gifted, 27 (2/3), 119-145.

[2]Enest, J. M., Heckaman, K. A., Hull, K. M., & Carter, W. (2011). Increasing the teaching efficacy of a beginning special education teacher using differentiated instruction: A case study. International Journal of Special Education, 26 (1), 191-201.

[3]Lawrence-Brown, D. (2004). Differentiated instruction: Inclusive strategies for standards-based learning that benefit the whole class. American Secondary Education, 32(3), 34-62.

[4]Brimfield, R., Masci, F., & Defiore, D. (2002). Differentiating instruction to teach all learners. Middle School Journal, 3-18.

[5]Tomlinson, C., Brighton, C., Hertberg, H., Callahan, C. M., Moon, T. R., Brimijoin, K., Conover, L. A., & Reynolds, T. (2003). Differentiating instruction in response to student readiness, interest, and learning profile in academically diverse classrooms: A review of literature. Journal for the Education of The Gifted, 27 (2/3), 119-145.

三、有效率的区分性教学与课程设计的条件

基于前述的理论，教师正式执行 DI 时必须确定学生已进入预备学习状态，有动机、有兴趣，并知其学习方式。以下依据准备状态、兴趣、学习模式等提出 DI 的特征。

1. 需清楚地定义有效的区分范围

强调课程的变化依个别的预备状态、兴趣和能力的分析，可做细小的更动，亦可随时调整，不可能用一种教学方式就能应对班级中需求差异极大的每个学生。有效的 DI 必须适切地反映学生的预备状态、兴趣和学习能力，随时调整 DI。

2. 变化教材以适合班级个别或小组差异的学生

有学者使用元分析指出，分组进行 DI 学习比未做分组的成效佳[1]。此外，学生在小组学习的自我概念比较积极正向且喜欢 DI 的学习；学业成就低落的学生较喜欢异质性小组；学业中等的学生则较喜欢同质性小组；高学业成就组，两种分组的形式并无差别。总之，不管是预备状态、兴趣和学习模式不同的学生，在班级中分组实施 DI 有其必要性，学习效果较为显著。

3. 不同小组的教材需有变化

学生在不同的小组使用不同的教材，比不同的小组使用相同的教材的效果较佳。因此，教师在班级中，除了弹性分组之外，各小组的教材亦应有差异。

4. 使用不同的步调以配合学生的程度

有研究指出，班级教学中教师常忽略低学业成就组的步调，教材的选择与高组和中组一样，如此常导致低学业成就组挫折感。因此，教师的教学的步调应随学生学业成就的高低而有不同的变化。

5. 应以知识为中心

教师使用的教材，应保证对每个学生均能学到重要的内容，解决有意义的问题。

6. 应以学习者为中心

以学习者为中心的班级，教师使用各种不同的策略和方法，为学生搭起鹰架，相信每位学生能坚实地学习必要的知识，了解学习的内容[2]。

---

[1]Enest, J. M., Heckaman, K. A., Hull, K, M., Carter, S. W. (2011). Increasing the teaching efficacy of a beginning special education teacher using differentiated instruction: A case study. International Journal of Special Education, 26 (1), 191-201.

[2]Lawrence-Brown, D. (2004). Differentiated instruction: Inclusive strategies for standards-based learning that benefits the whole class. American Secondary Education, 32(3),34-62.

四、区分性教学实施程序与教学原则

DI 教学程序与原则应有弹性的变化。通常在班级教学中刚刚使用 DI 时，教师往往视为畏途，因为初期需完成繁琐的资料总结，再依照学生的学习能力分成小组或个别教学，虽然富于变化，但却增加了教师的负担。但是，教师实际进行教学后，察觉 DI 富有弹性，且可有效地帮助学生，提高学业成就，就开始觉得教学有成就感，不再是被动地接受了。以下叙述其实施程序和教学原则。

1. DI 的实施程序

实施 DI 的基本原则是，自始至终把焦点放在提升学生的学业成就。首先，教师需建立学生的学习档案。完整的学习档案包括学习偏好、学生的兴趣、嗜好、评估结果、语文成就、阅读的流畅性、思考的风格、学习的预备状态、检核表、晤谈、调查等。其次，在班级中把学生按阅读能力分为不同的等级，在分层的等级中选择两个层次作为参与小组的依据，学生有权利选择参与的小组、同伴或独自学习。再次，教师分析小组成员及个人的预备状态、偏好、优势和需求，安排学生参与小组或个人的教学单元，开始小组或个人学习。

2. 大脑为本位的学习

DI 的学习根植于大脑。经由大脑可以完成视觉、听觉、嗅觉、触觉与动觉的统合，五种感官与学习的课程产生联结，储存许多跨越不同感官的认知资料，取得多重联结。经由感觉与知觉的反应，学生可由不同的路径，学习、观察、表现与理解课程内容，表现在学业成就上面。

3. 前评估阶段

学生的 DI 学习是否有效？学生是否能精熟教材？这是前评估阶段的主要任务。前评估阶段的目标是评量学生的预备状态、起点行为、先备的知识，了解残存的技能。在前评估阶段，教师运用学生学习能力的评估资料，引导每位学生的学习获得最大益处，评估所获得的质性回馈，需强调学生的优弱势能力，为未来发展每一个单元的教学预做准备。评估的时间可能耗费几个星期，再决定每个单元的教学。前评估阶段有两个重点：首先通过检核表、小测验、班级讨论、档案、卡片、前瞻引导、自我反应等，了解学生或小组的偏好、兴趣、学生现有的知识领域。其次，教师根据这些前评估阶段所获得的资料，决定教学顺序，提供教学资料，为学习单元预做准备。总之，前事的准备，须有弹性，为实施过程和学习环境做准备，掌握学生学习的长短处，带给学生挑战而非挫折。

4. 持续性评估

持续性评估旨在了解学生的需要，学生亦据以解自己的成就，作为改善的依据。教师选择有效的教学策略，影响并扩大学生的成就；学生的反应则提供教师反馈的线索，借以评估和诊断教学的成效，修正未来的计划。

小学儿童用餐训练

小明是一位中度智力障碍的小学二年级男童。认知能力低下，识字在10个字以内，不会阅读，生活语文不佳，不会用口语表达，计数能力困难，不会个位数加减法。情绪稳定，没有自我刺激和刻板行为，上学和放学都由爱心专车接送，家境良好，父母均为公职人员，有一位妹妹就读幼儿园，智能正常。小明的生活自理能力尚可，唯一的问题是每个月总有一、两次吃午餐时会掀掉餐盘，把饭菜倒掉。老师问他原因，他完全不理会，也不会使用口语表达，让班主任十分困扰。在完全无法找到行为功能时，老师十分细心地每天观察记录他吃餐盘上四道菜的情形，发现他几乎每天把菜吃光光。经过一两个月观察，老师发现只要有洋葱炒蛋那一道菜，小明一定会把餐盘的饭菜倒掉，老师猜测小明不喜欢吃洋葱。于是老师开始绘出不吃洋葱炒蛋的图卡，应用提示的原则，只要出现洋葱炒蛋，就要求小明拿起卡片跟老师讲通，老师立即把那一道菜取走，因此小明就可以不吃那道菜了。学会拿起卡片跟老师沟通之后，吃午餐只要出现有洋葱炒蛋，小明便使用卡片跟老师沟通，从此以后，不再发生小明把餐盘的菜倒光的情形。

第四节　课程调整原理与策略

调整或改变课程的内容，甚至课程的整体架构，是一件教育上的重大变革。课程调整在今日的学校教育与班级教学中，已逐渐形成风潮，但影响深远，教师宜戒慎恐惧为之。为了适应个别差异、追求卓越教育的理想，适切地采用调整课程策略，有其必要。以下分就课程调整的定义、特征、历程和步骤、要素，以及融合教育中的课程调整、影响课程调整的因素等加以论述。

一、课程调整的定义

课程调整的"调整"一词，原文使用的字眼相当多，所指的文意并无根本上的不同，常用的字眼有适应、修改、区分、改变、增进、浓缩、统合、修订等。本文以调整界定之。

课程调整，意指改变课程的内容、教学和学习的成效，以符合学生的需求。具体而言，课程调整不限在教学上的调整或内容上的调整，而是包括连续而广泛地调整学校教育的措施。与此定义相似的课程调整，指教师改变或解释学校的正式课程，调整教学目标和学习活动的单元，尤其是为每个学习者或特殊的学习小组的作为。据此而言，课程调整包括学习内容、教学方法、学习环境、结果评估等的改变。

学校的课程是一个框架，在此框架下，引导教师教学与学生学习。课程调整有四种形式：调适、顺应、平行课程、连续性的重叠课程。[1]此四种形式代表一般课程与调整课程有差

---

[1]Hall, T., Vue, G., Koga, N., & Silva, S. (2004). Curriculum modification. Wakefield, MA: National Center on Accessing the General Curriculum. (Links updated 2014).

异亦有相同之处。调整课程的目标在于改变内容、教学和适应不同的学生的需求，例如改变生活语文较困难的部分，顺应残障学生的学习，将之编写入 IEP，让残障学生得以融入普通班中，以保证融合教育的效能。

二、课程调整的要素和特征

教育现场反映了调整课程的特征和实施要素，以下针对课程调整的四种要素，逐一说明。

1. 调适

调适，意指调整课程传递过程，而不改变其的内容。包括师生合作进行教学设计，使用不同形态和技巧、科学技术、图表组织、图像表征，以及改变知识传输程序、学习的时间安排和学生需求的支持层次等。

2. 顺应

顺应，意指改变传递教学方法以提升学生的学习成就。顺应并没改变教学的内容，只是略为调整困难的课程，其实施的方式与调适相同。顺应是一种目标取向的历程，教师需为每位学生修改课程目标。尤其教师在融合班进行区分教学时，顺应的概念即可能出现。例如给予残障碍学生较少的功课，改变作业的总量等。[1]

3. 平行教学

平行教学指改变讲述的方式，但未增加认知的内容，以帮助学生达到预先设定的教学目标。像顺应一样，平行教学并未改变知识的框架，但两者在概念上有一些差异，顺应只是稍微改变课程的难度，而平行教学是教学方式的变化；相同之处在于两者都重视教育的情境和学生的需要，因此学生均可从顺应的过程中获益。许多资优生因为平行教学课程充满着挑战性，故学习动机强烈；就整体教学历程而言，资优生的充实课程即属平行教学，残障学生也因为在自然科学课程中分析因果关系而获益。

4. 重叠课程与教学

此课程指调整的课程与一般的教学目标发生重叠的现象。重叠课程并未改变学生一般学习的课程，而是结合特殊的个人目标和期望配合需求多样的学生进行教学。为了满足学生的多样性需要，教师在普通教育课程中另行安排重叠课程，甚至增加学习的内容，以满足具不同求知欲望的学生。因此，学生完成多样性的学习目标，但是在内容上并未与班级一般性的课程脱节。

---

[1]Hoover, J. J. (1990). Curriculum adaptation: A five-step process for classroom implementation. Academic Therapy, 25(4), 407-416.

第五节　正向（积极）行为支持原理与策略

正向（积极）行为支持（positive behavior support，PBS）起源于1980年代中期，此理论奠基于行为学派的正增强概念，使用行为的功能性评量（functional behavior assessment，FBA）、行为的功能性分析（functional analysis）及沟通为本位干预，重视行为的前事（antecedence）处理，反对用负增强与惩罚的行为矫正。就内涵而言，正向（积极）行为支持统合了三个理论，即应用行为分析（applied behavior analysis，ABA），正常化（normalization），和个人为中心（person-centered values）[1]。在意义上，它包括：幸福感、尊重个人尊严，参与社会活动，提高个人生活质量、激发潜能、改变个体不喜欢的生活形态、尊重干预、建立信赖关系、培养休闲技巧、前事处理、运动、健康、医药管理、改变作息、增加选择机会、社会化、参与社区活动，以及基于个人的特征、需要和喜好。整体而言，正向行为支持目的在于提高个人能力，让残障者喜欢社会环境，从事个人喜好的活动。个人得以自我决定。

一、历史背景与发展

PBS的发展自1980年中期开始浮现。在60年代至70年代，行为矫正有个根深蒂固的信念，认为使用负增强、惩罚、隔离、过度纠正，甚至电击的行为处理，对攻击、暴力、自伤、不服从、扰乱行为等内、外在行为的改变效果最佳。那时行为纠正技术甚少使用正增强，这种厌感制约策略对重度障碍者的行为后效的处理不但不合乎人道，而且效果不佳。基于人性与尊严的需求，后来处理重度障碍者的行为问题，避免使用不人道的干预方式，于是PBS的干预策略应运而生，浮现出下列概念：①强烈主张发展替代厌感制约的刺激；②需寻求有效的策略，在融合的情境中，支持个体的行为改变；③制订更广泛的问题行为功能性概念，寻求功能等值，发挥沟通功能，建立新的技能。

PBS干预原应用在重度障碍，很快地推广应用于其他类障碍。最早使用PBS的对象为自闭症，用以发展沟通技能和减少偏异行为；随后推广应用至其他有偏异行为的学生。PBS的一个重要特征是与重要他人合作，在干预的过程中，父母成为与专家共同的干预者，而非传统由专业人员教导父母如何改善障碍孩子的异常教学。进入21世纪后，PBS的发展乃逐步进入正轨。

（一）正向行为支持的定义和主要内涵

1. 正向行为支持的定义

PBS广泛地应用于社会、教育、生物医学、逻辑等领域，以建构基本生活形态，减少

---

[1]Dunlap, G., Horner, R.H., & Sugai, G. (2009). Overview and history of positive behavior support. In Hand book of positive behavior support. New York: Springs.

偏异行为为目标[1]。对行为的支持是 PBS 理论的重点,具有强烈的价值取向与科技概念。在价值上,可使残障者有幸福感,例如可勇敢地爱其所爱,具有智慧、发展、保持与他人友好的关系,获得技能,拥有职位,享受休闲生活等。在科技上,PBS 是指基于科学原则探讨残障者的行为,客观了解影响行为的各种因素,依残障者的年龄、文化背景、能力之差异给予支持。

2. 正向行为支持的内涵

综合而言,PBS 有四个特征:具有研究效度的应用科学,统合多重干预的要素,给予生态和实务方面的支持以改善实质性的生活形态,在组织系统支持下促进残障者的自我成长。

（1）应用行为科学

PBS 是结合行为、认知、生物、社会、发展心理学和环境心理学等科技整合的干预策略,设计情境发展新行为,减少不良行为。PBS 综合使用功能性行为评量,增加个体需求与特殊支持获得正确的配对;针对问题行为重新设计情境,阻断问题行为;教导喜欢的生活形态,以功能等值的干预替代消除不良行为;对正确的行为给予后效,减少增强物的使用。

（2）实务与多重干预

首先,功能性评估的数据引导特教老师设计有效能的支持计划;其次,忠实地评估干预的效度;最后,让评估成为有意义的结果。经由收集数据、应用有效的数据和支持个案接受评估,改用新的方法去挑战不良行为[2]。

（3）生活形态的支持

行为的支持需进行长时间的验证,通过时间、情境、活动等生态的改变,让个案产生永久性的改变。PBS 的中心思想在于减少问题行为,发展正向行为,彻底改变个体生活形态,获得教师的支持,改善个人生活质量。

（4）系统改变

PBS 强调个人的社会行为,在文化组织支持下,以个人为中心进行计划和决定。需认知个人的作息时间、工作人员的形态、社会文化的期待,身体的状况等,预算和组织的方向可能影响支持的成效。

（二）正向行为支持的初期和浮现

大约在 40 年前,PBS 的科技逐渐浮现,1980 年之后的 10 年,更有明显的进步,已经成为有组织且能具体服务残障者的一门科技。加上美国残障者教育法、公民教育权利运动、反机构化运动,以及许多实证研究,支持社会可以帮助残障者过正常生活。而应用行为分

---

[1]Sugai, G., & Horner, R. H. (2009). Defining and describing schoolwide positive behavior support. In Hand book of positive behavior support. New York: Springs.

[2]Minke, K. M., & Anderson, K. J. (2005). Family-school collaboration and positive behavior support. Journal of positive behavior interventions, 7(3), 181-185.

析 (ABA) 在干预残障者的行为问题时，获得明显的效能。例如在机构单位，使用 ABA 干预残障者的攻击暴力行为、自伤、不服从、尖叫等严重行为，大致上可获得成效。当时，甚至使用电击惩罚、厌感制约，均被视为极有效的干预方法。然而许多研究者认为这是一种争议性的干预方法，而许多社区人士更认为这是对残障者的虐待，是不道德的。因此，1980 年之后，美国联邦政府视惩罚、负增强等让残障者感到痛苦的干预方法是不合法的。相对地，正向行为的干预策略获得正面的回响。1980 年之后，许多教育学者和心理学者开始质疑惩罚的负面影响。[1][2] 开始寻根问底，想了解偏差行为为什么会发生？在何种情况之下发生？此即行为功能性分析（FA）的滥觞。FA 浮现之后，学者们开始发展新的科学方法处理残障者的异常行为，以取代原来的惩罚和残酷的干预方式。

（三）正向行为支持的建立与独特性

1988 年学者们发展功能性等值（functional equivalence）[3] 作为 FBA 的依据。发展至此，障碍学生的教育融合、功能等值、非厌感干预，成为美国联邦政府的策略，当时，以"非厌感支持科技"一词作为行为问题干预之依据，随之，即修正为 PBS，至今仍然沿用。

从厌感干预到以中重度障碍为主的行为处理 PBS 的旅程，经过约 30 年的时间，已蔚成风气。至于其科学方法包括：FBA、前事操作、教学策略，使用正增强策略，去除厌感刺激，强调生态、社会效度、个人的生活形态，以及个体的尊严，改善一般教师使用的 ABA 技巧。

为了成功实施 PBS，2000 年之后，学者们发展多样性量表给学校，鼓励教师使用量表了解问题行为的功能以改善不良行为。第一个概念，是实施多阶层策略，把需要行为问题干预的人数降低，第一阶层是一种普遍策略，将全部学生、学校教师、职工均加入训练，以防止学生的行为问题的发展；第二个阶层是非直接地对有潜在行为问题的学生施以前社交技巧训练，若学生持续出现各种不同的问题行为，则进入阶层三，即给予密集式的个别化干预，使用以评估为本位的 PBS 干预。此阶段的干预策略可应用在早期干预，或一般的义务教育各阶段。第二个概念，是把焦点放在整体学校教育的各阶段，目标在于改善学校整体的训育方式，基于 ABA 的原则对全校学生建立明确的训育原则和正增强。总之，在2000 年前后，PBS 更进一步地成为全校性 PBS，试图以特殊学生的 PBS 行为处理方式作为基础，建立普及学校教育的行为问题处理与训育原则，终极目的在于消弭学生的偏差行为。

---

[1]Neufeld, V., Law, K.C.Y., & Luncyshyn, J. M. (2014). Integrating best practices in positive behavior support and clinical psychology for a child with autism and anxiety-related problem behavior: A clinical case study. Canadian Journal of School Psychology, 29(3), 1-12.

[2]Cho, S. J., & Cho, K. S. (2017). Using a multicomponent function-based intervention to support students with attention deficit hyperactivity disorder. The Journal of Special Education, 50 (4), 227-238.

[3]Carr, E. G. (1988). Functional equivalence as a mechanism of response generalization. In R. H. Horner, G. Dunlap, & R. L. Koegel (Eds.), Generalization and maintenance: Life-style changes in applied settings (pp. 221-241). Baltimore: Paul H. Brookes Publishing Co.

二、正向行为支持的训练课程设计

过去数年来 PBS 的价值和实务明显地冲击者残障者。首先是美国残障者教育法 1997（IDEA，1997）和 PBS 的期刊不断厘清 PBS 的定义，提供对特教教师的能力认证和在职训练，这些措施不断影响 PBS 的课程评估，成为探讨 PBS 成效的重点之一。以下分别论述 PBS 的课程设计内涵与问题。

（一）PBS 训练的重要特质

PBS 的训练主要特征包括：生活形态的改变、防治、伙伴、合作、多重干预和系统的改变。这些特征中，最重要的是 PBS 在职训练过程强调合作的重要性[1]。这个训练的模式在美国已有二十几州设立训练小组，深入影响家长和专业人员的技能。

（二）参加者与内容

参加者应是公职人员，例如督导、监管训辅人员、服务成年残障者的职工。特别看重在课程内容的一致性和课程组织，使用的教材亦可视需要稍作调整。训练内容包括 26 个标准，每一个标准都有适合的知识和技能，都有学习目标、方法和成效评估。

（三）设定干预的目标组织家庭与专业人员小组

有效的干预以学生的行为问题为中心，但课程设计宜考虑到个案与他人的互动。残障者接触的人员通常包括家庭成员、主要监护者、雇主、专业人士、心理咨询师等。以小组为本的治疗为原则，小组成员彼此合作，依个案需要发展课程内容。

（四）进行功能分析收集数据设计多条件计划

接受训练的学员开始收集功能性评估的个人资料，决定行为的前事、行为和后果，目的在于成立假设，分析行为发生的可能性，接着设计不同面向的行为支持计划。但是接受训练者并无足够的能力依据收集好关键性的资料做分析、绘图、干预，最后的干预阶段需要由学校心理师、行为干预的专业人员和咨询心理师协助评估，完成治疗。

（五）实施干预策略提升生活形态监控干预结果

一旦完成资料收集，即要决定干预的目标，发展干预策略。包括前事、教育、功能、生活形态策略，教功能性的功能，与人互动的基本技能，增强原理、维持个人尊严等。一旦失败，就需重新安排主要的生活形态，以及个人的家庭环境、父母工作状况、社交与休闲技能。若个体已获得必要的技能，行为问题获得改善，则应继续监控，或调整部分的计划，以便维持已经建立的适当行为。

---

[1]Blonigen, H.A., Harbaugh, W.T., Singell, L.D., Horner, R.H., Irvin, L.K. & Smolkowski, K.S. (2008). Application of economic analysis to school-wide positive behavior support programs. Journal of positive behavior interventions, 10(1), 5-19.

三、全校性的正向行为支持

学校教育有两个目标,其一,提升学生的学业成就;其二,发展学生的社会技能。全校性的正向行为支持(schoolwide positive behavior support,SW-PBS)的特质是建立良好的学习环境,在适当的社会关系基础上,扩大教师教学和学生学习的效果。以下进一步论述其理论基础、定义与特征。

(一)SW-PBS 的理论基础

PBS 的推动直接影响 SW-PBS。尽管长期以来学校与家长关注学生的行为问题与社会发展,但是依然存在下列问题:①学生的社会行为发展是家庭、学校、社会三方面的责任问题尚未厘清;②学生行为问题比例偏高,而且越来越严重;③行为管理未能全面地解决学生的问题行为,学校的训育规范未统合;④教师在职训练未能有助于解决学生问题行为;⑤行为支持理论未能明确引导教师有效的干预学生行为问题;⑥行为处理只重视学生如何适应学校环境,而非彻底解决学生行为问题的根源。

基于此,PBS 提出有效的完整策略,从前事到行为的发生与后果处理,均有细密的实施过程。SW-PBS 即基于 PBS 的理论,希望所有的学校全面性执行 PBS,以根除所有学生的行为问题。

(二)SW-PBS 的定义与特征

SW-PBS 是一个有组织有系统的方法,旨在建立优质校园文化,在充分支持的氛围下,让所有学生均能有效学习。当 PBS 实施之后,有效地处理残障学生的问题行为,不再应用惩罚、负增强及无人性的干预策略,因此学生受到尊重。随后,学校开始采用 PBS 的策略,运用正增强的方法处理所有学生的偶发行为问题,PBS 的策略广泛应用于全校学生的训育上,带动学校的教育革新。

SW-PBS 不只是一个课程,也不只是一个行为干预,而是让全部学生受到尊重的训育方法,在促进学校教育效能上更具科学性。正确地说,WS-PBS 是一种系统,计量学生的学业成就和行为结果,应用所获得的数据和信息去做决定,选择有效的行为干预策略。此种证据本位的干预(evidence-based intervention,EBI),帮助学生学习取得成效,行为获得改善。最后,由于系统合理的设计,增加了学校评估的准确性,提升了学校效能。

SW-PBS 的理论与特征根植于行为学派和应用行为分析[1]。据此观点,观察个体的学习行为、服从行为、前事事件、后果及环境因素,可判断行为是否可能发生。此外,SW-PBS 的第一个特征在于持续性地支持与干预,设计防止的策略。教学是 SW-PBS 理论的重心之一,指导个别学生社交技能,可避免问题行为爆发。因此,所有学生应在学校直接学习社会技能,这是阶层一;进而成立小组,熟练掌握社交技能,这是阶层二。

---

[1]Favell,J.E.& Reid,D.H.(1988).Generalizing and maintaining improvement in problem behavior.In R.H. Horner,G.Dunlap,& R.L.Koegel (Eds.),Generalization and maintenance. Baltimore:Brookes.

SW-PBS 的第二个目标特征是选择、适应。强调从实务的研究做起，安排干预的策略，给予个案酬赏，建立问题行为后果处理的概念。最后的特征是收集数据、做决定。当然，这需先确认资料的忠实性。

思考与练习 5-2

试比较 PBS 与 SW-PBS 在学校教育实施上的差异及优点与缺点。

小智库 5-2

自闭症学生行为问题处理

小明是中度自闭症小学生，喜欢观赏黄色菊花，每天早上老师给他的工作是到花园浇花，让花儿快快长大开花。小明每天很认真地听老师的指导浇花，有一次校园连续下了一个星期的雨，他还是孜孜不倦地努力浇花，并且每天把花往上拉一把，希望花儿快点长大。第二个星期菊花全部枯萎了。老师重新种花，应用视觉线索卡片，有浇花的卡片放在桌子上就可以浇花，没有卡片就不需浇花，另一张卡片画上不可以动手拉拔花。半个月后花终于开了，老师给他的奖赏是一朵花，从此以后，小明学会了浇花，不拉拔种的花，改变了他的不当行为。

第六节　证据本位干预理论与策略

证据本位的干预（EBI）是近 30 年来重要的医学与教育研究概念之一。[1] 研究过程、研究方法是否合于科学，研究的结果是否可普遍且有效的应用在实务上，以及对学生的问题行为是否具有实质的影响等，都是特殊教育研究者及教师、家长、行政人员所关心的议题。学者们更关心的是取样是否符合随机原则？样本是否具有代表性？此为 EBI 所要探讨的问题。

一、历史背景与教育上的定义

EBI 可溯源于 1970 年代至 1980 年代，到了 1990 年代，医学研究人员开始质疑过去接受医院治疗的严重病例，使用各种医技成功的个案毕竟只是少数，这种成功的医疗技术并不具有代表性。此概念后来影响了医药的使用价值、临床试验以及咨询心理学，学界普遍希望以客观、可靠的方法检视临床医疗的实际成效，于是提出 EBI 与证据本位的实务（evidence-based practices, EBP）作为验证各种研究结果是否具有效度、忠实性与可靠性。

---

[1]Hornby, G., Grable, R. A., & Evans, W. (2013). Implementing evidenced-based practice in education: What international literature reviews tell us and what they don't. Preventing School Failure, 57 (3), 119-123.

此概念逐渐扩大到质疑过去特殊教育学生行为问题的研究结果，是否具有信、效度。其原因在于残障者样本较少。过去被认为有效的干预行为的理论与方法，因而受到质疑，而有需重新检验的呼声。

EBI 在医学研究上展示了疗育理论和观念的革新。有效的疗育理论与技术需有足量成功的个案佐证，研究方法也无瑕疵。近30年来，受到 EBI 的影响，医生对成功的医疗结果报告普遍采取较为保守的态度，教育研究亦受到影响，开始重视建立有效能的研究方法，对研究结果的应用在态度上亦趋于保守。EBI 应用在特殊教育上，强调任何模式或方法必须有坚实的证据，才能推广应用在残障者身上。[1][2]

二、证据本位干预的内涵

EBI 比较常用于医疗系统，属于医学对病患的干预，故称为证据本位的干预。而 EBP 则多用在教育上，对课程或学生行为的干预产生极大成效，故称为证据本位的实务。以下行文仍沿用最初医疗的名词。依据前述定义，EBI 具有一些特质，罗列如下：

（1）EBI 为一群有特殊目的人群经疗育之后，确认干预的方法符合研究的严谨性与有效性，因此 EBI 只是限定在研究者设定的范围内的问题情况做配对，若 EBI 研究结果不符合设定的问题，则对受试而言，不发生效果，就如同用锤子有效，若用起子就发生不了作用。

（2）EBI 如果被视为对行为问题的干预，则属于研究，研究结果如果只显示部分的干预结果，则应视 EBI 的结果无效。

（3）EBI 的研究若要有效，必须采用大样本的研究，或针对同一个主题一系列的小样本研究，汇集成一个较大的数据，其所获结果与大样本的效果是一样的符合科学原则。大样本干预对特殊问题具有强烈的效果，通常在大标本中抽出的小部分样本，其研究是无效的。总之，对大群体中的个别个案而言，只有在 EBI 的基础之上干预的结果之数据符合目标行为，才有可能得到符合科学原则的研究价值。[3]

三、证据本位干预实施步骤

EBI 的干预课程，有其限制。选择干预是实施 EBI 的第一步，实施过程需具忠实性，达成目标的过程需能计量，EBI 的干预成效需以搜集的资料的多寡做决定。以下是 EBI 的实施步骤：

---

[1]Mayton, M., R., Menendez, A. L., Wheeler, J. J., & Zhang, J. (2010). An analysis of evidence-based practice in the education and treatment of learners with autism spectrum disorders. Education and Training in Autism and Developmental Disabilities, 45(4), 539-551.

[2]Hott, B., Berkeley, S., Fairfield, A., & Shora. N. (2017). Intervention in school and clinic: An analysis of 25 years of guidance for practitioners. Learning Disability Quarterly, 40 (1), 54-64.

[3]Perelmutter, B., Mcgreor, K., K., & Gordon, K. R. (2017). Assistive technology interventions for adolescents and adults with learning disabilities: An evidence-based systematic review and meta-analysis. Computers & Education 114, 139-163.

（1）检视具有学术价值的期刊，基于理论基础，排列顺序，做有效的实验研究计量。

（2）将所强调的行为问题与学业问题，加以分类。

（3）发展可实施的规则，让教育与专业人员能应用干预的策略，规则包括：①简单地叙述干预对象的资料；②综览干预计划的一般问题；③掌握干预的程序，注意干预是否具有忠实性；④发展影视干预模式；⑤发展简洁可行的干预模式。

四、探讨证据本位干预的科学研究方法

在教育领域，判断研究是否具有科学的质量，是否符合 EBI 的标准，颇受怀疑：

许多学者不认同教育是一个严谨的科学，因为他们认为研究方法可归纳为四个类型，依序为实验研究法、相关研究法、单一被试研究法、质性研究法，排在越后面的越不符合科学原则。而教育较多使用排在后面的研究方法。

特殊教育的研究囿于现实因素，样本数不多，不可能随机取样，受试的条件差异太大，研究结果并不符合科学原则。例如多动症就有三个特质：注意力缺陷、躁动和冲动；自闭症（孤独症）亦有三个特征：社会互动困难、语言发展迟滞、行为偏异。由于参与研究的受试本身的复杂性，很难找到两个特征完全相同的个案，因此在实验研究法上，特殊教育的研究无法取得等组，无法随机取样。在准实验设计中，无法控制所有的变项，研究结果很难符合 EBI 的条件，不符合科学原则。至于单一被试研究，因为特殊障碍的个案，身心特质差异太大，研究结果不易类化、推论，更谈不上应用，违背了 EBI 的原则。EBP 教育研究类似于 EBI 医学研究，必须严格控制变项，综合与组织，使用功能性的操作定义，控制环境变项，评估是否违反内、外在效度，是否具忠实度。这些条件都是 EBI 和 EBP 具备之研究优势，特殊教育的研究若要符合科学原则，必须重新检讨是否符合 EBI 的条件。[1][2]

有学者提出优良研究的要素包括：合适的干预策略，需有对照组，仔细地说明研究方法和干预的实施程序，实施干预过程的正确性，正确地使用统计考验方法，清楚描述受试的特质，较佳的信效度等。[3] 这些要素构成 EBI 或 EBP 的条件，作为检视一个研究是否合乎科学的标准。总之，以 EBI 或 EBP 为干预的研究，较有可能符合科学研究原则。其中，元分析是 EBI 或 EBP 常用的方法，用以解决研究结果有分歧、难以定论的问题。[4]

[1]Bal, A., & Perzigian, A. B. T. (2013). Evidence-based interventions for immigrant students experiencing behavioral and academic problems: a systematic review of the literature. Education and Treatment of Children Vol.36(4), 5-28.

[2]Odom, S. L., Brantlinger, E.,Horner, R. H.,Thompson. B., &Harris, K. R.(2005). Research in special education scientific method & evidence-based practices. Exceptional Children, 71(2), 137-148.

[3]Perelmutter, B., Mcgreor, K., K., & Gordon, K. R. (2017). Assistive technology interventions for adolescents and adults with learning disabilities: an evidence-based systematic review and meta-analysis, Computers & Education 114, 139-163.

[4]Hornby, G., Grable, R. A., & Evans, W. (2013). Implementing evidence evidenced-based practice in education: what international literature reviews tell us and what they don't, Preventing School Failure, 57(3), 119-123.

讨论问题

1. 编序教学法的历史背景为何？影响现代教学观念有哪些？

2. 区分性教学与编序教学是否同属于一种教学方法？试申其义并加以比较。

3. 为何要做课程调整？教师如何善用课程调整提高学生的学习兴趣？

4. 正向行为支持的教育方式之优缺点为何？试以科学与价值的观点批判之。

5. 证据本位的干预在教育研究上带来何种冲击？试论述之。

延伸阅读

1. 佐藤正夫 . 教学原理 [M]. 钟启泉译 . 北京：教育科学出版社，2001.

2. 郭为藩 . 特殊儿童心理与教育 [M].5 版 . 台北：文景出版社，2007.

本章作者：王大延

第六章　特殊教育安置与支持系统

学习目标

□知识目标

1. 了解特殊教育安置原则、形态和适当性。

2. 理解和区分家庭支持、亲职教育的概念，掌握家庭支持策略、亲职教育的重点与方法。

3. 了解什么是无障碍环境与辅助科技。

4. 了解特殊教育教师与相关专业人员的职责与功能。

5. 理解特殊教育资源中心设置的目的、任务与组织架构。

□能力目标

1. 能根据学生特质区分其安置的适当性。

2. 能为家庭如何支持特殊儿童提供咨询与协助。

3. 能检视特殊学生所处环境是否具备无障碍环境的要求，能正确指导特殊儿童使用辅助科技。

4. 能根据特殊儿童需要转衔至相关机构和相关人员。

□情意目标

1. 以最少限制、适性发展的原则去看待特殊教育及特殊儿童。

2. 坚持以专业支持促进特殊儿童发展。

本章重点

特殊儿童的身心障碍使他们在社会互动过程中遭遇到较多困难，加上个别差异较大，需针对其特殊需要提供多元安置与适性教育措施，使衍生的后天次级障碍减到最少，以充分发展其潜能。特殊儿童的教育安置与支持服务本着无障碍与适性教育的原则来实施。广义上，无障碍环境既包括家庭、学校、社区等物理环境上的通用设计，也包括心理上的无条件接纳与支持。

本章重点在于介绍国际上普遍采纳的特殊教育服务之阶层式安置形态与我国主要的安置形态，并从适性教育的观点探讨安置的适当性；其次，从家庭层面探讨对残障儿童的支持与协助，介绍家庭支持与亲职教育的基本概念与实用方法；最后着墨于家长和教师可寻求帮助的外在资源，包括无障碍环境与辅助科技、特殊教育教师及相关专业人员，以及特殊教育资源中心。

关键词：适性教育、无障碍环境、安置形态、家庭支持、亲职教育、辅助科技、相关专业人员、资源中心如何为特殊儿童提供最适切的教育？这需要我们敏锐察觉并充分回应孩子的特殊需要，还要全方位的支持体系来配合协作。从教育安置、特殊教育师资、无障碍环境到家庭支持等，都是支持体系中必不可少的环节。本章将对特殊教育安置与支持系统作简要的介绍，共分为五节来探讨，分别为：特殊教育安置、家庭支持与亲职教育、无障碍环境与辅助科技、特殊教育教师及相关专业人员、特殊教育资源中心。

第一节　特殊教育安置

1975 年美国 94-142 公法（即《全体残障儿童教育法》）规定安置障碍学生以"最少限制的环境"为原则，所谓最少限制的环境是指在特殊教育安置阶梯式形态模式中，根据特殊学生的情况将学生安置在与一般环境或同伴接触最多的形态[1]。

由于特殊学生的个别差异很大，所以必须提供多元的安置与适性的教育措施，以满足特殊学生的个别需求，并充分发展其潜能，这是特殊教育服务的基本宗旨。

一、安置原则

以最少限制的环境，发展学生最大潜能。为残障学生提供最适切的教育安置，要实现多元化、适性化、弹性化和就近化。其原则如下：

（1）提供最少限制的环境。

（2）以评估结果为安置依据。

（3）依据障碍类别、程度、教育需要做最恰当的安置。

（4）安置应有弹性。

二、安置形态

1970 年，美国特殊教育专家 E. 迪诺（E. Deno）提出了特殊儿童的教育服务阶层，可依学生的障碍程度、人数多寡、需求高低来选择安置，强调为每位学习者提供不同程度和类型的特殊服务[2]。这种连续性的服务是决定特殊教育安置的基准，目前，这种安置观念已经被广泛接纳，如图 6-1 所示。

各国根据自己的国情，安置形态不尽相同，但都大同小异。对于特殊儿童来说，教育安置只有适合与不适合的区别，而无关对或错。教育者应该尽量根据学生的障碍程度，将学生安置在与一般环境或与同学互动最多的安置形态。下面从最多限制到最少限制的常见 8 种安置形态做简要说明：

（1）医院与在家教育：特殊教育教师在医院或在家提供全部的教学。因障碍程度严

---

[1]U.S. Department of Education. Public Law 94-142, 1975.

[2]Deno, E. Special education as developmental capital [J]. Exceptional Children, 1970, 37(3)：239-237.

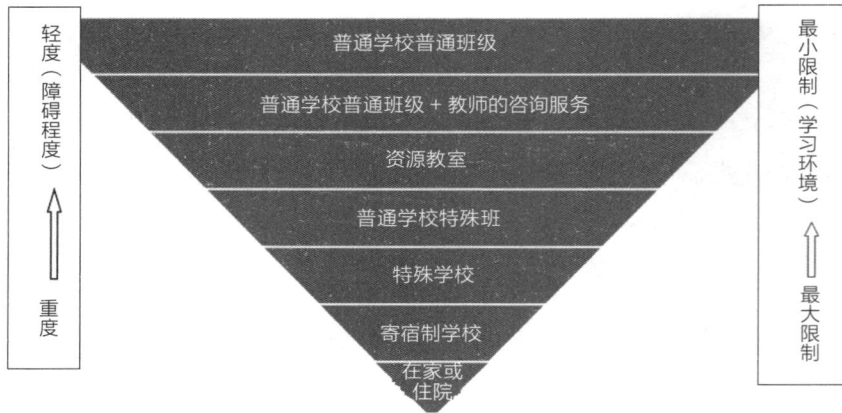

图 6-1 特殊儿童教育服务阶层

（资料来源：Demo,1970）

重影响生活能力，无法自理、行动不便，或外界环境存在对其健康不良影响的学生，经家长申请可接受医院或在家教育，即我国的"送教上门"。

（2）寄宿制学校：针对无法或有部分生活自理能力缺乏且离家较远的中重度障碍学生，可进行此类安置。学生全天居住校内，接受学业的、生活的各种服务，只在规定的节假日返家居住。

（3）特殊学校：与普通学生隔离的学校，但非教学时间可返回家中，统合在正常社会人群中。不仅提供特殊的课程，也有特别设计的环境、设备及特殊专业人员提供学习辅导和适应行为训练。

（4）普通学校特殊班：在普通学校设置的隔离班级，每班人数在 8 ~ 15 人之间，由受过专业训练的特殊教师提供各科教学，上课作息与普通班学生一致，但教材教法需符合特殊班的学生需要。

（5）资源教室方案：特殊学生在校每周定时到资源教室，由资源教师直接教学或提供其他特殊服务。教学内容及服务的次数根据学生的特殊需要和严重程度做区分。

（6）巡回辅导：巡回辅导教师定期到有特殊儿童就读的普通学校的普通班提供服务，如个别教学和小组教学，或者是对普通教师给予咨询指导和协助。

（7）设有咨询服务的普通班：特殊教育专业教师或心理辅导教师对普通班教师给予协助，必要时直接指导普通班教师利用资源、使用设备、应用方法等技巧。

（8）普通班：在学生障碍程度不影响学习且不造成适应困难下，可与普通学生一起上课，无需专门训练的特殊教育教师。

资源教室方案

这是一种将普通班中的特殊学生部分时间抽离至资源教室接受区分性教学的措施。资源教室是在普通学校中设置的，专为特殊学生提供适合其特殊教育需要的个别化教学场所（教室），这种教室聘有专门的特殊教育教师（资源教师），以及配置各种辅助教材、教具、教学媒体、图书设备等。它具有为特殊学生提供筛查评估、教育、辅导等功能，目的在于满足个别学生的特殊教育需要，而又不必完全与同伴隔离（通抽离至资源教室的时可以不超过在校时的一半为原则。

三、安置适当性

特殊学生的教育安置，应以满足学生需要为前提，最少限制的环境为原则。为了避免错误安置对学生造成身心伤害，各级教育行政机构每年应重新评估特殊学生的教育安置的适当性。安置时最大考虑因素应该是学生对特殊教育需要及相关专业服务的需求程度，而不仅仅考虑障碍程度。而不管安置在哪种形态的场所，特殊教育方案及相关专业服务的干预都是必要的。对于特殊孩子的教育安置，要考量的主要因素有：

（1）孩子现况：包括智力、情绪、行为、能力、社会适应、学业成就等综合情况。

（2）父母意愿：包括看法、期待、配合度及家庭需求等。

（3）居家远近：包括交通、时间、人力负担等。

（4）学校情况：包括接纳度、热心度、经验、资源等支持系统。

（5）相关服务：包括相关团体的辅导、服务及义工等。

在没有一个具体可操作的"鉴定与安置办法"可指导的情况下，如何尽可能保证安置的适当性？

四、我国特教学生安置现状

（一）安置类别

根据《中华人民共和国残疾人保障法》（1990发布，2018修正）第2条: 残疾人（残障者）是指在心理、生理、人体结构上，某种组织、功能丧失或者不正常，全部或者部分丧失以正常方式从事某种活动能力的人，包括以下8类：①视力残疾，②听力残疾，③言语残疾，④肢体残疾，⑤智力残疾，⑥精神残疾，⑦多重残疾，⑧其他残疾。这些障碍类别都经由医院进行鉴定，然后向当地的残疾人联合会申请残疾人证。

2012年，根据第六次全国人口普查及第二次全国残疾人抽样调查，推算残疾人总人数约 8502 万人。各类残疾人人数分别为，视力残疾 1263 万人（占 14.86%）；听力残疾 2054 万人（占 24.16%）；言语残疾 130 万人（占 1.53%）；肢体残疾 2472 万人（占 29.08%）；智力残疾 568 万人（占 6.68%）；精神残疾 629 万人（占 7.40%）；多重残疾 1386 万人（占 16.30%）[1]。

（二）安置现状

国际上普遍认为特殊学生除了身心障碍（残疾）类学生，还包括资赋优异（超常）学生。资优（超常）儿童除了需要充实性教育，以发挥其长处之外，也可能因为情绪、经验、环境不利等因素，产生学习障碍而需要补救教学。虽然我国超常教育已有超过三十年的历史，但因种种原因，资赋优异的学生并没列入特殊教育安置对象范畴。

经过多年努力，我国在残疾（残障）学生安置上已经逐步形成以特殊教育学校为骨干，普通学校"随班就读"和"附设特教班"为主体，送教上门和家庭、社区教育为辅助的发展格局[2]。2012 年，救助儿童会和中国教育科学研究院做的一项调查报告中指出，普校"随班就读"学生，主要是智力障碍、学习障碍及自闭症学生，残疾程度较轻的学生多数"随班就读"，特殊学校招收的学生出现程度越来越重的倾向[3]。

全纳教育

小智库 6-2

全纳教育也称为"完全融合"，是 20 世纪 90 年代兴起的一种单一安置形态。也即认为特殊儿童不分类别及轻重，全部学时段都安排在普通班级就读。并且，普通学校需提供适当的教育课程，对特殊儿童来说，这些课程既要有挑战性又能满足他们的能力和需求。

我国实施完全融合至少短时间内不太可能，因为首先，部分学生的确仍然需要隔离式的特殊教育；其次，普教老师绝大部分都没有能力教导所有学生；而且，班级人数普遍过多，不抽离则无法实施个别化教学；并且，多种选择才能符合家长的期待并保证高素质的教育。

第二节　家庭支持与亲职教育

家庭是儿童成长过程中最重要和持续最久的资源，家庭和家长对孩子教育的影响，不亚于学校和老师。对于特殊儿童，家庭向来被认为是最重要的非正式社会支持来源，家庭的角色与功能不仅影响特殊需要孩子的发展，也决定他们接受特殊服务的状况与成效。如何让家庭在特殊需要学生的成长与发展中扮演好应有的角色，帮助他们最大潜能的发展，是我们需要考量的重要因素和努力方向。以下从家庭支持和亲职教育两方面来讨论。

---

[1] 中国残疾人联合会。2010 年末全国残疾人总数及各类、不同残疾等级人数。中国残疾人联合会官网信息公开栏目。2012，6.

[2] 教育部．在同一片蓝天下绽放青春——我国特殊教育发展状况综述．光明日报，2013.7.16.

[3] 中国教育科学研究院救助儿童会．中国大陆地区特殊教育学校发展与随班就读发展研究报告．北京，2012.12.

一、家庭支持

（一）家庭支持的含义

家庭支持也被称为家庭支援，指的是服务、资源和其他形态的协助，这些协助可使每一个年龄层的特殊需要者与其家庭共同生活，并且成为社区中受欢迎和有贡献的一分子[1]。

特殊教育相关专业人员对家庭的支持非常重要，他们需要提供以家庭为中心的支持或支援服务。家庭中心支持是以家庭为一个服务单位，尊重家庭独特的文化背景和价值观，强调家长参与、平等合作，应用家庭现有资源和优势，专业人员以协助和引导的角色提供支持。以家庭为中心的支持具有以下四个特征：①无论是做决定、计划、评估或服务过程，家庭是首要考虑因素；②服务对象是整个家庭成员，并且发展整个家庭的支持服务；③家庭主导其家庭支持目标和服务；④提供并尊重家庭对其参与程度的选择[2]。这样的支持显示家庭可以决定其需求内容和顺序，特殊教育专业人员则要了解家庭的需要并给予恰当的支持。

（二）家庭支持策略

为了有效地影响身心障碍儿童的家庭，特殊教育工作者必须持有以下三个假设：①承认自己有责任支持特殊儿童的家庭，因为有风险的孩子也会让他们的家庭处于风险当中；②要与家庭很好地协作，除了可以更好地支持特殊儿童，也是让自身专业成长和发展的途径；③通过家庭赋权，让家庭减少对他们咨询与服务的依赖[3]。要实现这三个假设，可通过以家庭为中心的支持策略和家庭赋权。

Haren 与 Fiedler 提出 11 个以家庭为中心的支持策略和一个家庭赋权策略[4]：

（1）对障碍者家庭表示同理心：特殊教育工作者不能因服务对象家庭的行为与生活方式与自己的价值观和生活方式存在冲突而横加批判，有效的家庭支持应该建立在同理心之上。

（2）个性化的家庭参与：专业和现实的家庭支持应该是协助家长们确定一个对他们来说恰当的教育参与水平，给他们足够的时间和资源。

（3）视家长为专家，建立家庭优势：有些时候，特殊教育专业人员要放下"专家角色"，虚心向家长学习，承认在孩子面前家长才是专家。这样，家长们会感觉被支持，他们的功能会增强，从而家庭优势就产生了。如，家庭的幽默感成为一个多重障碍儿童家庭的主要压力应对机制。

---

[1]Freedman, R. I., & Boyer, N. C. The power to choose: Supports for families caring for individuals with developmental disabilities [J]. Health & Social work, 2000, 25 (1): 59-68.

[2]Murphy, D. L., Lee, I. L., Turnbull, A. P., & Turbiville, V. The Family-Centered Program Rating Scale: An instrument for program evaluation and change [J]. Journal of Early Intervention, 1995, 19 (1): 24-42.

[3]Fiedler, C. R. Making a difference: Advocacy competencies for special education professionals [M]. Boston: Allyn & Bacon, 2000.

[4]Van Haren B., & Fiedler C.R. Support and empower families of children with disabilities [J]. Intervention in School and Clinic. 2008, 43 (4): 231-235.

（4）尊重并支持家庭的决定：如果家庭的看法和决定没有明显地违背孩子的利益，特教工作者就要遵从他们的决定，从而促进家庭自决。

（5）做家庭的专业盟友：通过表达对孩子独特和个性化需求的了解，显示愿意倾听和尊重家庭的关注，积极参与为障碍者提供权益保护和改善服务的专门组织，当家庭与特殊教育专业人士的教育服务不恰当或不足时，愿意向管理者表达关注。

（6）让家庭成员参与开放性沟通：家庭和学校的专业人士，以及家庭成员之间的沟通，提供了一个开放、支持的环境，并最终促进教育参与。网络和通信工具的发达，为这种支持提供了很多便利。

（7）提升家庭的被接纳度：对于那些灵活的、对家庭需求作出反应且容易进入的教育环境，家庭成员更容易感受到被支持。如社区学校和就近安置，以及以便利的时间灵活安排学校专业人员的支持服务。

（8）提供家庭网络：共同的处境是家庭之间联系的关键因素，学校应提供家长之间的联络机会。在这种联系网络中，他们可以寻求新的信息，提出问题，获取简单的支持，这种支持也许比学校专业人员提供的更为恰当。

（9）扩展支持系统：照顾者包括兄弟姐妹，祖父母，姑姑，叔叔，和其他扩展的家庭成员或亲密的朋友。至关重要的是，学校敞开大门，提供一个欢迎的气氛，让更多的人参与儿童的照顾。

（10）接受和庆祝家庭的成功：在家庭成员对特殊孩子的支持方面，就算取得的成就很小，特殊教育工作者也要能意识到并认可这种成功体验。家庭成员的努力和想法应该得到赞赏和表扬，从而成为未来成功的桥梁。

（11）家庭赋权：即将教育和支持孩子的工作授权给家庭。这包括提高家庭自我效能感、给予有效解决问题的模式、提高家庭应对能力、构建家庭能力、为家庭提供培训和专业发展、让家庭成员参与个别化教育计划（IEP）的各个阶段、鼓励学生参与 IEP 会议、让家庭参与社区合作、孕育希望、协助家长表达他们对孩子未来的愿景。

家庭赋权

小智库 6-3

Turnbull、Turnbull、Erwin 和 Sooda 提出了一种赋权模型，该模型认为当家长拥有高度的积极性并拥有足够的知识和技能时，他们就被赋予了权力。赋权即创建以儿童需求为中心、个性化、以资源为导向的问题解决方案[1]。家庭赋权的目标是让父母再被动接受他人（例如教师、管理人员）做出的决定，而是成为积极倡导自我控制、自我效能和自我决定的人[2]。

[1]Turnbull, A., Turnbull, R., Erwin, E. J., Soodak, L. C., & Shogren, K. A. Families, professionals, and exceptionality [M]. 7th ed. Boston, MA: Pearson, 2015.

[2]Connor, D. J., & Cavendish, W. Sharing power with parents: Improving educational decision making for students with learning disabilities [J]. Learning Disabilities Quarterly, 2018, 41, 79-84.

二、亲职教育

亲职教育即协助父母扮演好亲职角色，当一个称职的父母。特殊教育中的亲职教育则是帮助特殊需要学生之家长认识并了解其特殊孩子的优弱势，相信子女的能力，给予适当的期望和态度，用正确的方式进行教养。身心障碍者父母对于正常子女的教养态度会影响正常子女对于障碍子女的互动与态度，因此也要教导身心障碍者父母学会审视自己对非障碍子女的教养态度，是否因障碍子女而受到忽略或剥夺。

（一）亲职教育的目的

亲职教育是为了帮助家长在家庭中有效发挥并扮演好"亲职"的角色。家庭的功能包括生养育、照顾保护、教育、情感与爱、娱乐、信仰和经济等[1]。亲职教育的主要目的有四个：①加强做好为人父母的准备；②增进父母的自我体验与认同；③协助父母教养子女，促进子女积极发展；④增进亲子关系，促进家庭和谐[2]。

（二）家长的角色

角色是职责的表现，包括一个人在获得某个位置之后，表现出被期待的行为和被期待的感情。角色一般被理解为个体在社会整体结构中被赋予的某种地位和被期待表现出的某些行为规范。Kadushin认为亲职角色的内容包括有：（1）提供物质上的满足；（2）提供情绪和情感上的满足；（3）提供子女环境刺激；（4）协助子女社会化；（5）管教子女；（6）保护子女免受身体的、情绪的、社会的伤害；（7）表现恰当的行为以让子女认同；（8）促进家人之间的稳定互动，用接纳的态度帮助孩子解决生活中的不适、挫折和冲突；（9）让子女在生活中找到归属感，让他们知道自己是谁、属于哪里，帮助他们建立自我认同；（10）监护子女的权益，避免他们受到不公正的待遇[3]。

对于特殊孩子，在1975年美国94-142公法（即《全体残障孩子教育法》）中，明确要求父母与专业人员一起参与发展孩子的个别化教育计划（IEP）。如果父母对子女的诊断、安置或IEP不同意，可让他们加入联审会再度审查。后来的修正案（IDEA）要求将服务焦点放在家庭，因此把父母或监护人纳入发展个别化家庭服务计划（individualized family service plan, IFSP）的小组内。

（三）亲职教育的重点和方法

1. 亲职教育的重点

（1）认识家庭功能与家庭成员责任，正面对待孩子是障碍者的事实，学会自我调适。

（2）以家庭为中心的亲职教育，全面考虑家庭的个别性，设计个别化家庭服务计划。

---

[1] 黄坚厚. 我国家庭现代化的展望 [J]. 社区发展季刊，1994，12（68）：26-30.

[2] 张铎严，何慧敏，陈富美，连心瑜. 亲职教育. 台北：空中大学，2004.

[3]Kadushin, A. Child welfare services [M]. New York: Macmillan, 1980.

（3）增进对孩子特殊需要的了解与合理的亲子互动方法。

（4）设计能支持家长情绪，纾解家长压力的活动。

（5）解说相关法规，引介社会资源，如教养方法、教育训练、康复医疗、社会福利等信息。

2. 亲职教育的基本方法

（1）督促家长参与孩子个别化教育计划或个别化家庭服务计划的拟订与执行过程。

（2）以小团体方式或一对一方式进行，以解决个案问题为目的。

（3）长期持续，不断追踪评估，随时调整方法和目标。

（4）结合特殊教育、医疗护理、心理与治疗人员进行整合服务。

（5）除了请家长来校，还可考虑巡回式、流动式、定点式等形态，将亲职教育送上门，让每一个家庭充分发挥其功能，协助孩子健康成长。

小智库 6-4

亲子教育与亲职教育的区别

亲职教育是成人教育的一部分，对象为：为人父母者、将为人父母者和与父母角色相关者，借由教育协助他们获得教养子女的知能，加强亲子关系。与亲子教育有所区别，亲子教育属于早期教育范畴，强调父母在与孩子"亲子互动"过程中了解孩子成长的规律，掌握其所特有的言行、思维、情感方式，获得与孩子相处的方法与策略，从而引导孩子健康成长。

第三节　无障碍环境与辅助科技

《中华人民共和国残疾人保障法》第五十二条规定：国家和社会应当采取措施，逐步完善无障碍设施，推进信息交流无障碍。这里面包括两层含义，一层是要建设和完善无障碍，另一层则是要利用辅助科技帮助障碍者信息交流无障碍，帮助障碍者最大可能地参与学习和生活。当然辅助科技不仅仅是帮助障碍者信息交流无障碍，也可以在其他方面辅助提升障碍者的学习与生活功能。

一、无障碍环境

"最少限制的环境"（LRE）最早出现在美国 1975 年的 94-142 公法，其原则是要求排除各种环境的障碍，使残障学生受教育具有可及性和融合性，最终获得"最大的发展机会"。"最少限制的环境"包括硬件层面和软件层面，硬件层面是指无障碍的环境设施，如交通建筑设备等；软件层面是指老师和同学的态度、课程与教学、行政措施等。我国《特殊教育提升计划（2014—2016）》提到，要尽可能在普通班安排残疾学生随班就读，加强特殊教育资源教室、无障碍设施等建设，为残疾学生提供必要的学习和生活便利。无障碍环境从狭义上来看，是为残疾人提供方便；从广义来看，是为所有人创造更为安全、便利的学习与生活环境，克服有形和无形的障碍。

（一）硬件设施层面的无障碍设计

美国建筑师 Mace 等人于 1991 年就提出了无障碍通用设计（universal design）的概念，即简单设计所有产品、建筑物和外部空间，以供所有人使用[1]。通用设计理念提倡环境设施使用上的公平，对使用人群没有歧视，设计上以障碍者的能力和尺度为标准，可同时为障碍者和普通健康人所使用，体现人性化考量，让障碍者参与学习和生活达到"无障碍"和"可及"。通用设计主要考量的要点有：

（1）宽敞可通过的门：门至少净宽达到 32 英尺[2]，方便轮椅进出。

（2）畅通的路径通道：道路宽度至少 36 英尺，连接所有可及的空间和场所。这就要求在建筑物入口处，不能有台阶或楼梯。一套完整的生活设施必须在一个水平面上，除非所有的水平都由坡道、电梯或电梯连接。

（3）宽敞的地板空间：楼层周边设备如卫生间、浴室、水槽等，必须允许使用轮椅回旋。

（4）控制装置在容易到达和容易操作的范围内：灯开关、温控器、电插座，水龙头，以及其他控制装置，应安装在 9.48 英寸[3]到 54 英寸之间的墙面高度上，单手操作，并且不需要太大的力量或抓握能力。

（5）易操作的窗户：如果提供可操作的窗户，则需基本符合上述控制装置的要求。

（6）视觉警报：如果提供警告信号，如烟雾或火警警报，必须是视觉和听觉兼备的，或者必须提供一个电源插座，可将便携式视觉信号设备连接到警报系统。

（7）膝盖空间：厨房水槽和工作区、浴室水池的下方必须提供特定尺寸的膝盖空间。

（8）浴室：如果有浴缸的话，必须在一端有一个内置的座位带有可拆卸便携式座椅，必要的话可系安全带。如果提供淋浴，则空间要比浴缸尺寸大小更大，至少有一个 3×3 英尺大小允许转动的座位。

（9）加固扶手：在浴室和厕所的墙壁上要有加固的扶手，安置在便于抓扶的位置。

（二）软件层面的无障碍环境

融合教育的目的是给有特殊需要的学生一个适切的教育环境和教育方式，培养和发挥学生最大潜能，让其拥有独立自主自尊之人格。因此，校园文化、教师与学生对障碍者的接纳与尊重的态度尤为重要。拒绝、歧视是无形的障碍，却是障碍者平等参与校园生活所面临的最大难关。

总的来说，可从下面两个方面来构建无障碍环境的软件层面：

---

[1]Mace, R. L., Hardie, G. J., & Place, J. P. Accessible environments: Toward universal design [M]. Center for Accessible Housing, 1991.

[2]1 英尺为 0.3048 米。

[3]1 英寸为 2.54 厘米。

（1）尊重、接纳的心理支持系统的构建：普通师生对特殊需要学生的了解、理解、接纳，是直接影响特殊孩子在学校的成就与表现的关键因素。通过定期和不定期的特教宣导及讲座等形式，促进大众对特殊需要学生特征、需求的了解；多给特殊需要学生参与校园活动的机会；引导师生以平等和关怀的态度对待特殊需要学生。

（2）支持性教育系统的构建：支持性教育是指提供一些教育资源或策略，帮助特殊孩子从学习或生活环境中获得必要的资源、信息与关系，从而提升个人独立性、生产性和资源整合性。支持性教育系统的构建，首先需提高教材、教法的弹性。有特殊需要的学生身心发展特点与普通学生之间存在较大差异，因此，他们需要一套适合自己身心发展特点且具有弹性化的课程、教材与教学方式。其次，要拟订个别化教育计划。所谓个别化教育计划，是学生的个别学习方案与历程，主要目的是建立学生个别化的适性学习目标，决定学校应提供哪些资源与服务，强化父母、教师、专业团队间的沟通与联系，使学生获得最有效的学习成果。最后，课程与评量方式的调整。课程内容与难度应根据学生特点来进行调整，注重功能性和学生的兴趣，教学方法采用多种形式，对学习表现的评量方式和内容也可相应进行调整，如替代性评量。

二、辅助科技

辅助科技（assistive technology）是用来增进、维持和改善身心障碍者功能的任何一种设施或产品系统。在美国《残障者教育法》（IDEA）中，辅助科技的定义是："任何一种装置、设备或产品系统。不论它是否商业性质或是经修改而来以及订制的，可以增加、维持或提高残障儿童的功能性能力的产品。"辅助科技常见的产品包括副木、义肢、轮椅、拐杖、助听器、支架和沟通板等。

辅助科技的应用范围极广，大致可归纳为以下几类[1]：

（1）控制界面：指能让一个人更接近使用设备的界面，如各种运用机械、电磁、红外线与声波所开发出来的特殊开关。

（2）摆位：指能协助个人维持坐姿与平衡能力的设备，如轮椅的坐垫、支架、安全带、椅背和保护颈部的头盔等。

（3）电子计算机：指能够协助个人单独或配合其他设备使用，以达到和一般人一样能够运用电子计算机设备的输入和输出系统，解决个人、家庭、学校和工作环境需要面对的任务。

（4）沟通：是指能协助个人运用语言的渠道或方式，建立与外界联系和沟通的设备，如电子计算机语音沟通板。

（5）移行：是指能协助个人增进独立移动与行走能力的设备，可分为移动辅具与步

[1] 吴亭芳，陈明聪 . 科技辅具的应用 . 载于林宝贵（主编），特殊教育理论与实务 [M] . 3 版 . 新北：心理出版社，2012.

行辅具，前者如轮椅，后者如助行器。

（6）生活相关：指能协助个人学习或是增进生活我照顾的设备。凡是与进食、盥洗、如厕、沐浴、更衣、环境控制，甚至是复杂性的日常生活有关的设备都能归为此类。

（7）感官类：是指能以扩大或替代方式协助个人接受外界视、听、嗅、味、触等感官知觉的设备，如扩视机和助听器。

辅助技术服务是指任何一项可帮助身心障碍者选择、获得和使用辅助技术的服务，主要有：评估需求；为障碍者购买、租赁或获得辅助技术设备；提供选择、设计、安装、适应、应用、维持、修理和更换辅助技术设备；训练和培训使用辅助技术的障碍者及其家人，还有那些提供教育或康复服务的相关人员。

思考与练习 6-2

看看您身边的环境，是否无障碍环境？若不是，可从哪些方面去改善？

第四节　特殊教育教师及其相关专业人员

教育的发展得益于教师教育的发展，教师教育是基础教育的基础。教育师资队伍建设是解决学校各种问题至关重要的突破口。特殊教育也是如此，特殊教育教师及其相关专业人员的发展是特殊教育发展的重要保障。特殊教育以学生全面发展为目的，特殊教育教师和相关专业人员则是实现特殊教育发展的重要推动者。新中国成立以来，充足特殊教育教师数量、提升特殊教育教师专业水平是教师队伍建设的重要内容和任务。一系列政策的出台促进了特殊教育教师从"非专业化"走向"专业化发展"，也奠定了特殊教育教师队伍发展的基础。

一、特殊教育教师

特殊教育教师有广义和狭义之分。广义的特殊教育教师不仅包括直接从事特殊教育的一线教师，还包括培养从事特殊教育一线教师的教师；狭义的特殊教育教师主要指一线教师，即在各类特殊学校直接从事特殊儿童教学和康复训练的教师，在普通学校附设特殊班从事教学工作的教师，以及承担随班就读辅导工作的教师及相关训练人员[1]。本节内容采用狭义的特殊教育教师含义。

（一）特殊教育教师的基本要求

1998 年，我国教育部颁布的《特殊教育学校暂行规定》中对特殊教育学校教师规定为：

---

[1] 雷江华，方俊明 . 特殊教育学 ［M］. 北京：北京大学出版社，2011.

"特殊教育学校教师应具备国家规定的相应教师资格和任职条件，具有社会主义的人道主义精神，关心残疾学生，掌握特殊教育的专业知识和技能，遵守职业道德，完成教育教学工作，享受和履行法律规定的权利和义务。" 2008 年修订后的《中华人民共和国残疾人保障法》中对特殊教育教师的规定是："国家有计划地举办各级各类特殊教育师范院校、专业，在普通师范院校附设特殊教育班，培养、培训特殊教育师资。普通师范院校开设特殊教育课程或者讲授有关内容，使普通教师掌握必要的特殊教育知识。"

综上所述，我国对特殊教育教师的要求基本可描述为：

（1）具备特殊教育基础知识和基本技能：特殊教育理论知识、特殊儿童教育教学方法和策略是特殊教育教师必须要掌握的，具体包括特殊教育知识和其他学科知识，各类特殊儿童心理学和教育学，个别化教育的教学模式和教学策略，教学辅助设备的使用，特殊教育评估的理论和技术等。

（2）具备国家规定的相应教师资格和任职条件：2016 年的《教师资格条例》对教师的资格和任用有明确规定，即"中国公民凡遵守宪法和法律，热爱教育事业，具有良好的思想品德，具备本法规定的学历或者经国家教师资格考试合格，有教育教学能力，经认定合格的，可以取得教师资格。"

（3）热爱特殊教育事业，无条件接纳并尊重特殊学生：特爱特殊教育事业，也就是出于对专业的热爱或其他原因，自愿全身心地投入到特教事业中来。应该无条件接纳和尊重特殊学生，将他们的需要看作应得的权益而不是施舍。从专业角度来为特殊学生提供自由选择和成功成长的引导及支持，尽可能以多元而有弹性的方式满足他们个别的需要和目的。

（二）特殊教育教师发展方向

王雁、朱楠提出"复合型"特殊教育教师的发展展望，认为新时期特殊教育教师肩负着诸如"教育者""康复者"和"指导者"等多种角色，要求其必须具备多种知识和技能 [1]。但"复合型"特教教师仅仅是为了解决当下我国特教发展中师资队伍结构不完善、专业人员不足等现实问题，而非特殊教育师资队伍建设的终极目标。结合当前我国特殊教育实践的现实要求，特殊教育教师专业能力的"复合"主要体现在三个方面：

1. 教育与康复

"教育与康复"复合型特教教师既具有基本的教学能力，又具备康复训练技能；既掌握教育学相关知识，又了解多种特殊儿童康复知识。承担教学工作的特教教师应掌握扎实的"特殊教育知识和技能"及基本的"教育康复"能力；而以康复工作为主的特殊教育教师，则需具备扎实的"教育康复"能力和基本的特殊教育知识和技能。

---

[1] 王雁，朱楠. 中国特殊教育教师发展报告 [M]. 北京：北京师范大学出版社，2014.

2. 特教知识技能与学科教育教学能力

特殊教育知识技能包括掌握和应用特殊儿童发展和个体的学习差异相关知识，促进特殊儿童发展与学习，能够为特殊学生创设安全、包容、满足其学习需要的学习环境，能够进行教育评估，选择、调整并使用一系列基于实证的教学策略促进学生的学习，能够以适当的方式与家长、社区人员、其他相关专业人员等进行合作。学科教育教学能力需要具备学科知识和专业基础，即了解所教学科的核心概念、结构及研究工具，能够组织知识，具备整合跨学科知识的技能；能够使用一般学科课程和专业课程知识为特殊学生提供个别化教学活动；能够调整学科和其他专业课程知识，使其适用于特殊学生。

3. 特殊教育与普通教育能力

这种教师是指兼具普通教育和特殊教育的能力，能够满足融合教育需要的特殊教育教师。"特殊教育和普通教育能力"复合型教育教师应该是由专业水平不同的各层级特殊教育教师构成，包括掌握一定特殊教育基本知识和技能的普通教师、资源教师和巡回辅导教师。巡回辅导教师则是由掌握了更专业的融合教育技能的专家组成，几所学校共享。

二、相关专业人员

因特殊孩子类型的多样化及特殊需要的多面性，特殊教育工作不仅需要特殊教育教师，同时需要有康复训练师、语言矫正师、心理咨询师等各种专业技术人员予以支持。我国在特殊教育相关专业人员的配置上尚没有明确规定，按照台湾地区的《特殊教育设施及人员设置标准》，特殊教育学校应该配备以下人员：

（1）医师：具有专科医师资格证的医生。

（2）物理治疗师（physical therapist, PT）、职能治疗师（occupational therapist, OT）、语言治疗师（speech therapist, ST）、临床心理师（clinical psychologist）、心理咨询师（counseling psychologist）、听力师（audiologist）、定向行走训练师（Orientation and Mobility Specialist）等及其他治疗人员。

（3）社会工作师。

（4）职业辅导专业人员。

小智库 6-5

特殊教育相关专业人员的专业服务重点

要使相关专业人员通力协作，充分扮演好团队合作中的角色，需要清楚了解各自的服务重点。具体见下表：

专业类别	专业服务重点
物理治疗师	协助教师解决学生在行走、移动、身体平衡、动作协调、关节活动度、体适能、行动与摆位辅具的使用和环境改造等方面问题。
职能治疗师	协助教师解决学生在校学习、生活和参与活动的问题。包括手功能、手眼协调、日常活动或工作能力、感觉统合、生活辅具的使用和环境改造等。
语言治疗师	协助教师解决学生在口腔功能、吞咽、构音、语畅、嗓音、语言理解、口语表达和沟通辅具的使用等问题。
临床心理师	协助教师解决学生在思想、情绪及行为上的严重偏差问题。
社会工作师	协助教师处理严重的家庭问题,整合并联结有关的社会资源,协助提供社会资源信息或协助申请社会福利补助。
心理咨询师	协助学生处理自我了解、行为表现、学习习惯、人际交往、环境适应和生涯发展等问题。
听力师	协助教师解决学生在听力、听知觉、助听器的选配及使用、教室声响环境改善等问题。
定向行走训练师	协助视觉障碍者习得或重建其移动能力,增进其独立自主能力,促使其融入社会生活。定向行走训练师服务的对象以视觉障碍者为主。
特教教师	协助特教学生获得适性的个别化教育,并且协助普通教师获得学生评估、指导策略及相关服务。

第五节　特殊教育资源中心

随着融合教育的推行,我国越来越多残障学生被安置在普通学校就读,并接受资源班或是巡回辅导等相关特殊教育服务。然而,融合教育并非仅指与普通学生安置在一起,而是需要依据学生的个别需求,提供系统性的支持与服务[1]。特殊教育资源的整合和有效利用是促进融合教育顺利进行的关键,各级教育行政部门应积极设置特殊教育资源中心,推动特殊教育资源整合,以提升特殊教育咨询、辅导与服务功能。

一、特殊教育资源中心的含义与目的

特殊教育资源中心是为特殊教育的开展、研究提供支持性服务的平台或机构。其功能在为一定区域的特殊儿童教学、辅导、咨询、研究等工作提供有力的支持与保障,确保随班就读的特殊儿童有效学习、有序发展。

特殊教育资源中心的设置,主要目的如下:

(1)整合支持网络相关资源,规划及分配提供特殊学生所需服务。

(2)协助各校进行特殊学生的鉴定与安置,建立特殊教育资源库及通报系统。

(3)提供教学资源与辅助器材、巡回辅导服务、专业人员服务、咨询及辅导。

---

[1]Zigmond, N., & Baker. J.M. Concluding comments: Current and future practices in inclusive school[J]. Journal of Special Education,1995, 29 (2): 245-25.

（4）收集特殊教育支持系统运转的成效反馈信息和建议。

二、特殊教育资源中心的任务

（1）提供义务教育阶段重度残障学生在家时的巡回辅导。

（2）协同专家委员会，办理残障学生入学和升学的鉴定与安置工作。

（3）计划及办理各教育阶段教师特殊教育专业成长研习。

（4）办理各类残障学生辅具管理和借用服务。

（5）开办残障成人教育班。

（6）研发各教育阶段特殊教育相关课程、教材和教具。

（7）安排相关专业团队服务。

三、特殊教育资源中心的组织

根据特殊教育资源中心设立的目的和任务，其组织架构如下：

（1）中心主任：负责拟订中心工作计划，推动特殊教育辅导服务、支持服务和研究推广服务。

（2）研究推广发展组：办理各类学校特殊教育教师的专业知能短期或定期培训；办理残障成人教育；规划残障学生的鉴定；汇总和收集各类障碍学生的教材，指导各类学校特教教师研发相关教材；指导特教教师进行教学应用研究。

（3）指导服务组：办理各普通学校随班就读学生和送教上门（在家教育）学生巡回辅导；安排相关专业团队服务；提供残障学生教具及辅具、物理治疗和感统训练场所及设备；为教师和家长提供咨询服务。

（4）专任教师：中心对管辖范围内的在校和在家教育特殊学生，提供巡回辅导服务。

巡回辅导服务

小智库 6-6

所谓巡回辅导服务，指的是由地方教育局或学校聘用一些专、兼职的特教相关专业人员，巡回于县市内或区内的学校，提供特殊学生及其教师和家长所需的专业服务。此外，特殊教育学校的相关专业人员可以在服务校内学生之余，巡回于所属区域内一般学校，提供相关专业服务。

讨论问题

1. 何谓最恰当的安置模式？

2. 最少限制环境与适性教育的关系为何？

3. 如果在我国现阶段推行"以家庭为中心"的家庭支持策略，可能会有什么样的阻碍？

4. 理想的无障碍环境是怎样的？

5. 科技辅具的应用范围有哪些？

6. 特殊教育专业团队的必要性是什么？

7. 如果让你规划建设一个特殊教育资源中心，请问这个方案有哪些核心部分是什么？

延伸阅读

1. 雷江华，方俊明．特殊教育学 [M]．北京：北京大学出版社，2011．

2. 王雁，朱楠．中国特殊教育教师发展报告［M］．北京：北京师范大学出版社，2014．

3.Turnbull, A., Turnbull, R., Erwin, E. J., Soodak, L. C., & Shogren, K. A. Families, professionals, and exceptionality (7th ed.) [M]. Boston, MA：Pearson, 2015.

本章作者：石梦良

第七章 融合教育的理念与实践

学习目标

□知识目标

1. 明白融合教育的源起与内涵。

2. 理解融合教育执行运作情形。

3. 了解融合教育现场面临的挑战。

□能力目标

1. 能分析融合教育现场老师所面临的挑战。

2. 能针对融合教育现场的困难，提出适切的教育与辅导策略。

□情意目标

1. 体悟"每一位孩子都重要，无论其是否有障碍"的融合教育核心理念。

2. 建立"学生在哪里，服务就在哪里"的核心价值。

本章重点

融合教育秉持着如下理念："残障学生与同伴在一起接受教育"才是"入学机会均等"；"特殊孩子在哪里，特殊教育的服务就到哪里"所体现的则是"受教过程的平等"；通过提供适性的教育，实现"人人尽展所能"的目标。

然而，从现实出发，实现接纳、同理的融合教育理想，仍需多方面的努力才能达成；更需结合环境脉络，对教育实务多所耕耘，才不致让"融合教育"沦为"混合教育"。

因此，本章首先探究融合教育的源起与内涵，进而探讨教育现场的种种挑战，包括普特教师协同教学的实践、资源教室与资源教师的建置、无障碍环境的落实，乃至残障身份污名化的处理与特殊教育服务输送等课题，期望通过思辨、淬炼，让残障学生能在融合教育环境中与同伴共同成长，一起让生命更加美好。

关键词：融合教育、适性教育、协同教学、资源教师、无障碍环境

Unless our children begin to learn together, there is little hope that our people will ever learn to live together.[1]

除非我们的孩子开始同在一起学习，否则将来不可能学习如何一起生活。

　　"融合教育"（Inclusive Education）的理念，并不是仅仅将"一般学生和残障学生同在一起上课"视为目标，而是为了成就"融合社会"而预备的。主要基于"残障者也是社会的一分子"的理念，让孩子在学生阶段便能与大家同在一间教室一起学习，期望借由从一开始就实现的合流，在融合的氛围下，共筑社会的美好关系，成为这个大家庭的"家人"！

第一节　融合教育的源起与内涵

　　本节就从源起及内涵，探讨融合教育演变的历史，体悟融合教育的现在，也是要预备更美好的融合教育未来！

一、融合教育的源起

　　融合教育源起于本来隔离于普通教育之外的特殊教育。而特殊教育本身是因普通教育无法满足特殊学生的教育需要，故借由特殊教育将残障学生由普通教育中分隔出来，在专门机构施行特殊教育。

　　然而，这样以隔离的方式提供特殊学生的教育效能受到诸多批判。学者们早就指出，将残障学生集中于特殊学校接受教育，其环境狭窄闭塞，接触师生有限，难免形成闭锁的自我观、退缩的人生观、偏执的价值观和孤立的社会观。而在普通教育与特殊教育二元系统的运作下，需决定谁该归于特殊教育系统，谁该归于普通教育系统，这种做法助长了分类和标记学生，却少有教学上的价值[2]。

　　随着对隔离式特殊教育成效的批判及对残障者人权的反思与觉醒，自1970年代以后，普特分流的二元系统逐渐被抛弃，并形成"最少限制的环境"的服务概念。所谓最少限制环境的原则是根据残障学生的情况将学生安置在与一般环境或同伴接触最多的形态。如图7-1阶梯式服务即显示越上层之学习环境限制越少，障碍程度也越轻微；越下层的学习环境限制越大，障碍程度也越严重。残障学生的安置应视其适应程度而朝向最少限制环境移动[3]。

[1]Justice Thurgood Marshall, United States Supreme Court, 1974.

[2]Stainback, W., & Stainback, S. A rationale for the merger of special and regular education [J]. Exceptional Children, 1984, 51: 102-111.

[3]Reynolds, M. C. A framework for considering some issues in special education [J]. Exceptional Children, 1962, 28 (7): 367-370.

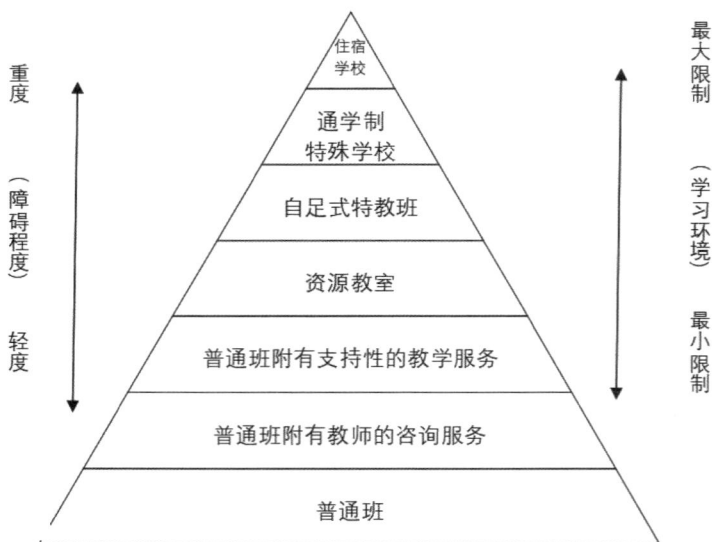

图 7-1　特殊教育服务阶梯系统

资料来源：改编自 Reynolds, 1962, p. 368.

分层说明如下：

（1）住宿学校：在教养机构或医院接受教育服务。针对无生活自理能力，需接受 24 小时专业护理服照顾者。

（2）通学制特殊学校：同性质学生在特殊学校接受教育，收容领有残障手册或证明的重度残障学生。

（3）特殊班：在一般学校附设旳自足式特殊班接受教育。

（4）资源教室：特殊学生大部分时间在普通班，部分时间抽离至资源教室。

（5）普通班附有支持性的教学服务：特殊学生在普通班中接受特殊教育服务（如教师助理个别指导、分组教学）。

（6）普通班附有教师的咨询服务：资源教师和巡回辅导教师为普通班教师提供特教专业知能的咨询。

（7）普通班：特殊学生安置于普通班，和一般学生无差别地学习。

最少限制的环境

最少限制的环境一词出现于 1975 年美国 94-142 公法（即《全体残障儿童教育法》）。该法规定安置障碍学生以"最少限制的环境"为原则，即应根据特殊学生的情况将学生安置在与一般环境或同伴接触最多的形态。特殊儿童的安置应视其适应程度而朝向最少限制环境移动，尽可能和非障碍的同伴安置在一起学习。

"阶梯式服务"将特殊学生分配到不同的教育体制后，虽宣称有连续性的安置模式，但事实上却使得他们有不均等的教育机会，根本很少有机会改变安置情况[1]。一旦学生被纳入特殊教育体系，影响的是他整个人所能得到的资源、标记和机会，但是当特殊教育体制过度依赖行政指导，而行政指导又缺乏对于文化、行为的理解，亦或是过度信任标准化测验，则特殊教育不仅无益于学生学习，反而制造了阶级与标记[2]。

　　1980年代后期，美国有学者主张"普通教育革新"，针对轻度障碍学生的教育服务进行改革，认为应以普通教育为主，将特殊教育并入普通教育之中，并且将普通教育做适度的调整来配合障碍孩子的需要[3]。普通教育改革的运动产生推波助澜的功能，赋予普通教育共同分担特殊教育的责任，也推动了融合教育的理念[4]。

　　1990年代兴起融合教育运动，主张在单一的教育系统中提供教育服务给所有的学生[5]。融合教育不只强调残障学生回到"普通班级"就读，更强调普通教育环境需要改革，以满足所有孩子的需要，成功地教育所有儿童。而这样以"学习者为中心"的理念，强调环境的调整与改变适应孩子需要的理念，模糊了学习者间的差异，哪些学习者适应环境得以兼容于环境，哪些学习者不能适应环境而被排斥于普通教育环境之外的传统思维亦已抛弃，转而走向"开放教育""全人教育"的理想。

二、融合教育的内涵

　　融合教育已不只是特殊教育的革新，更是普通教育的革新；也不只是对特殊学生有益的教育模式，更是要让全体学生都受益的教育服务。

　　联合国教科文组织在"融入过程的理解"（图7-2）中，清楚阐述融合教育的内涵是"把儿童当作问题"转变到"把教育系统当作问题"，本来将学生的差异视为问题所在的观点，认定残障学生是与众不同、有特殊需要的（如需要特殊设备、环境、教师），因此这类学生被排除在正常教育之外；反之，将学校教育系统视为有问题的，会思考是否无设备来处理差异性（如刻板的方法、课程、家长未投入）、教学支持和训练设备缺乏，导致系统没有响应、无法教学等[6]。

　　关于融合教育的内涵，主要可从三方面来加以阐述：

[1]Reynolds, M. C. A framework for considering some issues in special education [J]. Exceptional Children, 1962, 28 (7), 367-370.

[2]Ogata, V. F., Sheehey, P. H., & Noonan, M. J. Rural Native Hawaiian Perspectives on Special Education [J]. Rural Special Education Quarterly, 2006, 25(1), 7-15.

[3] 引自黎慧欣. 义务教育阶段教师与家长对融合教育的认知与态度调查研究 [D]. 台北：台湾师范大学，1996.

[4] 何东墀. 融合教育理念的流变与困境 [J]. 特教园丁，2001，16(4)：56-62.

[5] 吴武典. 融合教育的回响与检讨 [J]. 教育研究月刊，2005，136：28-42.

[6] 吴舒静. "全民教育"（EFA）界定融入教育新内涵之分析 [J]. 教育研究月刊，2007，160：78-91.

（一）不再将学生二分为"残障学生"与"普通学生"

许多人（包括一些教师）相信回归主流意味着将特殊需要学生带到普通班和普通儿童一起学习。但是这个观点存在一些问题：首先，没有所谓"普通儿童"的"普通班"；儿童们从来不是"普通的"，所有的儿童都是独一无二的。正因为他们是独一无二的，所以他们都有个别的优、弱势能力。而有"特殊需要"的也不再限于特殊学生[1]。

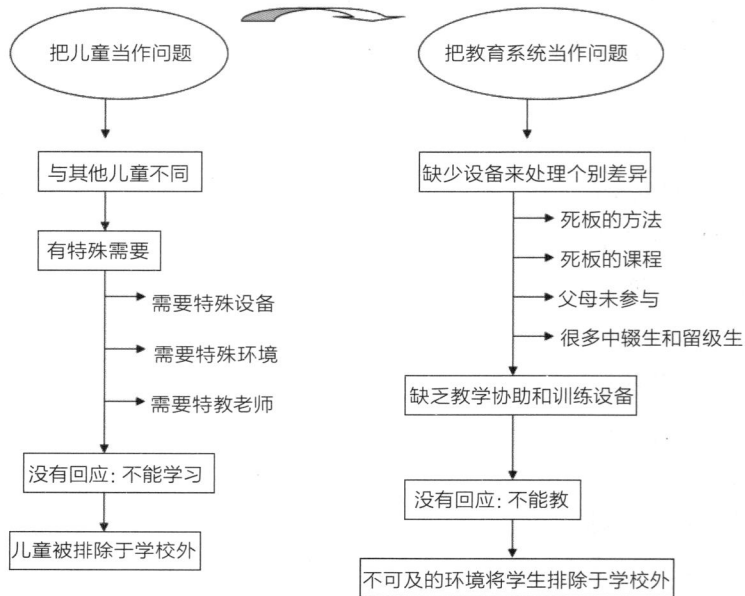

图 7-2　融入过程的理解

资料来源：引自吴舒静（2007）

融合教育下，不再有特殊学生与普通学生的分别，也不强调特殊教育与普通教育二分的双轨教育，而是将特殊教育与普通教育合一[2]。

（二）融合教育不是"混合教育"

早期，特殊教育之所以会成为孤立、隔离普通环境的"专业服务"，即是因为普通教育环境无法满足特殊学生的需要，进而产生专门而隔离实施特殊教育服务的需要。后来，本来为保障残障者受教权的隔离式特殊教育服务，饱受"违反人权""污名标记"等的批评，再兴起回归主流、融合教育的潮流。然而，与先前"特殊学生与一般同伴"安置在一起的"混合教育"的形态相较，融合教育特别强调"特殊孩子在哪里？服务就到哪里？"的内涵，故相关特殊教育的服务，如课程调整、评量调整、无障碍环境乃至辅助性科技等皆是融合教育的重要意涵。

---

[1]Parsons, J., & Beauchamp, L. Teaching in an inclusive classroom: An essay to young teachers [M]. ERIC Document Reproduction Services, NO ED391794, 1995.

[2] 引自唐荣昌．改革中的省思——谈融合教育的困境与突破 [J]．云嘉特教，2007，6：4-7．

污名标记

"污名"(stigma)一词最早来源于古希腊,是刻在或烙在身体上的表示某人不受欢迎、道德败坏或行为缺陷的标记(如叛徒)。到了 20 世纪 60 年代,学者 E. Goffman 将污名的概念引入到心理学研究领域,认为由于个体或群体具有某种社会不期望或不欢迎的特征,降低了其在社会中的地位。污名标签就是社会对这些个体或群体贬低性、侮辱性的标签,使被污名者在他人眼中由"完美、有用的人"变为"有污点的、没有价值的个体",使其无法充分获得社会接纳,甚至影响个人潜能发展与相关权益保障。

(三)融合教育是"普通教育与特殊教育"一起的事

在美国,融合教育是一种全学校性运动,强调民主、多层次教学、支持学习、多元评量、多功能空间、伙伴关系、民主及社区参与等八个要素,建立一个支持所有学生适性学习及成为民主公民的环境。全学校运动认为,学生必须在多元的社会中生活与学习,和不同特质的人互动才能学得好,也唯有在异质的教室中学习才能更深入;当各种特质的孩子在一起学习时,民主也才能发挥功能。因此,学校需要提供一个能让所有学生跨越文化、种族、语言、能力、性别及年龄的环境[1]。

因此,融合教育不能是单方面"特殊教育"的事,不是"特殊教育学校""特教班""特教组"的事,它必须是结合普通教育才能成就的事。

小结——超越教育政策,成为全民运动

融合教育服务的对象已超越特殊教育界定的残障学生,更扩充到每一位有不同教育需要的学生。因此,整个融合教育内涵也突显:融合教育不再只是特殊教育的责任,也不是特殊教育领域的工作而已!融合教育因着牵涉范围扩及政策、福利、社会价值观、教育责任与经济等社会各层面议题,需要的是行政、普通班老师甚至是家长等同心参与,方能实现"人生而平等""教育机会均等"的理想。

第二节　融合教育下普通班教师的挑战与支持

因为融合教育理念的发展,特殊教育安置趋势改变,使得普通班教师必须面对更多残障学生与一般同伴共处在教室的情形。但并非所有普通班教师均有足够的能力接纳及教育残障学生,而残障学生高度特殊的学习需求,也深深地影响了普通班教师教学形态,让普通班教师面临到较多问题及挑战。

---

[1] 吴淑美. 让不同的孩子一起学习 [J]. 师友月刊,2011,525:9-13.

一、普通班级教师的挑战

残障学生安置在普通班级内，普通班教师需面临的挑战为何？归纳学者们的看法如下 [1][2][3][4][5]：

（一）残障学生方面

（1）残障学生增加、障碍类别日趋多元，个别差异大。

（2）个案障碍程度太重，行为问题干扰教师教学。

（3）个案的作业和作息都需额外调整及关注，增加工作负担。

（4）不知如何兼顾特殊生与普通生的学习进度。

（5）残障学生有沟通困难，难以理解其行为或需要。

（二）普通班教师本身

（1）缺乏设计合适课程的能力。

（2）无法进行特殊需要的教材准备。

（3）缺乏教导残障学生的技能，难以制订有效的教学计划或进行有效评估。

（4）缺乏对特殊学生的行为问题的改正与安抚特殊学生情绪的相关知能。

（5）难以掌握特殊学生的需要，无法有效地实施教学。

（三）支持服务方面

（1）特殊教育的教材教具及设备不足。

（2）团队运作和教学责任划分有争议。

（3）专业团队的人数、服务时数不足。

（4）无障碍环境无法落实。

（5）学校未落实特殊教育倡导活动或出版相关刊物。

（四）家长方面

（1）障碍学生的家长要求很多，配合度不够。

（2）无法符合家长的期待与要求。

（3）家长质疑融合的成效。

（4）普通学生家长质疑特殊学生的安置。

（5）障碍学生家长本身缺乏特殊教育知识。

[1] 邱湘莹. 小学导师在融合教育中的挑战与转化 [J]. 台湾教育评论月刊，2013，2（2）：144-146.

[2] 袁典典. 融合教育视野下教师面临的困境及其策略 [J]. 当代教育理论与实践，2014，6（2）：13-14.

[3] 谢金龙. 融合教育情境下的有效教学策略－合作学习法 [J]. 特教园丁，2008，24（1）：33-41.

[4] 苏燕华、王天苗. 融合教育的理想与挑战：小学普通班教师的经验 [J]. 特殊教育研究学刊，2003，24：39-62.

[5] Watkins, M. Inclusive education: The way of the future [J]. Prospects, 2009, 39 (3): 215-225.

二、资源班教师的特教支持

因为上述种种挑战，在实际融合教学现场，普通班教师实难以兼顾特殊学生，也不易针对特殊学生实施个别化的教学，因无法满足班上残障学生的特殊学习需要而感到焦虑 [1]。虽然有些普通班教师能胜任融合教育所赋予的角色和责任，但无可否认，有些普通班教师不能够也不愿意接受教育残障学生的责任 [2]。故特殊教育老师亦须成为资源教师，将特教资源送进普通班级，让特殊学生的需要能在普通班的环境中获得满足，而不会被忽略。

（一）资源教师的意义

资源服务可视为支持性的特殊教育设施，为就读于普通班的残障学生及普通班级教师提供相关支持。而资源教师最核心的理念，就是在发挥下列三种"资源"的功能 [3]：

资源代表充分运用教学资源：教学资源是配合教学活动，增进教学效果的事物或人员。

资源教室是学校的教学资源中心：在融合教育过程中，特殊教育的角色已从残障学生服务的原始提供者，转变为主流系统中支持教育残障学生的角色。

资源教师本身是学校的资源人士：资源教师是受过专业训练的特殊教育教师，由于特殊教育与普通教育的融合，资源教师应主动地为普通班教师提供咨询与协助。

（二）资源教师的角色

关于资源教师的角色，内涵如下 [4][5]：

诊断与鉴定：教师必须能正确选择并使用评估工具，运用多元评量的技术，以诊断出学生的特殊需要，作为制订个别化教育计划的依据。

教学：教师必须依学生之特质、能力与需要进行教材与教学策略的选择，设计出确实可行的个别化教育计划，协助学生做较有效的学习与基本能力的提升。

教学评量：教师应秉持多元评量原则，了解学生的学习情形与进步情形，并与普通班教师共同研拟特殊需要学生于普通班学习之评量调整。

辅导：教师应提供学生温暖的环境，并与普通班教师共同协助学生了解自己的能力与需要，建立积极的学习态度和自我概念。

咨询：教师必须能提供家长，普通班教师及行政人员咨询服务，如特殊需要学生的升学、在校适应情形与社会福利方面等的咨询。

---

[1]Talmor, R., Reiter, S., & Feigin, N. Factors relating to regular education teacher burnout in inclusive education [J]. European Journal of Special Needs Education, 2005, 20(2), 215-229.

[2]Jenkins, J.R., & Pious, C.G. Full inclusion and the REI: A reply to Thousand and Villa [J]. Exceptional Children, 1991, 57(6), 562-564.

[3] 王振德．资源教室的理念与实施 [J]．中国特殊教育，1997，2：22-27．

[4] 庄佩瑾．谈资源教师的角色 [J]．特教电子报，取自 http://enews.aide.gov.tw/eNews/eNewsView.aspx?Nid=108, 2004.108 期．

[5] 卓晓园、詹士宜．高中资源班教师角色知觉与角色实践之调查研究 [J]．特殊教育学报，2013，37：61-92．

沟通：资源班教师担任居间沟通协调者，与家长、普通班教师与行政人员沟通个别化教育计划的内容，与行政人员沟通排课与编班等相关问题。

行政与计划：教师需具备良好的行政能力，需妥善规划资源方案，发挥资源教室的功能。

支援与倡导：教师必须对全校师生与家长传递特殊教育的理念及做法，办理特殊教育倡导，让全校师生了解资源教室的功能，以及认识特殊需要学生的身心特质与需求等。

小结——不只教师的角色

在融合情境下，特殊教育教师的角色已不止于教师的角色，除了传统上的"教学者"之外，有更多的部分是"普通班教师的协同者、支持者"，更可能是"家长的咨询者"或是"一般学生的辅导者"等。由此可知，融合教育不仅对普通班教师是挑战，亦是对特殊教育教师的挑战，挑战着走出特殊教育教室的疆域，走进普通班级，成为残障学生在融合情境中的助力；挑战的是能放下讲台上的主角地位，转为普通班级讲台背后的支持角色，挑战的是如何将特殊教育化为无形却最能帮助学生的力量！

第三节　关于协同教学

在融合教育的潮流中，普通班教师面临诸多特殊教育需要学生的问题与挑战，而协同教学（team teaching）能突破教师孤立教学形态所遭遇的局限或困境，具有诸多优点，已经成为实现融合的一个普遍性策略[1]。现以融合教育为出发点，分别从协同教学的意义与特色、教师间的合作与协同方式等来探讨普教教师和特教教师合作与协同教学。

一、协同教学的意义与特色

有"协同教学之父"之称的美国华盛顿大学教授夏普林（J. T. Shaplin），定义协同教学为"一种教学组织的形式，包括教职员和他们所担任教学的儿童或学生，在两个人乃至于更多教师的合作之下，负责担任同一群组学生的全部教学或其主要部分"[2]。进行协同教学除事先与相关专业教师讨论课程内容和教学流程外，还需要针对班级内特殊学生的学习需求进行讨论，研拟课程与教学调整的策略，在教学过程中适时地提供学生所需的学习策略和教学提示，这种种彼此专业分享与合作的过程，皆能有助于教师彼此专业成长，也能共同分担特殊学生的教育职责。

---

[1]Friend, M., & Bursuck, W. D. (2002). Including students with special needs: A practical guide for classroom teachers [M]. 3rd ed. Needham Heights, MA: Allyn & Bacon, 2002, pp.110-151.

[2] 引自柯启瑶. 当前实施协同教学时可能遭遇到的问题 [J]. 翰林文教杂志，2000, 15：20-26.

二、协同教学形态

在普通班级中实施分工模式的协同教学时，可由普教教师及特教教师分别担任主要教学者，负责团体课程的规划与教学流程的掌握。有学者整理出下列五种协同教学方式[1]，逐一说明如下：

（一）教学分工

教学分工是指团队成员分别担任主要与辅助教学者。主要教学者负责主要的教学工作，辅助教学者负责监控学生的学习表现，在教学过程中观察学生的学习表现，并于教室中移动，依主教者的教学内容与学生的学习需要提供额外的协助（如图7-3所示）。如果特教老师担任主要教学者，则普教教师担任辅助教学者，配合主要教学者协助学生的学习和行为管理，以及引导学生将注意力集中于课堂中。

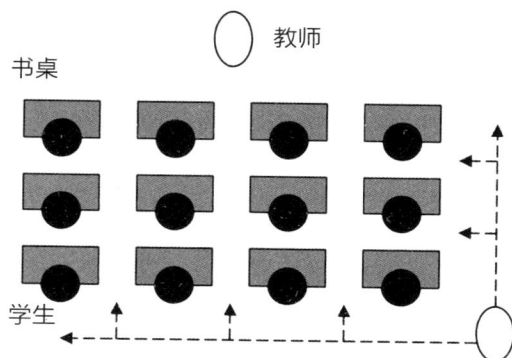

图7-3 教学分工模式示意

在普通班级中实施分工模式的协同教学时，可由普教教师担任主要教学者，负责团体课程的规划与教学流程的掌握，特教教师则担任辅助教学者；反之，亦可由特教教师担任主要教学者，而由普教教师担任辅助教学者。

（二）分站教学

分站教学7模式的协同教学是指将教学内容依教师人数区分成数个部分，每位教师分别负责一个部分的教学内容，每个教学站有固定的学习主题和时间，学生分组轮流到各站学习（如图7-4所示）。

（三）平行教学

平行教学模式的协同教学是依学生的程度设计主题，内容相似，但难易程度不同。教学的进行采取分组方式，团队成员视课程内容及学生需要弹性分组，分组的数量依教学者的人数而定，学生可以有不同的选择，每次上课的分组可能均不相同（如图7-5所示）。

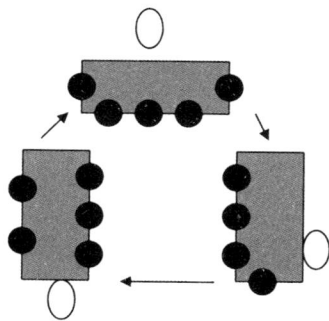

图7-4 分站教学模式示意

[1] 引自黄志雄. 特教教师与普教教师的合作与协同教学 [J]. 特教论坛，2006，1：34-43.

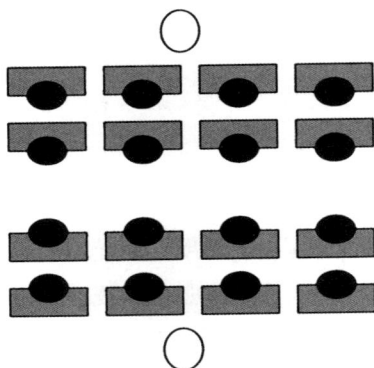

图 7-5　平行教学模式示意

（四）补充教学

补充教学模式的协同教学是指当一位教师教学时，其他团队成员视学生的需要和学习状况，把特殊学生从大班教学中抽离至教室其他角落，进行个别的或小组的补充教学（如图 7-6 所示）。

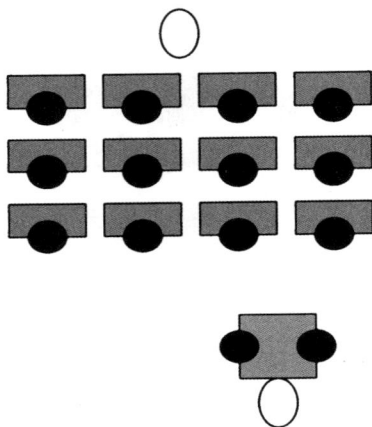

图 7-6　补充教学模式示意

（五）轮流主导

轮流主导模式协同教学的进行，是指每一个课程主题由团队成员以接力方式，轮流主导教学活动的进行，其他成员则居于协助的角色。教学与协助角色的互换及调整，在同一节课或主题中是频繁且弹性的（如图 7-7 所示）。例如，在一堂包括引起动机、主题活动、主题操作和综合活动的课程中，教学者轮流担任主要教学者的工作，可能由普教教师负责 5 分钟的引起动机，再由特教教师帮助开展主题活动的内容，接着再由普教教师负责带领主题操作，最后再交由特教教师开展综合活动，教学者如同接力般轮流上台演示，除活跃教学的气氛外，学生亦可以在不同老师的声调和视觉刺激之下，增加学习的专注力和参与的动机。

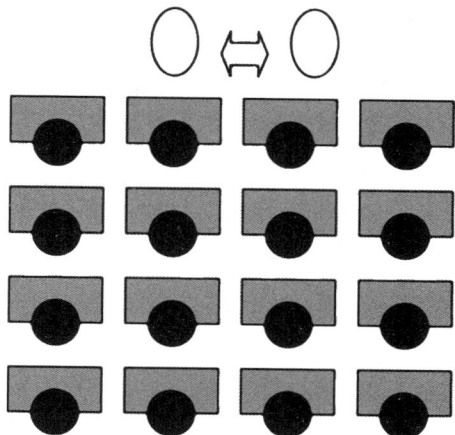

图 7-7　轮流主导模式示意

思考与练习 7-1

　　以"认识残障儿童"为主题，尝试与同伴分别以教学分工、分站教学、平行教学、补充教学和轮流主导等五种协同教学方式，进行教学，以对协同教学运作有更实际的了解。

小结——增能与增人同时并进

　　在融合教育的舞台上，普通班教师为台上的主角，支持系统再完整，也不抵班级教师自身的专业能力及对于特教生的接纳[1]。在融合教育思潮下，班级中有残障学生已成为教室的常态，普通班教师必定会面临教学、评量及班级经营策略随时调整等专业知能的考验。因此，积极进修提升教师的专业能力，以期在融合情境这种极具挑战性的真实情境中，获得全方位的教育实践知识，促进专业成长。同时，呼应"孩子在哪里，服务就在哪里"的融合教育初衷，将孩子所需要的特殊教育服务送到普通班级，以满足特殊学生的学习需求。当班上有特殊生时，教师的心理压力与工作负荷量相对提高，固然教师本身需要具备足够的"能力"，但也需要足够的专业"人力"支援。如何在融合情境下，和普通班教师协同合作，提供所需的支持性服务，协助普通班教师解决问题，亦成为所有特殊教育工作者的重要任务[2]。如此，普通班级教师面对班级里的特殊学生，不仅不必单打独斗，更能结合更专业人力协同提升教育质量，如此才能真正实践"融合教育是特教老师走向孩子，而不是孩子走向特教"的理想[3]。

---

[1] 柯雅龄. 融合教育支持服务运作之评析 [J]. 台湾教育评论月刊，2012，1（8）：38-41.

[2] 引自洪俪瑜译. 融合教育的另一个看法，J. Kauffman 主讲 [J]. 特殊教育季刊，1999，71：33-37.

[3] 林贵美. 融合教育政策与实际：融合教育学术论文集 [M]. 台北：台北师范学院特殊教育中心，2001.

第四节　反思：挑战与前行

美国弗吉尼亚大学教授考夫曼（J. Kauffman）提出一个值得深思的问题：有一种主张"融合"的说法是，特殊教育所做的是"排除"（exclusion），也就是说把特殊学生从普通学校中抽离出来了。然而，假如现在做的特殊教育没有"融合"（inclusion），并因而令人不满的话，那么"排除"是怎么产生的？什么原因造成排除？原先的融合为何失败？[1]

回顾特殊教育发展史，在没有特殊教育之前，许多特殊学生确实混合在普通班里，而后因为需要，从普通教育隔离出来接受特殊教育。而今，"融合教育"则是反隔离，主张特殊需要学生应与一般同伴融合于普通班级中一起接受教育。考夫曼反问：现在的"融合教育"与当年"混合教育"的情形有所不同吗？

融合教育的理念经过多年的倡导，已逐渐被大众接受，但是要落实此理念并不容易。特殊儿童安置在普通班是否能确保适性教育？有没有个别化教育？有没有支持性和相关服务？而普通班教师如何实施融合教育？教师的特教专业知识，特殊生与普通生的相处等问题，都会影响融合教育的成效。

现就融合教育理论与实践进行反思。

一、"融合教育"取替"特殊教育"的可行性思考

有些特殊教育学者站在生物医学的观点定义学生的特殊需要，而忽略了特殊需要的社会建构过程以及障碍的社会文化意涵[2]。"特殊教育"这个词很容易陷入"特殊且专门服务特殊学生"观点的窠臼，而被视同隔离、孤立[3]。然而国际上对"特殊"的定义通常是以独特的特质来区分的，或指附加在"普通"之上的，故"特殊教育"指的是普通教育附加上通常不会用在一般孩子身上的额外教育和辅导；亦即，特殊教育的"特殊"在于那些不平常的、独特的组织或教学过程[4]。

分析近年的普通教育与特殊教育内涵，其实有相当多的共同处，如普教推动友善校园与积极管教计划，强调多元价值、欣赏差异、尊重不同与减少霸凌，这正适合用来倡导融合教育。而普通班教师面对不同学生的特质、需要与课程教学的适配性挑战，会通过各种渠道寻求增能[5]。普通教育与特殊教育老师所见、所闻、所做越来越接近，似乎已形成一个可对话的隐形平台。对于障碍学生的课程设计亦期待以普通教育课程为首要考量，同时因应学生需要，以加深、加广、重整、简化、减量、分解或替代等方式调整普通教育课程。

---

[1] 引自洪俪瑜译. 融合教育的另一个看法，J. Kauffman 主讲 [J]. 特殊教育季刊，1999，71：33-37.

[2] 张恒豪. 特殊教育与障碍社会学：一个理论的反省 [J]. 教育与社会研究，2007，13：71-94.

[3]Conway, M. A. Introduction: Disability studies meets special education [J]. Review of Disability Studies: An International Journal, 2005, 1 (3), 3-9.

[4]Adams, J., & Swain, J. What's so special? Teachers' models and their realization in practice in segregated schools [J]. Disability & Society, 2000, 15(2), 233-245.

[5] 郑津妃. 普通班中障碍学生的同伴关系：融合与隔离的差异观 [J]. 特殊教育季刊，2011，120：19-26.

这些都是普通教育与特殊教育打破藩篱形成融合的契机。

如上所述，想要融合教育成功，实现特殊教育的个别化教育、与差异共存的坚持，似乎必须"以小博大"去改革普通教育大众的、统一的教育环境。然而，特殊教育本身字面意思即扛着"特殊、小众"的包袱，融合教育如何轻舟驶进"正常、大众"的社会里呢？

思考与练习 7-2

试着找一个实施融合教育的班级，实际入班进行观察，并分析融合教育班实际面临的挑战。

二、采取"回避""掩饰"，特殊教育服务从何而来？

残障者（残疾人）的身份乃是通过法律程序与医疗体系的鉴定获得的，这是取得特殊教育服务的重要依据。但如果这种身份被学生本人或是家长刻意隐匿，如何期望同伴因着认识、了解残障同学，后续得以发展出更多的理解与包容呢？

当学生及家长仍害怕揭露残障的身份而刻意掩饰、躲藏的同时，衍生的可能是更多不被理解或被误解为不诚实的负面影响！然而在人际沟通的过程中，若想建立一种有意义的人际关系，是需要通过自我表露与反馈来达成的。在发展成熟的人际关系上，越来越能够看清楚互动者的优点与缺点，而不是通过"玫瑰色的眼镜"产生了扭曲的影像，这时开放性可以带来更多的坦诚，更好的沟通与更多的信任。

所有融合教育的美好构图，无论是课程、辅助性科技、资源教师，还是专业团队，"特殊教育身份"的揭露才得以联结"后续的相关服务"。这是在融合情境中，特殊学生与家长必须面对的难题。期许自我表露、自我接纳、彼此悦纳成为特殊教育的一项专业服务，陪伴与引导孩子走上良性成熟人际关系的旅程！

三、特教班、特教学校＝隔离？普通班＝融合？

尽管"完全融合"和"连续性安置"的争议仍在，而特殊教育学校、特殊教育班仍旧存在甚至继续建置也是事实，但特殊学校、特殊班等早期专业的特殊服务措施，却已被贴上"隔离不利融合"的"污名"。除了特殊学校、特殊班遭受污名化的影响，另值得深思的则是普通教育被过度理所当然视为融合教育质量优质化的代表。有学者提到，典型或传统的教育方式效果并不好，但仍被广泛地使用，以致孩子成为这些错误教学方式的实验品 [1]。融合教育需要很不一样的学校结构，教育上需要彻底改变 [2]。

融合教育的理念易懂，但执行时需要很多条件的配合，否则就徒有融合之名而无融合

[1]Goodlad, J. I. A place called school (20th anniversary ed.). NY: McGraw-Hill, 2004.

[2]Lipsky, D. K., & Gartner, A. Inclusion and school reform: Transforming American's classroom. Baltimore, MD: Paul H. Brook, 1997.

之实了。这正是融合教育最大的挑战。如今，特殊学校、特殊班依然存在，并不单单只是因为"无法废除而得存在"，更需肯定其背后有着"适性、多元"的深层意义。较适当且人性化的安置应是针对残障学生的独特需要提供多样化的安置方式，而非仅是将其放置相同的地方而已。正因如此，"特殊学校＝隔离""普通学校＝融合"，这样的二分法是值得商榷的。

特殊教育强调的是"服务"而非"场所"；换言之，特殊学生在哪里，特殊教育就在哪里，而非到特定的场域，才能接受特殊教育。所有的特殊学生都应接受到融合服务，即使身处在全是残障同伴的特殊学校亦然；他们和其他安置在普通班级的特殊学生的共同目标是：顺利融入社会，成为社会的一分子。

结语

当"普通"与"特殊"本来壁垒分明的界线逐渐模糊，障碍成为每个人生命可能的经历时，那人就不再被分别为"正常"与"障碍"。

当融合教育全面施行时，将不再需要所谓的"融合学校""融合班"以及"融合学生"等名称，融合教育应是正常化、常态化的教育，人人皆应纳入其中。

融合教育帮助我们更愿意相信爱——

爱的本质—接纳他人！

爱的行动—包容异己！

爱的结果—和谐社会！

让本来一个人独自承受的碍转化为大家共同承载的爱！

每一个人，无论有无障碍，都能是社会的一分子，在共融的关系下，能共享社会的一切资源、共筑社会的美好关系，也能共同承担社会的或轻或重的责任，成为社会这个大家庭的"家人"！

讨论问题

1. 以隔离方式提供特殊学生的教育，遭受到哪些批判？

2. 如果有人质疑融合教育，提出如下的问题："特殊学生与普通同伴在身心发展与学习能力上差异如此大，为何仍要把他们与普通同伴安置在同班一起学习？这样不是会有很大的困扰吗？"请尝试回答这些问题。

3. "融合教育已不只是特教理念的革新，更是普通教育的革新；也不只是对特殊学生有益的教育模式，更是要让全体学生都受益的教育服务。"这是融合教育的重要内涵，试加以阐述。

4. 教育理念从"把儿童当作问题"转变到"把教育系统当作问题"，这对残障学生的教育服务有何影响？

5. 残障学生安置在普通班级内，普通班级教师面临的挑战为何？

6. 如果您是资源教师，如何在融合教育情境中发挥最大功能，以帮助每个学生都能在融合教育情境中获益？

延伸阅读

1. 钮文英. 拥抱个别化差异的新典范：融合教育 [M]. 2 版. 新北：心理出版社，2015.

2. 罗丰苓，黄俊玮. "讲或不讲？"——谈融合教育中隐性障碍学生障碍身份的揭露 [J]. 特教园丁，2016，31（3）：11-14.

3. 朱伟骏，彭廷廷. 全纳教育中的群体冲突 [J]. 阴山学刊，2015，29（3）：87-90.

4. 罗丰苓. 从"揭、纳"谈如何预防残障学生遭受霸凌 [J]. 学生事务与辅导，2021，60（2）：58-63.

本章作者：罗丰苓　黄俊玮

第八章　资赋优异儿童心理与教育

学习目标

□知识目标

1. 了解资赋优异的概念。

2. 了解筛选与鉴定资赋优异儿童的原则与方式。

3. 了解资赋优异儿童可能具备的各类特征。

4. 了解资赋优异儿童的教学原理与策略。

□能力目标

1. 能够正确辨识出资优儿童的行为特征。

2. 能够运用所学知识，设计符合资优儿童学习需求的课程内容。

3. 能够运用所学知识，运用符合资优儿童学习需求的教学方式。

□情意目标

1. 培养学习者接纳资优儿童的差异性与行为特征。

2. 培养学习者持续保持自我充实的态度。

3. 能够以多元的角度看待非典型资优生的行为表现。

本章重点

　　资赋优异指在某一项或几项特定领域中，具备不凡潜力、能力或表现的个体。这些个体常因其超常或卓越的特质，被误以为在学习方面没有特殊的需求，也就不需锦上添花地提供特殊教育方案，因此在特殊教育领域里是常被忽视的一块。其实，资优童也有特殊需求，他们也需要特殊教育。

　　本章将首先界定资赋优异的含义，说明鉴定的标准与方法，再从认知、情意和行为等三个层面说明资优儿童的心理特征，以及资优儿童的课程充实与浓缩教学策略，最后析论资优教育的论题与发展趋势。

　　关键词：资赋优异（资优）、资赋优异鉴定、资优儿童特征、充实、浓缩

第一节　资赋优异的定义与鉴定

在你过去的成长过程中，或许曾遇过这样的一些同学：A 同学不论在哪一个科目的课堂上，从来不曾出现疑惑的表情，无论多么深奥难懂的内容都不会对他造成一丝困扰，考试成绩永远拔尖，在学习时似乎轻松随意、毫不费力；B 同学大多数的学科成绩并不好，但是在某一门特定科目上的表现却异常突出、技压群雄；C 同学所有科目的学习成绩都是不上不下，但是他说的话对同学比较有影响力，许多同学也都愿意和他做朋友；D 同学所有科目的学习成绩都不好，老师提醒的知识点也总是学不会，但是他的歌声宛若天籁，非常动听。

上面描述的四位同学，可能都是本章探讨主题的对象——资赋优异学生。然而，确认某一名学生是否属于资赋优异则显然复杂得多，也涉及多方面的考量。正如同贯穿本书的一个重要观念：所谓的特殊是一个相对的概念。与一般学生不同的资赋优异学生，同样是一个相对的概念，而且随着时代的不同，此概念也历经了不同的变化。以下我们将就资赋优异的定义、鉴定标准、鉴定原则与鉴定方式，进行探讨。

思考与练习 8-1

你认为资赋优异教育是否属于特殊教育的范畴？ 试说明您的想法。

一、资赋优异的定义

资赋优异，简称资优，是用来指称那些在某一项或几项特定领域中，具备不凡潜力、能力或表现的个体。一般人对此概念习用的名词，有神童、天才、英才[1]、聪明人等；或者受到戏剧、网络媒体的影响，以大神、牛人、开外挂等更通俗的词语称之；在中国大陆，还有些特殊用语，如超常[2]、早慧等。不论使用哪一个语词，皆有相似的意义。

资赋优异相关名词释义

小智库 8-1

天才（genius）：指某人展现了卓越的智力、创意，而此创意则通常指在某一或某些领域展现前所未有的洞察力。

早熟（precocity）：生理上和心理上的某些方面比同龄儿童提前成熟。

神童（prodigy）：中国古代对天才儿童的称谓。

英才（person of outstanding ability）：才华突出的人。语出《孟子 . 尽心上》："得天

---

[1] 贺淑曼 . 天生我材必有用——英才教育学（修订版）[M]. 北京：教育出版社，2014.

[2] 贺淑曼 . 天生我材必有用——英才教育学（修订版）[M]. 北京：教育出版社，2014.

下英才而教育之，三乐也。"今日，日本和韩国也用此一名词；我国学者亦有以"英才"之名著书者（如：贾馥茗、贺淑曼）。

超常儿童（supernormal child）：智慧和能力超过同龄儿童发展水平的儿童。此一名词已被广泛使用，相关著作亦不少（如：查子秀）。

【资料来源】朴永馨主编.特殊教育辞典(第三版)[M].北京：华夏出版社，2014.

资赋优异的原文为 gifted and talented，此一复合词语既包含了天赋（gifted; 上天赐予—偏重遗传的意义），也包含了后天的才能发展（talented; 偏重环境条件的意义）。因此，现阶段提及"资赋优异"这个词语时，应同时考虑先天、后天因素及其交互影响。

然而，对于资赋优异的研究与界定，不论在教育学领域或是在心理学领域——特别是心理测量学，至少经历过几次重大的改变。

最早针对资赋优异人群的研究可追溯到英国学者高尔顿的研究。这位达尔文的表弟，集结自己对英国一些地位显赫家族的研究结果，于 1869 年出版《遗传的天才》(Hereditary Genius) 一书，主张资赋优异的个体——天才乃是遗传（先天因素）导致的结果。[1][2] 高尔顿的研究结果影响了与他相同时代学者的观念。Marilyn Friend 便主张在 1920 年之前，对于资赋优异的观念是纯先天（遗传）的，天才一词代表资赋优异的唯一解释，而环境因素则完全未被纳入考量。

其后比奈的美国学生推孟，将比西量表引进美国加以修订，并运用修订后的斯比量表在加州施测，搜集智商分数高于 135 的中小学生样本 1500 多名，进行长达数十年的追踪研究，并发表多份研究报告，提供许多关于资赋优异群体的宝贵资料。

在 1920—1950 年，仍以天赋（先天遗传）的角度解释资赋优异，智能固定的观点也根深蒂固地影响那个时代的大多数学者。不过在这 30 年间，因为智力测验的兴起，而将资赋优异的概念聚焦在智力测验的得分上，各类智商分数的得分范围也都被标示为不同的能力（参见表 8-1）。

表 8-1　智力测验分数与智力水平定义及人数比例分布

智商	智力水平定义	人数比率 (%)
高于 130	资赋优异	2.2
120—129	高智商	6.7
110—119	中等偏上	16.1
90—109	中等	50.0
80—89	中等偏下	16.1
70—79	临界正常	6.7
低于 70	智力落后	2.2

[1] 叶浩生. 西方心理学理论与流派 [M]. 广州：广东高等教育出版社，2004.

[2]Friend, M. Special education: Contemporary perspectives for school professionals [M]. 5th ed. Boston, MA.: Pearson Education, Inc., 2021.

到了 20 世纪 50 年代后期，随着越来越多质疑智能固定观点学者的研究结果，人们开始对智力（以及相对的资赋优异）的观念朝向互动智力发展。[1]与此同时，时任美国心理学会（APA）会长的吉尔福，于 1956 年提出智能结构（Structure of Intellect, SOI）理论模型。在其模型中，有一项称为扩散性思考（属于智能运作层面）引发学术界对创造力研究的重视与研究。或许是基于此一社会氛围的影响，M. Friend 将此期的资赋优异分为两个部分：扩散性的资赋优异——高创造力与聚敛性的资赋优异——高智商。[2]

1957 年，前苏联成功发射人造卫星绕地球运转，引发美国对教育，特别是针对科学、工程与数学三个领域的强烈反省。20 世纪 60 年代的美国，针对如何改进资优学生教育的研究陆续开展，然而资优教育在当时的美国公立学校仍非必备的课程。其后在 1969 年，美国国会批准进行公立学校提供资优学生教育服务的研究项目。直到 1972 年，时任美国教育部长的马兰依据研究结果，提出影响深远的"马兰报告"（Marland Report），正式在美国官方文件中界定了何谓资赋优异，也让资赋优异的定义较之前单一智力分数的定义更为广泛。[3]在 1960-1970 年代，资赋优异的概念已将非学术性的能力、人道关怀、多元才能及学术性向皆纳入资赋优异的范围，可以明显看出此种广泛且多元的概念已大幅超越单一智力测验分数的界定。[4]

现阶段美国针对资赋优异的官方定义，来自 1988 年美国国会通过的《杰维斯资赋优异学生教育法案》，1994 年修正：

"资赋优异系指儿童或青少年在一般智能、创造力、艺术才能、领导才能和特定学科领域中，确证有高度表现潜力者，他们需要提供特殊的服务或活动，以充分发展其潜能。"

除了上述美国官方的定义，亦有一些学者对资赋优异的概念提出与传统智力不同的界定。如知名的如美国资优教育专家阮儒礼（Joseph Renzulli）于 1978 年提出的资优三环概念，将资赋优异视为一种行为表现，此种行为受到以下三个因素的影响[5]：

（1）中等以上的智力：此一因素扩展了原有界定资优者的比率，符合此一因素条件者，由原先的 2% 大幅提升到 25%。

（2）创造力：个体能够提出新奇、不凡与原创想法的能力。

（3）工作承诺：个体对工作的热忱与投入的程度。

[1]Clark, B. 启迪资优：如何开发孩子的潜能 [M]. 花敬凯，译. 新北：心理出版社，2007.

[2]Friend, M. Special education: Contemporary perspectives for school professionals [M]. 5th ed. Boston, M.A.: Pearson Education, Inc., 2021.

[3]Clark, B. 启迪资优：如何开发孩子的潜能 [M]. 花敬凯，译. 新北：心理出版社，2007.

[4]Friend, M. Special education: Contemporary perspectives for school professionals [M]. 5th ed. Boston, M.A.: Pearson Education, Inc., 2021.

[5]Renzulli, J. S. What make giftedness? Reexamining a definition [J]. Phi Delta Kappa, 1978, 60: 180-184.

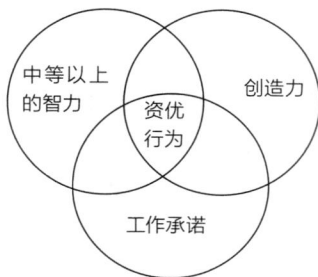

图 8-1　资优三环概念

资料来源：Renzulli,1978

阮儒礼认为资优的行为表现，受到上述三项因素的影响与共同建构；某一个体在这三项因素之间重合的部分即为其资优行为表现的部分。从阮儒礼对资赋优异的界定中，可以很明确地看出：仅有先天的高智能（认知能力），却缺乏创造力与工作专注这两项特质者，无法被认定为资赋优异；资赋优异不再局限于先天的认知能力，情意特质亦扮演了重要的角色。此一观点与传统的天才观或单一智力分数观相当不同。

如果说阮儒礼扩大了资赋优异这个名词的界定范围，让更多潜在的资优个体不再受限于智力分数而无法接受资优教育的服务。那么哈佛大学教授加德纳（Howard Gardner）则是扩大了资优教育的类别，让当代教育人员注意到更多元的才能，进而扩大了资优教育服务的类别。

加德纳考虑到传统单一智能理论的不完备及智能与文化之间的关联性，于 1983 年首次提出七种智能的多元智能 (multiple intelligences, MI) 理论，复于 1993 年及 1999 年扩充其智能清单，形成现阶段 "八个半"（最后一种为候选者，即半个）智能的多元智能理论，说明如下。[1][2]

（1）语言智能：有效地运用口语或文字的能力。

（2）数学 / 逻辑智能：有效地运用数字和逻辑推理的能力。

（3）空间概念智能：准确地感觉视觉空间，并把知觉到的表现出来的能力。

（4）音乐智能：察觉、辨别、改变和表达音乐的能力。

（5）身体动觉智能：善于运用整个身体来表达想法和感觉，以及运用双手灵巧地生产或改造事物的能力。

（6）内省（或译知己）智能：有自知之明，并据此做出适当行为的能力。

（7）人际（或译知人）智能：察觉并区分他人的情绪、意向、动机及感觉的能力。

（8）自然观察者智能：能了解、欣赏大自然的奥妙，与之和谐而快乐地共存、共荣的能力。

---

[1]Gardner, H. Frames of mind: The theory of multiple intelligences [M]. New York: Basic Books, 1983.

[2]Gardner, H. Intelligence reframed: Multiple intelligences for the 21st century [M]. New York: Basic Books, 1999.

（9）存在智能（候选的第九项智能）：了解人生的意义，掌握生命价值的能力。

多元智能理论提供另一种视角看待智力及相应的资优概念，也提醒我们资赋优异不是局限在传统学业表现方面，空间智能（如雕塑、向导）、音乐智能（如作曲、演奏）、身体动觉智能（如舞蹈、体育）、知己、知人、自然与存在智能等各项智能，对人类文化发展都有不可忽视的贡献。因此，提供各种优异智能个体合适的教育（资优教育）极为重要！

二、资赋优异的鉴定标准与方式

资赋优异学生的鉴定意指运用科学的测量手段，有效地区分资赋优异儿童与普通儿童。从实务上来说，资优教育既然属于特殊教育的一环，其服务对象就是针对具有特殊需求的个体，而非所有的学生。

然而，决定哪些学生真正需要资优教育的服务，应通过一定的鉴定程序，才能找出真正有此需求的学生，进而提供合适的教育服务。以下针对资赋优异鉴定的标准、原则与方式，分别说明。

（一）资赋优异鉴定的标准

进行鉴定需要先行选定至少一项的标准或效标，据以评定受测者的表现（结果），进而作出决定。若选定的标准缺乏效度或一致性，鉴定的结果必定会产生偏差。

正如前述，对于资赋优异概念的界定经历了数次的修正；不同的理论取向（如推孟vs.阮儒礼）将导致采用效标的不同与鉴定结果的差异。如果依据推孟的观点（研究取向）选择效标，那么只有在斯-比智力量表上，测验分数达到132（平均数以上两个标准差；韦氏智力量表为130）的受测者才会被鉴定为合格的资优个体；在母群体中，这些个体的数量大约仅有2.2%。然而，如果依据阮儒礼的理论，即使仍然采用智力测验分数作为决策的依据，却可能筛选出接近25%的受测者具有资优行为。

因此，决定采用哪一种理论取向界定资赋优异的概念并据以选择效标时，便已决定有多少比例的受测者可以接受资优教育的服务。这是在进行鉴定之前必须了解的。

由于现阶段在中国大陆并未将资优教育纳入特殊教育中，因而并没有资赋优异鉴定的法定标准可以参考，仅有少数几所大学开办的少年班由各校自行设定了不同的甄选入学办法。

（二）资赋优异鉴定的原则与方式

除界定资赋优异的理论取向与效标之外，实际进行鉴定工作之前，还需注意到某一些可能影响鉴定结果的因素（例如鉴定工具的完善性、信度与效度，受测者的人格特质等）。综合相关文献，为了降低甚至消除这些干扰因素的影响，进行鉴定工作之前，应熟悉并掌握以下的原则。

（1）至少包括两阶段的鉴定历程：第一阶段先应用传统的测验进行初步筛选，以确认进入第二阶段鉴定的学生具备该领域的基本能力。第二阶段则应用进阶的测验或评量方式，以利精确地描述受测学生的能力水平。两阶段的鉴定程序可以更谨慎地应用多样测验工具或评量方式，找出真正有需求的个体。

（2）测量内容应符合资优教育课程的内容：此一原则涉及鉴定结果的效度。资优教育服务的对象，应具备学习资优教育课程的能力或潜力，若鉴定的结果若无法找出具备该方面优异能力的个体，资优教育课程便无提供的必要。

（3）使用多元能力的资优概念，避免仅作单一能力的评量：鉴定的目标是基于学生个别的能力和需求，应依据多元标准、多元评量的取向，而非单纯地受限于人数比例。某些专家（例如阮儒礼）认为单一能力的优异并不足以构成资优的条件，情意特质如工作专注/坚持度/毅力、动机等皆是构成资优不可或缺的条件。

（4）真实评量：为避免纸笔测验的不足与缺失，现阶段资优鉴定更重视真实性评量。真实性评量强调受测者能够实际展现出来的能力表现，而非传统的纸笔测验。较常用的评量方式包括写论文、辩论、制作学习档案等方式。

（5）公正：针对少数族群与文化殊异学生的鉴定，应考量他们的特殊背景，谨慎且公正地作出决策；避免僵化地依赖单一切截分数作出合格与否的决定。尽可能参考多元的资料，如受测者过去的学习档案、作品等能够反映真实能力表现的其他资料，再综合作出判断。

小智库 8-2

大学少年班

大学少年班简称为"少年班"，招收初中阶段的超常少年，提供大学教育课程。一般先以集中的共同课程，而后逐渐过渡到不同的专业系科中，参加一般大学专业课的学习。

少年班由中国科技大学在 1978 年开办，至 1985 年共有 13 所重点大学开办少年班，培育出科技领域许多顶尖的人才。中国科技大学亦于 1985 年在苏州中学成立少年预备班，其后许多重点中、小学亦群起仿效，成立少儿班、理科实验班、超常教育实验班等，使 1978 年至 1985 年成为少年班的辉煌年代。

其后少年班因为社会争议等因素逐渐失去光环。目前仅有中国科技大学、西安交通大学与东南大学等三所高校仍在招收少年班学生。在这三所大学中，除中国科技大学采用两阶段的鉴定模式（第一阶段以高考成绩作为筛选标准，第二阶段以数学、物理及"非智力因素测试"三个考科的成绩合并高考成绩决定录取名单）之外，西安交通大学（自主命题）与东南大学（高考成绩）则未采用两阶段的鉴定模式。

【资料来源】

朴永馨主编.特殊教育辞典（第三版）[M].北京：华夏出版社,2014.

贺淑曼.天生我材必有用——英才教育学（修订版）[M].北京：教育出版社,2014.

第二节　资赋优异儿童的特征

为提供资优儿童合适的教育方案，拟订合宜的个别化教育计划，特殊教育教师应熟知资优儿童的身心特征。综合相关文献的描述，以下分别从认知、情意与行为三个层面简介资优儿童的特征。然而，需特别注意的是：以下列举的特质，并不一定会同时出现在一名资优学生身上；可能一名资优生仅具备（表现出）其中几项，而另一名资优生可能具备完全不同的特征。如同部分残障（残疾）人士并不需要出现所有的症状才被归类或判定为该类人士，而只要符合其中几项即可。

一、认知层面的特征

综合以往的文献，资赋优异个体在认知层面可能具有以下特征：

（1）不凡的记忆力：记忆是贮存与回想过去经验的能力，是获得知识与技能的必要条件。在学习过程中，优异的记忆力是快速掌握知识与技能的要素；不凡的记忆力能够协助资优儿童在特定领域学习得更加快速，造成优势累积的结果。

（2）知识特别丰富：在某些特定领域的资优者，年幼时即显现该领域的丰富知识。某些小朋友对于恐龙、汽车等具有超出同龄儿童的知识水平，皆说明资优儿童在特定领域的知识水平优于同伴。

（3）早期即展现运用语言的能力：大多数资优儿童的语言能力发展较快，即比同龄儿童较早会说话，在生命早期即能运用语言表达其意愿。

（4）阅读与理解能力较早发展：识字能力发展较快，比同龄儿童较早阅读，即整个认知能力的发展步调领先同辈。

（5）逻辑思考能力发展较快：大多数资优儿童的逻辑思考能力比同龄儿童发展得快，思考也较有条理。

（6）具备运用（操作）抽象符号系统的能力：显现于外的可能是超出年龄的数理逻辑能力，如电影《三傻大闹宝莱坞》中的男主角，在小学六年级时即能计算三角函数问题。若以皮亚杰的认知发展理论来看，资优儿童多半较同伴更早达到形式运思期。

（7）学术性向领先同伴：基本学术性向学科（语文、数学）显著超越群伦。此方面特征是认知层面最容易被辨识出的特征，也是传统上认定是否为资优的基准。

（8）提出原创想法的能力：资优儿童的思考与反应较同伴快，不愿随波逐流，因而常有特殊的、新奇的、其他人意想不到想法，亦较会从不同的角度思考事物，提出与众不同的、原创的想法。

（9）快速的思考步调：大多数资优儿童的头脑灵活、反应快速，因而思考步调亦领先同伴，显现出快速的思考步调。相传曹植七步成诗，即为此种敏捷思维的表现。

二、情意层面的特征

综合以往的文献，资优儿童在情意层面可能具有以下特征：

（1）好奇心：源于对知识的渴求及追根究底的特征。波兰学者达布洛斯基曾提出过度激动性的概念，说明资优儿童在五项内在特质上，有比一般人更敏感、更激烈的反应倾向，智能的过度激动性即是其中之一。由于对知识的过度激动性，资优儿童比同伴较有好奇心，凡事喜欢追根究底。

（2）强烈的学习动机：源于对未知事物或领域的好奇心，对于未知或不熟悉的事物会有想要尝试与学习的倾向，因而经常表现出强烈的、自发的学习动机。

（3）专注力：专注意味着专心一意、全神投入在某个目标对象上，心无旁骛。与专注力相近的概念是对某一件事的工作承诺。如前所述，阮儒礼在界定资赋优异这个概念时，即将工作承诺作为判断资优与否的条件之一。

（4）多元的兴趣：反应快速使资优儿童能够比同伴有更多的时间去接触新奇的事物，也会因为学习新奇事物较容易而产生自信与兴趣，因而易于培出多元的兴趣。

（5）幽默感：由于资优儿童对抽象事物的理解优于同伴，因而更易听出、读出、看出弦外之音，做出指使人感到好笑、轻松、愉快的行为举动或语言。

（6）情绪强度：资优儿童的情绪波动与反应强度可能会高于一般人。情绪的过度激动性亦是达布洛斯基提出过度激动性中的一项。

（7）正义感：源于认知能力的超前发展，正义感是资优儿童较早发展与内化的价值体系，他们在道德判断上无法忍受不合理的事物，对公平、正义的追求亦高于一般人。

（8）利他与理想主义：资优儿童较在认知层面的超前发展，也让他们有更多的机会进行换位思考，设身处地地站在其他人的角度思考问题，随之而来的可能是对他人的关注。

（9）完美主义：完美主义意味着努力将自己投入更高的目标或采用不切实际的评价标准。完美主义是一种对工作力求尽善尽美的强迫性态度。资赋优异者对自我的要求通常高于一般人，因而常常表现出一般人无法理解的完美主义倾向。

过度激动性

小智库 8-3

波兰心理学家达布洛斯基认为个体朝向更高层次的自主性人格发展时，需要借助某一些发展潜能，这些潜能包括个体数种内在的能力与才能（心理动作、感官、想象力、智能、情绪），以及相应这些能力与才能的过度激动性。过度激动性是影响个体人格发展的第三项因素（低层次的动物本能为第一项因素，社会化为第二项因素），它指称个体神经系统对于外在刺激反应水平的敏感程度。达布洛斯基发现卓越成就个体的神经敏感程度较高，学术界的研究结果亦发现资优学生在五项内在能力与才能方面优于一般学生。

【资料来源】郭静姿、张馨仁、张玉佩、周坤贤、林烨虹、陈雪君、林庆波.高中数理资优班学生心理特质与大脑结构之研究 [J]. 教育心理学报, 2012, 43(4)：805-831.

三、行为层面的特征

综合以往的文献，资优儿童在行为层面可能具有以下特征：

（1）偏好独立作业，喜欢自主学习：对于认知能力超前，又抱有完美主义的资优学生来说，能够掌握过程进度与结果的工作与学习方式，自然是独立完成任务，而非让其他人参与后拖慢进度或降低成果的质量。因此，对资优学生来说，自主学习、独立作业，似乎是其不得已的一面。

（2）早期即显露运用语言文字的能力：大多数资优学生的语言能力发展较快，在说话、阅读等行为发展上的速率早于同伴。

（3）精力旺盛：对环境中的事物具有强烈的好奇心，热衷于探索未知的环境，能够整天维持旺盛的精力。在某些情况下，甚至可能被误认为过动。

（4）强烈的依恋与承诺：资优者在年幼时，倾向展现对少数一两个人的强烈依恋，成长之后则展现出对工作的承诺。在外显行为上，则展现出专一、全心投入的风格。

四、如何面对资优儿童的殊异性

虽然资优儿童在认知、情意与行为层面可能具有前述的各种特征，但这并不表示应全数具备才是资赋优异者。在相同领域具有相同水平的资优儿童，也可能在前述的各项特征中不同。因此，作为教师，重点不在将上述特征当成检核表项目般地检核你的学生是否为资优生，而是提醒自己并反思：是否在忙碌的教学工作中，忽略了某些学生的资优行为表现？皮格马利翁效应告诉我们，教师的期望对学生的学业成就有相当重大的影响[1]，错误的期望也会干扰到教师对学生行为的知觉与解释。因此，对学生始终抱持正面的期待，鼓励而非抑制其资优特质与行为，应是面对资优儿童的殊异性最重要的态度。

思考与练习 8-2

资赋优异儿童可能具备哪些特征？是否具备所有的特征才算是资优儿童？

第三节　资赋优异儿童的教学策略

谈到资赋优异儿童的教学策略，主要在了解有哪些方法能够帮助资优儿童进行适当的学习。限于篇幅，本节仅依据教学活动中，针对课程、教程与教学活动的增删，分为课程充实（增加内容）策略与课程浓缩（删减内容）策略，进行讨论。至于涉及加快学习进程的加速制及加速制的典范——著名的美国"数学早慧少年计划"，则分别介绍于下列【小

---

[1]Rosenthal, R., Jacobson, L. Pygmalion in the classroom [J]. The Urban Review, 1968 (Sept.): 16-20.

智库】及本书的二维码学习资源库中，请读者自行参阅。

加速制

加速制是指在学习内容上，以较快的速度移动。加速制相关名词释义如下：

提早入学：让尚未达到法定入学年龄的儿童，在证明其已具备相应的入学能力时，不受年龄限制而入学学习。这种方法可以使超常儿童接受到与其智能水平相适应的教育，使他们获得更具挑战性的学习经验。

速进班级：采用不同于普通班级的学习内容和进度，在较短的时间内修完特定的全部课程。

跳级：在普通班级中成绩优异并显示出较大学习潜力的学生，可在新学年开始时越过一个年级。这种方式的优点是简便易行，学校无须为超常儿童作更多特殊的安排，且可缩短其在学年限。缺点在于学生会因为跳级而缺少一些必要的学习经验，新的学习内容与其已有的知识之间可能脱节。

不分年级制：打破传统的年级限制，根据学生的实际能力制订学习的科目和不同科目的进度计划，按学科单元进行教学。同一个学生在不同的科目中学习程度可有所不同，如一个学生学习相当于二年级水平的数学课程，同时学习相当于四年级水平的语文课程。

【资料来源】朴永馨主编.特殊教育辞典（第三版）[M].北京：华夏出版社,2014.

一、课程充实策略

课程充实策略是资优教育的基本策略。课程充实策略主要是以扩展普通课程内容的方式，帮助资优学生学习得更深入或更广泛，以便充实、丰富资优学生的学习内容。教师可借由提供较多的范例、问题、活动，帮助学习者进入某一个主题中，深入学习可能超出普通学生能够理解的主题内容（加深学习／垂直的充实），或是由此主题作横向扩展，与相关但是并不属于该主题单元内容的概念进行联结，扩展学生的知识范围（拓宽学习／水平的充实）。[1]

举例来说，在小学阶段学习"速度"这个概念，主要是依据"速度＝距离／时间"这一定义和公式。对一般学生来说，当题目给出距离（一条跑道的长度为 100 米）与时间（某生花了 20 秒跑到终点）这两项条件后，便可以依据公式得出相应的速度（5 米／秒）。

然而，若教师想要进行课程充实教学时，可以依据上述两种方式（垂直充实或水平充实），让资优学生思考不同于单纯呈现与公式相同形式的问题（例如题目仅提供速度与距离，询问需花费的时间；这类问题可视为垂直充实／加深学习的模式），又或者可以让学生思考距离、时间与速度之间的关系（这些变量之间的正比与反比的关系；这类问题可视为垂

---

[1] 吴昆寿.资赋优异教育概论 [M].3 版.新北：心理出版社，2016.

直充实 / 加深学习的模式），或者请学生解答不同单位的问题（例如题目不问每秒移动了几米，而是问每小时几千米等课程单元中未包括的内容；这类问题可视为水平充实 / 加广学习的模式）。

除上述在正式课程中增加的活动或内容之外，另有一些课程充实策略可以运用在正式课程之外，包括独立研究、学习中心、良师典范。简介如下。

（一）独立研究

在资优儿童的特征（参见第二节内容）中，曾列出他们喜欢自主学习的行为特征。因此，如果教师能够提供资优学生进行独立研究的机会，便能配合他们的学习特性，将过去习得的知识与技能加以实际应用，其研究成果亦能协助他们成为阮儒礼所谓的"知识的生产者"[1]。

教导资优教学生进行独立研究，至少可以达到六项教学目的[2]：

①培养研究精神与兴趣；②提供实际研究经验；③加强研究方法的训练；④培养独立与自学的能力；⑤提升问题解决的能力；⑥发展高层次思考的能力。

一般在正式的课程中，教材涉及的内容有一定范围，对某些问题无法进行更深入的介绍。如果学习者对于某一项或几项主题特别感兴趣或产生疑问时，可以依其能力水平解答，或系统地指导他在课堂之外的时间进行独立研究。此时，涉及该研究主题的资料如何收集、研究方法的选择、资料的分析与诠释等研究方法上的能力，也将在指导学习者的过程中逐步习得与熟练。

教师可以依据学生的自我引导能力、过往从事研究的经验以及具备的研究技能等三项因素，差异化地引（指）导资优学生进行个别化的独立研究。首先，若学生的自我引导能力较强，教师便扮演咨询顾问者的角色；若学生的自我引导能力较差，则教师应扮演引导者的角色。其次，若学生欠缺研究经验，则教师应引导他先从一般的探索研究着手；若学生已具备一般的研究经验，则教师应引导他针对特定的主题开展研究。最后，若学生的研究技能生疏，则教师应先提供研究技能的训练，而非直接开展研究。[3]

至于具体指导资优学生进行独立研究的过程，可以参考美国学者 S. Reis、D. Burns 与 J. Renzulli 提出的 12 个步骤，依序指导学生进行独立研究：[4]

（1）评量、发现或创造学生的兴趣：通过不同方式协助并鼓励学生选择他们最感兴趣的主题。

（2）以晤谈确定兴趣的强度：通过晤谈的问题，让学生确认其感兴趣主题的程度。

[1]Renzulli, J. S. The Enrichment Triad Model: A guide for developing defensible programs for gifted and talented [M]. Mansfield, CT.: Creative Learning Press, 1977.

[2] 郭静姿. 如何指导资优生进行独立研究 [J]. 资优教育季刊, 1993, 48: 5-15.

[3] 台湾特殊教育学会. 资优教育的革新与展望——开发潜能培养人才 [M]// 郭静姿. 如何指导资优生进行独立研究. 新北：心理出版社, 1997: 397-422.

[4]Renzulli, J. S. 浓缩课程：调整能力优异学生一般课程的全盘指引 [M]. 蔡典谟, 译. 新北：心理出版社, 2001.

（3）帮助学生发现研究问题：帮助学生从感兴趣主题的书籍中寻找逻辑推论的方法，并从书籍中的重要问题内寻找可能的主题。

（4）发展一份书面计划：通过设计规划刚式的表格，协助学生撰写研究的初步构想，以便更聚焦在研究问题之上。

（5）帮助学生找出多样化资源及持续主题研究：多样化的资源是帮助学生开展研究的工具，除聚焦主题的书籍之外，相关操作程序与研究方法的书籍也是主要的资源。

（6）提供研究方取得协助：协助学生获得并能适当运用特定的资料搜集工具与研究技能。此步骤意味着学生从主题学习转变到学习如何搜集、归类、分析及评估特定领域的信息。

（7）帮助学生决定回答哪些问题：帮助学生了解特定的研究方法可能让他们探索感兴趣的问题时，便能让他们真实地进行研究。

（8）提供管理上的协助：帮助学生准备必要的资料，同时取得独立研究的资料；协助的重点在帮助学生的研究能够朝向目标前进。

（9）确认最终的结果与观众：找出研究成果的合适观众，是增进成果质量的关键；因为有观众的存在，促使研究者长期追求卓越，最终使独立研究能够产生高质量的成果。

（10）给予鼓励、赞美与批评的协助：针对研究成果提供正反两面的反馈，使欠缺经验的学生通过修正、重写与细节而增进其独立研究的技能。

（11）促进过程的进展：如果欠缺经验的资优学生并未学习过高层次或更合适的方法，教师便可以在独立研究的过程中教导他们更专业的方法。

（12）评鉴：虽然没有一个简单的数字、等级或百分比能够正确反映独立研究中包罗万象的知识、创造性与工作执着的发展，但是评鉴与反馈是通过这种充实经验形式助长进步的重要部分。

通过上述十二项步骤（当然也可以视实际情况进行调整），教师便可以指导并协助资优学生进行课程充实性的独立研究。

（二）学习中心

学习中心是指设于校内的资源教室、专科教室或图书馆等场地，提供专供全校师生使用与学习的工作站。[1]学习中心应陈列能够协助学生进行精熟基础课程与自我学习技能与方法的各种资料（例如各类教材、图书、期刊等）、设备（例如计算机、网络等）以及人员（例如资源教师、专科教师、图书管理员等）。

若以广义的解释，一般社区的图书馆、博物馆、科学馆、美术馆、文化中心等社会教育机构，亦可视为提供资优学生进行学习的学习中心。

当教师在课堂上发现资优学生对于课程内容有特殊的需求时，可以依其需求指导学生至上述的学习中心进行自学，或者配合上述指导独立研究的方式，协助学生找出感兴趣的

---

[1] 吴昆寿. 资赋优异教育概论 [M].3 版. 新北：心理出版社，2016.

x

[1] 吴昆寿. 资赋优异教育概论 [M].3 版. 新北：心理出版社，2016.

主题进行学习。

（三）良师典范

良师是指有经验、专业能力，能够引导学生学习、成长且值得信任的师长。良师能够提供资优学生一个学习的典范，也能引导资优学生依其个别化的需求进行学习，可说具备多重的角色功能。在良师典范的充实活动中，典范教师与学生的特殊关系，在师生双方面皆可获益，值得尝试与推广。[1]

良师典范乃在发展良师与学生的一对一互动关系，提供学生不同于学校之学习对象、场所、领域及方式，所引导的内容是以学生希望发展的技巧、能力及知识为主，学生可在此模式中获得宝贵的经验与技能，以发展他们的潜能及满足他们的学习需求。[2]具体而言，良师的功能包括：①提供鼓励与支持；②提供成人角色楷模与社会互动的机会；③拓展学生对于兴趣及生涯之视野，并协助资优生发展正确的自我概念；④使学生能够接触到成人的世界及真实的生活经验；⑤良师最大的价值在于与学生分享个人价值、特殊兴趣、时间、知识、经验、才华与技能。[3]

在良师典范的充实课程中，典范教师的指导可能包括下列几种型式：①实验操作：自然科学类的良师引导会纳入较多的实验操作活动；②文化参访：通过文化参访，实际参与各种学习探索活动，以拓展学生的生活经验；③学生成品创作：良师在指导学生创作的过程中，开拓学生新的学习经验；④体验与观察：从服务学习中体验生活、创作发想，帮助学生更深刻体验学习；⑤专题讲座与演讲：通过讲座等活动，进行比较学术性的学习；⑥发表：指导学生将学习的成果发表出来；⑦实际演练：技能性的学习项目如围棋、音乐、桥牌等，由良师通过个别或小组指导，让学生在教师专业的指导下有更多的进步。[4]

课程充实策略的应用

依据本节介绍之课程充实相关策略，自行选取任一学习阶段（小学、初中或高中）某一门学科（语文、数学、自然科学、社会科学等）中的某一个单元内容，依据教科书上的基本内容，设计基本的教学活动内容（或作业）与课程充实（水平充实与垂直充实）的教学活动内容（或作业）。

在课程活动（或作业）设计的过程中，请时时提醒自己：你的教学目标是什么？为什么要设计这样的活动？学生可以在此教学活动中学习到什么？

通过上述的活动（或作业）设计与反思，应可以对课程充实策略有更深一层的体认。

[1]Edlind, E. P., Haensly, P. A. Gifts of mentorships [J]. Gifted Child Quarterly, 1985, 29(2)：55-60.

[2] 陈昭仪．良师引导模式之实施与应用 [J]．资优教育季刊，1997，64：11-19.

[3] 陈昭仪．良师典范对初中资优生的影响之研究 [J]．教育研究信息双月刊，1998，6(5)：65-85.

[4] 于晓平．苗栗县资优教育良师典范制之探究 [J]．资优教育论坛，2016，14：27-50.

二、课程浓缩策略

前述的课程充实策略，是在正式课程中额外加入较多的内容，课程浓缩策略则恰恰相反，它是在不影响课程与教学目标的前提下，删减正式课程中的部分内容，使资优学生达到相同或更佳的学习成果。M. Friend 指出，有研究者删减了 50% 的内容，而资优学生的学业成就表现仍相等或优于未进行课程浓缩策略教学的同学。[1]

美国学者 S. Reis、D. Burns 与 J. Renzulli 认为通过课程浓缩策略，可以达到下列三项目标：①创造一个更具挑战性的学习环境；②保证基础课程的精熟；③争取时间作更合适的充实与加速活动。[2]

在进行课程浓缩策略时，个别教学单元的教学目标并未改变，而是因应资优学生已理解或精熟的内容进行删减，避免将时间花费在已经精熟的学习内容上。因此，课程浓缩策略的原则是如何恰当地删减内容而不干扰学生的学习。

依据 Reis、Burns 与 Renzulli 的观点，教师可以通过以下四个阶段、八项步骤施行课程浓缩策略。[3]

（一）第一阶段：认定浓缩需求

确立教材的目标：课程浓缩的优先要求为透彻了解教材内容、教学单元目标或整年级的课程。通过这些信息，教师才可以证明学生能够接受浓缩过的课程。

找出适当的预试方法：教师在确立学习目标后，再依据这些目标找出合适的预试方法，以利在教学前得知学生能力相关的信息。

确认应该接受预试的学生：此步骤之主要目标在确认每一个学生的特长。教师可以通过观察学生的专长领域、测验成果分析等方式，找出可能已精熟一或多项学习目标的学生，以及这些学生尚未精熟，但能比同伴花较少时间达到精熟的学习目标。这些学生即为可能接受预试与浓缩课程的学生。

预试学生以确定他们对选定目标的精熟度：教师可以借由设定精熟的标准（如教材内容的 85%）作为解读预试成果的依据。

（二）第二阶段：浓缩一般课程

删减已精熟学习目标学生的教学时间：此为课程浓缩策略的核心思想——避免学生重复学习那些已熟悉、缺乏挑战性的课程。

学生尚未精熟但有能力学习得比同学快的目标应精简教学：教师可以从教师手册中寻找可用的教学活动，同时愿意发挥创意，创造或找出新的、适合需要的课程浓缩教材。

---

[1]Friend, M. Special education: Contemporary perspectives for school professionals [M]. 5th ed. Boston, MA.: Pearson Education, Inc., 2021.

[2]Marylin, F. Special education: Contemporary perspectives for school professionals [M]. 2nd ed. // Marilyn F. Students who are gifted and talented. Boston, MA.: Pearson Education, Inc., 2008: Ch. 15.

[3]Renzulli, J. S. 浓缩课程：调整能力优异学生一般课程的全盘指引 [M]. 蔡典谟，译. 新北：心理出版社，2001.

（三）第三阶段：提供替代方案

借由课程浓缩所提供的时间安排挑战性的活动：实施课程浓缩而节省下来的时间，可以配合前述课程充实策略提供资优学生更多样人的学习经验。

（四）第四阶段：保留记录

保留历程与浓缩学生可用教学选项之记录：实施浓缩课程的教师会有不同的学生做不同的事、以不同的程度朝向不同的目标去做。因此，详细保留相关记录作为未来参考或改进的依据相当重要。

教师可以通过以上四个阶段、八项步骤，达成课程浓缩的目标：借由删减资优学生已精熟的课程内容，创造一个富挑战性的学习环境，并运用课程浓缩而多出的时间进行额外的、适当的充实性课程活动。

第四节　资赋优异教育的论题与发展趋势

一、资赋优异教育的论题

资赋优异教育的相关议题繁多，仅仅用一章的篇幅介绍是远远不够的。在坊间一些已出版的专著或概论书籍中，主要涉及的论题包括以下几类：

（1）资赋优异的基本概念：阐述资赋优异的意义、类别、出现率和智力理论等内容。

（2）资赋优异学生的特质：说明资赋优异学生认知、情意与行为方面可能具有的特质。

（3）资优教育的实施方式：说明开展资优教育的主要方式与相应之教学模式。

（4）资优教育的教学实务：介绍并说明资优教育教学中各种教学实务的主题，包括创造思考教学、领导才能教学、独立研究指导、情意与道德教育、双重特殊学生的教学、普通班级中资优学生的适性教育、资优学生及资优低成就学生的咨询与辅导、资赋优异班级经营、资优学生父母亲职教育等。

（5）资赋优异教育行政：说明开展资优教育时相关的行政支持论题，包括资优学生的鉴定、资优教育方案的规划与评鉴、法令基础等。

（6）其他国家的资优教育：借由介绍资优教育先进国家的例子，探讨资优教育未来可能的方向与实施方式。

除了上述议题，随着资优教育的发展，也面临了一些新的挑战，这些挑战未来可能成为资优教育中的重要议题。例如，吴武典便指出：台湾在当前教育改革的诉求氛围下，资优教育面对的挑战如下[1]：

（1）如何规划以学生为主、学校本位、专业取向的方案？

（2）如何发展"文化殊异者""弱势族"与"顽皮族"的资优？

---

[1] 吴武典. 资优教育中的争议与平议：全球视野，在地行动 [J]. 资优教育论坛，2012, 11(1)：1-16.

（3）如何以创意思维带动校园革新？

（4）如何畅通升学渠道，以培养学生的实力与活力？

（5）如何开拓与分享教育资源，以提升教育质量？

（6）如何加强生涯规划与追踪辅导，建立终身学习社会？

（7）如何导正社会观念，使华人社会难以排解的课题（资优教育与升学主义脱钩）得以顺利解决？

这些新的挑战虽是台湾资优教育发展过程中的新兴论题，仍对此领域的发展具有一定的参考性，值得相关领域内的学者与专家们共同探讨与研究因应。

总而言之，资优教育是特殊教育中不可或缺的一环，相关的议题皆可独立成为专门的章节进行说明与介绍。因此，仅仅利用一章的篇幅介绍是远远不足的。建议有兴趣者自行参阅章末的【延伸阅读】，寻找更深入的专著参考，才可能对资优教育有更完整的认识。

二、资赋优异教育的发展趋势

作为特殊教育中的一环，资优教育的发展趋势与整个特殊教育的发展是密不可分的。现阶段特殊教育的发展趋势以融合教育（全纳教育、随班就读）为最热门。处于此发展趋势中的资优教育，不可能自外于此波发展浪潮中。

虽然中国大陆在推展特殊教育的进程中并未纳入资优教育，大学开办的少年班亦是以集中的方式推展资优教育，但是少年班由盛极而反转的发展轨迹，也正表明资优教育的发展与以融合为目标的特殊教育发展趋势息息相关。展望未来资优教育的发展，曾任世界资优儿童协会（The World Council for Gifted and Talented Children, WCGTC）会长的吴武典，在展望资优教育的发展趋势时，曾分别提出"适性扬才、优化教育"[1]与"全球视野、在地行动"[2]这两项资优教育未来发展的主轴。分别说明如下。

（一）适性扬才、优化教育

吴武典在回顾台湾资优教育的发展历程后，提出"适性扬才、优化教育"作为资优教育未来努力的方向。虽然此项论述来自台湾资优教育的实践经验，仍然具有一定的普遍性，可以作为未来推展资优教育的参考。

依据吴武典的观点，"适性扬才、优化教育"的内涵，至少包括培养心脑俱佳的英才、提升资优教育的素质、突破升学主义的魔障等内容。

具体言之，资优教育的发展方向，根本上应跳脱升学主义的功利取向，依据学生的真实需要提供资优教育。然而，学生的真实需要并不单指认知方面的需要而已，也应当包括情意方面的需求；这些需求都可能影响资优教育的成效。探讨资优学生加速教育的电影《少年班》，便显示出忽略情意教育层面的资优教育，可能产生的问题与隐忧。因此，资优教

[1] 吴武典. 台湾资优教育四十年（三）：惑与解惑 [J]. 资优教育季刊，2014, 132：1-8.

[2] 吴武典. 资优教育中的争议与平议：全球视野，在地行动 [J]. 资优教育论坛，2012, 11(1)：1-16.

育努力的方向，除了着重学生认知能力的培养，也应注重情意方面的教育，以培养心脑俱佳的英才为目标，才能真正培育出能面对新时代挑战的人才。

（二）全球视野、在地行动

在回顾全世界资优教育的发展进程后，吴武典指出"全球视野、在地行动"将是资优教育未来的发展方向；而其内涵，可分为以下三点来说明：

（1）加强合作：相互关怀、分享，并与时俱进。

（2）慎用美国经验，不能有"移植主义"或"拿来主义"。

（3）共同面对亚太地区资优教育的课题。

由以上三点可以了解，所谓的"全球视野、在地行动"，代表资优教育未来的发展，更重视跨国、跨区域之间的合作，以共同推动资优教育理论与实践的进展。而且，不同国家与区域之间的合作，可能不限于学术性方面的交流，而是人才之间的合作与交流。换言之，未来所有的成果都可能对其他国家或区域的资优教育产生影响，而不再局限于传统少数几个资优教育先进国家。

此外，在进行跨国或跨区域合作，或是引进跨国、跨区域的研究成果与人才时，亦需考虑本地文化、制度的殊异性，不可以看到外国报告中的效果，便一味地强行复制国外的模式。橘生淮南则为橘的典故，可以很好地说明（文化）环境不同造成的差异。此即在全球视野下，仍需审慎地避免单纯移植"先进国家"制度与方法的缘故。

衡诸围绕在上述两大主轴之下的具体内容，可以理解为：未来资优教育发展的趋势，将以"适性扬才、优化教育"为原则，致力发展以学生需要为中心的资优教育内涵，充分而全面地发展学生的资优潜能，达到全面优化教育的目的。在优化教育的过程中，又需要秉持"全球视野、在地行动"的策略，促进领域内学者专家的互动与交流、时时保持与世界前沿理论与研究成果的接触，同时考虑本土文化的特殊性与发展需求。

三、结语

以下引用吴武典"认识资赋优异"[1]一文的结语作为本章的结论：

近三四十年来，关于智力与心理功能的观念，已有了极大的改变，即是对"资赋优异"作广义的解释，对"才能"采取多元的观点。所谓资赋优异，不但指智力优异，还包括创造力、领导才能、实用智能、人事智能、转型智能、艺术才能及其他特殊才能的卓越。迄今，社会大众似乎仍未能充分了解这种观念，那就是每个人皆有充分发展其潜能的权利，并且每个人具有其独特的潜能、兴趣、目标、知觉与倾向。为使我们的资赋优异者有机会发展其潜能，我们的资优教育方案宜注意下列几项要点：

（1）尊重每个孩子的个性，助其发展"自我认同感"（sense of self identity），进而

---

[1] 吴武典. 认识"资赋优异".（未发表手稿，2022）// 修自吴武典. 对于资赋优异的一些新认识 [J]. 师友，1976，10：34-38.

培养健全的人格。

（2）放弃一些与新的智能观念及人类发展相左的流行假设，并接受那些有实证基础的知识与理念。

（3）认识儿童早期生活的重要性，并自幼教导其个性，与群性并行发展。

（4）使资赋优异者的教育成为连续的历程，无论儿童本人或社会均能体认并接受个人的独特潜能。

（5）不仅从标准化的测验中去评鉴潜能，还应从儿童在真实环境中的实际表现去了解。

（6）教育的计划和方法应是开放式的，但对行为的辅导需有相当结构性的设计。

（7）特殊教育工作人员应接受良好的专业训练，有专业的知能和素养。

（8）家庭、学校及社区环境因素应配合利用，以促进儿童及青少年才能的发展。

综观历史发展脉络，当前资优教育的热门话题是：奠基、拔尖与拓宽、多元智能、文化殊异、弱势关怀、资优低成就、双特资优、生态系统、分殊化方案，以及教育改革运动中资优教育的角色等，当回归到"适性教育"与"优质教育"。当前我们对资优教育的最大的盼望是它能够提升为智慧教育，培养出"聪明的脑 + 温暖的心"的社会精英，并促进普通教育的优质化，发展所有学生的优势潜能，以达成"适性扬才""成己成人"的目标，进而促进社会与国家的健全发展和全人类的福祉。

讨论问题

1. 在界定资赋优异这个概念时，学者们有什么不同的观点？

2. 在实务上，进行资赋优异个体的鉴定工作时，应该将哪些因素纳入考量？

3. 面对资赋优异个体独特的学习需求，有哪些可以运用的教学策略？

4. 资赋优异教育的相关议题包括哪些？这些议题与普通教育的议题相同或类似吗？

5. 你认为在整个中国大陆地区，资赋优异教育未来发展的前景如何？

延伸阅读

1. 查子秀. 超常儿童心理学 [M].2 版. 北京：人民教育出版社,2005.

2. 贺淑曼，吴武典，刘彭芝. 圆普通人的天才梦——超常人才教育 [M]. 北京：北京工业大学出版社,2008.

3. 贺淑曼. 天生我材必有用——英才教育学 (修订版)[M]. 北京：教育科学出版社,2014.

4. 吴昆寿. 资赋优异教育概论 [M].3 版. 新北：心理出版社,2016.

5.Clark, B.启迪资优：如何开发孩子的潜能 [M]. 花敬凯，译. 台北：心理出版社,2007.

本章作者：吴道愉

第九章　智力障碍儿童心理与教育

学习目标

□知识目标

1. 了解智力障碍的定义与鉴定。

2. 了解智力障碍儿童心理特征。

3. 了解智力障碍儿童教学策略。

□能力目标

1. 能通过观察和使用工具评估儿童的智力。

2. 能运用正确的方法帮助智力障碍儿童处理情绪行为问题。

3. 能根据智力障碍儿童的特征制订并实施个别化教育计划。

□情意目标

1. 用积极乐观的态度看待智力障碍儿童，肯定其存在的意义。

2. 理解智力障碍者在性心理方面的需求，给予适当的性教育。

3. 愿意积极探索和实践"医教结合""融合教育"等热门话题。

本章重点

本章第一节"智力障碍的定义与鉴定",主要介绍 AAIDD 和中国残疾人联合会对智力障碍的定义及鉴定标准,帮助读者了解我国和美国智力障碍定义的发展与变化。第二节"智力障碍儿童心理特征",从认知、情绪行为、性心理三方面具体介绍智力障碍儿童的特征,明确指出智力障碍的程度越严重,心理方面的问题也越复杂。第三节"智力障碍儿童教学策略",主要介绍智力障碍教育教学中常用的任务分析法、示范教学法、情景教学法和游戏教学法,旨在提醒教师在教学过程中应依据智力障碍儿童的身心特征、学习特点和学习方式选择或创造有效的教学方法。第四节"智力障碍教育论题与发展趋势",主要提及当前特殊教育领域最热门的话题,包括"医教结合""融合教育"和"送教上门"等,帮助读者了解国内外智力障碍教育的最新动态。

关键词:智力障碍、性心理、教学策略、个别化教育计划、医教结合、融合教育、送教上门在日常生活中，智力低于平均水平的人经常受到嘲笑与奚落，人们常用"白痴""傻子""呆子""低能儿"等词贬称智力有缺陷的人。在学术研究中，则常用"智力落后""智力低下""智力障碍""智能障碍"等词称之。目前我国大陆地区主要采用"智力障碍"一词。与其他用词相比，"智力障碍"较为客观，大多数专业人员认为其不具有侮辱性，即只指陈现象，不含贬义。鉴于此，本章采用"智力障碍"这一术语。本章将从智力障碍的定义与鉴定、智力障碍儿童心理特征、智力障碍儿童教学策略，以及智力障碍教育论题与发展趋势四个方面逐一进行阐述和介绍。

第一节　智力障碍的定义与鉴定

什么是智力障碍？如何鉴定一个人是智力障碍？这样的问题一直颇具争议，因为不同的历史时期、不同的国家地区、不同的学科领域有不同的定义。如今，智力障碍的鉴定比之前的任何时期都要谨慎，很多人认为，一旦被贴上智力障碍的标签，不但儿童本身可能产生不正确的自我概念，别人也会用消极的态度看待他，这将影响他的一生。以下内容将重点介绍美国智力与发展性障碍协会（American Association on Intellectual and Developmental Disabilities, AAIDD; 其前身为美国智力落后协会，AAMR）和中国残疾人联合会对智力障碍的定义及鉴定标准。

一、AAIDD 的定义与鉴定

AAIDD 自 1921 年第一次提出智力障碍的诊断和分类系统后，先后进行了 11 次修订。在这里重点介绍最近三个版本，即 2002 年的第十版、2010 年的第十一版，以及 2021 年的第十二版，这三次定义的修订都对全世界智力障碍的研究、立法、福利等产生重大的影响。特别是经过 11 年之后修订的 2021 年版《智力障碍：定义、诊断、分类与支持系统》[1]，对教育实践的影响尤为重大。

（一）2002 年第十版

随着时代的发展和对智力障碍研究的不断深入，其定义也变得更为科学。目前被大家所普遍关注的是 2002 年 AAMR 所提出的第十版定义。第十版定义指出，"智力障碍是指在智力功能和适应行为上具有显著的限制而表现出的一种障碍；所谓适应行为指的是概念、社会和实践三方面的技能；智力障碍发生于 18 岁之前。"显著的限制包括：

（1）个体目前功能的限制，表现在和个体相同年龄的群体与相似文化背景的典型环境中；

（2）有效的鉴定，需评估文化、语言的不同以及沟通、感官、动作和行为方面的差异；

---

[1]Schalock R L, Luckasson R, Tasse M J. An overview of intellectual disability: Definition, diagnosis, classification, and systems of supports (12th ed.). American Journal on Intellectual and Developmental Disabilities, 2021, 126(6)：439-442. 本书中文版已由重庆大学出版社出版。

（3）个体目前功能的限制，通常和个体其他方面的长处或能力同时存在；

（4）描述个体智力功能和适应行为上的限制，用于开发个别化教育支持系统；

（5）经过一段时间适当的支持和帮助后，智力障碍者各方面的功能通常会有所改善。[1]

2002年定义对适应能力的表述归类为三个方面[2]：

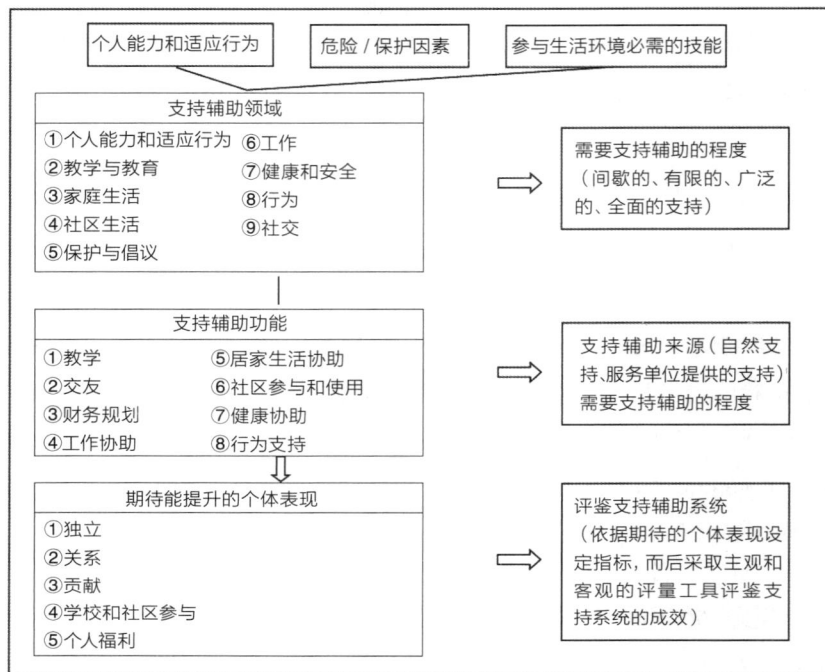

图9-1　美国2002年智力障碍定义的支持模式[3]

（1）概念性技能：主要包括接受性和表达性语言、阅读和写作、金钱概念及自我引导技能。

（2）社会性技能：主要包括人际关系、责任、自我尊重、信任、真诚、遵守规则、服从法律以及避开危险等技能。

（3）实践性技能：主要包括个人生活自理技能和使用日常工具的活动能力，如吃、喝、穿衣、行走、如厕、准备食物、医药护理、使用电话、财务管理、使用交通工具、处理家务、职业技能及维持环境安全等。

2002年定义显示智力，适应行为，参与、互动和社会角色，健康及情景这五个诊断维度会影响个人功能表现。个人功能表现关乎教师设计支持辅助系统的范围和程度，在经过

[1] 陈云英. 智力落后心理、教育、康复 [M]. 北京：高等教育出版社，2007：26.

[2] 许家成. 再论智力障碍概念的演化及其实践意义 [J]. 中国特殊教育，2005(5)：14.

[3]Luckasson, R., Borhwick-Duffy, S., Buntinx, W. H., Schalock, R. L., Coulter, D. L., Craig, E. M., Reeve, A., Snell, M. E., Spitalnik, D. M., Tasse, M. J., & Spreat, S. Mental retardation: Definition, classification, and systems of supports (10 th ed.). Washington, DC: American Association of Mental Retardation, 2002：148.

一段时间支持辅助后，智力障碍者的障碍状况通常会有所改善。

支持辅助系统是提升个人菜单现所使用的资源和策略，图 9-1 呈现支持辅助的领域和功能、期待能提升的个体表现、需要支持辅助的程度、支持辅助来源以及评鉴支持辅助系统。而拟订支持辅助计划应包括以下四个步骤：

（1）界定相关的支持辅助领域（如个人发展、工作、社交等领域）；

（2）为每一项支持辅助领域界定相关的支持辅助活动，须考虑个体的兴趣和爱好以及个体实际和最有可能参与的活动和情景；

（3）评鉴需要支持辅助的程度，可从频率、每日需要支持辅助的时间、支持辅助的形态三方面来界定；

（4）撰写个别化支持辅助计划，须考虑个体的兴趣和爱好，说明需要支持辅助的领域和活动、个体实际和最有可能参与的活动和情景、个体需求的支持辅助功能、负责提供支持辅助计划的人员、期待能提升的个体表现、检核支持辅助计划提供情景和结果的监控计划，并且强调自然支持。[1]

总的来说，2002 年第十版的智力障碍定义理论模式中最重要的变化就是将"支持"从前一版的定义系统的边缘放到了核心位置，并强调了支持的功能主要在于提高智力障碍者的独立性、人际关系、社区参与和个人幸福及增进自我决定能力。

（二）2010 年第十一版

2010 年第十一版定义为："智力障碍是一种智力功能和适应行为都存在显著限制的障碍。适应行为表现为概念性、社会性以及实践性适应技能。障碍发生于 18 岁之前。"

2010 年版定义沿用了前一版定义的内容表述和理论假设，只是以"智力障碍"取代了使用多年的"智力落后"。和"智力落后"相比，"智力障碍"一词对有障碍的个体来说具有更低的攻击性，更符合目前国际上广泛使用的术语；并且能够更好地与目前专业领域中关注功能性行为和环境因素的实践保持一致。新启用的术语"智力障碍"与之前被诊断为智力落后的人群在数量、种类、程度、类型和障碍持续的时间以及障碍人对个别化服务和支持的需求等方面都相同。所有此前符合智力落后诊断标准的个体也同样符合智力障碍的诊断标准。

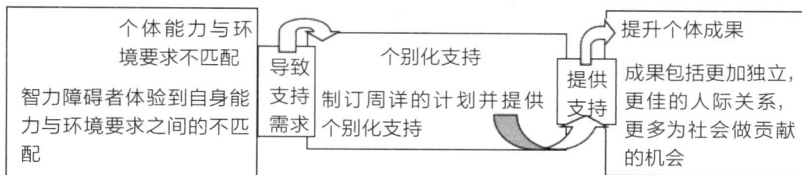

图 9-2　支持模式

[1]Luckasson, R., Borhwick-Duffy, S., Buntinx, W. H., Schalock, R. L., Coulter, D. L., Craig, E. M., Reeve, A., Snell, M. E., Spitalnik, D. M., Tasse, M. J., & Spreat, S. Mental retardation: Definition, classification, and systems of supports (10th ed.). Washington, DC: American Association of Mental Retardation, 2002: 148.

2010 年版定义保留了"支持"在概念系统中的核心位置，提出了支持需求的概念，将预防纳入到支持的范畴当中，并提出了社区健康支持模式。该定义所采用的支持模式如图1-2 所示。该模式突出强调了个体能力与环境要求之间的不协调是造成支持需求的原因以及提供个别化支持服务能够提升个人成果。在这种模式下，任何将会导致支持需求的个体与环境之间的不协调因素，都应以个别化支持来应对。所提供的个别化支持应该是以全面、详尽的计划为基础且能够改善个体的功能水平和提升个体成果的。而作为个体现有功能水平和可能达到的功能水平之间的起桥梁作用的教育和康复服务系统，也不再着眼于个体自身的缺陷，转而关注支持需求的种类和强度，并且关注的焦点应该是降低个体能力与其每日生活环境要求之间的不协调，而非个体的缺陷。也就是说，2010 年版定义强调智力障碍是一种状态，智力障碍者的支持需求是由于个体能力与环境之间的不协调所导致的，正确的应对方法是为其提供个别化的支持以提升个体的功能水平。

2010 年版定义在前一版定义提出的可依据所需支持强度、适应行为水平和智力功能水平进行分类的基础上，进一步明确提出了"个体功能概念性框架"为基础的多维度分类系统，既考虑五个维度（智力能力、适应行为、健康、参与度和环境背景条件），又强调个别化支持。在面对某个智力障碍个体时，可以依据五个维度和个别化支持需求这个指标中的任意一个或几个来进行分类。新分类系统的多维度取向强调，如果只注重个体功能多个维度中的某一个或某几个，而忽视其他维度，就无法真实、全面地反映实际的状况和问题。多维度的分类系统明确了影响个体功能的主要因素，有助于人们正面理解有障碍的个体和群体。[1]

（三）2021 年第十二版

经过 11 年之后，AAIDD 于 2021 年发布了"智力障碍"的新版定义，将智力障碍者定义为："包含着在认知功能以及适应行为上的重大限制。这个限制在 22 岁以前即会出现。认知功能也可称为智力，是一种包含多种技巧（如学习、推理、问题解决等）的认知能力。适应行为是一系列人们在日常生活中习得并表现的能力，包含概念性、社会性和实践性三部分适应技能。"

总体而言，这一版本定义沿用了前一版定义的内容表述，但新版定义出现了一个显著变化，将智力障碍出现年龄从 18 岁之前修改为 22 岁之前。这一变化是 AAIDD 根据过去10 年的脑科学研究，发现个体重要的大脑发育会持续到 20 多岁[2]，发育时期比以前所了解的要长。将临界时间修改为 22 岁之前，这对智力障碍的鉴定产生了重要影响。

2021 年版定义基于已有研究、专家意见、法律决定和同行评议的出版物，以及相关实践，最后整合成一个系统的、综合的方法，为智力障碍者的定义、诊断、分类和规划提供

[1] 冬雪 . 美国智力障碍定义的演变及其启示 [J]. 中国特殊教育，2011(5)：34-39.

[2]Schalock, R. L., Luckasson, R., & Tasse, M. J. An overview of intellectual disability: Definition, diagnosis, classification, and systems of supports (12th ed.). American Journal on Intellectual and Developmental Disabilities, 2021, 126(6)：439-442.

了有力支持。支持模式强调人与其所在环境的适应性，认为障碍是社会背景下个人功能受限的表现。新版定义基于的假设之一是在一段持续的时间内，通过适当的个别化支持，智力障碍者的生活功能通常会得到改善。这版定义吸纳了近十年的研究成果，强调将智力障碍者置于提供支持系统的中心，设计个别化的干预措施、服务和支持，实施与个人及其家庭共同制定的个人支持计划，将个人目标、评估的支持需求和具体的支持策略结合起来，在减少个人能力水平与环境需求之间的差异的同时，改善智力障碍者的状况。[1]

二、中国残疾人联合会的定义与鉴定

到目前为止，我国两次对"智力残疾"（智力障碍）进行了定义。分别是：1987 年第一次全国残疾人抽样调查五类《残疾标准》中的定义以及 2006 年第二次全国残疾人抽样调查《残疾标准》中的定义，均由中国残疾人联合会发布。随着时代的发展，我国亦需重新修订智力障碍的定义。在此仅介绍两版定义。

（一）1987 年的定义

关于智力残疾的定义是："智力残疾是指人的智力明显低于一般人的水平，并显示出适应行为的障碍。智力残疾包括：在智力发育期间（18 岁之前），由于各种有害因素导致的精神发育不全，或智力迟缓；智力发育成熟以后，由于各种有害因素导致的智力损害或老年期的智力明显衰退。"该定义主要参照 AAMR 1983 年关于智力障碍的定义，但是我国把个体发育成熟以后由于疾病或其他因素所造成的智力损害或衰退也包括在智力障碍的范围，定义所涉及的对象比其他国家或地区的更为广泛。

（二）2006 年的定义

关于智力残疾的定义是："智力残疾是指智力显著低于一般人水平，并伴有适应行为的障碍。此类残疾是由于神经系统结构、功能障碍，使个体活动和参与受到限制，需要环境提供全面、广泛、有限和间歇的支持。智力残疾包括：在智力发育期间（18 岁之前），由于各种有害因素导致的精神发育不全或智力迟滞；或者智力发育成熟以后，由于各种有害因素导致智力损害或智力明显衰退。"该定义是 1987 年"智力残疾"定义的延续，并与 AAMR, DSM-IV 以及 ICD(International Classification of Diseases, 国际疾病分类)相接轨。

综合我国和美国关于智力障碍定义的概述，发现鉴定个体是否有智力障碍主要评估智力和适应行为两个方面。常用的智力测验量表包括比纳－西蒙智力量表、斯坦福－比纳智力量表（简称斯比量表）、韦克斯勒智力量表（包括学龄前儿童版、学龄儿童版、成人版，统称韦氏量表）等，皆设定智商（Intelligence Quotient，IQ）平均数为 100。其中斯比量表智商的计算方式是：将智龄（Mental Age，简称 MA，表示个体功能所处的年龄水平），除以实际年龄（Chronological Age, CA），再乘以 100，得到个体智商的近似值。即智商是

[1] 傅王倩，郭媛媛．论智力障碍定义演变及其实践影响 [J]．中国特殊教育，2021(12)：35-40.

智龄除以实龄的得数（比率值，故称为比率智商），智商为100者，其智力相当于他的同龄人的一般水平，属于中等智力[1]。而韦氏量表智商是以标准差为单位，属标准分数系统，设定各年龄组的智力测定结果的平均数为100，标准差（Standard Deviation，SD）为15，当低于2个标准差（即IQ低于70）时，鉴定为智力障碍。

需要特别注意的是，在评估时应当非常谨慎，尤其是对于测验分数处在边缘状态的对象，更应当综合多方面的情况后作出诊断的结论。另外，适应行为表现为概念性、社会性及实践性适应技能，在之前的定义中已进行介绍，在这里不再重复。总之，智力障碍的鉴定是一件十分严肃的事情，正式的鉴定必须由专业人员承担，同时要重视临床资料的搜集。

第二节　智力障碍儿童心理特征

智力障碍儿童不仅在智力水平及适应能力上与普通儿童有显著差异，在认知发展、情绪行为、个性与情感等心理方面也有一定的不足。可以说，智障的程度越严重，心理方面的问题也越复杂。越早越详细地了解智障儿童的心理特征，对其进行的教育和康复便越能起积极的作用。以下从认知、情绪行为、性心理三方面具体说明智障儿童的特征。

一、认知方面的特征

认知是人对客观世界的认识活动，是人最基本的心理过程。认知发展表现为各种心理机能的发展，包括感觉、知觉、注意力、记忆力、思维和语言能力的发展。与同龄正常儿童相比，智障儿童的认知发展速度慢、发展水平低，且个体间差异大。

（一）感觉、知觉

在感觉方面，智障儿童的绝对感受性低于正常儿童。因此，同一强度的刺激可能引起正常儿童的感觉，却不一定能引起智障儿童的感觉。智障儿童的视觉、听觉、嗅觉、味觉、触觉都有不同程度的障碍。[2] 例如，智障儿童视觉敏锐性低下，对物体形状、大小与颜色的精细辨认能力较差，中度及重度智障儿童的视觉分辨能力更有明显的不足；而且智障儿童普遍表现为听觉反应迟缓，听觉分辨不及正常人灵敏。在知觉方面，智障儿童知觉速度缓慢，知觉的理解不完全、不深刻，不善于把握事物间的关系，导致其知觉范围狭窄，知觉信息容量小。此外，智障儿童的知觉恒常性也不及正常儿童。当同一事物置于不同的环境时，智障儿童往往缺乏辨认能力。

（二）注意力

从心理学的角度来分析，注意力是人的心理活动对一定对象的指向和集中。它包括在

---

[1] 斯比量表智商原为比率值，是比率智商，后来也改采和韦氏量表一样的标准分数系统，即设定平均值为100，标准差为16。

[2] 刘春玲，马红英. 智力障碍儿童的发展与教育 [M]. 2版. 北京：北京大学出版社，2019：81.

关注相关信息的同时忽略无关信息、搜寻新信息、灵活改变认知策略，以适应新的任务需要等一系列过程。儿童的注意力是随着年龄的增长和教育活动的影响逐步发展的。智障儿童无论在注意的水平还是注意的品质发展上都要比正常儿童落后得多。智障儿童普遍表现为注意力容易分散，注意力的发展水平较低，难以完成从无意注意到有意注意的转变。总的来说，智障儿童在注意力方面具有四点特征：注意广度狭窄，不能同时注意较多的事物；注意力持续的时间较短；注意力比较不容易集中和维持，易受周围声音、光线、物体刺激的影响；存在注意力分配的问题，不善于选择性地注意相关的刺激以及不太会随着注意焦点的转变而转变注意力。

（三）记忆力

记忆是人脑对过去经验的保持和再现。对智障儿童来说，在感知新的事物时要求他们直接进行准确的回忆是很困难的，而对学习或接触过的事物进行再认却相对容易一些。[1]一般认为，智障儿童存在着记忆障碍。他们的记忆缺乏目的性，难以根据需要选择有意义的、重要的信息进行记忆。他们所记住的常常是印象鲜明、对比强烈的事物。智力障碍儿童的识记速度缓慢，同样的内容，他们需要的识记时间更长。同时，他们对信息的保持效果差，容易遗忘，再现和再认困难。此外，智障儿童的短时记忆能力较差。可以说，个体的智力受损程度越高，其记忆的缺陷也越严重。研究发现，造成智障儿童记忆能力困难的主要原因有二：一是中枢神经功能的缺陷；二是记忆策略使用的限制（如用笔记、复述、联想等技巧记住学习材料）。

（四）思维

思维是指人脑对周围事物概括的、间接的反映。思维以感知为基础，又超越感知的界限。它探索与发现事物的内部本质联系和规律性，是认识过程的高级阶段。智障儿童的思维直观具体，缺乏分析、综合、抽象与概括能力。他们的思维大多停留在具体的形象思维阶段，受事物的具体形象或表象所支配，从直接的生活经验中寻找事物的共同点，而难以透过现象来寻找事物之间本质的内在联系。而且智障儿童思维刻板，缺乏目的性和灵活性。他们在思考和解决问题时，倾向于固守特定的情景联系，很难做到根据条件的变化来调整自己的思维定向和思维方式。此外，智障儿童的思维还缺乏独立性和批判性。他们对自己和他人的行为缺乏评价能力，容易随波逐流，难以提出与众不同的见解。

（五）语言

在听觉理解方面，研究发现，智障儿童无论在听音辨别或理解字词语句上的能力都明显较正常儿童差，障碍程度越严重者越明显。[2]在口语表达方面，智障儿童在句型发展上

---

[1] 陈云英. 智力落后心理、教育、康复 [M]. 北京：高等教育出版社，2007：134.

[2]Facon, B., Facon-Bollengier, T., & Grubar, J. Chronological age, receptive vocabulary, and syntax comprehension in children and adolescents with mental retardation. American Journal on Mental Retardation, 2002, 107(2)：91-98.

较正常儿童迟缓，句子的结构简单、复杂度较小，在应用各种句型结构时的错误率高于一般人；词汇较为贫乏，常用同一个词表达很多不同的概念与事物，且句子较短，这些现象会随着智障程度的加重而更见显著。[1] 在阅读理解方面，智障儿童显然比正常儿童困难，经常出现漏读字词的情形。而在书写能力方面，相较于正常儿童，智障儿童常出现内容贫乏、语句结构（如：语法、段落组织和衔接等）混淆的现象。

二、情绪行为方面的特征

相对于普通儿童，智障儿童更容易出现情绪障碍和行为问题。智障儿童的情绪行为发展的特点包括：情绪行为发展水平低，与同龄人相比显示出明显的不成熟（如：恶臭气味引起的厌恶感、失败时的沮丧）；情绪控制的能力差，容易受外界情景的支配（如：一旦需要得不到满足，就可能不分场合地大哭大闹）；情绪行为反应直接，并且常常伴有外显的行为（如：生气时会吐口水，高兴时会拍手）。

此外，智障儿童常出现抑郁、害怕、易怒、吐口水、摔东西、咬手指、打人等情绪行为问题，障碍程度越严重，问题行为越复杂。造成这些情绪行为问题的因素有很多，来自儿童自身的生物学因素、认知因素以及来自环境的因素都可能导致问题的发生。生物学因素体现在许多智障儿童伴有多种健康问题，身体出现不适而无法有效表达时容易出现情绪行为问题；认知因素体现在智障儿童的认知能力发展明显滞后，直接影响其对外界刺激的正确判断与反应的能力，容易产生不良的情绪行为；而环境因素体现在家庭、学校、社区内部的焦虑、悲伤、冲突、紧张等氛围，导致他们容易产生情绪行为问题。

三、性心理方面的特征

古人云："食色，性也"，意思是食欲和性欲都是人的本性。可见智障者在性心理方面和普通人群有着相似的发展和需求，他们不会因为自身的障碍而降低对性的欲求。总体上来讲，智障儿童性心理的发展有所滞后，但到一定年龄也会逐渐达到性成熟，而此时其性心理发展仍落后于同年龄普通儿童，这一矛盾导致智障儿童的心理-社会适应能力较差。[2] 就轻度智障儿童而言，他们在社会中能够获得接近正常和平均的心理-社会性行为，能够表现出与社会中大多数个体相似的对性之探究、对性欲望的调整和控制等行为，能够对性教育、性咨询、性治疗中的言语指导做出相应的反应，在适当的性教育、性咨询和性治疗的条件下，可以形成良好的适应性行为。他们有明显的孤独感，容易产生自责倾向，自控能力差。[3]

而中度智障者不具备适应性的或者符合社会心理的性行为，往往需要通过给予原级强

[1]Rondal, J. A., & Edwards, S. Language in mental retardation. London: Whurr Publishers, 1997.

[2] 兰继军，田芳，王颖. 人际圈理论在智力落后儿童性心理健康教育中的应用 [J]. 中国特殊教育，2006(6)：26-27.

[3] 张福娟，陈丽竑. 青春期轻度智障学生与普通学生心理健康特点比较研究 [J]. 中国特殊教育，2006(6)：34.

化物的方式来诱发适当的反应；重度智障者无法控制其性冲动，很难形成适应性的符合社会心理的性行为，缺乏对性行为后果的预见性，对于如何区分隐私和公开的信息方面存在许多问题；极重度智障者则极度缺乏适应性行为，性冲动是其最主要的反应，缺乏对性行为后果的预见性，只能形成很少的可接受的适应性行为，经常通过自慰来寻求快感。[1] 可见智障程度越严重者，其性心理方面的问题也越严重，需要对他们进行适当的性教育和性治疗，必要时应用行为矫正技术来帮助他们。

第三节 智力障碍儿童教学策略

一、智力障碍儿童的分类与安置

（一）分类

2006 年中国残疾人联合会第二次全国残疾人抽样调查，按智力受损程度将智力障碍分为：轻度（IQ 50 ~ 69）、中度（IQ 35 ~ 49）、重度（IQ 20 ~ 34）和极重度（IQ < 20）智力障碍。

美国智力与发展性障碍协会（AAIDD）则按个体所需要的支持程度将智力障碍分为：

（1）间歇的支持，这是一种零星、因需要而定的支持辅助（如失业或病情紧急时）；

（2）有限的支持，所需要的支持是经常性且有时间限制的（如短期的就业训练或从学校转衔到就业阶段的支持辅助）；

（3）广泛的支持，在某些环境需要持续性的支持，且没有时间的限制（如职场或家庭生活中的长期性支持）；

（4）全面的支持，所需要的支持辅助是普遍的、持久的、需求度高的，且可能终身需要。因智障儿童之间存在智力受损程度和所需支持程度的不同，各类别儿童的教育目标也不同。

但总的来讲，智障教育的目标应充分考虑目前国家对青少年教育的总目标及智障儿童的发展潜能和教育需要，实现有效的教学。

（二）安置

由于身心发展的障碍，智障儿童在认知、运动、语言与沟通、生活自理等方面的个体间差异很大，不同障碍程度的智障儿童对特殊教育的需求也不同。因此，智障儿童的教育安置方式应是弹性的、多元的，理论上应遵循"最少限制环境"（Least Restrictive Environment，LRE）的基本原则。目前我国为智障儿童提供的教育安置方式包括下列五种：

（1）普通学校的"随班就读"，即轻度智障儿童在融合的普通班级接受教育，他们与普通学生使用相同的教材，学习相同的课程；

---

[1] 陈云英. 智力落后心理、教育、康复 [M]. 北京：高等教育出版社，2007：149-150.

（2）资源教室，即智障碍童有一部分时间从普通班抽离到资源教室接受教育或训练，其他时间则依然参与普通班级的集体教学活动；

（3）普通学校的特殊班，这是为那些既不适合进入普通班级，又不适合进入特殊教育学校的轻度智障儿童开设的（每班通常为 8 ~ 15 人），在特殊班中，由特殊教育教师和相关专业人员给学生提供专门的课程内容；

（4）特殊教育学校（培智学校），目前大量智障儿童的教育改为融合式安置，特殊教育学校已逐渐转向为中度、重度智障及伴有其他障碍（如自闭症、脑瘫等）的儿童提供教育服务；

（5）送教上门，即在家接受教育，我国部分发达地区采用送教上门的方式，对程度严重、上学不便的智障儿童提供教育服务。

由此可见，针对不同程度、不同安置的智障儿童，应采用不同的教学方法和教学内容。

思考与练习 9-1

谈谈你对"最少限制环境"的理解，并思考我国目前提供的随班就读、资源教室、特殊班、特殊学校、送教上门等教育安置方式存在的优点与弊端。

二、常用的教学方法与策略

苏联著名教育实践家和教育理论家苏霍姆林斯基曾说："世界上没有才能的人是没有的。问题在于教育者要去发现每一位学生的禀赋、兴趣、爱好和特长，为他们的表现和发展提供充分的条件和正确引导。"智障儿童的教育亦是如此。教师在教学过程中应依据智障儿童的身心特征、学习特点和学习方式选择或创造有效的教学方法，促进其对学习的兴趣和对所学习内容的理解和运用。目前，针对智障儿童的常用教学方法包括：任务分析法、示范教学法、情景教学法、游戏教学法等。以下逐一进行简单介绍。

（一）任务分析法

所谓任务分析法，也叫工作分析法，它是对特定的、复杂的学习行为和技能进行分析、评定的一种方法，旨在使学生能逐步、有效地掌握该行为或技能。[1]针对智障儿童观察力、理解力和记忆力相对较差的特点，教师将相对复杂的技能分解成若干个容易观察、容易模仿的细小操作步骤，通过帮助学生一步一步地进行操作实践，使他们掌握技能完成的要点，最后将每一个小步骤联结成一个完整的操作技能。采用任务分析法需注意两个方面：（1）以学生现阶段能力为考虑的起点；（2）必须与系统化教学的流程密切配合，系统化教学是

---

[1] 赵树铎. 特殊教育课程与教学法 [M]. 北京：华夏出版社，1994：153.

个别化教学的具体表现，即为"诊断 → 教学 → 评量 → 再教学"的过程。[1] 任务分析法几乎可以覆盖所有技能类教学内容，非常适合在智障儿童教学中使用。

（二）示范教学法

示范教学法又称演示法，是指教师通过展示实物、直观教具或示范性操作，使学生通过观察获得知识技能或巩固知识技能的方法。由于智障碍儿童具有社会认知水平低、观察力和思维能力差等特点，因此大脑中表象贫乏，导致教学困难。采用演示法，可以通过教师演示实物、模型、图片、多媒体使学生直接感知所学事物的形态、色泽，并进而准确理解和把握所学的具体事物的特征，也可以通过演示动作、表情使学生准确理解动作、表情的具体含义。采用示范教学法需注意几个方面：符合教学的需要和学生的实际情况，有明确的目的；使学生能清晰地感知到演示的对象；在演示的过程中，教师要引导学生进行观察；要重视和把握好演示的时机；结合演示进行讲解和谈话，使演示的事物与知识的学习密切结合。示范教学法可以提高学习兴趣、发展观察能力和思维能力，同时符合智障儿童教育中的直观性教学原则，十分适合在智障儿童教学中使用。

（三）情景教学法

情景教学法是一种直观、具体的教学方法。教师在教学过程中努力创设一种与教学内容相似的情景进行教学，即将学生安置于特定的情景中学习。将学生带入实际生活的场景中，实践在学校学到的知识技能（如家庭生活、超市购物、公交出行等），教师就学生在实践时出现的问题进行现场指导，反复练习正确的操作技能，通过多种途径强化学生的规范行为。情景教学法的核心在于激发学生的情感。这种方法不仅能加强智障儿童对特定场所、特定用语的理解与学习，对其理解生活、规范语言也具有很好的作用，还能活跃教育活动的气氛，提高智障儿童学习的积极性。诸如榜样作用、角色扮演、诗歌朗诵、旅游观光、课堂游戏等教育活动都是寓教学内容于具体形象的情景之中，均属于情景教学法的应用。目前，情景教学法已成为培智学校最常用的教学方法之一。

（四）游戏教学法

美国著名心理学家、教育家布鲁纳（J. Bruner）曾说："最好的学习动力莫过于学生对所学知识有内在兴趣，而最能激发学生这种内在兴趣的莫过于游戏。"喜欢游戏是孩子的天性，现代教育倡导"寓教于乐"，而游戏教学法正是对这项教育准则的最好解读。顾名思义，游戏教学法就是以游戏的形式进行教学；即将"游戏"与"教学"两者巧妙地结合在一起，从而引起学生学习兴趣。由于游戏教学法对激发智障儿童的学习兴趣、维持智障儿童的注意力、促进智障儿童的思维有一定的作用，因此这种方法在智障儿童教学中有其特殊的作用。但值得注意的是，该方法大多在复习课中使用，而不适用于知识类的新授课。

---

[1] 钮文英. 启智教育课程与教学设计 [M]. 新北: 心理出版社，2003: 193.

另外，游戏只是一种教学手段，切忌将游戏当作教学目标，而忽略了通过游戏活动学生所应该掌握的知识或技能。[1]

总的来讲，针对智障儿童的教学方法与策略，应根据智障儿童的身心特征和学习特点，运用信息技术策略，辅助学生学习，激发学生的学习兴趣；运用问题情境策略，引导学生参与实践、独立操作，培养社会实践能力；运用教与学的调控策略，根据不同的教学内容，选用适当的教学方法指导学生学习，调动其主动学习的积极性。

三、个别化教育计划

个别化教育计划（Individualized Education Program，IEP）是依据每个特殊儿童的身心特征和实际需要所制订的教育实施方案。它强调教育要适合个体独特的需求。对不同障碍类别的特殊儿童而言，其需要的特殊教育服务是不一样的。即使是同一障碍类别的特殊儿童，其差异性依然存在。智障儿童正是如此，在融合班级、资源教室、特殊班、特殊教育学校等教育环境下学习的智障儿童因为个别间差异和个体内的差异，需要接受个别化的教育服务。而个别化的教育正好可以为智障儿童提供认知、沟通、生活自理、身体机能、行为、职业以及社会适应等方面的教育训练。

制订个别化教育计划应遵循几个步骤：首先，搜集与儿童身心发展相关的资料，如家族史、病史、各种测验结果以及学业考试记录等；接着有针对性地对儿童的生理做进一步的检查，如视力检查、听力检查、知动能力检查等，同时也对其心理发展状况进行评价，如言语能力、沟通能力、社会适应行为的测评。在完成对儿童的各项评估后，召开个别化教育会议，着手设计个别化教育计划。应该注意的是，制订个别化教育计划应由专门的小组来完成。小组成员必须包括教师（如果是在普通学校，还必须包括特殊教育教师和普通班教师）、相关专业人员（根据需要，如医生、物理治疗师、作业治疗师、语言治疗师、心理治疗师等）、家长或监护人、学生本人、学校教育行政人员、地方特殊教育行政代表等。最后，根据评估的结果，共同分析儿童在课程内容、教学材料以及教学方法等方面存在什么样的特殊需要，并由此商定学校各门课程的教学目标、教学内容、教学进度和考试评价方式等。另外，个别化教育计划包括以下主要内容：儿童目前的教育成就表现、长期目标（以年／学期为单位）、短期目标（以月／周为单位）、教育安置形式、应提供的特殊教育与相关服务、服务开始的时间和期限、计划目标的评量、准备签署的同意书等。

个别化教育是一种适应学生差异性和个别性的教学策略与设计。在教学过程中，教师根据学生的兴趣、能力、需要、身体状况等设计不同的教学计划或方案，采用不同的教学资源、教学方法和教学评价进行教学。可以说，个别化教育计划是从事智障儿童教育工作者的一项基本技能，只有掌握了该项技能，我们才能帮助智障儿童得到最大、最好的发展。

---

[1] 刘春玲，马红英. 智力障碍儿童的发展与教育 [M]. 2 版. 北京：北京大学出版社，2019：228-229.

第四节　智力障碍教育论题与发展趋势

近年来，医教结合、融合教育和送教上门等成为特殊教育领域热门的话题。由各级政府、各个地区、各个学校或机构举办的特殊教育相关论坛、会议，经常围绕这些主题进行介绍和讨论。智力障碍教育是特殊教育最重要的组成部分之一。目前正在接受教育或训练的特殊儿童中，智障儿童人数最多。"医教结合""融合教育"和"送教上门"等热门话题亦成为智障教育（启智教育）探索、实践的内容，甚至逐渐成为发展的趋势。

一、医教结合

顾名思义，"医教结合"是将医学和教育结合在一起。"医教结合"从 2009 年起在多个文件中提及，但是将其列为特殊教育理论与实践发展的方向还存在许多困惑。首先，特殊教育与医学、康复等之间的关系如何处理一直存在着争议。医学为主？还是教育为主？或者二者并重？其次，医学与教育，何为手段？何为目的？还有，医教结合是不是适合所有类型的特殊儿童？因为存在这些困惑，许多学校在理解上出现误差，以为"医教结合"就是配备医生或者治疗师。甚至有的教师也去接受医疗训练，在课堂上进行一些医学的治疗与干预。

小智库 9-1

"医教结合"的起始

2009 年 8 月，上海市人民政府办公厅转发了市教委等八部门制定的《上海市特殊教育三年行动计划（2009—2011 年）》。文件明确提出了上海市发展特殊教育事业的指导思想、主要目标和具体措施，旨在以实施医教结合为核心，深化特殊教育改革，促进特殊教育内涵发展，提升特殊教育办学水平。2009 年 11 月，教育部基础教育二司向有关省、市教育厅（教委）发出了《关于在特殊教育学校建立"医教结合"实验基地的通知（教基二司函 [43] 号）》，决定建立"医教结合"实验基地并向全国特殊教育学校推广。2011 年 4 月，中国教育部首批特殊教育学校"医教结合"实验基地授牌仪式在上海华东师范大学学术交流中心举行。来自上海、常州、广州、哈尔滨的 18 所特殊教育学校成为"医教结合"实验基地。

还有，许多学校或机构投入大量资金购买昂贵的医学康复设备，但其实有很多是用不上或者教师不会用的。这就造成了资金和资源的浪费。因此有学者认为，"医教结合"是历史的退步，是对特殊教育本质的歪曲。[1] 但不可否认，采用医学和教育相结合的模式，对包括智障儿童在内的特殊儿童实施早期干预可以起到积极有效的作用。因此有必要对当前的"医教结合"模式进行深层次的研究，解决以上困惑，以便医学、康复更好地为教育教学服务。

---

[1] 陆莎．医教结合：历史的进步还是退步？[J]. 中国特殊教育，2013(3)：11.

二、融合教育

融合教育在中国也称为"全纳教育"，是指在平等和不受歧视的前提下，尽可能将残疾（残障）儿童安排在所在社区的普通学校就读，并提供最适合其需要的支持和帮助，使不同学习风格、不同能力和背景的残疾（残障）儿童能够得到尽可能好的公共教育。[1]为了迎合世界范围内的融合教育理念，提高我国残疾（残障）儿童少年的入学率，我国从1987年开始开展"随班就读"工作，但是随班就读不完全等同于融合教育。随班就读是一种安置形式。融合教育不单纯指某种特殊教育安置形式和策略，而是促进普通儿童和特殊儿童共同发展的教育思想。

当前，我国融合教育发展迅速。例如《上海市中长期教育改革和发展规划纲要（2010—2020）》将融合教育作为残疾人教育的主要形式，贯穿于学前教育到中高等教育各个阶段。例如《广东省教育发展"十四五"规划》中的《第三期特殊教育提升计划（2021—2025）》要求推动区域特殊教育资源中心和普通学校随班就读资源教室建设，加强学校无障碍环境建设，深化特殊教育课程教学改革，全面实施融合教育，提高随班就读工作质量。还有北京、浙江、福建等省市因地制宜落实融合教育措施，积极建立有利于特殊儿童融合发展的多层次的教育支持系统。由此可见，融合教育是中国特殊教育未来发展的必然趋势。

三、送教上门

简单来说，送教上门是特殊教育中，针对重度残障学生进行的上门教育的教学方式，类似美国的"在家教育"。《特殊教育提升计划（2014—2016年）》中提出："组织开展送教上门。县（市、区）教育行政部门要统筹安排特殊教育学校和普通学校教育资源，为确实不能到校就读的重度残疾儿童少年提供送教上门或远程教育等服务，并将其纳入学籍管理。"《第二期特殊教育提升计划（2017—2020年）》则进一步指出："对不能到校就读、需要专人护理的适龄残疾儿童少年，采取送教进社区、进儿童福利机构、进家庭的方式实施教育。以区县为单位完善送教上门制度，为残疾学生提供规范、有效的送教服务。"紧接着2021年12月教育部等部门公开发布的《"十四五"特殊教育发展提升行动计划》更是进一步明确指出："健全送教上门制度，推动各省（自治区、直辖市）完善送教上门服务标准，科学认定服务对象，规范送教上门形式和内容，加强送教服务过程管理，提高送教服务工作质量，能够入校就读的残疾儿童不纳入送教上门范围。"

送教上门体现了"零拒绝"的思想，是一种对人人享有受教育权利的具体保障。总的来看，近几年送教上门在我国整体处于发展初期，送教上门的成本和压力较高，家长的支持和配合程度较低；送教上门的教学内容较难设计、教学成效较难评估等问题一直存在。

---

[1] 厉才茂. 关于融合教育的阐释与思考 [J]. 残疾人研究，2013(1)：53.

但随着国家政策和法规的支持，特别是《"十四五"特殊教育发展提升行动计划》的主要目标是到 2025 年初步建立高质量特殊教育体系，相信送教上门的服务质量一定能得到很大的提高。哪怕是重度的智障儿童，也能在家、在医院，或者在福利机构等得到最大限度的发展，特别是在互联网发达的今天，利用远程信息技术能够极大地促进送教上门服务。

第一期特殊教育提升计划（2014—2016 年）总体目标

为贯彻落实党的十八大和十八届二中、三中全会精神，深入实施《国家中长期教育改革和发展规划纲要（2010—2020 年）》，加快推进特殊教育发展，大力提升特殊教育水平，切实保障残疾人受教育权利，特制定本计划。其总体目标是：全面推进全纳教育，使每一个残疾孩子都能接受合适的教育。经过三年努力，初步建立布局合理、学段衔接、普职融通、医教结合的特殊教育体系，办学条件和教育质量进一步提升。建立财政为主、社会支持、全面覆盖、通畅便利的特殊教育服务保障机制，基本形成政府主导、部门协同、各方参与的特殊教育工作格局。到 2016 年，全国基本普及残疾儿童少年义务教育，视力、听力、智力残疾儿童少年义务教育入学率达到 90% 以上，其他残疾人受教育机会明显增加。

第二期特殊教育提升计划（2017—2020 年）总体目标

为全面贯彻党中央、国务院关于办好特殊教育的要求，落实《国家教育事业发展"十三五"规划》、《"十三五"加快残疾人小康进程规划纲要》，进一步提升特殊教育水平，特制定本计划。其总体目标是：到 2020 年，各级各类特殊教育普及水平全面提高，残疾儿童少年义务教育入学率达到 95% 以上，非义务教育阶段特殊教育规模显著扩大。特殊教育学校、普通学校随班就读和送教上门的运行保障能力全面增强。教育质量全面提升，建立一支数量充足、结构合理、素质优良、富有爱心的特教教师队伍，特殊教育学校国家课程教材体系基本建成，普通学校随班就读质量整体提高。

"十四五"特殊教育发展提升行动计划（2021—2025 年）主要目标

党的十八大以来，国家组织实施了两期特殊教育提升计划，特殊教育普及水平、保障条件和教育质量得到显著提升，但还存在发展不平衡不充分等问题，仍是教育领域的薄弱环节。为认真贯彻党中央、国务院决策部署，推动特殊教育高质量发展，特制定本计划。其主要目标是：到 2025 年，高质量的特殊教育体系初步建立。具体包括：第一，普及程度显著提高，适龄残疾儿童义务教育入学率达到 97%，非义务教育阶段残疾儿童青少年入学机会明显增加。第二，教育质量全面提升，课程教材体系进一步完善，教育模式更加多样，课程教学改革不断深化，特殊教育质量评价制度基本建立。融合教育全面推进，普通教育、职业教育、医疗康复、信息技术与特殊教育进一步深度融合。第三，保障机制进一步完善，继续对家庭经济困难残疾学生实行高中阶段免费教育，确保家庭经济困难残疾学生优先获得资助，逐步提高特殊教育经费保障水平。教师队伍建设进一步加强，数量充足，结构合理，专业水平进一步提升，待遇保障进一步提高。

此外，智力障碍诊断评估工具的本土化修订及应用日益受到重视；智障儿童心理特征的研究成果已广泛用于教育教学及干预实践。这些说明了我国智障教育在借鉴和学习国外先进的理论和实践经验下，已经开始进行本土化、重实践、跨学科的研究。这也是我国智障教育乃至整个特殊教育发展的趋势。

讨论问题

1. AAIDD 和中国残疾人联合会对智力障碍所作的定义有何不同？

2. 智力障碍的评估和鉴定应包括哪些内容？

3. 对智力障碍儿童实施个别化教育计划的意义是什么？

4. 如何看待智力障碍教育中的医教结合？

5. 为什么随班就读不完全等同于融合教育？

6. 送教上门服务存在哪些困难？有什么解决办法？

延伸阅读

1. 刘春玲，马红英 . 智力障碍儿童的发展与教育 [M].2 版 . 北京：北京大学出版社，2019.

2. 邢同渊 . 智力障碍儿童心理与教育 [M]. 北京：中国轻工业出版社，2015.

3. 古桂雄，王书荃 . 儿童智力障碍看看专家怎么说 [M]. 北京：中国医药科技出版社，2019.

4. 王雁，朱楠，王姣艳 . 智力障碍儿童社会技能训练 [M]. 北京：北京师范大学出版社，2014.

本章作者：张敏婷

第十章 学习障碍儿童心理与教育

学习目标

□知识目标

1. 了解学习障碍的定义、诊断与鉴定。

2. 了解学习障碍的发生原因与预防方法。

3. 了解学习障碍儿童的出现率与身心特质。

4. 了解学习障碍儿童的安置与教育方式。

5. 了解学习障碍教育的发展趋势。

□能力目标

1. 能正确说出学习障碍的定义。

2. 能正确辨识并说出学习障碍儿童的特征。

3. 了解学习障碍的鉴定及评量方法。

4. 具备教导学习障碍儿童的教学策略。

5. 能指出学习障碍教育的发展趋势。

□情意目标

1. 接纳学习障碍儿童，容忍并尊重学习方式的差异。

2. 乐意协助学习障碍儿童适性安置，并倡导学习障碍教育。

3. 肯定学习障碍教育的价值，支持学习障碍教育工作者，矢志育人成才。

本章重点

学习障碍是一种隐性障碍，学习障碍儿童由于外貌与智商均与一般学生无异，不易被察觉，但其学习成就偏低、往往被误以为是懒散、愚笨，甚至被污名化为"差生""后进生""学业不良"等，在班上屡遭歧视或责难，衍生适应问题。近年学习障碍问题逐渐受到重视，其鉴出率也越来越高。本章旨在针对学障儿童的特征、安置、教学方法与相关问题进行探究，首先简述学习障碍教育历史、说明学习障碍的定义与鉴定方式，接着讨论学习障碍的类别与出现率，并说明学习障碍儿童的特征、发生原因及教育安置，继而论述学习障碍儿童的教学策略，最后析论学习障碍教育的论题与发展趋势。

关键词：学习障碍、阅读障碍、书写障碍、拼字障碍、算术计算障碍

第一节　学习障碍的定义与鉴定

理论上，学习障碍与人类历史同其久远，但直至 1887 年 Berlin 始提出阅读障碍（dyslexia）这个名词。1962 年美国特殊教育学者柯克（S. A. Kirk）倡议学习障碍（learning disabilities）的概念，并于 1963 年在芝加哥举行的障碍儿童家长会议中提出学习障碍一词[1]。2013 年美国精神医学会（APA）出版《心理异常诊断与统计手册》第五版（简称 DSM- V）[2]，则称为特殊学习障碍（specific learning disorder）。

学习障碍儿童由于长相外貌与常儿无异，智力也正常，但学习成就偏低。因为是隐性障碍，学习低成就之原因不易察觉。每每被家长、老师或同侪误以为懒散、愚笨、不努力，屡遭责难或处罚，蒙受很多不白之冤。学习障碍虽然是不可逆的障碍，但是只要给予适当有效的教学与支持，便有成功的机会，中外功成名就的学习障碍者比比皆是。

近年，各国特殊教育界对于学习障碍的论述可说汗牛充栋。然而我国教育工作者长期以来经常使用"差生""后进生""学业不良"等名词来描述学习障碍学生，很少探讨其界定与特质。我国学术界迄无对学习障碍一致明确的定义，特殊教育界对此一隐性障碍亦着墨不多。

一、学习障碍的定义

学习障碍的诊断及鉴定，因为涉及的维度很广，有别于其他类障碍（如智力障碍、听觉障碍、视觉障碍）有明确的切截点。因此，有关学习障碍的定义，说法不一，迭有争论。在此以美国与中国台湾地区的定义为例，作为参考。

美国全国学习障碍联合会（National Joint Committee on Learning Disabilities, NJCLD）的定义：学习障碍是指听、说、读、写、推理或数学能力等方面的获取和运用上表现出显著困难的一群异质性的通称。一般认为是由于中枢神经系统功能失常所致，而且可能伴随一生。但学习障碍并非由感官障碍、智力障碍或严重情绪障碍所引起的。它也可能与其他残障（如精神发育迟滞，情绪紊乱等）或外界不利条件（如文化差异，不当的教学）有关，但它并非这些障碍或因素直接作用的结果[3]。

根据 2014 年中国台湾特殊教育相关规定与 2013 年"身心障碍及资赋优异学生鉴定办法"，学习障碍系指神经心理功能异常而显现出注意、记忆、理解、知觉、知觉动作、推理等能力有问题，致在听、说、读、写或算等学习上有显著困难者；其障碍并非因感官、智能、情绪等障碍因素或文化刺激不足、教学不当等环境因素所直接造成之结果。前项所定学习障碍，其鉴定基准依下列各款规定：

[1]Giuliani, G, Pierangelo R. Teaching students with learning disabilities[M]. Thousand Oaks, CA: Corwin Press, 2008.

[2]American Psychiatric Association. Diagnostic and statistical manual of mental disorders(DSM-V) [M]. 5th ed. Washington, DC: iGroup Press, 2013.

[3] 刘春玲，江琴娣．特殊教育概论 [M].2 版．上海：华东师范大学出版社，2016.

·智力正常或在正常程度以上（智商在 70 ~ 75 以上）。

·个人内在能力有显著差异。

·听觉理解、口语表达、识字、阅读理解、书写、数学运算等学习表现有显著困难，且经确定一般教育所提供之介入（干预），仍难有效改善。

上述定义显然是参照美国全国学习障碍联合会（NJCLD）的定义。

二、学习障碍的诊断与鉴定

一般而言，学习障碍鉴定的难度比其他身心障碍类为高，且准确性较有争议，学习障碍无法以某一种测验来进行鉴定，我们必须以多元的方式来评估孩子的能力。鉴定学习障碍需经过连续的观察、评估、施测、教学、评量和访谈等方式，多方搜集相关资料做成综合分析研判。一般鉴定的程序如下：

（一）筛查疑似对象

个案发展史：个案发展史对于鉴定学习障碍极有帮助，可对家长进行访谈，通过访谈让家长分享孩子的成长过程，以便了解个案在生产前、生产时、生产后的健康状况与发展情形。家长提供各种肢体动作的发展、手眼协调、平衡感、灵敏度、协调性、注意力、记忆力、语言的发展及就医情形等发展史信息，有助于老师评估学习障碍的可能性。

系统性的观察：教师必须对学生进行有系统的观察，观察常能发现一些学习障碍儿童的行为特征，系统观察可提供有价值的参考资料。教师可从学生活动中观察其外显行为、知动能力与速度；也可以从学生面谈与对话中了解是否有语言、构音及情境掌控的问题。

（二）进行智力与性向测验

团体测验：瑞文智商测试标准版（瑞文氏图形推理测验标准版）(Standard Progressive Matrices, SPM)[1] 与托尼非语文智力测验（Test of Nonverbal Intelligence, TONI）第四版 [2]，可以团体施测，因不偏重使用阅读、算术计算能力与操作技巧，对学习障碍学生进行智力测验比较公平。

个别智力测验：目前台湾地区鉴定学习障碍主要的个别智力测验工具是韦氏儿童智力量表第五版（Wechsler Intelligence Scale for Children, WISC- V)[3]，测验时需要运用到比较大量的语文、算术计算能力及操作技巧，以它作为智力测验来评量学习障碍儿童的智力，比较不公平。但因 WISC- V 施测后，除可以了解受测者全量表智商以外，还可以得到受测者的语文智商 (包括语文理解与工作记忆) 与作业智商 (包括知觉推理与处理速度)，依据各分测验所得指数可以绘出受测者锯齿状的心理侧面图，目视侧面图很容易了解学生个别

---

[1] 瑞文智商测试标准版 [M]. 武汉汇智合力传媒有限公司襄阳分公司. http://bdcs.zxxjy123.top/test/index?id=6#

[2] 林幸台，吴武典，胡心慈，郭静姿，蔡崇建，王振德. 托尼非语文智力测验（中文版，TONI-4）指导手册 [M]. 4版. 新北：心理出版社，2016.

[3] 陈荣华，陈心怡. 魏氏儿童智力量表中文版：技术和解释手册 [M]. 5版. 台北：中国行为科学社，2017.

内在差异的程度。在中国大陆，张厚粲于 2007 年主持修订完成韦氏儿童智力量表第四版（WISC—Ⅳ）中文版，适用于 6 ~ 16 岁儿童。WISC- Ⅳ的主要特点在于它的结构反映了当前对儿童认知进行评估的理论和实践，除强调言语知觉，推理等重要认知过程外，又增加了对工作记忆和加工速度的更多关注。[1]

学前儿童数学能力测验 [2]：适用于 3 ~ 6 岁儿童，用以早期发现数学学习问题，了解儿童数学领域之优弱势。评估数与计算、量与实测，图形与空间三个维度。评估儿童早期数感、基数、数数、唱数、点数、数字认读、书写与数学概念、简单计算以及时间、长度、数量、金钱、面积等概念及图形、空间概念，可作为评估数学学习障碍之参考。

多元智能量表（乙式）[3]：此量表由吴武典修订出版，适用于 9 ~ 15 岁（或小学三年级至初中三年级）。有大陆适用简体版，除纸本测验外，可采用在线施测方式，立即获知结果和完整的评量报告。评量后亦可绘出个别内在差异侧面图，目视侧面图可知学生的优弱势智能，可作为评估学习障碍的参考。

（三）实施学科能力测验

学校的段考与期末考成绩：学科能力测验的结果，最能显现是否学业成就偏低。这是鉴定学习障碍重要的参考依据。智力正常却学业成就偏低的学生尤须注意，特别在语文科、数学科学业成就偏低，可能潜藏阅读障碍、书写障碍或算数计算障碍；此外，注意力不集中、活动过多的学生，也可列为疑似学习障碍的对象。

相关的学科成就测验：吴武典、张正芬编制的个别式"语文能力测验"，共有七个分测验，测验内容涵盖听觉记忆、听觉理解、阅读理解、字形字义辨别、选词、语法、修辞等。测验时之反应方式必须用到听、说、读、写能力。这是一个语文低成就或语文学习困难很有效的诊断性测验，也是早期学习障碍资源班鉴定学习障碍的主要工具。

（四）转介专家协助鉴定

学习障碍的鉴定要兼顾心理学与医学的评估资料，疑似个案确诊前，必须转介各有关专家会同鉴定。加上前述各种个案发展史、教师观察、父母访谈、行为检核、智力测验、学科成就测验等资料，据以综合分析鉴定。

思考与练习 10–1

想一想在你的求学过程中，有没有同学看起来一切正常，智商也不低，就是学科学习很困难？或是技能学习很慢？动作协调性很差？他可能是"学习障碍者"，有没有经过诊断与鉴定？老师与同学是如何评价他？如何对待他的？

[1] 张厚粲. 韦氏儿童智力量表第四版（WISC- Ⅳ）中文版的修订 [J]. 心理科学，2009,5：1177-1179.

[2] 林月仙. 学前儿童数学能力测验指导手册 [M]. 新北：心理出版社.2021.

[3] 吴武典. 多元智能量表（乙式）（CMIDAS-B）指导手册 [M].3 版. 新北：心理出版社，2022.

第二节　学习障碍的类别与出现率

一、学习障碍的类别

学习障碍的分类，有依学科种类（其中以语文科与数学科为最主要）者，也有着重于心理运作历程者，分述如下。

根据 2013 年公布的"身心障碍及资赋优异学生鉴定办法"，学习障碍系指听觉理解、口语表达、识字、阅读理解、书写、数学运算等学习表现有显著困难，致在听、说、读、写或算等学习上有显著困难者。由是观之，学习障碍可分为五大类：

听觉理解障碍：指听到外界声音时，在声波转换为听神经冲动，而传达到大脑听神经中枢进行辨识时，在历程中某个节点出现问题，导致对于听觉信息的解读有困难。

口语表达障碍：指在说话时，节律不顺畅，构音不清楚或断句有问题，其口语表达的质量显著低于同年龄之儿童。

阅读障碍：认字或阅读理解方面困难，经常认错字或字义混淆。有些看成左右相反的镜像字。失读症（dyslexia）是一种替代性名称，此种学习障碍形态的特征为无法正确或流畅的认字，译码能力不佳、拼音能力差。

阅读障碍学生认字的问题，可能会有以下错误的情形。例如：

1. 部件相反，但仍各具意义的字。在中文里，"部"与"陪"、"都"与"陼"。英文里把"on"读成"no"、"was"读成"saw"等。

2. 字形相似的字，例如："冯京"当"马凉"、"辨"别与答"辩"、"肃贪"变"肃贫"、"天寿"变"天寿"、"陈"与"阵"等。英文里把"p"看成"q"、"b"看成"d"、"baby"读成"dady"，阅读与辨识时容易混淆。

书写障碍：根据 DSM-V，所谓书写障碍涉及以下三者：

（1）拼音正确度。

（2）文法与标点符号正确度。

（3）书写文字表明析度或组织性。

数学障碍：包括数学运算与数学推理的困难。所谓数学障碍，根据 DSM-V，包括以下四者：

（1）数感。

书写障碍学生可能把名字写成

林蛋大

这样而引起误会。

此生名为"楚中天",而非"林蛋大"喔！

书写障碍学生有时可能会出现镜像字。 例如：

（2）算数实际法则的记忆。

（3）正确或流畅的计算。

（4）正确的数学推理。

计算障碍（dyscalculia）是一种替代性名称，此种学习障碍形态的特征为具有处理数字信息、学习算数实际法则、执行正确或流畅的计算等问题。

计算障碍的学生有可能出现这种情况喔！

```
  52      66
 -34     -18
─────────────
  22      52
```

有些学者将学习障碍类型依学业学习困难或心理运作历程困难分为以下二类：发展性学习障碍，学业性学习障碍。其分类如图 10-1：

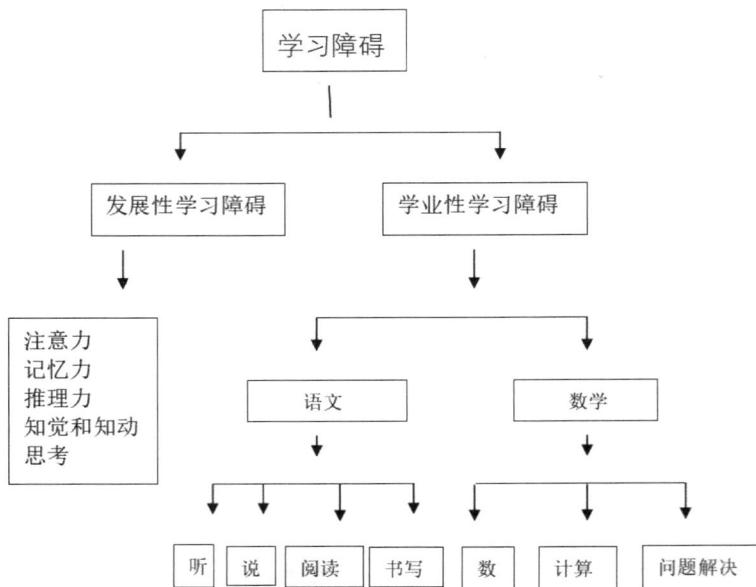

图 10-1　学习障碍的分类

材料来源：改写自洪俪瑜．学习障碍者教育．新北：心理出版社，1995,122 页．

　　　　想一想在你求学过程中，有没有同学写字经常歪歪扭扭，或写不到字框里边，或写的字部首左右颠倒（镜像字），各部件结构不起来，部件组织松散等情形,他可能有书写方面的障碍！

二、学习障碍的出现率

学习障碍的出现率各国、各地区、各家说法不一，即使特殊教育发达的美国，在 1969 年之前学习障碍的出现率都是没有数据可供参考的。

（一）就学习障碍学生总数而言

美国教育部 2019—2020 年发表的数据，全美国 K-12 的学生总人数中有 14.4% 是残障学生，其中 33% 是学习障碍学生，是所有障碍类别中人数最多者。

根据中国台湾教育主管部门出版的特殊教育统计年报，2023 年中国台湾地区高级中等以下各教育阶段学习障碍学生总共 43398 人，占所有特殊教育学生总数的 32.91%，是特教学生最多的类别[1]。中国大陆目前尚无可靠的数据可推估学习障碍学生的出现率。

（二）就学习障碍学生不同性别而言：

Giuliani 和 Pierangelo 指出，美国在 1975 年 94-142 公法公布后，学习障碍学生数成长最快，男生学习障碍的出现率是女生的 2.13 倍。2008 年美国教育部指出特殊学习障碍学生男生比女生多 2 到 8 倍，男女生出现比为 4 比 1。中国台湾地区中小学学习障碍学生中，男生 28644 人，女生 14754 人，男女生人数比例为 1.94 比 1。[2]

综观上述，不同政府机构、民间团体与学者对学习障碍学生出现率之估计略有出入，但学障学生在所有残障学生中所占比率高居第一位，男生出现比率较女生为高，则为无可争议之事实。

第三节　学习障碍儿童的特征与发生原因

一、学习障碍儿童的特征

学习障碍儿童在教室里活动、学习和游戏，和一般儿童没什么两样。因而，早期学习障碍高危险群中的幼儿认定是一件极为困难的事[3]，直到进入小学，语文与数学等工具学科的学习日感无力，才显现出学习障碍的特征。经过一段时间之后，学障儿童在某个特定的领域就会显现学习上的困难，例如：在注意、记忆、理解、推理或听、说、读、写、算、拼字等方面。由于此等困难造成他的学业成就偏低，落后于智力与他相当的同伴。学习障碍是个高异质性的团体，因此几乎没有两个学习障碍者的学习困难现象是一模一样的。

台湾学习障碍协会指出，学习障碍有各种不同的类型，每一类型又有不同的特征：[4]

（1）阅读障碍：认字或阅读理解方面困难，经常认错字或字义混淆，这类学生往往听的能力比读的能力好。

（2）书写障碍：写字和写作困难，往往此类学生口语表达要比书写表达要好。

（3）数学障碍：运算能力、数学概念、数学问题解决等能力差。

（4）记忆力障碍：短期记忆或长期记忆有困难，听过或看过的东西不容易记住或回忆。

（5）知动障碍：知觉异常，辨认、确认等能力差，视觉收讯、听觉收讯、运动感觉、平衡感觉收讯困难，常有听而不闻、视而不见等状况，大动作或手部精细动作协调能力亦差。

（6）思考障碍：无法将学习内容分类、组织或统整。

（7）口语障碍：语音识别、文法句型运用、口语理解均有障碍。

---

[1] 台湾教育主管部门. 特殊教育统计年报 [M]. 台北：台湾教育主管部门，2023.

[2] Giuliani, G,Pierangelo R. Teaching students with learning disabilities[M]. Thousand Oaks, CA：Corwin Press, 2008.

[3] 吴永怡. 美国学习障碍幼儿之认定 [J]. 国教之声，2000,33(2)：17-19.

[4] 台湾学习障碍协会，学习障碍的特征 [A]. 2015. http://www.ald.org.tw/ap/index.aspx

（8）注意力不集中或过动现象：学习障碍儿童可能有注意力不集中或过动、冲动等现象。

二、学习障碍的发生原因

学习障碍发生原因极为复杂，综合相关研究，不外乎生产前、生产时、生产后的因素，分述如下。

（一）生产前的因素

遗传：有关障碍儿童发生原因之研究，生物学的观点一直占有重要地位。一般而言，研究遗传因素不外乎进行同卵双胞胎及家庭成员相关之研究。有些学者认为学习障碍有遗传因素，父母中枢神经系统的障碍或病变，也就是父母有注意力不集中、注意力不足等学习问题，会遗传给子女[1]。

Allen 和 Cowdery 指出，X 染色体脆弱症是最早被描述的染色体结构异常，X 染色体脆弱导致的障碍范围非常广泛，包括学习障碍、语言迟缓、行为问题、自闭症、类自闭症的行为、过动、动作发展缓慢等[2]。由以上的研究结果观之，学习障碍确与遗传有关。

产前环境：精神疾病诊断与统计手册第五版 (DSM-V) 指出，产前暴露在尼古丁下的胎儿及体重过轻的早产儿是学习障碍的高危险群。Giuliani 和 Pierangelo 指出，美国疾病预防与控制中心在 2001 年即发现孕妇在怀孕期间，抽烟、喝酒或使用药物会造成胎儿的各种问题，包括学习障碍[3]。孕妇进用酒精也会对胎儿脑部发育造成影响，尤其是脑神经，日后可能造成学习、记忆与注意等问题。Allen 和 Cowdery 也指出：胎儿酒精综合征（Fetal alcohol syndrome, FAS），孕妇在怀孕期间即使消费中量的酒精，也会引起胎儿广泛的发展问题[4]。一般相信，胎儿期过量的放射线照射、孕妇抽烟、酗酒、药物滥用、情绪不稳等都可能有害胎儿，导致出生后变成学习障碍。另外还有中枢神经系统障碍，妇女怀孕期间可能因德国麻疹或流行性感冒等病毒感染，使胎儿的脑部发育受损伤而导致脑部伤害，也可能造成学习障碍。

（二）生产时的因素

婴儿自母体通过产道出生，虽然时间短暂，但却是日后是否形成各种障碍的关键时刻。所有生产时遭遇的困难，例如：生产过程中产时过久、胎儿窘迫、脐带缠绕、缺氧与产钳助产都是导致新生儿脑部伤害的重要原因。而所有这些难产因素都会造成脑部机能不同程

[1]Judd, S. J., Bellenir, K., Cooke, D. A., Edwards, C. Learning disabilities sourcebook [M]. 4th ed. Detroit: Omnigraphics, 2012.

[2]Jallen, K. E., & Cowdery, G. E. The exceptional child. [M]. 7th ed. Belmont, CA: Wadsworth, Cengage Learning, 2012.

[3]Giuliani, G., & Pierangelo, R. Teaching students with learning disabilities [M]. Thousand Oaks, CA: Corwin Press, 2008.

[4]Allen, K. E. & Cowdery, G. E. The exceptional child. [M]. 7th ed. Belmont, CA: Wadsworth, Cengage Learning, 2012.

度的异常，而导致学习障碍。

（三）生产后的因素

早产或体重过轻、在保温箱保温或因幼儿期疾病感染、感染脑炎、脑膜炎等或如苯酮尿症等新陈代谢障碍，或因车祸意外脑震荡或溺水造成脑伤导致脑细胞的功能失调，会影响脑神经信息传递的功能，造成脑部伤害等，都可能增加学习障碍的机会。另外，环境污染、重金属中毒，如铅中毒、镉中毒、水银中毒也是脑机能损伤因素之一。

第四节　学习障碍儿童的教育安置与教学策略

学习障碍学生的主要困难大都集中在语文科与数学科的学习。但学习障碍的神经心理功能异常，以致影响其认知历程，对外界信息的处理，除学科学习的困难之外，我们也要了解他们在发展方面的困难，包括感觉、知觉、注意力、记忆力、理解力、推理力、表达或知觉动作协调等诸多方面问题。除了学业性补救教学，也不应忽略发展性补救教学。

一、学习障碍儿童的教育安置

学习障碍儿童与普通儿童融合在一起的效果最佳，因此最适当的教育安置方式当属于普通班接受融合教育。至于语文、英语、数学等涉及听、说、读、写、算、拼字和思考等学术学科的学习，再辅以抽离式的特殊教育资源教室方式，根据其障碍类型，针对缺陷进行辅导与补救教学。

二、学习障碍儿童的教学策略

由于学习障碍类型极为多样，学习障碍儿童的异质性又很高，因此教学方法与干预策略及补救教学理论，也是言人人殊，没有一套放诸四海皆准的教学与干预策略。学习障碍补救教学方案，教材的编选，可依学生能力及需要进行弹性调整。例如教材编选可以加深、加广、减量、简化、重整、分解、替代与浓缩等策略弹性调整，针对特定学障学生的特殊需求，设计个别化教育方案，提供客制化的教材与教法。

以下介绍几种比较受推崇的适用于学习障碍学生的教学法。如：合作学习法、直接教学法、多感官学习法，以及其他教学与学习策略。

（一）合作学习法

是一种善用学生互助能力提升每个学生学习效果的教学法，同时也会增进学生社会技巧的学习。重点在于采取异质性分组，让学生在小组中相互支持、共同合作。在合作学习的教学情境中，教师的角色是协助者而非主导者，学生才是学习的主角。当学生的社会技能不成熟时，教师有责任加以督导，如果学生讨论过程中遇到瓶颈，教师可以适时予以协助。此法可以发挥一加一大于二的效果。

（二）直接教学法

此教学方式起源于 S. Engelman 在伊利诺伊州立大学开始发展的阅读课程，他希望能因此增进学生的阅读能力。现在常用于资源教室中进行补救教学，每次教学都必须订定学生能够真正学习到的概念。老师将信息直接传递给学生，并把每节课的时间作适当的安排，以便能以最高的效率达成明确的教学目标。如果学生必须精熟学习某些材料，直接教学法便特别适用。教师直接教之后，学生须有独自练习的机会，学生要将新信息自工作记忆转移到长期记忆，练习是一个重要的过程。学习障碍学生中以阅读障碍、书写障碍、算术计算障碍为大宗，很适用直接教学法进行补救教学。

（三）多感官学习法

对某些学生而言，若经由数种感官渠道接收外界信息，会比经由单一或两种（视觉及听觉）渠道学习来得有效，强调信息输入渠道的多样化，利用视觉、听觉、触觉、味觉、嗅觉与运动感觉，多管齐下。因此教学时教师要多利用新科技教学媒体，制作活泼有趣，易于吸引学生注意的教材。其中以傅娜（G. Fernald）提出的 VAKT (visual -auditory- kinesthetic-tactile)，即"视、听、动、触"四感官同时使用法，最早也最有名 [1]。其特色就是以指触及动作增进阅读的效果。但也有学者提出对学习障碍者进行教学时，同时运用多感官学习是否会造成相互干扰的问题？笔者认为应视学习障碍者之不同类型、不同学习风格、不同学习需要来制定适性教材与选择教学策略。

（四）其他教学与学习策略

在进行教学时，视学生个别的需要，配合下列常见的教学与学习策略来引导学生学习，将可大大提高其学习的成效：

1. 基本心理运作能力训练

强调基本心理运作能力训练的学者认为，若能指明学习时所牵涉的内在心理能力，则我们优先训练这些能力，而不必直接在各科教材教学上下功夫。因此，基本心理运作能力训练，即针对学习历程中的知觉、注意力、记忆力、心理语言、知动协调能力等的教学或训练，方法很多。兹举三个策略为例：

（1）强化知觉与注意力的练习：

例如：可用"寻宝游戏"强化学障生的知觉与注意力，教师提供一些可刺激知觉敏感度，而且必须运用专注力去寻找答案的图片，请学生从图片中找出老师所指定的东西。

（2）增强注意力与知动协调能力的练习：

例如：使用迷津游戏训练学障生的注意力。迷津游戏取得容易，且迷津中巷道的宽窄可用复印机缩放复印。可由较宽的巷道开始练习，学生势必要专注才不至于画到巷道以外；

---

[1] 许天威. 学习障碍之教育 [M]. 台北：五南图书出版公司，2002.

多次练习成功后，可将巷道缩小变成较窄巷道，再继续进行第二阶段练习。练习期间可配合代币制度给予适当增强，不但可以增进学生的注意力，也可增进学生的手眼协调知动能力，以及开始学习写字的前置练习。

（3）强化记忆力的策略：

a. 谐音转换法：

"八国联军"是哪八国？利用谐音转换法，则可念成"饿的话，每日熬一鹰"，依次分别代表"俄国、德国、法国、美国、日本、奥匈帝国、意大利、英国"，学生永记不忘。

b. 关键词记忆法：

美国的小学老师会用此法教导学生如何记住美国工业重镇五大湖区（Great Lakes）的五个湖。老师会教学生记住"HOMES"，五大湖分别是"Huron(休伦湖)、Ontario(安大略湖)、Michigan(密歇根湖)、Erie(伊利湖)、Superior(苏必略湖)"，五个大写字母正是每个湖名的第一个字母，这就是关键词，组合起来就变成"HOMES"，易学易记不易忘[1]。

2. 以教导阅读与书写障碍学生识字为例的教学策略

（1）集中识字法：是将形体相近的文字集中教学，让学生在学习该生字的同时、也能辨识相似形体的文字。

（2）图解识字法：是将文字以图像方式呈现，通过图像来解释文字意义的一种方法，是一种文字图像化的学习策略，教学时会使用到"字形演变卡""形似图""形似字分辨卡"等教具[2]。

作者提供教导书写障碍学生的策略三种：分别是泡泡图法、字形、字音教学法、创造性教学法。

第五节　学习障碍教育论题与发展趋势

一、学习障碍教育论题

近几十年来，由于我国经济发展迅猛，经济实力日益强大。政府为照顾弱势群体，对于残障者（残疾人）的教育力度逐渐加大，特殊教育发展力求迎头赶上先进国家。因此特殊教育师资培育机构与特殊教育学校，如雨后春笋般地设立。截至 2021 年，培育特殊教育师资的特殊教育学院 / 系已有约 90 个，特殊教育学校 2288 所。但是整体而言，我国特殊教育在学习障碍领域受到的关注与讨论极少，数量与质量的提升还有很大空间，相关问题叙述如下：

---

[1] 吴永怡 . 岭南师范学院特教系"学习障碍概论"上课讲义 . 2022.

[2] 张长颖 . 图解识字法对学习障碍学生之教学经验分享 [J]. 小学特殊教育，2013, 55：65-71.

（一）学习障碍（包含其他类别残障学生）融合教育与安置的问题

我国目前学习障碍与轻度残障学生，均以随班就读方式安置于普通班进行融合教育。由于我国幅员辽阔，人口众多，城乡发展差距较大。一般城市学校普通班，班级学生人数都在 50 人左右或更多。班级学生数太多，对学习障碍学生及其他类别残障学生的融合相当不利。

（二）融合教育相关配套尚未到位的问题

如前述普通班级学生人数过多问题，不利于融合教育之实施。以目前中国台湾地区办理融合教育，小学普通班学生人数每班不得超过 29 人，初中每班不得超过 35 人。班级学生人数低，教师才可能有余力照顾到融合在普通班的残障学生。但要把学生人数降低必须逐年实施，在我国这是一项大工程，因此学障学生融合的问题短期内可能就是"随"班就读了。

大部分普通班教师未修习特殊教育课程或未受过特殊教育相关培训，缺乏基本特殊教育理念。由于教师未受过特殊教育训练，对于班上学习障碍及其他残障学生融合时，不知如何处置或无转介机构，常感束手无策。有鉴于此，若干师范院校已为所有师资生开设特殊教育通识课程。例如广东省岭南师范学院于 2018 年 9 月新学期开始，开设师资生修习特殊教育概论一学分课程，颇能满足需要，然而一学分的课程仍明显不足。

特殊教育师资不足问题：为与中国国力的成长与经济的发展相匹配，倡议教育机会均等，并照顾弱势残障者，目前中国大陆正努力提升特殊教育。然而基层特殊教育师资供应不足，大部分特教师资质量有待提升。授予特殊教育硕、博士高级学位的师资培育机构也屈指可数，应予扩充，始能满足各地对特教师资殷切的需求。

（三）特殊教育法规的服务对象未含学习障碍的问题

我国为保障残疾人的权利，1990 年制定《中华人民共和国残疾人保障法》（2008,2018 修订），1994 年起制定《中华人民共和国残疾人教育条例》（2017 修订）。这是推行特殊教育最主要的法律依据。这两项法规皆未将学习障碍者列为服务对象，不无缺憾，亟待未来修法时补正，使法定的特殊教育对象更为完备。

二、学习障碍教育发展趋势

学习障碍的出现率被公认为各类残障学生中最高者，若以大约 4% 的出现率推估，理论上中国大陆学习障碍人口至少有五千万，这是一个让人无法忽视的群体。我国特殊教育发展势必无法回避学习障碍这个论题，教育工作者必须改变与创新教学方法，使学习障碍者有更多机会接受适性教育。

史上有很多功成名就的伟人，于早年被认定为学习障碍者。大众熟知的发明家爱迪生小学时被老师叫作"笨蛋"、美国总统威尔逊家族有多人属于阅读障碍、前新加坡总理李光耀有阅读方面的困难、雨人（Rain Men）影片中饰演雨人弟弟的汤姆·克鲁斯（Tom Cruise）也有阅读障碍，童话家安徒生早年也有拼字问题。近年常被提到的兼具障碍与资优特质的"双重特殊"群体中，学习障碍资优便是最主要的一种。

现今国际特殊教育发展趋势，已从早期强调对于残障学生弱势能力的补救，进而趋向对于优势能力的发掘与培养，强调多元智能的发展，一个都不能少，不让任何孩子落后，进而成就每一个学生。虽然这是一个遥远的理想，但我们应永不放弃追寻这个理想。

讨论问题

1. 影响我国学习障碍教育发展之因素有哪些？试申其义。

2. 学习障碍发生的原因为何？有何方法可以预防？

3. 如何因应学习障碍学生调整其课程、教材与教法？

4. 我国学习障碍教育发展之回顾与展望为何？请就过去与未来做比较。

延伸阅读

1. 许天威. 学习障碍之教育 [M]. 台北：五南出版社, 2002.

2. 刘翔平. 学习障碍儿童的心理与教育 [M]. 北京：中国轻工业出版社, 2017.

3. William N. Bender. 学习障碍 [M]. 胡永崇，等译. 新北：心理出版社, 2014.

本章作者：吴永怡

第十一章　语言与沟通障碍儿童心理与教育

学习目标

□知识目标

1. 了解语言障碍的意义和类别。

2. 认识不同语言障碍的特征。

3. 熟悉语言障碍的评估与鉴定流程及评估工具。

认知不同语言障碍类别的重要教学和辅导方法。

□能力目标

1. 能说明语言障碍发生的原因。

2. 能指出语言障碍儿童表现的心理特质和行为表现。

3. 能给予语言障碍儿童适当的教学和辅导方法。

4. 能协助语言障碍儿童提升沟通效能。

□情意目标

1. 关心语言障碍儿童遭遇的困难。

2. 正视语言障碍儿童的需要。

3. 积极协助语言障碍儿童。

本章重点

由沟通对人类的意义，说明沟通的内容维度，以及沟通障碍（communication disorders）的定义和分类。本章并不讨论听觉障碍，而主要说明语言障碍的成因、评估与诊断流程和语言障碍儿童的身心特质，并由语音障碍（speech sound disorder）、口吃（stuttering）、迅吃（cluttering）和语言障碍（language disorder）等常见的儿童言语和语言障碍，分别说明其定义、诊断和教学方法，最后提出语言障碍教育的新议题与发展趋势。

关键词： 沟通障碍、语音障碍、口吃、迅吃、语言障碍、语言评估与诊断

第一节 语言与沟通障碍的意义与分类

本节先说明何谓沟通，语言在沟通中的重要性，以及语言与沟通的关系，再介绍沟通障碍的类别和不同类别沟通障碍的定义。

一、语言与沟通的意义

人类是社会性动物，大多数人在日常生活中经常使用沟通行为与他人互动。沟通就是信息的交换，指的是信息传送者和信息接收者二人互动的历程，亦即指传送者将信息在大脑语言区通过编码，以言语和语言或非语言型式（手势和动作）传送给接收者，接收者的感官系统（听觉、视觉或其他感官）接受器接收到信息后，经由神经传递至大脑，将信息加以译码后，再将反应透过传送过程送出的历程。而语言是人们用以沟通的工具，是一套约定俗成的符号系统，系运用既定的规则将符号加以组合来表达意义[1]。

语言的运用包括了听、说、读和写，"听"和"说"使用语音信号，"读"和"写"则使用书面符号，而言语则专指语音信号的使用或称为"口语"。人类会使用语言和言语显现沟通的行为，以达到沟通的目的；而"言语"的范围最小，专指口语的表达。此外，说话时使用的语调、音量、语速等，皆可以协助表达的内容，称为"副语言"或"超语言"向度，而眼神、表情和姿势等，称为"非语言"向度，可以加强沟通的功能。沟通的内容框架如图 11-1 所示[2]。

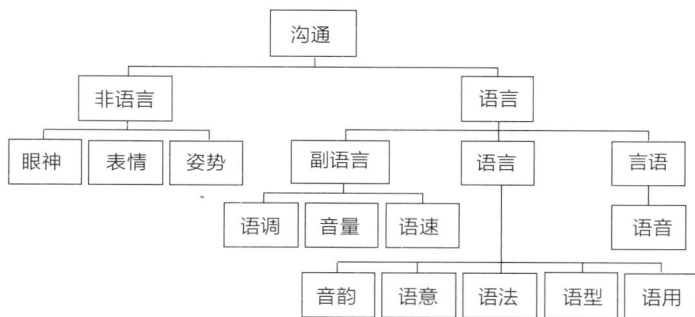

图 11-1 沟通的框架

资料来源：杨淑兰 . 沟通与沟通障碍：理论与实务（p4）[M]. 新北：心理出版社，2015.

二、沟通障碍的定义

沟通障碍（communication disorder）意指在沟通历程出现阻碍，使得信息无法顺利传达或接收。语言是人类的主要沟通工具，广义的语言包括口语与非口语，因此，沟通障碍

---

[1]Owens, R. E., Fairinella, K. A., & Metz, D. E. Introduction to communication disorders: A lifespan evidence-based perspective (5th ed.). Boston, MA: Allyn & Bacon, 2015.

[2] 杨淑兰 . 沟通与沟通障碍：理论与实务 [M]. 新北：心理出版社，2015.

可能出现在声音信号无法传递或声音信号受到扭曲，例如：无法产出声音、嗓音沙哑或无法发声、发音错误或扭曲，或者声音信号虽然传出，但接收者却无法听取或仅能部分听取（如听障者无法理解沟通伙伴的说话内容），而导致沟通障碍的发生，亦即语言的理解和表达有困难。

三、沟通障碍的分类

沟通障碍是个体在言语、语言和沟通出现缺陷。言语是个体语音的表达，包括：发音、流畅、嗓音和共鸣特性；语言包括：形式、功能和有规范的符号使用（例如口语文字、手语、书写文字和图画）；沟通则包括足以影响其他人的行为、想法和态度的口语和非口语（意图性和无意图性）行为[1]。

沟通障碍分为听觉障碍和语言障碍，所谓语言障碍又分为言语障碍（speech disorder）和语言障碍（language disorder）。

言语障碍有以下四种：

（1）语音障碍：又分为：构音障碍（articulation disorder）和音韵障碍（phonological disorder）。前者是说出来的语音不正确，例如将"东西"说成"工西"；后者是音韵处理困难，处理语音信号速度太慢或出错。

（2）语畅障碍（fluency disorder）：例如：口吃，说话不流畅，结结巴巴。

（3）嗓音异常（voice disorder）：声音沙哑或粗嘎或有气息声。

（4）迅吃（cluttering）：说话速度太快而容易省略声母或中间的音节（例如："麦当劳"变"爱敖"），也出现许多不适当的停顿中断或词组的重复。

语言障碍的异常情形则可能表现在听、说、读和写四方面，学生可能听不懂教师

---

[1]American Psychiatric Association [APA]. The diagnostic and statistical manual of mental disorders (DSM-5) (5th ed.). Arlington, VA: Author, 2013.

上课的内容、读不出课文、写不出字或说得没有组织或发音不正确，也可能混合这四种困难中的几种异常。过去美国听语学会将儿童语言障碍分为：以语言为基础的学习障碍（language-based learning disabilities）（亦有称为特定型语言障碍）、学龄前语言障碍（pre-school language disorders）和选择性缄默症（selective mutism）[1]。2014年，经50位学者的讨论后，统一改称为发展性语言障碍（developmental language disorder, DLD），渐渐地在世界上取得共识[2]。

美国言语－语言－听力学会

美国言语－语言－听力学会（American Speech-Language-Hearing Association, 简称 ASHA），目前约有 223,000 名会员，由听力学家、语言病理学家、言语－语言临床工作者（听力师和语言治疗师）和学生等组成，是世界上与沟通障碍有关的最大学会。ASHA 的使命是支持与协助听力学与语言病理学科学家、言语－语言与听力临床工作人士增能，以促进沟通障碍相关领域的成长，得以为沟通障碍者提供高水平的服务。

资料来源：https：//www.asha.org/about/. 沟通障碍导论：以实证本位观点为导向 [M]. 锜宝香，等译. 台北：华腾文化有限公司, 2015.

第二节 语言障碍的鉴定与安置

评估和诊断语言障碍儿童的首要目的在提供适当的安置环境。以下说明评估和诊断语言障碍儿童时应进行的工作重点，并说明如何适当安置语言障碍儿童。

一、语言和言语障碍的评估与诊断

评量和诊断学生的语言和言语障碍是为了提供适合的教育安置和帮助教师设计出可以改善语言困难的教学方案。最好采用专业团队模式，除语言治疗师外，还需要特教老师和普通班教师和家长协助，才能全面地了解学生的障碍情况和原因。评估过程需要搜集以下资料：

（1）基本资料：背景资料、家庭生活（惯用语言）、发展史和医疗史。

（2）语言障碍相关资料：发现语言障碍时间、是否发生特殊事件、发生到现在的时间和变化，以及易发生的情境。

---

[1]American Speech-Language-Hearing Association [ASHA] (2014). Speech and language disorders and diseases [M]. Retrieved from http://www.asha.org/public/speech/disorders/ April 2, 2014.

[2]American Speech-Language-Hearing Association [ASHA] (2014). DLD/SLI: Terms as. SLP Tools [M]. Retrieved from https://www.asha.org/events/live/dld-sli-terms-as-slp-tools/ May 20, 2022.

（3）家族史：亲属中是否有相同的语言障碍或其他语言障碍，确认是否有家族史。

（4）听能情形：是否有听觉障碍或曾发生中耳炎，须先给予适当的干预。

（5）言语机转的评估：头和脸部是否有生理结构异常（例如：唇腭裂或其他颅颜异常）或运动神经异常（例如：脑性麻痹或其他退化性肌肉动作异常），前述二者都可能造成脸部对称、牙齿、唇舌、上下颚运动和呼吸机制等结构有缺损和产生障碍情形。即便并无组织上的异常，也可能因为说话器官运动功能不佳或脑规划和执行语言的功能不佳造成言语和语言障碍。例如：舌头运动较弱或舌系带太短也会发生构音障碍，可利用轮替动作来测试，要求学生仿说 /pa ta ka/，先慢慢说，再快速连续说 3 ~ 5 次，舌头运动困难的学生便无法正确且流畅地说出来。

（6）使用标准化语言评估工具：如应用修订毕保德图画词汇测验[1]、儿童口语理解测验[2]、修订学前和学龄儿童语言障碍评量表[3]、华语儿童理解与表达词汇测验（第二版）[4]和中文色块测验等标准化语言测验[5]，用以了解学生的语言理解和表达能力在母群的相对位置，学生的障碍可能出现于其中一个向度或二者皆有。

早期发现必须依赖父母和教师的仔细聆听和观察，对照朋辈的语言，判断学生是否在语音上有省略和错误音或替代音出现；在语法上是否有语句不完整或颠倒；在语意上是否说不出某个词汇、用词错误或使用不精确的词汇，例如：以"东西"取代名称，经常迟疑地说"那个那个"；在语用上，是否使用语言的时间或情境不正确；其他尚有说话时是否有过多的停顿、重复等不流畅或语速太快难以听清楚。倘若儿童有智力障碍、脑性麻痹（脑瘫）、听觉障碍或自闭症谱系障碍（泛自闭）等认知和感官上的缺陷，就容易有沟通障碍，必须以适合的测验工具和施测方法加以评量。

二、语言障碍的鉴定与安置

语言和言语障碍的鉴定，依中国台湾地区的做法，由医院复健科或耳鼻喉科的语言治疗师做完评估诊断，医院开立诊断证明，或部分县市设有语言障碍班级的特教老师协助施测评估，可取得评估报告，再向县市政府的特殊教育主管单位申请安置。大多数的语言和言语障碍学生并无认知缺陷，因此安置于普通班，由学校采取资源教室或巡回辅导方式实施抽离教学。其他类残障儿童伴随沟通障碍者也可以申请语言治疗师到校提供服务。目前在台湾地区，仍是以抽离式的上课为主要方式，较少有语言治疗师与普通班老师协同教学或以团队合作式模式提供语言教学或治疗。

[1] 陆莉，刘鸿香．修订毕宝德图画词汇测验 [M]．新北：心理出版社，1988.

[2] 林宝贵，锜宝香．儿童口语理解测验 [M]．台北：台湾教育主管部门，2002.

[3] 林宝贵，黄玉枝，黄桂君，宣崇慧．修订学前儿童语言障碍评量表 [M]．台北：台湾教育主管部门，2009.

[4] 黄瑞珍，简欣瑜，朱丽璇，卢璐．华语儿童理解与表达词汇测验 [M].2 版．新北：心理出版社，2012.

[5] 林月仙，曾进兴，吴裕益．中文色块测验 [M]．新北：心理出版社，2014.

第三节　语言障碍儿童心理特征

语言障碍发生的原因，可分为先天与后天两大类因素，教师需要了解语言障碍儿童呈现的心理和行为特征与其他障碍不同，进而给予适当的教育和辅导。

一、语言障碍发生原因

根据精神疾病诊断与统计手册第五版定义的语言障碍，主要是神经发展上的异常（neurodevelopmental disorders）。然而造成语言障碍的原因很多，可以分为先天和后天，前者包括：自闭症（孤独症）、脑性麻痹（脑瘫）和唇腭裂；后者包括：失语症、选择性缄默症；口吃则有先天因素和后天因素二种。

从生理或环境因素来看，形成原因则包括：①生理障碍，例如：因为听力缺损、脑性麻痹和唇腭裂而有语言障碍；②认知缺损，例如：因智力障碍、注意力不足过动症和泛自闭症而造成的语言障碍；③环境中成人的忽视和虐待，以及营养不良，造成大脑发育不全，或因为情绪障碍和缺乏社会互动与练习机会形成的语言障碍；④因疾病（例如：脑膜炎）和意外事件造成脑伤产生的失语症为一种语言障碍；⑤轻微的脑功能异常造成的口吃、音韵障碍和以语言为基础的学习障碍（发展性语言障碍）。

上述的语言障碍影响所及可能是语言的单一维度，例如：语音，也可能涵盖语言的各个部分，其严重度则由临界或轻微到极重度完全缺乏口语不等，而需要使用不同的沟通辅具[1]。

二、语言障碍儿童的心理特征

除少数器质性的异常和认知缺损外，大多数语言障碍学生在外观和认知上与一般学生无异，因此就读于普通班，教师容易忽略他们的特殊需要和心理特质，这也是语言障碍儿童的出现率常被低估的原因。以下说明他们的心理特质：

（1）较少以口语表达，可能被误以为害羞和内向：语障学生为了不让他人发现自己的弱点，常倾向不以口语表达，教师因而以为语障学生不会讲话，或有刻板印象认为他们的个性内向害羞，甚至误以为他们能力较差，如果沟通环境很安全，语障学生还是乐意表达他们的看法的。

（2）容易受到朋辈的取笑或模仿说话的方式，以致影响自我概念：不论是发音不正确、说话不流畅或经常说不清楚，如果教师未能积极经营友善的学习环境，语障学生容易沦成为朋辈嘲笑或霸凌的对象，影响他们的自我概念和人际关系。

（3）说话方式常受到父母师长的纠正和责备：家长和教师因为不清楚语言障碍发生的原因，或误认儿童是故意模仿或惹他们生气，会以责备口吻要求他们把话说好，或误认

---

[1] 杨淑兰. 沟通与沟通障碍：理论与实务 [M]. 新北：心理出版社，2015.

为他们偷懒不读书或故意把字写错，因此不断地纠正和斥责，让儿童对说话和学业感到焦虑，可能因而干脆不说话了。

（4）语言障碍学生可能逃避社交场合或上台发言：语障学生如果长期缺少良好的教学和训练，又遭遇不良的沟通经验，起初是表达少，慢慢地开始逃避需要说话的社交情境或上台报告机会，与陌生人或和师长沟通时，可能出现嘴唇紧闭、音量小或直接回答：不知道，因而造成学习、人际和生涯发展上的限制。

（5）语言障碍学生可能被误以为能力较差：因为语障学生经常避免以口语表达或逃避发表的情境，或音量太小而听不清楚，因此经常被误认为能力不如同学，实际上大多数语障学生的认知能力与一般生无异，学业表现也相当，但若因语言障碍影响学科的学习，就需要发掘他们的其他专长，助其建立自信。

第四节　语言障碍儿童教学策略

因为语言障碍的类别不同，因此在教学方法上有所不同，以下介绍学校中较常出现的语言障碍类别，分别说明其教学的策略。

一、语音障碍

（一）语音障碍的定义与评估

语音障碍包括：音韵障碍和构音障碍。音韵障碍又称音韵处理异常，是概念化语音系统的障碍，包括：语音的觉察、辨识和语音的组织的困难，可能处理的速度较同龄儿童慢或正确率低，有音韵处理异常的儿童其听觉理解的能力和阅读能力较差。构音障碍则是说出语音时，执行动作的失误，例如：儿童不会发舌根音 g [k] 或说成 [d] 或扭曲不清楚，就是构音错误。当错误音太多时，语音清晰度会降低，听者就难以辨识说话者的语音。

语音障碍评估内容：除了要检查口腔动作功能，还可以包括：1. 现有的语音库，亦即会说的子音和元音是哪些，可以用子音和元音的发音位置和方法来分类，例如：舌尖音会 [d] 和 [l]，但 [t] 和 [n] 不会；2. 已有的词汇和音节形式（CVC, CV, VC, CCV）（C 为子音，V 为元音），例如：平安，儿童可能说成 [pia] 而不是正确的 [piŋan]（CVCVC）；3. 语音串中序列的困难，例如：麦当劳，儿童可能说成 [aiau]，而不是正确的 [maidaŋlau][1]。

表 1 为语音发展的年龄常模，韵母的学习比声母容易。对照表 11-1，找出儿童的年龄应该发展而未发展的语音是哪些，举例来说，一位 3 岁 2 个月的儿童，应该发展出 9 个声母和所有的 16 个韵母，而该名儿童目前只会了 [b]、[p]、[m] 和 [k] 等 4 个声母，而韵母部分，有鼻音的 [an]、[en]、[ɑng] 和 [eng] 会说成 [a]、[ə]、[ɑ] 和 [ə]，此学生的教学目标便可以设定为：声母 [m]、[n]、[l]、[g]、[k]、[h] 和 [q]；韵母 [an]、[en]、[ɑng] 和 [eng]。

---

[1]Stoel-Gammon, C., & Dunn, C. Normal and disordered phonology in children [M]. Baltimore, MD: University Park Press, 1985.

表 11-1　说中文儿童正确说出声母和韵母的年龄

语音	年龄	声母韵母	比例
声母	三岁	b[p]、p [pʰ]、m [m]、n [n]、l [l]、k [kʰ]、g [k]、h [x]、q [tɕʰ]	75% ~ 90%
	三岁半	z[ts]、c [tsʰ]、s [s]	75% ~ 90%
	四岁	d[t]、t [tʰ]、j [tɕ]、x [ɕ]	75% ~ 90%
	四岁半	f[f]、sh[ʂ]	75% ~ 90%
	五岁以后	zh[tʂ]、ch[tʂʰ]、r [ʐ]（有些儿童六岁后才会）	75% ~ 90%
韵母	三岁	除 ü[y] 之外都学会	90%
	三岁半	ü[y]	90%

资料来源：杨淑兰 . 沟通与沟通障碍：理论与实务 [M]. 新北：心理出版社：72.

错误音的评量：可使用《华语儿童构音与音韵测验》[1]，施测对象年龄为 2 岁 6 个月到 8 周岁，用来评量儿童的华语构音与音韵能力，可诊断出语音的错误性质和形态，以便设计干预方案。共有五个分测验：词语构音测验、语句测验、图片描述测验、可刺激性测验、最小音素对比词语听与说的测试，此测验具备常模，实施方便。郑静宜网站亦有免费的测验题项可以使用，十分方便。

根据研究，台湾地区儿童在两岁半之前已学会四声声调，学会的顺序依次为一声和四声（阴平和去声），之后才是二声和三声（阳平和上声）[2]，声调错误的评量也很重要。

（二）语音障碍的教学和矫治

教师找出儿童应该学会的目标音，利用语音置位法（phonetic placement）或语音渐进修正法（sound approximation）进行教学。使用前者教学时，教师要告诉学生该音素的发音部位和方法，并先行示范正确发音，再以压舌板指出发音的正确位置，教导学生尝试发出正确音；使用后者教学时，并不强调第一次就发出正确音，而是由一个近似音开始，教导学生逐渐接近正确音。

1. 以语音置位法进行 [s] 的教学 [3]

（1）将舌头放在上齿背。

（2）将舌头平抬。

（3）舌头离开齿背 0.5 厘米。

（4）牙齿靠进。

（5）气流从舌中凹槽吹出。

---

[1] 郑静宜 . 华语儿童构音与音韵测验 [M]. 新北：心理出版社，2018.

[2] 张欣戊 . 中国儿童学习语言的研究现况 . 中国语文心理学研究第一年度结案报告 [M]. 中正大学认知科学研究中心，1993：7-27.

[3] 杨淑兰 . 沟通与沟通障碍：理论与实务 [M]. 新北：心理出版社，2015.

2. 以语音渐进法进行教学

（1）把舌头伸出，如发英文的 /θ/，让个案慢慢将舌头缩回放在上齿背后，或教学者用压舌板帮助个案把舌头缩进上下牙齿之间。

（2）教个案发 ti [thi]，用力呼气，再慢慢发成 ts [ths] 或 s [s]。

（3）教个案发以下配对的对比音：踢西、泰赛、偷搜、他撒、秃苏。

（4）教个案发 t [th]（舌头放在上齿背后），将手掌放在嘴前感受气流流过舌头和嘴唇。

（5）教个案发 xü[ey] 后，嘴唇收回微笑发 i[i]，舌头再稍微向前吹气。

（6）把吸管放在舌头中间凹槽，然后吹气发 s [s]。

（三）音韵障碍的评估和干预

音韵障碍的儿童在说话时容易发生音韵历程，亦即儿童在未发展出困难的语音时，容易以简单的音取代困难的音。说中文时，儿童容易出现的音韵历程包括：声母和韵母的省略（例如：衣服说成"一无"；平安说成"皮阿"）、替代（例如：东西说成"工机"）、同化（例如：Hello Kitty 说成 Hello kikky）。替代则又可分成塞音化（例如：飞机说成"杯机"）、不送气化（例如：害怕说成"害爸"）和塞擦音擦音化（例如：公鸡说成"公西"）等。

有音韵障碍的学生，可利用音韵觉识训练加强音韵能力。音韵觉识训练课程分为词汇、音节和音素等三个层次：①在词汇层次的教学重点，包括：在成人读出语料时，数出词的数量、从词组或句子中辨认遗漏的词和补上遗漏的词；②音节、颠倒音节和音节替代；③在音素层次的教学重点包括：音素区辨、前缀声音的配对、声母配对、韵母配对、切割音素（声母、韵母和介音）、说出押韵字、剔除声母或韵母、由词汇或句子找出特定声母或韵母的字（音节）、音素合并、声母或韵母替代、分辨真假音和拼出非语音。亦即先训练学生辨认句中的词汇结构，其次由字词结构找出音节，再将音节切割为韵头和韵尾，最后教学生音素，辨别、分析和组合音韵的能力，进而帮助孩子将音素与惯用符号作链接（例如：汉语拼音符号），之后整合不同的音素拼出熟悉的语音，或找出、拼出非口语中的语音。

二、口吃

（一）口吃特征与沟通相关变项

口吃为言语神经整合功能的缺陷，包括言语监控和言语动作执行的异常。儿童发生率为 4% ~ 5%，男女比率约为 2∶1，有 3/4 的儿童会有自发性恢复，无须治疗；成人发生率约为 1%，男女比率约为 4∶1。电影"王者之声"描述英王乔治六世如何面对与克服口吃，也让世人更加认识口吃族群所面对的困难与问题[1]。

---

[1] 杨淑兰. 口吃：理论与实务 [M]. 2 版. 新北：心理出版社，2017.

Wingate 指出口吃包含三大部分 [1]：

（1）口语表达得不顺畅，这些不顺畅的特征是不自主地重复或延长，经常发生在声音、多音节及单音节字等短的口语单位上，是说话者难以控制的。

（2）这些不顺畅有时伴随附带动作，与口语机转或身体结构有关（或无关），或是某种固定的说话方式，这些动作是和挣扎着说话有关的。

（3）口吃者也常会自陈或呈现某种情绪状态，从一般的兴奋或紧张到较负面的害怕、困窘、生气等。

口吃就是说话时结巴，出现重复、中断不连贯的现象，主要症状包括：说话时，字和声音的重复或拉长、或破碎的字及词组重复、插入字、修正和放弃等口语上的特征；口吃者除口语不流畅外，也经常表现许多怪异的身体动作，如眨眼、耸肩、脸部怪异表情、顿足、摆手等。然而因为过多言语不流畅和身体伴随动作，许多口吃者经常出现害怕、焦虑、紧张、羞愧、困窘或混合的情绪状态 [2]。口语不流畅和身体伴随动作称为口吃的"外显症状"，而情绪状态则属于"内隐变项" [3]。

Silverman 的研究发现：重度口吃儿童的沟通焦虑显著高于轻度口吃和一般儿童，沟通态度也显著为差，但轻度口吃和一般儿童在沟通焦虑和沟通态度上则无显著差异；口吃儿童的学校适应情形和一般儿童相似 [4]。

蔡琼瑜等探讨口吃儿童之自我概念 [5]，发现：①因为社会文化对学业表现的重视，而减少口吃对学业自我概念的影响；②口吃儿童的非学业自我概念，在身体外形上与一般儿童相似，对肥胖的关注多于其他外表因素；口吃儿童之师生和同侪互动关系正常，但优于他们和女性手足之间的关系；③口吃儿童之口吃严重度、口吃觉知、沟通态度、沟通焦虑及社会互动等因素，可能相互影响形成他们的自我概念。此外，口吃儿童常以逃避行为和态度面对日常生活困境，而其逃避原因并不清楚。归纳而言，口吃儿童的学校生活适应和人际关系并未受到口吃影响，但重度口吃儿童的沟通态度、沟通焦虑、逃避行为和面对困境的态度则是值得注意的，长期可能会影响生活适应。

美国有一部纪录片《我美丽的口吃》（*My beautiful stutter*），片中有多位严重口吃的孩子诉说他们的口吃经验，令人鼻酸；日本作家重松清将自己口吃的成长经验写成《清子》一书，都可以作为了解不同文化中口吃儿童的生活经验。

[1]Wingate, M. E. A standard definition of stuttering [J]. Journal of Speech & Hearing Disorders, 1964, 29(4)：484 - 489.

[2] 伍瑞瑜，杨淑兰．小学口吃儿童与一般儿童沟通态度、沟通焦虑与学校适应之比较研究 [J]．特殊教育研究学刊，2007, 32(1)：93-120.

[3]Silverman, F. H. Stuttering and Other Fluency Disorders [M]. 3rd ed. Needham Heights：Allyn & Bacon, 2004

[4] 杨淑兰．沟通与沟通障碍：理论与实务 [M]．新北：心理出版社，2015.

[5] 伍瑞瑜，杨淑兰．小学口吃儿童与一般儿童沟通态度、沟通焦虑与学校适应之比较研究 [J]．特殊教育研究学刊，2007, 32(1)：93-120.

（二）儿童口吃评估工具

杨淑兰和周芳绮根据 Riley 口吃严重度评估工具第三版 [1]，重新制作符合华人文化的图片和阅读材料，编制评估儿童口吃的标准化工具，称为"修订中文儿童口吃严重度评估工具" [2]。

诊断内容包括：①口吃频率，是指口吃事件百分比 SS%；②持续时间，是指最长的三个口吃事件之平均时长；③伴随的生理动作，包括声音、头部和四肢的动作等。以上三者的分数相加得到总分后，对照常模表即可得到百分等级和严重度。

另一个常用于口吃评估的指标为 Yairi 与 Ambrose 提出的口吃式不流畅（Stuttering-Like Disfluency, SLD）[3]。口语中的不流畅可分为：①一般人也常出现的正常不流畅（normal disfluency, ND）或称为其他不流畅（other disfluency, OD），包括：修正、词组或多音节重复、放弃和插入；②口吃式不流畅，包括：声母或韵母的重复、整个词（指单音节）的重复和不合节律的说话，后者包含：破碎的字和拉长音。而其中 SLD 才是诊断口吃言语的重要指标。

中文范例如表 11-2 所示，计算每说 100 个音节出现 SLD 的次数，切截分数为每 100个音节出现大于等于 3 个 SLD。笔者的一项研究发现，中国台湾的学龄儿童从小学一年级到六年级并没有改变，每说一百音节发生 SLD 的频率约为约 0.9 次，因此说中文儿童的诊断标准应该为每说 100 音节汉字多于 2 个 SLD[4]。

表 11-2　口吃式不流畅和正常不流畅的范例

类别	例子
口吃式不流畅	
部分字重复	Uuuu 我去看｜｜｜烟火
单音节重复	我我去看看烟烟烟火
不合节律说话（拉长或用力或中断）	我……去看烟（用力）火
我去（用力）看电影	
正常不流畅	
词组重复和多音节重复	我们我们去看电影、我们在我们在看书
修正	我去图书补习班
插入	然后我去看烟火

[1]Riley, G. Stuttering Severity Instrument for Children and Adults (SSI-3) [M]. 3rd Ed. Austin, TX: Pro-ed, 1999.

[2] 杨淑兰. 沟通与沟通障碍：理论与实务 [M]. 新北：心理出版社，2015.

[3]Yairi, E. H., Seery, C. H. Stuttering: Foundations and clinical applications [M]. 2nd ed. New York: Pearson, 2015.

[4]Yang, S. L. Normative disfluency data for the school-age children. Who speak Mandarin [R]. Paper presented at The American Speech-Language-Hearing Association (ASHA) Annual Convention, New Orleans, USA, Nov., 2019

三、儿童口吃治疗法

（一）儿童口吃治疗的原则

年幼儿童的口吃治疗主要以"间接指导"为原则，改变照顾者和孩子互动的方式和对口吃的态度，例如：与孩子谈话时，倾听、等待和不插嘴，并在孩子说话顺畅时，给予夸奖和鼓励，例如："你刚刚说得好棒！"

在以下情形则需采用直接治疗，教导儿童减少不流畅的方法。当儿童对口吃的觉察越高，儿童口吃越严重或口吃的第二症状越明显，或家长无暇或无心照顾协助儿童时，则需采用直接治疗。儿童四岁前且刚出现不顺畅，建议可观察记录 2 ～ 3 个月，确认孩子的口吃频率是否逐渐减少，若无减少趋势，甚至增加，则应请语言治疗师进行更仔细的评估与诊断。

（二）Yairi 儿童口吃治疗法 [1]

Yairi 的直接治疗方法分为 14 次，每次 45 分钟。每次治疗的开始和最后规划 5 ～ 15 分钟，语言治疗师以回声方式模仿儿童快速且口吃的说话行为，每次治疗中间的 10 ～ 20 分钟进行结构式活动。第一次和第二次给儿童看 30 张图卡（树、花、马等单音节词），并示范轻松、缓慢的说话方式，要求儿童模仿，如果孩子做到，就给贴纸作为奖励。之后，在结构式活动时间内，逐渐将活动难度增加，由单音节词拉长为 2 ～ 3 个音节词或词组（白马、骑白马）说明图卡内容，再拉长为句子（有一匹白马），进行功能性游戏活动（如扮演煮菜或搭出租车），此时使用 3 ～ 5 个音节的短句（先放青菜、再放盐巴，再把菜炒一炒），再用 4 ～ 6 个音节的短句示范缓慢而轻松（1 ～ 1.5 个字 / 秒）说话，练习说 4-5 段故事。最后练习玩游戏（大风吹），游戏时要用缓慢而轻松的说话方式 [1 ～ 1.5 个字（音节）/ 秒]，再增加为 2 音节 / 秒。开始阶段，让家长透过观察镜学习，第七次让家长进入治疗室观察，第八次家长一起参与活动，回家后在家中练习使用，父母协助儿童在治疗室外，养成缓慢和轻松的说话习惯，之后家长在家中扮演治疗师的角色 [2]。

> 亲爱的读者：请您想一想，过去您是否遇过或教过语言障碍的儿童，假如您再有机会教到口吃儿童，您会表现与过去不同的沟通态度和对待方法吗？什么是您作为一位口吃儿童的老师可以做的事呢？请扫描二维条码，看看给作为口吃儿童教师的您，有哪些提醒呢？

思考与练习 11—1

---

[1]Yairi, E. H., Seery, C. H. Stuttering: Foundations and clinical applications [M]. 2nd ed. New York: Pearson, 2015.

[2]Silverman, F. H. Stuttering and Other Fluency Disorders [M]. 3rd ed. Needham Heights: Allyn & Bacon, 2004.

四、迅吃

（一）迅吃的定义和特征

迅吃起源于儿童期，是一种与基因遗传有关的言语障碍，在欧洲受到的注意多于美国。Ward 等认为迅吃是一种言语—语言障碍和口吃有许多共通的特点，但也有许多部分不同[1]。Van Zaalen 等则认为迅吃是一种言语—语言障碍，可分为语言性迅吃和动作性迅吃，然而在其新书则认为迅吃是以语言为基础的不流畅（language-based disfluency）[2]。

2011 年，St. Louis 和 Schulte 提出以最小公分母模型 (lowest common denominator, LCD) 定义迅吃是说话异常快速或不规则，并至少伴随以下一项的特征：①过多非口吃式的不流畅，②异常的暂停或韵律奇怪，③语音共构。Ward 等也采用 LCD 的定义。[3]

表 11-3　迅吃与口吃的比较（* 表示出现该症状）

项目	迅吃	口吃	说明
觉察	×	√	迅吃者由听者的反应得知
家族史	√	√	
性别比率	√	√	男多于女；迅吃性别比率高于口吃
发生年龄	语言发展过程	2～3	迅吃 5 岁后诊断较正确
语速快或不规则	√	×	
构音错误	√	×	少部分口吃者伴随构音障碍
不流畅	√	√	迅吃之不流畅为正常不流畅
阅读	* 语速快不流畅	语速正常	口吃者的不流畅就会较少
压力下或要求控制	变好	变差	
出现率	低	高	
伴随语言问题	较高	较低	
伴随其他问题	多	少	迅吃伴随 ADHD、学障、行为问题多于口吃
迅吃与口吃会共存于同一人			

（二）迅吃干预方案

杨淑兰和易禹君[4]以降低语速策略结合音韵觉识、构音矫正、叙事能力与阅读训练，对一名初中二年级迅吃学生进行 10 次教学，每次 35 分钟。研究发现：①个案语速减缓（从210 降至 200 音节/分钟）；②正确听辨相似音达 80% 以上；③[s] 和 [zh] 构音正确率提升（由 80% 至 85%；由 60% 提升至 75%）；④阅读理解进步（正确率由 66.33% 至 100%)；⑤语汇清晰度提高（由 86% 至 90%）；⑥叙事能力和对自己言语觉察能力提升。

[1]Ward, D., Connally, E. L., Pliatsikas, Bretherton-Furness, C. J., Watkins, K. E. The neurological underpinnings of cluttering: Some initial findings [J]. Journal Fluency Disorders, 2015 (43)：1-16

[2]Van Zaalen, Y., Reichel, I. K. Cluttering: Current views on its nature, diagnosis and treatment [M]. Bloomington：iUniverse, 2015.

[3]Ward, D., Connally, E. L., Pliatsikas, Bretherton-Furness, C. J., Watkins, K. E. The neurological underpinnings of cluttering: Some initial findings [J]. Journal Fluency Disorders, 2015, 43：1-16

[4] 杨淑兰，易禹君. 减缓语速取向之整合性教学对迅吃高中生介入成效之研究 [J]. 特殊教育季刊，2016, 139：9-18.

迅吃儿童的干预方案，首先应考虑降低语速，需要帮助迅吃学生了解速度快和慢的区别，再学会控制说话的速度，开始时可以使用节拍器控制语速，逐渐褪除节拍器的辅助，从说话录像中找出说得太快别人听不清楚的地方，慢慢学会由听者的口语反应（我没听懂或听不清楚）和其他身体语言的反馈，觉察自己说话太快听者无法理解，而逐渐学会自我监控。教师和家长配合语言治疗师的方案，开始以口语"说慢一点"提醒学生，逐渐改为以身体语言"露出听不懂的表情"提醒，当学生能自我控制地放慢语速，便可以增加语音清晰度。其间根据学生是否有其他构音或语言的问题再给予教学训练。增进语言能力的策略详见下列语言障碍部分。

五、语言障碍

语言障碍学生的语言和沟通缺陷常表现在听、说、读和写四个部分，以下说明语言障碍的定义、特征和干预策略。

（一）语言障碍的定义和特征

Owens 等人表示[1]，语言障碍不是单一类型的异常或迟缓，其原因十分多元，有天生的也有后天造成的，通常都有听觉理解和口语表达的困难，出现在语言的形式、内容和功能中。Bernstein 与 Levey[2]提出语言处理系统基模，指出人类处理语言和产出语言的过程中，由环境输入的信号，包括：语音信号、姿势动作，以及文字和图形，经过属于周围神经系统管理的听觉和视觉系统的处理，进入中枢神经系统，而中枢神经系统掌管的功能则包括：注意、记忆和认知能力，并处理语言的四个维度（音韵、语法、语意和语用）、非语言与副语言系统、建立语汇系统，之后透过口语系统和触觉系统，分别输出口语、姿势和动作（文字和图形）。在这个模式中，若在输出之前的任何一个环节出现困难或缺失，可能导致输出错误，就会形成语言障碍或语言学习障碍[3]。

（二）语言障碍的干预策略

1. 听觉理解和记忆

口语理解过程中，学生需接收音韵（语音）信息、暂储存于工作记忆系统，并加以译码（知觉、区辨，再和词汇库的音韵数据比对），理解音韵（语音）信息的意义，若信息单位较长或较多，将会加重大脑处理音韵信息的工作负荷，因此通过系统的训练，帮助学生将语言信息理解后，储存于长期记忆，此亦有助于语言表达时，词汇的提取和组织。可由声音

[1]Owens, R. E., Fairinella, K. A., Metz, D. E. Introduction to communication disorders: A lifespan evidence-based perspective [M]. 5th ed. Boston, MA: Allyn & Bacon, 2015.

[2]Bernstein, D. K., Levey, S. Language development: A review. In D. K. Bernstein & E. Tiegerman-Farber (Eds.), Language and communication disorders in children [M]. 5th ed. Boston, MA: Allyn & Bacon, 2002: 27-94.

[3] 杨淑兰. 沟通与沟通障碍：理论与实务 [M]. 新北：心理出版社，2015.

游戏开始，先辨认日常不同声音的意义，再到声韵母的辨识和理解，例如："东"和"通"是不同语意；不同声调的语意也不同，例如"沟"和"狗"；无语意的音韵处理较为困难，例如：非词复诵，包括：数字复诵、声母复诵、韵母复诵、有语音的非词（例如：蔡清）和没有语音的非词（例如：nuan, dei, qüen）。

2. 提升语意和句法能力

（1）扩大词汇库：不同类别的生活语汇，例如：食物、器具、文具等。

（2）语意网络：选取主题，并以脑力激荡法，通过联想形成语意网络，例如：以新年为主题，联想到冬天、毛衣和手套，联想到压岁钱、红包、团圆饭等。

（3）语词接龙：由一个语词的最后一个音节联想一个新的语词，例如：老人 → 人口 → 口琴 → 琴声 → 声音 → 音乐 → 乐器，依此类推。

3. 增进句法能力

（1）由双词"爸爸车"进入简单的词组（例如：吃饭、堆积木、好多车）。

（2）能正确使用不同的简单句（例如：这是什么、娃娃睡觉），简单句由主词和动词（或再加受词）组成，包括：直述句、否定句、疑问句和被动句，须分别练习。

（3）由简单句增加修饰语（副词、形容词）而成为简单长句，修饰语包括：时间、地点、程度、颜色和大小等（例如：今天的月亮很圆）。

（4）由两个简单句镶嵌在一起成为复杂句，例如："今天的月亮大又圆""帮我绑头发的是我阿姨"。

（5）两个简单句或复杂句组合成附属子句，例如："如果没有写完功课，（我）就不能出去玩"。

之后，可以练习叙述，以主题为中心，例如：参观动物园和快乐的暑假，练习说一个段落。听、说、读和写能够搭配一起练习最好，亦即练习听问题再回答、阅读绘本故事和写出一段文章，语言能力的提升并非一蹴而就，需要假以时日多做练习，才能看到进步。

思考与练习 11-2

亲爱的读者：请您想一想，学龄前严重语言障碍儿童容易被误判为智力障碍，甚至是自闭症，您知道为什么吗？先想一想，他们的诊断标准各有什么不同之处呢？

第五节　语言障碍教育论题与发展趋势

随着科技发展和时代变化，语言障碍值得注意的重要议题和未来的可能发展方向有以下几点：

一、脑功能研究提供新的语障知识

1972 年计算机断层技术发明后，许多因脑部伤害或功能性异常形成的语言障碍，通过新技术和仪器的发明，例如：电刺激、脑功能影像（正子放射断层、功能性磁振造影）和神经电生理等，增加我们对中枢神经有关语言运作功能的了解，打破过去对于不同脑区域掌管固定语言功能的看法。神经回路的联结并非单一方向，而是相互串联整合的，但因为个别差异仍然存在于上述方法中，使用新技术搭配传统观察和测验数据，运用多元评估和诊断方法，更能提升对语言障碍的了解。

二、沟通辅具的使用提升沟通效能

重度沟通障碍儿童缺乏清晰可理解的口语，不仅影响人际互动也影响学习，沟通辅具（augmentative and alternative communication, AAC）的使用是一种新的趋势。借由简单的电子设备具有录放音功能的阅读笔或沟通簿，事先依照教学目标，编辑教材加以录音，之后学生点选或按压该目标选项，便能发出声音。高科技的电子化沟通辅具均可重复录音与放音，并可依使用者需求设计版面，由购买图库或软件，编辑制作富于声光效果符合学生需求的档案，例如：Gotalk。而使用平板计算机或手机链接网络，可以搜寻到许多应用程序供不同类别的语言障碍儿童使用，例如：AAC 好沟通、iCan 语音图卡沟通和 Card Talk 等，教师可以自行拍照和录音，编制不同教学媒材以符合不同沟通能力的学生学习应用。此外，还有许多网站、微博或粉丝专页都可提供语言障碍相关文字信息或自行操作的动画游戏。

三、发展新的测验工具

以中国台湾地区而言，目前常用的语言理解和表达的标准化评估工具，许多已经出版超过 15 年，内容与现代儿童的生活经验可能不符。另有一些评估工具缺乏常模或本身的精确度不足，只能测量广泛的能力，难以诊断儿童问题究竟发生在语言的哪一维度，例如：缺乏有关问句的诊断工具。目前也缺乏不同年纪的语速常模，要诊断迅吃只能凭借主观经验，因此发展不同维度或诊断某一障碍类别的标准化工具十分重要，且最好能将测验计算机化，可节省施测和计分时间。

四、增进教师、家长和社会大众对语言障碍的认识

一般而言，普通老师和特教老师对语言障碍的认识仍然不足，师培大学的特教系也并非都有语障专业师资，因此特教师资生也无法修足语障的专业课程，更遑论普通教师了。目前社会大众对语障教育的认识更有待加强，经常让儿童错过治疗的最佳时机；其次，因为社会大众不了解语障者的特征和心理特质，缺乏包容心，使他们自尊受损而逃避人群，间接制造了社会问题，使国家必须付出高额的治疗人力和费用，通过大众传播媒体和各式的社群网站推广沟通障碍日，唤起世人的注意，是未来应该努力的方向。

归纳而言，许多语言障碍学生并没有认知障碍，因此时常被老师和家长所忽略，而残障学生却大多数都有沟通困难，二者的语言问题并不相同，但都需要特教老师、普通教师和家长的共同关注，才能得到最佳的干预效果，本章简要说明不同言语和语言障碍的定义、特征和干预方法，提供教学和辅导上的参考，以增进语言障碍学生的福祉。

讨论问题

1. 如果班级中出现语言障碍学生，教师应扮演哪些角色？

2. 如何实施班级融合教育，帮助同伴接纳有语言—言语障碍的学生？

3. 特教老师如何协助普通班老师认识语言障碍学生并给予适当协助？

延伸阅读

1. 陈小娟、张婷. 特殊儿童语言与言语治疗 [M]. 南京：南京师范大学出版社，2015.

2. 杨淑兰. 沟通与沟通障碍：理论与实务 [M]. 新北：心理出版社，2015.

3. 杨淑兰. 口吃：理论与实务工作 [M]. 2 版. 新北：心理出版社，2017.

4. 郑静宜. 儿童语音异常：评估与干预 [M]. 2 版. 新北：心理出版社，2020.

本章作者：杨淑兰

第十二章 视觉障碍儿童心理与教育

学习目标

□知识目标

1. 了解视障儿童的基本身心特征。
2. 了解视障儿童的基本教育理论。

□能力目标

1. 初步掌握视障儿童的课程与教学方案。
2. 初步掌握视障儿童的教学策略。

□情意目标

1. 能够客观看待视障儿童的身心发展特征。
2. 能够正确看待视障教育的未来发展趋势。

本章重点

中国第一个盲人学校于 1874 年在北京由英国传教士莫伟良建立，到目前已经发展了 100 多年。由于经济文化发展不平衡，中国的视障教育发展很不平衡，一线大都市的盲人学校正在争取教育发展的国际化，但是仍有诸多边远地区的盲人学校办学资金严重短缺，师资和设备匮乏，视障教育发展停滞不前。目前呈现出一些新趋势，期待视障教育有正确的发展，为视障儿童提供更优质和个性化的教育。

本章介绍了视觉障碍的定义与成因、视障儿童心理特征、我国视障教育对象、诊断标准、教育安置、课程与教学等，最后讨论视障教育未来发展趋势。

关键词：视觉障碍、视障教育、诊断标准、教育安置、课程与教学

第一节　视觉障碍概论

针对视觉障碍儿童（以下简称视障儿童）的教育，在我国于 1874 年就开始了，早期主要是外国的传教士在进行。到如今，视障教育在我国已经发展了一百多年，全国各地的盲校已经到了 26 所。此外，还有诸多视障儿童接受随班就读或送教上门服务。所以，视障儿童的教育权利得到了比较充分的保障。

一、视觉障碍的定义

我国视觉障碍也称视力残疾，是指由于各种原因导致双眼视力低下并且不能矫正，或视野缩小以致影响其日常生活和社会参与。根据中国残疾人诊断标准[1]，视力残疾包括盲（blindness）和低视力（low vision），具体划分标准见表 12-1。

表 12-1　视力残疾的界定

类别	级别	最佳矫正视力
盲	一级	无光感 ~ < 0.02；或视野半径 < 5 度
	二级	≥ 0.02 ~ < 0.05；或视野半径 < 10 度
低视力	三级	≥ 0.05 ~ < 0.01
	四级	≥ 0.1 ~ < 0.3

注：1. 盲或低视力均指双眼而言，若双眼视力不同，则以视力较好的一眼为准。如仅有单眼为盲或低视力，而另一眼的视力达到或优于 0.3，则不属于视力残疾范畴。

2. 最佳矫正视力是指以适当镜片矫正所能达到的最好视力，或以针孔镜所测得的视力。

3. 视野半径 < 10 度者，不论其视力如何，均属于盲。

二、视觉障碍的成因

从发生的时间来看，视障有先天性原因和后天原因导致的。出生以前致病的因素叫作先天性原因，反之称作后天性原因。

（一）先天原因

先天性原因导致的视觉障碍主要表现为无眼球、小眼球、角膜混浊、虹膜缺损、视神经缺损、黄斑缺损、白内障、青光眼、家族性视神经萎缩、视网膜色素变性等。目前，在我国学龄视障儿童中，先天性（包括先天性遗传）因素导致儿童视障的同其他许多国家一样，占有很大比例。

我国盲校学生视觉障碍原因中，先天原因致盲占 60% 以上，先天因素已成为我国青少年致盲或低视力的主要原因，其他国家也有同样的情况。导致先天性视觉障碍的原因主要分为以下几个方面：

---

[1] 佚名. 第二次全国残疾人抽样调查残疾标准 [J]. 中国残疾人，2006, 5：7-9.

（1）家族遗传。家族遗传是指父系或母系中有一方或双方存在显性或隐性的致盲因素，遗传给后代。在一些发达国家，遗传性眼病已成为主要的致盲原因。

（2）近亲结婚。近亲结婚是指直系血亲和三代以内的旁系血亲的结婚。从遗传学角度来看，近亲结婚容易造成隐性遗传的发生。根据一些调查资料表明，近亲结婚所生的子女，遗传病的发病率比非血缘婚姻高 150 倍。

（3）胎儿期的影响。孕期原因是指因母亲在妊娠期药物中毒、营养不良或患有其他疾病及临产时因难产而使胎儿缺氧等各种因素，致使胎儿先天发育不良，形成视中枢、眼球发育不良或其他眼疾。例如，如果母亲甲状腺机能低下可导致胎儿小眼球、眼球震颤等眼疾；母亲怀孕早期受风疹感染，则可使胎儿患先天性白内障、小眼球等。

（4）未知的其他因素。在先天因素中，除了以上原因，还有许多先天视觉障碍是因某些疾病造成的，但到底是何种原因，却无法确定。这种情况在先天因素中占有很大比例。

（二）后天原因

（1）视觉器官的疾病。视觉器官的疾病大致有眼球的屈光不正、眼球震颤、角膜炎、结膜炎、巩膜病变、晶状体病变、玻璃体病变、青光眼、沙眼、视网膜色素变性、视神经萎缩等各种眼疾。除此之外，颅脑外伤、震荡造成的器质性病变、脑肿瘤等也可导致视觉障碍。

（2）全身性疾病。眼是人体不可分割的一部分，因而很多全身性疾病都可能在眼部表现出或多或少的症状。这些全身性疾病主要包括某些传染性疾病和一般性疾病两类。传染性疾病包括麻疹、风疹、脑炎、肺炎、伤寒、结核病、白喉和猩红热等；患有以上这些疾病造成的视力残疾均有可能对视力造成不同程度的损伤。尽管由以上这些疾病造成的视觉障碍的比例不高，但我们仍要给予足够的重视，最大限度地避免由此类原因而导致的视觉障碍发生。

（3）心理性因素。人们的情绪及心理问题也是导致视觉功能异常的重要因素。短期的情绪困扰往往在视觉功能上立刻显出异常症状，长期的情绪压力对于视觉功能会显出更长远的影响。病态的情绪反应，甚至会造成完全失明。

（4）眼外伤。外伤造成的视觉障碍的情况较为复杂，主要可分为严重的眼外伤和轻伤严重继发性感染而造成的视力损害两大类。各种眼外伤包括炸药和雷管等爆炸物使眼球致伤、机械外伤、化学药物致伤、各种离子辐射、微波眼外伤及职业中毒等。

由于各国对于视障的定义及标准不同，视障的出现率有较大差异。不过，总体来说，发达国家和地区的视障出现率较低。我国第二次残疾人抽样调查显示，目前单纯视觉障碍的患病率为 0.94%；其中，盲患病率为 0.31%；低视力患病率为 0.63%，盲与低视力患病率之比为 1 ：2.03[1]。

---

[1] 杨晓慧，王宁利．中国视力残疾人群现状分析 [J]．残疾人研究，2011,1：29-31.

第二节　视障儿童的心理特征

视觉障碍儿童与普通儿童一样，是成长中的个体，他们既有共性也有个性。视障儿童有特别的心理需求，其心理特征如下。

一、认知能力

（一）感知觉

在感知觉当中，视觉当属最重要的一种感觉，它主要由光刺激作用于人眼所产生。在人类获得的外界信息中，80% 来自视觉。视障儿童作为一种特殊人群，往往在失去视觉之后，对其生活产生了巨大的不利影响。不过，相当多的视障儿童仍有剩余视力，这种剩余视力对于生活学习具有重要作用。此外，视障儿童还有听觉、触觉、动觉、嗅觉和味觉等，这些感知觉在他们的生活学习中也会起着重要的作用。

1. 关于听觉

人的感觉除视觉外，另外重要的感觉包括听觉。人们通过听觉可以和别人进行言语交流，可以欣赏音乐和钢琴曲。许多危险的信号也是通过听觉传递给人的。在听觉感知方面，视障儿童听觉阈限与明眼儿童并无明显差异，但视障儿童给人听力特别敏锐的印象。沈家英认为视障儿童有较高的听觉注意力和较强的听觉选择性，能够较为专注听的任务，所以往往显得反应比较快[1]。视障儿童的听觉记忆能力也比较强，从诸多听觉记忆实验来看，他们能够识记更多的信息组块。

2. 关于触觉

触觉是也是一种重要的感知觉。视障儿童可以利用触觉积极主动地认识外界事物的形状、大小、重量、温度、硬度和光滑度等特征。在学习活动中，他们不仅用手触摸实物、标本、模型，而且还用手触摸特制的凸起的教具，尤其重要的是他们要依靠手来触摸盲文。在日常生活中，触觉的作用也很重要，盲生凭借手的触摸可以判定衣服的正反面，是否干净，衣服不同的款式和质地等。目前关于触觉的研究主要支持了感觉的补偿说和无差异说。支持补偿说的观点认为，盲生的视力缺失，那么其触觉感受性会得到加强。无差异说则认为，盲生的触觉感受性和明眼儿童无差异性并无多大差异。总体上来看，视障儿童的触觉并没有受到视障的不利影响，甚至有部分儿童的触觉能力相对于普通儿童更发达。

3. 关于动觉

动觉是主体对肌肉收缩的力量及身体各部分之间相对位置变化的感受与反应。动觉的反馈信息几乎参与了所有的感知觉过程，它在人类的心理活动中扮演着重要的角色。对明

---

[1] 沈家英. 视觉障碍儿童的心理与教育 [M]. 北京：华夏出版社，1993.

眼人来说，由于视觉在其感知、把握外界环境的日常活动中起了主导作用，像动觉这一类本体感觉在协调运动和动作的过程中往往退居相对次要的地位，对于视障学生，动觉成为他们保持正确的身体姿势、运动或动作协调性、运动或动作空间定位准确性的前提。这对他们进一步学会一系列定向和活动技能，逐步形成独立活动、处理日常事务，料理个人生活的能力，并适应生活和学习环境具有重要的意义。研究显示，学龄期盲童与同龄明眼儿童在动觉能力水平上没有显著性差异。性别和年龄并非主要影响因素，而家庭指导训练对盲童动觉能力的发展有积极作用[1]。

（二）注意

注意对于个体维持专注具有重要的作用。Röder 等人的研究发现视障儿童的听觉注意能力比明眼儿童强，但是在听觉理解的正确性上二者并没有差别。视障者在失去视觉后，他们的抗干扰能力提升了，能够更加集中注意力专注于任务的操作与实现。[2]

当儿童的视力受损以后，对外界信息的获得自然而然地要依赖其他感觉，如听觉、触觉等。他们对具体事物（即第一信号系统）的注意较明眼儿童可能有所减少，但对词语（即第二信号系统）的注意却大大加强了。加上他们没有或很少有来自视觉通道的无意注意的干扰，所以视障儿童比明眼儿童更容易将听觉、触觉和嗅觉等注意指向和集中于某一具体的信号或事务上。视障儿童虽然不能或很难从事有视觉参与的注意分配活动，但除视觉以外的其他感觉的注意分配活动，可能因此反而得到良好的发展。[3]

（三）记忆

以往关于视障者的记忆研究主要集中于听觉和触觉领域。主要凭借听觉和触觉获取信息的视障儿童，获取的信息往往是不全面、不完整的。视觉经验的匮乏，视觉表象的难以形成，致使低年级视障儿童表现出以机械记忆为主的特点。捷姆佐娃的研究发现，视障儿童单纯依靠触摸，对物体进行再认的成绩远低于明眼儿童。但视障儿童有较强的听力记忆。工作记忆方面，低中年级视障儿童的工作记忆明显落后于视力明眼儿童；随年级的升高，差异逐渐减少，并趋于消失。[4]

赵斌和冯维以全盲学生为被试，开设专门的精加工学习策略训练课，探讨表象和言语在盲生理解记忆中的功用，考察盲校开设学习策略训练课程的可行性及对盲生理解记忆的影响。结果表明，专门的精加工策略训练课能提高盲生理解记忆的水平，在短期内低年级盲生效果显著，对高年级盲生更多地促进信息的理解、消化以及提高学习策略意识水平；对盲生学习表象值配对组无显著影响，对学习缺乏知觉经验的信息有明显的促进作用，低

---

[1] 余冰，张卫. 8—16 岁全盲儿童动觉特点研究 [J]. 心理科学,1992,4：4.

[2] Röder, B., Teder-Sälejärvi, W., Sterr, A., Rösle, F., Hillyard, S. A., & Nevill, H. J. Improved auditory spatial tuning in blind humans[J]. Nature,1999, 400(6740)：162-166.

[3] 教育部师范教育司. 盲童心理学 [M]. 北京：人民教育出版社，2000.

[4] 贺荟中，方俊明. 视障儿童的认知特点与教育对策 [J]. 中国特殊教育，2003（3）：41-46.

年级盲生更显著；表象和言语在盲生理解记忆中起中介作用；针对盲生生理、心理特点进行专门的精加工策略训练是可行的。[1]

（四）思维能力

1. 概念形成

概念是判断和推理的基础。视障儿童往往对概念的内涵、外延掌握不明确，说明他们还没有真正掌握概念，这就会影响正确的判断和推理；他们容易用物体的一部分或用自己已知的类似的事物来进行推理，其实质也是视觉缺陷、缺乏视觉表象而导致的。如有的视障学生认为苍蝇和蜜蜂是一样的，因为它们都会飞、都是昆虫。有的认为"云是有腿有脚的东西"（云可以在天上走）、"云像块黑布"（乌云密布）、"云是由一粒一粒的圆形水珠子构成的"（落下来的是雨）、"银白的夜空"（银白的月光洒在大地上，月光穿过夜空，所以夜空也是银白色的）。上述论述任何一个有视觉经验的人不容易产生[2]。

2. 分类能力

由于视障儿童在概念形成，即在把握事物的本质特征方面存在较大困难，因此他们对事物进行分类的能力也较明眼儿童差。所谓分类，就是通过比较事物之间的特征，区分出些特征的异同，从中抽取出事物的本质特征，把具有共同本质特征的事物，归为一类。因此，在把握事物的本质特征方面存在缺陷的视障儿童必然在分类方面表现出较大困难。事实上，视障儿童并非没有分析、综合、概括、抽象等思维能力，而只是感觉经验的缺乏较大地限制了他们思维的发展。根据皮亚杰的认知发展理论，即使明眼儿童，若没有丰富的具体感觉经验做基础，也很难达到对事物抽象的一般认识。视障儿童感觉经验的缺乏，尤其缺乏来自视觉通道的，而又由触觉和听觉无法补偿的大量信息经验，极大地阻碍了他们抽象思维的发展[3]。研究使用分类任务，发现视障儿童在获得相对性概念（relational concepts）上的分辨存在困难（比如，前后、旁边侧边和在某某之间），同时他们在抽象概念的理解上存在困难（比如高的、多彩的）。原因也许是触觉经验的有限，从而影响他们的分类技能。

3. 问题解决能力

问题解决是心理学研究的一个重要课题。桑代克是最早研究问题解决的心理学家，他将问题解决看作是一种联想学习过程，在这个过程中，适宜的联系得以建立并通过强化而巩固下来；反之，则逐渐消退。这种学习带有"尝试—错误"的性质。格式塔学派则强调问题情境的结构，认为问题解决的过程就是形成问题情境新的结构，是一种突然的领悟，即"顿悟"。认知心理学从信息加工的观点出发，把人看作是主动的信息加工者，它把问

[1] 赵斌，冯维. 精加工策略训练对盲生理解记忆影响的实验研究 [J]. 中国特殊教育，2001（4）：46-50.

[2] 钱志亮，Sven Degenhardt 等. 如何帮助视障人 [M]. 北京：中国盲文出版社，2008

[3] 贺荟中，方俊明. 视障儿童的认知特点与教育对策 [J]. 中国特殊教育，2003（3）：41-46.

题解决看作是对问题空间的搜索过程，为问题解决的研究开拓了新的方向。

中国的一项研究采用"河内塔"问题作为实验方法，来探讨视障儿童与明眼儿童问题解决过程的异同。结果发现：其一，盲生组被试无论在解题时间还是解题步骤数上，均与蒙眼视力正常组被试和视力正常组被试存在显著差异。这说明视知觉的缺失影响了盲生问题解决能力的发展。其二，盲生的语言理解能力较差，对指导语的理解存在一定的偏差，未能正确地理解主试提问的真正意图。其三，盲生并不单纯采用某一策略来解决问题，而是多种策略交替使用。这表明问题解决过程不是直线式的，而是曲折向前。盲生往往要尝试多种算子，在尝试错误的过程中，不断积累经验，最终达到目标。[1]

二、情绪与社会性

（一）在社交方面

社交技能是个人生存的重要技能，指个体经过学习获得的、在特定社会情境中有效而适当地与他人进行相互交往的活动方式。多项研究显示视障群体由于社交技能缺乏，难以和其他人维持正常的友谊关系，导致其获得的社会支持较少，情感上容易产生自我封闭、沮丧悲观等情绪。

视障群体特别是早期失明的盲人，无法通过观察他人面部表情理解表情与内心情感之间的联系，因此不理解怎样才能使自己的面部表情与实际情绪体验相一致。所以，有些盲人面部表情缺乏，常常显得沮丧，不敢在人前流露情感，躲避与普通人的交往，造成社会交往困难。

吕梦、谌小猛和于靖的研究发现，视障个体按照社交技能水平可以分为积极型、普通型和消极型，其中消极型的比例最大。他们的社交技能存在一定的缺陷，这可能跟视觉受损有关，视障个体在交往的过程中缺乏视觉线索，往往不能采取正确的方式进行交流，尤其是涉及到眼神互动、面部表情、手势动作等非语言交流时存在一定的不足；另外，视障群体不能像明眼儿童自如地观察人们之间的交流，不能自动地模仿别人的社交行为，在交流时，往往以社会不被认可的方式进行，处于不利地位。[2] 但是，我们也不能认定所有视障儿童的社交技能落后，由于个体之间存在着很大的差异，有的儿童也是发展得没有问题。随着年龄的增加，视障儿童接触到更多人之后，社交技能往往逐步提升。

（二）在自尊及自我概念方面

关于视障儿童自尊的研究结果并不一致。一些研究者认为视障儿童拥有正常或高水平的自尊。然而，Ferrell 指出视障儿童的自我概念比普通幼儿建立困难，原因有二：一是长期以来在某些事情上仰赖别人的帮助，因此难以建立自信；二是由于看不见或看不清楚这

---

[1] 刘旺. 盲童与正常儿童类比推理的比较研究 [D]. 陕西师范大学硕士论文，2000.

[2] 吕梦，谌小猛，于靖. 视力残疾大学生社交技能与学校生活品质的关系 [J]. 中国特殊育，2012，11：36-41.

件事实所引发的挫败感，也就是说当一个人的躯体有所缺陷，例如眼盲，就容易被他人或者自己本身视为能力较低或缺乏能力，往往因此处于较低劣的地位。也即个体对自身躯体的感觉与对自我概念的形成有直接的相关。[1] 估计以上结果也是与视障儿童的个别差异有一定关系。

（三）性格方面

每个儿童都是遗传与环境的产物，个别差异普遍存在，有的视障儿童自卑，有的自信心很高。自卑的学生就显得过于拘谨，悲观消沉，不愿意参加各项活动，在学业上容易失败，在与人交往的过程中，显得畏缩，不愿与人来往，往往心中的抑郁会堆积起来，不利于其心理健康发展。而对自己有信心的学生，往往比较开朗乐观、积极上进、锐意进取、参加各项活动，在活动中体验到愉快和成就感，这一切有利于其不断成长，在学业上取得成功。但也有的视障学生由于生活的圈子小，和别人交流不多，加上父母的溺爱，容易过分自信，盲目自大，同时这也不利于其身心健康发展，他们经不起挫折，当一受到突如其来的打击时，容易萎靡不振，从此消沉。

与明眼儿童相比，大多数视障儿童在性格方面也颇具特点。他们中的一些在对社会、集体、他人的态度上，表现出漠不关心以及不善于与人相处的性格倾向；大多数盲生对学习表现得非常认真、踏实，而对体力劳动则表现得懒惰；在对自己的态度方面通常表现为异常的自尊、自负或自卑、缺乏自信心。盲童在性格的意志特征方面主要表现为依赖性、不果断、不坚忍；在性格的情绪特征方面主要表现为情绪困扰、情绪不稳定（占 41%）、敏感（占 47%）、消沉、抑郁、焦虑者占多数，爱钻牛角尖。[2]

三、语言能力

语言的学习主要通过听觉渠道，视觉所提供的线索同样扮演相当重要的角色。视障儿童在说话及语言的获取过程和明眼儿童相同，但因缺乏视觉经验，故早期语言发展较为缓慢。通过听觉学习，视障儿童所表现的语言能力虽然不低于同年龄的明眼儿童，但他们在语言运用方面仍存在以下几个问题：

其一，往往因无法通过视觉正确模仿发音的口形，而有构音异常、发音不准或出现口吃、颤音等现象。由于欠缺从视觉所获得的提示（不能看见舌头位置），有些视障儿童，尤其是视觉障碍兼弱智儿童，会较难掌握一些字的发音方式（如：/s/，/ts/，/dz/，/l/，/n/等声母），因而会有错音。林宝贵、张宏治曾以中国台湾 341 名视障儿童为对象，进行"注音符号单音测验"，结果发现构音正确度男女有共同一致的趋向，但男女生的构音能力，男生比女生错误率高。在 72 位学生中，构音异常有 33 位，占 45.8%；错误语音中替代音

---

[1] 方瑜. 学前发展迟缓视障幼儿学习定向行动技能之成效探讨 [D]. 台中教育大学硕士论文，2011.

[2] 钱志亮. 盲童的人格特点及其教育对策 [J]. 心理发展与教育，1998,14(2)：55-58.

占 54.5%，歪曲音占 40.6%，省略音占 4.8%。[1]

其二，视觉经验与语言符号的统合感觉困难。因缺少视觉线索而出现词汇与形象不符的情况；视觉经验与语言符号的统合感觉困难。一般人语言和所看到的东西可以轻易地建立联结关系，视障儿童因为看不见，所以在统合方面有困难。比如有盲生听到"毛主席站在天安门城楼上……"时，因为自己没有见过天安门广场，所以听到这句话不能理解[2]。

其三，单靠听觉习得词汇，因不甚了解其语意内涵而在使用上显得较为空洞。[3] 视障儿童的语言及语言发展过程，原则上与视力正常的儿童相同。他们早期的词汇与视力正常的儿童差不多，但所用的词汇不及视力正常的儿童般意思丰富和描述细致；他们语言模式及发展有所不同，是因为早期社会经验受限及缺乏视觉提示和刺激所致。

其四，肢体语言运用有困难。由于看不到，视障儿童对于别人的肢体动作了解不多。挥挥手即是肢体语言，但视障儿童看不到。一般人会以点头表示同意，摇头又表示不同意，视障儿童同样因为看不到而无法运用。又如，视障儿童在游泳时，无法看到教练所做分解示范动作，只能靠教练拉动他的手、脚及身体来学习。

四、动作发展

在动作发展上，视觉损伤本身并不妨碍身体动作的发展，但由于少了视觉线索所提供的环境刺激，视障儿童普遍缺乏主动以肢体探索环境的动机，导致动作能力并没有随着身体的成熟而同步发展，因此可能出现运动技能迟滞的现象。早期在行走的表现上则容易出现头部前倾、两肩低垂、腿筋过紧、用力踏步、拖拽步伐等不自然、不协调的姿势，而这些不良的姿势及步态又会严重影响视障者对地形的判断，也不利于日后独立行走技能的发展[4]。需要指出的是，后天的经验可以促进视障儿童的平衡能力的发展。这可能是随着年龄的增长，社会经验的增多，视障儿童能较好地协调其他感觉，从而提高了自身的平衡能力。[5]

思考与练习 12-1

视障体验

活动的目的：让明眼人感受视障带来的不便，从而体会理解本章的理论内容。

活动的时长：一节课或者更多

活动所需工具：眼罩及盲杖

活动的方法：班级同学 2 个人一组，其中一个人戴着眼罩，另外一人当引导者，二人从教室出发，围绕学校或学校周边进行定向行走，行走的路线可长可短，在行走之前二人要商

[1] 杞昭安. 初任视障教育教师工作手册 [M]. 台北：台湾师范大学特殊教育中心，2015.

[2] 钱志亮. 视力残疾儿童心理与教育 [M]. 大连：辽宁师范大学出版社，2002.

[3] 方瑜. 学前发展迟缓视障幼儿学习定向行动技能之成效探讨 [D]. 台中教育大学硕士论文，2011.

[4] 方瑜. 学前发展迟缓视障幼儿学习定向行动技能之成效探讨 [D]. 台中教育大学硕士论文，2011.

[5] 刘艳红. 等. 视力残疾学生与明眼学生平衡能力比较研究 [J]. 中国特殊教育. 2001(1)：24-28.

量好路线。视障扮演者要主动探索，不要过分寻求帮助。只有视障扮演者在这个过程中严重偏离了路线或出现危险，引导者才主动帮助导引。当一人从起点走到终点后，视障扮演者反过来当引导者，之前的引导者当视障扮演者，按照之前的程序返程。

第三节　视障儿童的课程与教学

本节介绍视障儿童的教育安置形式、课程设置、教学方法、教学辅助用具等内容。

一、教育安置

目前视障儿童的教育安置形式有多种，包括盲校、特教学校的盲部、普通学校随班就读、普通学校资源班、送教上门等形式。根据教育部官方网站的数据，截至 2020 年，小学到高中阶段的在校视障生为 42177 人。[1] 视障儿童就读于何种安置形式取决于多种因素，包括视力状况、身体机能、认知能力、社会适应能力、家庭经济条件、当地特教资源等。不过，在发达国家及地区，重度视障的学生，比如盲生，也越来越多在普校接受融合教育。

（一）特教学校

我国针对视障儿童的特教学校一般包括两种：盲校和综合性特教学校。中国从 1874 年在北京甘雨胡同建立第一所盲校以来，逐渐在各个省区建立了盲校。其中较大规模的盲校包括北京盲校、上海盲校、广州盲校、青岛盲校和武汉盲校等。从教育部网站获取的信息看，目前全国总共有 26 所盲校。综合性特教学校附设的盲部也负责对视障儿童的教育，这是目前特教学校发展的一种趋势，即越来越朝向综合化方向发展，这些学校的学生不仅包括视障儿童，还包括智障学生、听障学生、自闭症学生及脑瘫学生。截至 2020 年，在特教学校的视障儿童为 9408 人，其中女生 3519 人。此外，从各个阶段看，小学阶段 5620 人，初中阶段 2686 人，高中阶段 1011 人。总的来看，越往高年级发展，视障学生的数量越少。

（二）普通学校特教班

这种形式是在普通学校设立单独的班级来集中安置视障儿童。这样做以便集中资源和人力对视障儿童进行针对性的教育。截至 2020 年，全国在小学阶段有 4 个班，共 14 人，其中女生有 5 人，男生 9 人；初中阶段有 1 班，共 2 人。目前这种形式在全国推行得并不普遍。但是这种教育安置形式在我国台湾地区较为盛行，比如在台北市的五常小学和石牌小学都有特教班，该特教班有专职的视障教育教师负责专门的教学，同时辅助视障学生融

---

[1] 数据来源：教育部官方网站．http://www.moe.gov.cn/s78/A03/moe_560/jytjsj_2015/2015_qg/201610/t20161012_284494.html

入普通学校。这种形式的教育形式似可在我国其他地区开展尝试，从而扩大视障学生的教育安置途径。

（三）普通学校随班就读

在普校随班就读是目前安置视障儿童最多的教育形式。残疾儿童少年随班就读有利于残疾儿童少年就近入学，有利于提高残疾儿童少年的入学率，有利于残疾儿童与明眼儿童互相理解、互相帮助，促进特殊教育和普通教育有机结合，共同提高。截至 2020 年，在小学阶段随班就读的视障学生为 20254 人，其中男生为 12063 人，女生为 8191 人；在初中阶段随班就读的学生为 12499 人，其中男生为 7358 人，女生为 5141 人。[1] 目前在普通学校随班就读的主要群体是低视力学生，盲生较少进入。这主要是与现阶段我国普通学校的支持力度不够有关，因为很少有普通学校有专门服务于视障儿童的特教教师，尤其是支持盲生的教师，学校也缺乏无障碍环境和科技辅具等。

（四）送教上门

送教上门也是一种教育安置形式，它主要针对重度和极重度或多重残疾的盲生，比如盲兼脑瘫的学生。送教上门就是教师深入到视障学生家庭，为他们提供教育教学的方式。送教上门具有以下特征：一是教师主动走进孩子家里，实施个别化康复与教育；二是教师自带训练器材和书籍，义务提供服务；三是接受服务的孩子大多是重度残疾儿童，有的家庭困难或离校太远而不能入校；还有部分学校把在校学困生教育也纳入送教范围。开展送教上门有利于重塑视障儿童的信心，使他们得到实质的进步，为未来发展奠定坚实基础。[2]

二、课程设置

（一）义务教育阶段盲校的课程设置方案

根据《盲校义务教育课程设置实验方案》（见表 12-2），视障儿童低、中年级阶段以综合课程为主，高年级阶段设置分科与综合相结合的课程，开设思想品德（低年级开设品德与生活，中年级开设品德与社会、高年级开设思想品德）、语文、数学、外语（三年级开始）、体育与健康、艺术（或分科选择音乐、美工）、科学（高年级或分科选择生物、物理、化学）、历史与社会（或分科选择历史、地理）、康复（低年级开设综合康复，低、中年级开设定向行走、中、高年级开设社会适应）、信息技术应用、综合实践活动等课程。

目前我国早期教育和高中阶段的课程设置并没有像义务教育阶段的统一课程方案及课程标准，很多学校在参照普通幼儿教育课程的基础上，根据本地区的特点做出自己的探索。

---

[1] 数据来源：教育部官方网站 http://www.moe.gov.cn/s78/A03/moe_560/jytjsj_2015/2015_qg/201610/t20161012_284494.html

[2] 史恩胜、吴岚. 送教上门：特教学校功能的创新实践 [J]. 现代特殊教育，2015（2）：46.

总的来说，学前视障教育课程设置并没有统一的做法，地区之间差异较大。缺乏统一的管理及指导，很多学校的课程设置随意性大，缺乏科学的考究，导致学前视障教育质量参差不齐。

表 12-2　盲校义务教育课程设置

课程门类		一	二	三	四	五	六	七	八	九	%
品德与生活		2	2								
品德与社会			2	2	2	2					6.3
思想品德							2	2	2		
历史与社会 *	历史							2	2	2	3.5
	地理							2	2		
科学 *	科学			2	2	2	2				
	生物							2	2		7.8
	物理								3	3	
	化学									4	
语文		7	7	6	6	6	5	5	5	5	18.3
数学		5	5	5	5	5	5	6	6	6	16.9
外语				2	2	2	4	4	4	4	7.8
体育与健康		2	2	2	2	2	2	2	2	2	6.3
艺术 *	美工	2	2	2	2	2	2	1	1	1	10.6
	音乐	2	2	2	2	2	2	1	1	1	
康复	综合康复	3	2	1							
	定向行走	1	1	1	2	2	2				7.4
	社会适应				1	1	1	1	1	1	
信息技术应用		1	1	1	1	1	1	1	1	1	
综合实践活动		1	2	2	3	3	3	2	1	1	15.1
学校课程		2	2	2	2	2	2	2	1	1	
周总课数（节）		28	28	30	32	32	33	33	34	34	284
学年总时（节）		980	980	1050	1120	1120	1155	1155	1190	1122	9872

说明：带 * 的课程为积极倡导选择的综合课程，条件不足的也可选择分科课程。

国家将通过制订各科目课程标准来规定各科目课程的具体内容和要求。

（二）课程标准

课程标准是规定某一学科的课程性质、课程目标、内容目标、实施建议的教学指导性文件。课程标准是由国家的公认机构制定并由国家标准权威管理部门批准或核定的文件，是课程开发建设、课程实施、课程评价与管理的准绳。它规定了整个课程运作活动与过程的规则，供学校和教育机构遵守与反复使用，以确保教学活动的最佳效果和秩序[1]。2016年教育部颁布了三类特殊教育学校课程标准，其中盲校义务课程标准共18门。盲校课程标准的研制既考虑了视障儿童与普通儿童的共性，同时考虑了视障特殊儿童的特殊性。共性体现在课程标准内容和门类参照了普通教育学科，特殊性体现在根据视障儿童特点增删了相关内容，并且还多出了一些课程标准，比如"定向行走"和"综合康复"等课程。盲校这些课程标准是后续盲校教材编写、课程教学以及教学评价的基础，对盲校课程与教学的规范起到了重要作用。

（三）教材

教材是"教师和学生据以进行教学活动的材料，教学的主要媒体。通常按照课程标准（或教学大纲）的规定，分学科门类和年级顺序编辑"[2]。教材具有丰富多样的形式，既有文本教材，包括教科书、讲义、讲授提纲、图表和教学参考书等，也有视听教材，包括音频和视频材料等，还有基于现代网络技术的网络教材。目前盲校各科教材也陆续编制出来了，这对于盲校教学具有重要的参考价值。盲校教材同样是既考虑了视障儿童与普通儿童的共性，也考虑了视障特殊儿童的视力特殊性，比如根据视障儿童分设了盲文版和大字体版教材。

三、教学方法

按照教学方法的外部形态及学生认知活动的特点，把教学方法分为以下几类。

（一）以语言传递信息为主的方法

这是一类通过教师应用口头语言向学生传授知识、技能以及学生独立阅读书面语言为主的教学方法。这类教学方法与人类教育教学活动一起产生，先以口头语言作为主要媒介，文字产生以后又增加了书面语言作为媒介，至今仍然是盲校教学活动中主要的方法。这类方法主要有讲授法、谈话法、讨论法和读书指导法。以语言传递信息为主的方法特别强调语言直观，所谓语言直观，就是视障教育教师通过对教学内容所涉及的事物、现象或过程的生动的叙述，形象的描绘，恰当的比喻，使学生头脑中建立心理表象，获得对知识的理解。因为视障儿童在感受身体范围以外的信息时，往往主要靠听觉来获取信息，所以就要求教师懂得如何去恰当地表达，从而准确地感知。

---

[1] 何玉海、王传金. 论课程标准及其体系建设 [J]. 教育研究，2015,36(12)：89-98.

[2] 扈中平. 现代教育学 [M].3 版. 北京：高等教育出版社，2011.

（二）以直接感知为主的方法

这是一种教师通过实物或直观教具的演示和组织教学性参观等，使学生利用各种感官直接感知客观事物或现象而获得知识、形成技能和发展能力的方法。这种方法具有形象、直观、具体和真实的特点，能激发和强化学生的学习兴趣，吸引和维持学生的学习注意力，但需要有较多的时间保障，与以语言传递信息为主的方法结合使用，就既能获得良好的教学效果，又能提高教学效率。在教学活动中，教师应将潜能开发和缺陷补偿的思想贯穿到课堂教学与课外活动中，充分发挥视障儿童的视觉、听觉、触觉等作用，根据学生的个体差异，合理运用辅具，灵活开展直观教学、个别化教学等，最大限度地减少视障给学生生活、学习所带来的困难，充分挖掘学生的潜能。此外，考虑学生的视障程度、个性特征、智力水平、情绪行为等因素，在教学活动中，教师应适时地选择分层分类教学。例如，按照（学生）知识基础、能力差异分成若干个层次，有区别地制订教学目标、设计教学方案、采取适性的教学和评价方式实施教学，从而关注每个学生，力求使其得到充分的发展。曾怡淳的研究指出，多感官的使用，会更让盲生建立强而有力的感觉、知觉记忆，对他们的学习，有举足轻重的影响力。因此，盲生通过各种感官知觉的善用，学习外界的万事万物，即可经由与明眼人一般的学习历程：观察、惊叹、学得牢不可破的事理，见图12-1。

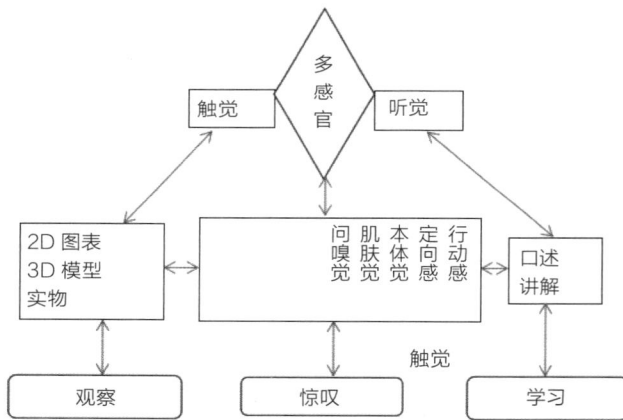

图 12-1　多感官的学习方式

资料来源：曾怡淳. 盲生触觉与生物科教学策略之探究 [J]. 小学特殊教育，2012，53：1-12.

（三）以实际训练为主的方法

这是一类在教师指导下，学生通过练习、实验和实习等实际活动，学习、巩固和完善知识、技能和技巧的方法。这类方法以学生的实践活动为基本特征，主要包括练习法、实验法和实习作业法，比如视障儿童在学习按摩时，除了前期理论讲解，后期的按摩手法都需要盲生自己实际演练，找不同的对象进行按摩，加深对按摩动作的理解。视障儿童在学习定向行走时也需要不断地实际训练，这往往要求他们在老师的指导下到户外场地实际训练，比如持杖行走、人导行走、徒手行走等等。如果只是在校内进行理论的讲解，视障儿童很难理解这些技术要领。

（四）以引导探究为主的方法

这是一类在教师指导下，视障儿童通过练习、实验和实习等实际活动，学习、巩固和完善知识、技能和技巧的方法。主要是指在教学过程中，教师只给学生一些事例、课题和问题，指导学生通过独立阅读、观察、实验、调查、思考、讨论、听报告等途径，创造性地解决问题、获取知识、形成技能和发展能力的方法。这种有目的、有步骤的学生自主学习活动主要包括对课程内容及其相关事物进行观察和描述、提出问题、从各种信息渠道查找信息、提出假设、验证假设、思维判断、作出解释，并能与他人合作和交流等。在进行探究式教学时，教师应创设一定的探究情境，激发学生的探究欲望。例如，通过引入生活实例或进行小实验等，设计认知冲突，使学生带着疑问、充满好奇地开始进行科学探究活动。

四、常规的教学辅助器具

（一）盲用教具的介绍

视障儿童由于全部或部分丧失视觉这个获得信息的主要渠道，需要以触觉、嗅觉、听觉来进行部分的补偿。因此，盲校在教学中必须采用一定的教具以帮助视障儿童认识事物，理解事物，弥补学生视觉障碍所带来的认知困难。盲校的盲用教具主要指在教学中使用的与教材配套的各种实物、标本、立体触摸模型、触摸图以及体育教学中所需要的特殊用具等，还有一些教具及设备可以与普通学校通用或经过简单改造后即可供视障儿童使用。以下是常用的一些盲用教具。

1. 盲文打字机

传统型帕金斯打字机具六点键以及空白、倒退、换行键，可调整边界，当文件完成时，纸张不会掉落，具有警铃装置，且附涂消器及防尘罩，图12-2是传统型的布莱尔盲文打字机。新一代柏金斯打字机除原有的优点外，另外，减少上一代四分之一的重量，并附有把手方便移动，减轻打字力道、降低噪声，消除键（按一下即可消除）。按键与机身采高反差颜色以方便使用者，金属机身与高质感塑胶外壳，新设计的进退纸旋钮。盲文打字机比盲文笔和盲文笔的书写速度要快好几倍，尽管它比较昂贵和笨重，但是笔者还是推荐学校多使用这种设备。

图 12-2　布莱尔盲文打字机

2. 盲文笔和盲文板

盲文笔为视障者的盲文书写工具。上半部为塑料或木质的笔杆，下半部为笔尖，尖稍圆而光滑，书写时用大拇指与中指夹住笔杆，食指第二节顶住笔杆顶端，第一、第二节扶在笔杆上，无名指与小指呈弯曲状。盲文板为视障者之书写盲文工具。视障者可将纸夹入板中，再使用盲文笔点出书写内容。此种盲文板可分大型与较小型，方便随身携带做纪录。盲文板的样式有很多依据使用者需求可以选择 4 行（见图 12-3）、6 行、9 行等。

图 12-3　盲文笔和盲文板

3. 触摸模型和触觉图形

触摸模型是用于帮助视障儿童理解和掌握有关的教学内容，是完成视障教学不可缺少的教学辅助用具，根据学科需求的不同，在相应的学科专门教室内配备教学相应的触摸教具，为师生教和学提供条件。盲校义务教育阶段的各学科均不同程度地需要使用各类触摸教具，如语文课文中的各种建筑物，数学中的各种几何形状，历史中的文化、科技、建筑、军事、艺术、生活等类模型，地理中的各种地形及演示模型，生物中的各种人体、动物、植物标本模型等。

触觉图形，也叫作触摸图，它是突出于纸张表面的图形，视障儿童通过触摸图可以帮助他们对教学内容进行理解。盲校教学中的地图、几何图形、示意图等平面图形都需要制作成相应的触摸图以保证视障儿童进行感知。目前盲校使用的图一部分是由中国盲文出版社生产制作的；部分由学校教师根据教学需求使用 Tiger 机、热塑机或热敏复印机进行制作。

（二）低视力助视器

低视力助视器从广义上说指的是一切有助于视障者提高和补偿视觉能力、提高其活动能力的器具、材料和条件。狭义上是指能提高视觉能力的设备器具，如眼镜、望远镜、电子助视器等。一般没有特指的情况下是指狭义的概念。概括来说，助视器包括光学助视器、电子助视器和非光学助视器三类。

1. 光学助视器

光学助视器是借助光学性能的作用，以帮助提高视觉活动水平的设备或装置。它可以是凸透镜、凹透镜、三棱镜、平面镜等。常见的有近用助视器，如眼镜式阅读镜、放大镜等；远用助视器，如眼镜式望远镜、单筒式望远镜、指环式望远镜。也有些远近两用的。

（1）近用光学助视器

近用助视器的放大作用是目标外观的增大，即增大目标在视网膜上的成像。其中眼镜式阅读镜优点是能根据不同的视力提供多种倍数的放大效果，有效解决阅读问题，廉价、便于携带、使用方便。缺点是只能用于阅读，而且阅读距离非常近，容易遮光，景深极浅容易模糊，寻找行首麻烦，容易疲劳，放大倍数有限等。

手持放大镜的优点是阅读距离可以较远，不惹人注意，移动灵活，廉价，使用方便，有光源的更能增加阅读物的照度。缺点是放大倍数有限，在比较舒适的阅读距离时，多数手持放大镜的放大倍数只有 2 ~ 5 倍，成像质量较差（如边缘变形），阅读时手动影响清晰度，照明不均匀等。立式、镇纸式放大镜有利于以最佳的间距放置在读物上移动，阅读时成像稳定，方便阅读。

（2）远用光学助视器

远用助视器主要指望远镜。望远镜是由物镜和目镜两个光学系统组成。望远镜的功用主要在于当观察者与目标之间的距离固定不变的时候，在视觉效果上能拉近目标物从而起到放大效果。装于眼镜上的望远镜，可用于看电视、黑板等长时间用眼任务。远用助视器的优点是可有效提高远视效果，便于携带，不引人注目，价廉，比较容易使用。缺点是放大倍数越大，视野越小，而且视野的亮度越低，寻找目标物越困难，景深短，需要经常调焦。

2. 电子助视设备

电子助视器是指通过电子技术达到放大效果的助视器。常见的有助视器和软件放大技术等。助视器分为便携式助视器和桌上型助视器。便携式助视器体积较小，操作简单，便于携带。便携式助视器放大倍数一般不大，只有可实现1.4 ~ 15倍范围放大功能，图像清晰、锐利，无拖影。让使用者轻松阅读书籍、报刊、杂志、地图等。桌上型助视器优点：功能强大，具有放大 4 ~ 85 倍的能力，可以有不同的文字背景的颜色模式，亮度可调，具有实物投影功能，可以利用其帮助书写和精细操作，有的具有远近两用功能，可以阅读或者看黑板，阅读距离舒适。缺点：价格高、不易携带，便携式助视器视野有限；在阅读过程中容易视疲劳、寻找行首困难。图 12-4 是桌上型助视器。

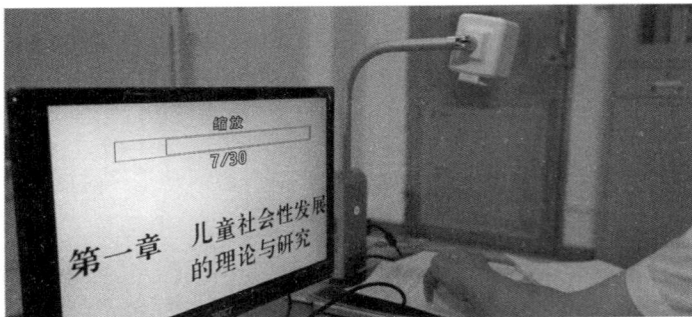

图 12-4　桌上型扩视机

3. 非光学助视器

非光学助视器不是通过光学系统的放大作用，而是通过改善周围环境的状况（例如照明、控制反光、控制光线传送、加强对比度）来增强视功能的各种设备或装置。它可以单独应用，也可以与各种光学性助视器联合运用。视障儿童常使用的非光学助视器有特殊照明装置、阅读架、加强对比度装置等。

思考与练习 12-2

与视障相关的无障碍设施或高科技设备

通过文献查阅了解与视障人群相关的无障碍设施或高科技设备，然后在自己的大学或者周边的公共建筑调查是否存在这些无障碍设施以及视障人群利用的情况。最后写一篇调查报告。

第四节　视觉障碍教育发展趋势

世界视障教育发展已经有两百多年的历史了，以前很长一段时间是在封闭的场所进行，目前呈现出一些新的趋势，视障教育者要正视这些新的趋向，才有可能为视障儿童提供更优质和个性化的教育。

一、视障教育对象越来越复杂

视障教育的对象越来越多样复杂，视障兼其他残疾的儿童，如盲聋儿童、盲兼智障、盲兼自闭症儿童等已经越来越被人们关注。此外，视皮质损伤（cerebral visual impairment,CVI）的儿童也在逐渐增多。视皮质损伤也被称为是脑内视觉途径受损，主要原因是因脑部受损。具体来讲，CVI 造成的视觉障碍是脑部视觉处理中心和视觉通路受到干扰，典型症状是个体在视觉环境复杂的情形下有辨识的困难，对远距离的辨识也有困难。在面对如此多样化的教育对象时，目前的视障教育者要进行跟进研究，了解这些对象的心理与教育特点、教育需要、康复需求等，从而展开更有针对性的教育。教育对象的复杂化，也对视障教育学校的师资及教学提出了挑战。为此，很多学校可能要开设单独的视多障儿童班，探讨符合这个群体的教学。此外，还需组建更为多元的专业化支援团队，团队应该包括眼科医师、心理学家、视障教育教师、物理治疗师、作业治疗师、语言治疗师、社工等。团队的人员除了多元外，也要求成员之间相互合作，共同为视障儿童商量评估、制订IEP及协同教学等。

二、视障教育安置形态越来越走向融合

目前视障儿童就读的渠道越来越多元，已经不再局限于盲校。在发达国家和地区，视障儿童越来越多地进入普校接受融合教育。美国的视障教育客观上形成了双轨制，即盲校住读制和普通学校的走读制。对于这种双轨制，美国人的看法很不一致，直到今天还争论不休。主张所有盲童进盲校住读的一派，认为这种制度好，因为盲童在盲校不会受歧视，他们相互理解的心态能促进互助，建立友谊，有助于学习和成长。而主张融合教育的一派，认为共同相处能增进健全儿童对残疾儿童的了解，认识到他们残而不废，有助于消除对残疾人的歧视心理；而残疾儿童在共同相处中容易与一般儿童交朋友，增进未来的社交能力，从而克服自卑心理。这两派都有道理，却难以统一。实际上历史已经做了回答：顺其自然，并存互补。

在中国，越来越多的视障儿童进入了普通小学就读，除了原来的低视力学生外，盲生也逐渐进入到普通学校就读。这些学生在普通学校学习的益处是可以接触到更多的明眼学生，学习的知识也更为丰富多元，这对于他们以后融入社会以及升学高考都是有极大的帮助。但是目前盲生就读普通学校还是存在着一些困难。之所以出现这种情况，部分原因是与家长及学校教师的不正确态度和观念有关，比如他们认为视障儿童看不见，如何学习，怎么考试，也没有必要再去学习那么深厚的知识。还有就是普通学校缺乏特殊教育支持，比如缺乏专业的视障教育教师，也缺乏视障教育辅具，学校的无障碍环境也缺乏，定向行走可能有困难等。视障学生进入普通学校就读是主流趋势，未来的研究者和实践者除了对义务教育阶段一般视障儿童的融合推进之外，需要展开对视障儿童学前融合教育的研究。同时，人们还需要注意研究视障兼有其他障碍的多重障碍学生的融合教育，让更多类型视障儿童在融合教育中获益。

三、视障科技辅具越来越先进

几个世纪以来，辅具被用来为视障者提供生存及学习的机会。辅助设备的使用可以追溯到古代犹太人、希腊人以及中国人所记载的藤条、枝条、权杖或者是竹竿的使用。现今，更多先进的辅助技术为视障者所用，他们利用辅具来获取信息，出门旅游以及参与各种活动。盲文的第一次书写是通过岩石和尖笔来书写的，这种尖笔是一种人们使用锋利工具使

纸张有凹凸印的盲文符号的手持式装置。手动的盲文写字工具是在 19 世纪末发展起来的；这个工具提升了盲文书写的速度及产量。在 20 世纪早期，由于科技发展的大规模市场化，音频技术（收音机、录音机和录像机）的出现为盲人提供非常大的信息量，甚至它比盲文为视觉障碍者提供的信息还要多。20 世纪 60 年代，计算机的发展促使视障者用于获取信息的科技创新大爆发。布莱尔盲文打印机，先进的闭路式电视（CCTVs），电子扫描仪和视觉性识别软件（扫描印刷文字和为使用者提供语音输出的科技），计算机屏幕阅读器，光盘，多种硬盘和软件等设备都在这个时候涌现，这些设备提高了视障者获取信息的能力。

随着现代科技的进步，电子计算机在视障教育中的作用越来越重要，教师运用计算机、多媒体教学帮助视力残疾儿童解决其他教学手段难以解决的问题。视力残疾儿童使用电子计算机改善和丰富了学习和生活。通过现代网络，视力残疾儿童更是获得了其他任何途径都难以获得的无穷无尽的信息，扩大了自己的交往空间，使他们在这一空间里得以融入主流社会。在普通的电子计算机上安装盲用软件或低视力的扩视软件，即可使盲生和低视力学生进行电子计算机的使用，并不需要配置特殊的电子计算机。为了解决盲人在外出或不方便携带大体积电子计算机的问题，人们又发明了盲用便携式电子计算机。在电子计算机上外接点显器即可帮助盲生利用触觉进行阅读；一些软件可以将电子文本转化为语音输出形式便于盲生阅读；将纸质文本进行扫描并转化为语音输出的盲人阅读机使盲生可以阅读各种纸质的出版物。

国外发达地区较多的盲人之所以能在普通学校接受教育，除了宽松的政策外，还仰仗于先进的科学技术。他们上中学、上大学，不仅有盲文课本，还有打字机（现在，盲文写字板都用得很少），如今还多了盲用电子计算机、读屏软件以及语音文字转换系统等。电子计算机有语音输出功能，可以把书面文字转换为英语、法语、西班牙语、日语、俄语等，供盲生选择。对于又聋又盲的学生，电子计算机就把书面文字转换为凸起的盲文，聋盲人凭触觉能读万卷书。比如，美国盲文出版社对盲人教育起着重要的保障作用。该出版社每年印制 2500 万页盲文和 2500 万页大号印刷体字，每年还录制 300 多万套有声读物，包括磁带和光盘。科技辅具的发展速度比研究人员所预测的要更快。尽管这些辅具更新换代、日新月异，但是并不能保证这些技术对于视障者是有效的。这一领域的专业人员必须努力地去评估辅具使用的适切性，让视障者认可它们，否则很多辅具即使是高科技产品，但不被视障者接受，就没有什么作用，更多只是摆设。

思考与练习 12-3

读者可以在课余时间到特教学校或者相关单位寻找与视障相关的无障碍或高科技设备，查询设备的使用说明书，了解设备如何使用，并分组完成任务，每组可以调查一个设备，然后写出设备的详细使用步骤及用途。

盲用数字信息无障碍设备的介绍：盲用便携式电子计算机

便于携带和使用的盲用电子计算机，是提高视力残疾儿童学习效率重要的学习辅助工具。盲用便携式电子计算机具有体积小、质量轻、便于操作、噪声小等特点，非常适合视力残疾儿童随身携带，进行使用。设备目前主要由国外进口，价格比较昂贵，在人民币 50000 元左右，这在很大程度上影响了该设备的普及。我国已经开始开发此项产品，但技术尚未成熟，没有在市场上大规模投入，因此，盲用便携式电子计算机的开发和投入已经成为我国视力残疾者迫切的需求。

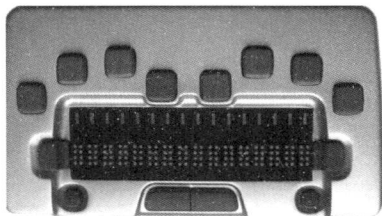

盲用便携式电子计算机图

盲用便携式电子计算机主要由键盘、点字视窗构成，并配备电源和各种接口。其中键盘根据需要有 6 点和 8 点位键的不同，可支持 6 点或 8 点位点字输入；根据机型的不同，可有 18-40 方的点字视窗提供盲文点字显示；通过外接接口可与一般电子计算机及笔记型电子计算机结合当作桌上型朗电子计算机使用，并可外接打印机及耳机和扬声器。

此类设备一般提供内充电池和外接电源，供电子计算机使用。目前国内使用的盲用便携式电子计算机多为国外进口产品，如澳洲产 Pulse-Data 盲用电子计算机系列，美国 Freedom Scientific 公司产 Braille Lite 和 BrailleNote BT 系列。盲人使用者可选择点字键盘以 6 点或 8 点输入，使用英文的一级或二级点字显示系统，通过键盘和快捷键对电子计算机进行控制，可通过点字窗口同时得知自己的输入或者电子计算机的输出内容，并使用 JAWS 连接 Windows 系统，在 Word 下读取、编辑、储存、附加档案，通过扬声系统或耳机获得语音支持，可以收发点字电子邮件及上网。 点显器可以将电子计算机屏幕上的文字转换成为盲文点字显示，在使用中可以与盲用语音软件相互配合使用，使盲生能够充分地利用听觉和触觉的功能。

点显器图

盲用数字信息无障碍设备介绍：盲用读屏软件

盲用软件主要是利用语音将屏幕上的文字进行朗读，从而引导视障者独立完成电子计算机上的有关操作，并了解相关内容。部分盲用软件同时还具备明盲文翻译等功能，是视障教学中不可缺少的辅助工具。盲用软件是基于 Windows 汉化视窗系统下，对电子计算机屏幕上的文字进行语音朗读的系统软件。国产几款读屏软件介绍。

（1）清华双星盲用软件。清华大学开发的清华双星盲人编辑器是我国最早开发的盲用软件，最早运行在 DOS 系统下，随着计算机系统的不断进步，清华双星也在不断更新。该软件主要由屏幕朗读、语音服务器、盲用编辑器、汉字的拼音联想输入系成，软件具有强大的文字读出、输入、编辑和打印功能，并配有字典查询功能；同时还配有英汉、汉英字典，英语九百句、唐诗三百首等字、词典。该软件所有操作均可用快捷键进行。

（2）中国盲文计算机系统。由中国盲文出版社主持开发的盲用软件。主要包括阳光标准版、阳光专业版、阳光网络版三部分内容。 阳光标准版主要面向个人用户，使用者能够独立地操作电子计算机，并完成简单的工作，依托互联网络和应用软件，盲人能够无障碍地获取信息和参与社会生活，该系统可以操作 Windows 的通用控件以及操作系统支持的通用软件。

阳光标准版包括阳光语音、屏幕阅读、点字显示器输出连接支持和阳光双典功能。支持中英文混读、自动识别朗读简、繁体汉字；提供复读功能，并可在任何条件下重复阅读听到的信息；支持 PDF 文档朗读。在屏幕阅读时，它可对 Windows 通用控件进行朗读。如桌面图标、任务栏、窗口的标题栏、菜单栏及菜单内容、地址栏等，能够通过模拟鼠标功能朗读出鼠标指针处的文字信息，并通过鼠标方式对选定内容进行相应操作，如左击、右击、双击等。

盲用数字信息无障碍设备介绍：盲用读书机

对纸质文本进行扫描并朗读，是视力残疾儿童进行信息获取、查找资料的非常方便的辅助工具。通过盲用读书机，视力残疾儿童能够大量地阅读文本读物，增强他们的信息量，同时缓解低视力学生过度用眼的问题，该设备国产产品的价格约在 1 万 ~2 万元之间，价格比较适中，适合盲校在各教学班和学校的阅览室中进行集中配备，帮助学生进行阅读。

四、盲校的功能越来越综合化

盲校同其他特教学校一样，面临着转型发展。早期盲校仅接受单一的视障儿童入学，随着越来越多的视障儿童融合于普通学校中，盲校的生源受到了挑战。因此，目前西方发达国家，特别是美国，德国等国家的盲校功能已经向多元化方向发展。盲校一方面接受盲生入学，同时也招收视障兼有其他障碍的多重残疾儿童入校学习；一方面为 6 岁前的多重残疾儿童设立早期教育训练和家长咨询项目，另一方面也设立成年视觉障碍者劳动技术与职业培训基地。不仅如此，还为本地区随班就读的视障儿童提供教育评估诊断；为随班就读教师提供教学指导和咨询；为随班就读视障儿童父母提供咨询和帮助。为此，目前许多地区的盲校成为当地的随班就读指导中心，承担本地区随班就读的指导工作；为大学视障教育专业的学生、研究生提供实践、学习基地。美国著名的帕金斯盲校就是样板，该校不仅是一所单纯教学的盲校，功能趋向于多元化，还进行培训、研究、支持校外融合教育等。我国的一些盲校也正在转型发展中，未来发展可期。

讨论问题

1. 视觉障碍的成因是什么？

2. 视觉障碍的发生率是什么？

3. 视障儿童的认知特征是什么？

4. 视障儿童的情绪和社会性特点是什么？

5. 视障儿童教学方法有哪些？

6. 视障教育的未来发展趋势是什么？

延伸阅读

1. 钱志亮 . 视力儿童心理与教育 [M]. 大连：辽宁师范大学出版社，2002.

2. Hersh, M., Johnson, M. A. Assistive technology for visually impaired and blind people [M]. London：Springer, 2008.

3. Holbrook, M. C., Mccarthy, T., & Kamei-Hannan, C. Foundations of education, volume I: History and theory of teaching children and Youths with visual impairments [M]. 3rd ed. 2017.

4. Koenig, A. J. E., & Holbrook, M. C. E. Foundations of education, volume Ⅱ：Instructional strategies for teaching children and youths with visual impairments [M]. 3rd ed. New York：American Foundation for the Blind Press 2017.

本章作者：谌小猛

第十三章　听觉障碍儿童心理与教育

学习目标

□知识目标

1. 了解听觉障碍的成因及程度、类别。

2. 了解听觉障碍的鉴定方法及教学方法。

3. 了解听觉障碍教育的基础知能及相关科技辅具。

□能力目标

1. 能依据听障儿童的需求，提供适性服务。

2. 能教导运用助听仪器及运用相关科技辅具来协助听障者。

□情意目标

1. 能尊重不同群体的聋文化。

2. 能关爱听障儿童，倾听并满足其特殊需求。

本章重点

听觉障碍是感官上的障碍，外观无法辨识，要通过医学仪器检查才能确诊，与声音的高低、大小有着密切的关系。本章首先从定义来了解听觉障碍的程度，如何鉴定听力的损失及听障的类型；通过听障者的行为特征、智力发展、社会 - 情绪发展、心理特质、语言及说话的发展等来了解听障者的身心特质；从教学方法中口语法的听觉学习、听力训练、读话及口手标音法，综合沟通法中的英语手语码、指拼法，再探讨美国手语和双语双文化，了解听障儿童的多元教学方法。听障学生因为听的问题，必须通过科技辅具，如助听器、团体辅助性听觉设备或植入人工耳蜗的扩大系统协助，再辅以替代声音支持系统。最后，本章讨论听障教育论题与发展趋势，从美国不同种族的听障移民谈及语言教育政策，谈到我国第一语言是普通话还是家乡话或是手语，是家长在孩子入学前需要慎重考虑的；从融合教育的视角，我们面临着特殊学校的扩建及听障学生融合在普校中的问题，以及聋文化和听障人士因科技辅具进步带来的便利及冲击。

关键词： 口语法、综合沟通法、科技辅具、助听器、人工耳蜗、替代声音支持系统、手语、融合教育、聋文化

第一节　听觉障碍的定义与鉴定

听觉是我们对周围空气中传来声音的感受能力，若无法经由听觉来接收声音或无法清楚了解声音的内容，便有了听觉障碍。在中国，定义平均听力损失是 500Hz、1000Hz、2000Hz、4000Hz 四个频率点纯音气导听力损失分贝数的平均值，而以双耳中听力损失较轻的一侧为准[1]。这障碍是指听觉系统中的感音、传音以及听觉中枢发生器质性或功能性异常，而导致听力出现不同程度的减退[2]。

一、听觉障碍的定义

所谓听觉障碍，指由于听觉器官之构造缺损或功能异常，以致听觉参与活动之能力受到限制者。前项所定听觉障碍，其鉴定基准依下列各款规定之一：①接受行为式纯音听力检查后，其优耳 500Hz、1000Hz 和 2000Hz 听阈平均值，6 岁以下达 21 分贝以上者；② 7 岁以上达 25 分贝以上听力无法以前款行为式纯音听力测定时，以听觉电生理检查方式测定后认定。美国《残疾人教育法》（Individuals with Disabilities Education Act，IDEA）定义的听觉损伤是为听力损失未达 90 分贝者，而听力损失 90 分贝以上者为聋，听觉障碍则是指听力损失不及 90 分贝者。

传统上，听力损失的界定，是根据人类对不同频率的纯音的反应加以计算。全聋者的界定系指其在 500Hz、1000Hz 和 2000Hz 等三个频率的平均值，听力损失值均在九十分贝以上者。存有少许听力者称为重听，其听力损失值一般介于 20dB 至 90dB 之间[3]。

声音的评量

听觉与声音有关，声音是经由分子的振动产生音波，每一完整的振动则形成一个周波，每一秒所产生的周波称之为的频率，频率又称为赫兹（Hertz 简称 Hz）。1000Hz 代表每秒之振动为一千个周波。人类所听到的频率称之为音调，频率降低音调亦低；反之，频率升高音调亦高。通常人们所能听到的频率为 20Hz 至 20000Hz，其中最重要的频率为介乎 500Hz 至 2000Hz 的语言音域。在某一频率上增减声音能量则构成声音强度（又称音量），评量音量（即是对声音大小的知觉）的单位，称之为分贝（decibels 简称 dB）。

二、听觉障碍的鉴定

听障儿童如果能早期检测到听力障碍，就不会错失早期干预的良机。人一出生就已发

---

[1] 张华. 助听器 [M]. 北京：人民卫生出版社，2004：23.

[2] 中华人民共和国国家质量监督检验检疫总局、中国国家标准化管理委员会. 中华人民共和国国家标准 2011 年第 2 号公告，2011 年 1 月 14 日发布，2011 年 5 月 1 日实施. GB/T 26341—2010. http://www.bdpf.org.cn/zwpd/zcfg/cjrzl/c16091/content.html.

[3] 特教园丁杂志社. 特殊教育通论 / 特殊儿童心理与教育 [M]. 台北：五南出版社，1993.

展出良好的听觉能力，然而，约有千分之三的新生儿罹患先天性听觉障碍，需经一系列的听觉评估，来确认幼儿有听力损失。随着医疗水平的提升，人们的寿命也相对延长，然而老年性听力退化也是一种自然现象，通过评估与鉴定，可以了解听觉障碍的程度。

（一）婴幼儿的听力筛检

常见的新生儿听力筛检是听性脑干反应检查。将感受器贴在头皮上，来测得婴幼儿对听觉是否有反应。临床上为了方便说明，有时会用"睡觉的检查"来代替"听觉脑干反应"。另一种方法是耳声传射，这是一种确定中耳茸毛细胞震动所制造的低频声音是否存在的检查[1]。

小智库 13-2

听觉脑干诱发反应

记录来自听神经和脑干的电位反应。检查时，受测者必须保持安静不乱动，以避免影响检查结果，因此婴幼儿都被要求在睡觉时进行检查，如果无法自然入睡，则需使用镇静药物，称为"听觉脑干诱发反应（auditory brain stem response,ABR）"。

小智库 13-3

耳声传射

耳蜗有内毛和外毛两种毛细胞，外毛细胞在处理声音的机转中，同时会产生另一个非常微弱的声音，此声音会经由中耳往外传出，这个传出来的声音就是"耳声传射（otoacoustic emission）"。

（二）纯音听力检查

纯音听力检查通常用在儿童及成人的听力评估，需要使用听力检查仪，一种可以发出各种频率及强度声音的工具，检查的刺激音以纯音为主。受试者戴上耳机（气导法）或骨导震动器（骨导法），听到声音就举起手，大部分听力检查仪从 0dB 开始，以 5dB 逐步增量至 120dB，另一个维度是频率，通常从 125Hz 开始逐步上升一个音程，一直到 8000Hz，听力评估的结果会呈现在听力图上。

（三）语音听力检查

语音听力检查是以标准化的语音、字词或句子为测试材料所进行的听力检查。施测材料可以使用录音系统或麦克风现场播音，再经由校准过的听检仪器播放。常见的语音听力检查主要测得两种不同语音听取能力：语音察觉或语音接受阈值；字词或句子的辨识正确率。前者可以听取语音所需最小音量，后者可以了解不同情境下听清楚字词或句子的

---

[1] 管美玲. 听见问题——听觉损伤儿童父母常见的问题与解答 [M]. 新北：心理出版社,2016.

能力[1]。

语音接收阈值（Speech Reception Threshold, SRT）

使用有意义的字词作为施测材料（如：葡萄、月亮），受测者能正确复诵或指认达 50% 对话的最低音量。

（四）替代性听力评量技术

替代性听力评量技术是针对无法执行传统听力检查的重度听力障碍儿童，可以采用，例如游戏法听力检查，是借由游戏活动来测试儿童的听力损失程度，当受试者听到纯音或语音信号，就拿起一件小玩具或丢球。另一种类似的测试是操作制约听力检查，必须先建立受试对听觉信号与发亮玩具的制约联结，当声音与发亮玩具配对出现时，受试有按键回应，就给代币或糖果增强。第三种是行为观察听力检查，是一种被动式的听力测试，借由音箱放出声音，呈现的声音强度逐渐增加，直到受试出现反应，例如转头、惊觉、扫视或停止游戏活动，表示受试的行为是可靠的[2] [3]。

（五）听觉皮质诱发电位检查

听觉皮质诱发电位检查（Cortical Auditory Evoked Potential, CAEP）与听性脑干诱发反应检查（Auditory brainstem evoked response, ABR）相似，都是借由声音刺激来诱发听觉电位反应的电生理检查，与 ABR 不同的是，CAEP 主要纪录来自大脑听觉皮质区的电位反应，施测时受测者必须保持清醒。

三、听觉障碍的类型

听觉障碍经过鉴定，再依听力损失程度、听力损失发生时间、学习语言发生时间及听力损失部位来做分类。

（一）依听力损失程度分类

听觉障碍一般分为正常、轻度、中度、重度、极重度、全聋，参考中国 1987 年对听觉障碍的分级标准，以及世界卫生组织（WHO）、国际标准化组织（ISO）的标准见表 13-1。

---

[1] 管美玲 . 听见问题－听觉损伤儿童父母常见的问题与解答 [M]. 新北：心理出版社 ,2016.

[2] 贺荟中 . 听觉障碍儿童的发展与教育 [M]. 北京：北京大学出版社，2014：9-11.

[3] 黄丽凤、苏佑萩等 . 特殊教育导论：教与学的理论与实践 [M]. 台北：华腾文化有限公司，2011：9-14.

表 13-1　听力残级标准对照

听力损失程度（dB，听力级）	中国标准		WHO、ISO 标准		伤残人奥运会标准
	类别	分级	分级	程度	
>110	聋	一级聋	G	全聋	可参加世界聋人运动会
91~110			F	极度聋	
71~90		二级聋	E	重度	
56~70	重听	一级重听	D	中重度	
41~55		二级重听	C	中度	
26~40			B	轻度	
0~25			A	正常	

根据中国 2006 年第二次残疾人抽样调查，听力残疾评定分级标准，分为听力残疾一级、二级、三级和四级。说明如下：

听力残疾一级：听觉系统的结构和功能方面极重度损失，较好耳平均听力损失 ≥ 91 分贝，在无助听设备帮助下，不能依靠听觉进行言语交流，在理解和交流等活动上极度受限，在参与社会生活方面存在极严重障碍。

听力残疾二级：听觉系统的结构和功能重度损伤，较好耳平均听力损失在 81 ~ 90 分贝，在无助听设备帮助下，在理解和交流等活动上重度受限，在参与社会生活方面存在严重障碍。

听力残疾三级：听觉系统的结构和功能中重度损伤，较好耳平均听力损失在 61 ~ 80 分贝，在无助听设备帮助下，在理解和交流等活动上中度受限，在参与社会生活方面存在中度障碍。

听力残疾四级：听觉系统的结构和功能中度损伤，较好耳平均听力损失在 41 ~ 60 分贝，在无助听设备帮助下，在理解和交流等活动上轻度受限，在参与社会生活方面存在轻度障碍。

（二）依听力损失发生时间分类

分为出生前发生的先天性听觉障碍和出生后发生的听觉障碍，先谈谈先天性听觉障碍：

1. 遗传因素

分为显性遗传和隐性遗传两种。

（1）显性遗传：这种遗传造成之听障可分为单耳或双耳，其听力障碍多属渐进性。

（2）隐性及性别关联的遗传：这种遗传造成之听障多属双耳且呈现重度或极重度障碍。

2. 先天性病毒传染

这是经由母体遗传到胚胎的病毒所造成的听障。常见的病毒有下列几种：①德国麻疹，②巨大细胞病毒，③先天性梅毒。任何毒性物质皆可由母体经胎盘破坏血液中的氧输送，导致胎儿自母体内因缺氧而形成听障。

3.RH 因子

母体内产生过多的抗体，输入胎儿体内，因而破坏胎儿的红血球，引起胎儿或新生儿产生溶血性贫血症，因而导致听障。

4. 生产期因素

①缺氧窒息，②高黄疸，③生产期造成之新生儿头部伤害，④早产儿。

出生后发生的听力障碍，分为四项。说明如下：

（1）头部意外伤害：头部颞骨裂伤可能造成传音性或感音性听障。

（2）流行病毒或细菌感染：肺炎、疱疹、脑炎、麻疹等症状均会导致听障。

（3）耳毒药物：胺配糖抗生素、奎宁、柳酸盐、利尿剂等药物均会导致听障。

（4）噪声：长期暴露于过量噪声的工作环境中，或猛暴的强大声音刺激，皆会导致永久性不可逆的听障。

（5）其他因素：老化造成听力损失。

（三）依习语发生时期分类

习语前听障：指在学习说话和语言之前已丧失听力者，通常会导致较严重的教育问题。如幼儿沟通、生活学习等适应困难及其语文程度较难进步。

习语后听障：指自发性地说和语言发展后才丧失听力者，是因其基本语言沟通能力已确立，在语言沟通方面须注意矫正发音，听觉障碍的事实会对其情绪造成极大的冲击，需要一段时间好好调适[1]。而国外教育学者通常认为，如果听力损伤发生在两岁以前，就为语言发展前听力损伤[2]。

（四）依听力损失部位分类

从医学上听觉器官的部位来分，听觉障碍类型可分为下列四种：

（1）传导型听力损失：指的是外耳或中耳问题所引起的，如外耳异物、耳垢、中耳炎、中耳积水、耳膜破裂、听小骨断裂等原因造成。

（2）感觉神经型听力损失：指的是由内耳问题所造成的。如先天性瓦登伯格氏综合征（Waardenburg Syndrome）、Usher 综合征、黄疸指数过高、后天的腮腺炎感染、麻疹、药物毒性、肿瘤以及外伤性后遗症造成。

（3）混合型听力损失：是具有传导型听力损失的情形，又有感觉神经型听力损失的类型，则称之为混合型听力损失。

（4）中枢性听力损失：指的是听力损失的部位主要发生在大脑中枢处理听觉信息的区域，此类型的患者对于从听觉器官传入之声音信息，无法做辨识或理解的处理。

---

[1] 傅秀媚，等 . 特殊幼儿教育 [M]. 台中：华格那企业有限公司，2006：7-6.

[2] 方俊明，等 . 特殊教育学 [M]. 北京：人民出版社，2005：1-60.

第二节　听觉障碍儿童身心理征

语言是人类沟通与思考最重要的中介，听障者由于语言学习的困难，对其学业学习与社会适应造成负面影响。不过一般认为听觉障碍许多不利的心理与教育特征并非先天性的，而是语言或沟通能力缺陷所导致的适应困难。此外，论述听障者的特征，我们应注意评量工具与评量历程，是否适于听障者；听障者是否受到适当的教育与辅导，或充分的语言教学；听障者本身即为异质团体，不同的听力损失程度、智力功能、成长经验，其彼此间仍具有相当的个别差异。

长久以来，听障者是否因其语言沟通的限制，而影响其认知能力及社会适应的发展，一直受到各方的关注。以下分别从行为特征、智力发展、心理社会 - 情绪发展、心理特质、语言和说话发展等五方面来讨论其身心特质。

一、行为特征

听障者最显著的行为特征是在与人说话时，有明显的沟通困难。他们的语言发展比同龄的听力正常者迟缓，而且语音的发音不正确，尤其是声母方面常有省略、替代、歪曲或缺鼻音的现象。语调有时缺乏高低、抑扬顿挫、单调没有变化。听别人说话时特别注意对方的脸部、口形或表情，经常会比手画脚，想用手势或动作协助表达意思。与人说话时头部常向前倾或转向说话者，努力想听取别人说话的内容。对环境的声音（例如电铃声、电话声、脚步声、汽车喇叭声等）或人的说话声没有反应。上课中常常忽略老师或同学的呼唤，有时不能专心听讲，左顾右盼，期待别人提供信息的线索。

在团体中较少主动发问或参与讨论的活动。可能常会抱怨耳痛、耳朵不舒服、晕眩或耳鸣。使用收音机、电视机、录音机时可能把音量调得很大声。常常要求复述刚刚说过的话。当用普通的声音与之交谈时，常没有反应或注意力不集中。在与正常者比较上，听障者在幼儿时，发展上差异不大，随着年龄的增长，其在语言理解和应用上，就呈现日渐落后的现象，结果亦导致学业、社会和情绪等发展上的迟缓现象。

二、智力发展

早期（1915—1940 年）有关听障者的智力研究，大都认为其智力有显著的落后，并视之为智力发展迟滞者。1941 年至 1960 年间的研究，则认为听障学生在智力功能上所显现出"具体"与"抽象"的发展不平均，是由于基本经验不足所致。1960 年以后的研究，大部分支持听障儿童与听常儿童在图形认知发展上并无不同，不同的只在其发展速率上，此种不同是受到环境与沟通模式的影响。

萧金土曾综观中外有关听障儿童智力的研究，认为听障学生与一般听常学生之间的差异在于抽象概念的不足，认知思考并不一定须依赖语言符号系统，但概念的获取却有赖语言作为中介。在工具使用上，文字的智力测验比图形的智力测验更能测量人类的高级或抽象的智力，听障儿童如在智力测验的语文部分不如听常儿童，则其智能发展的层次势必逊于听常儿童的推论，应是必然的结果[1]。

不过，这种劣势仍可靠外界的环境来改变，多给予听障者沟通训练，加强认知抽象概念，提供更多的生活体验，选择适用的测验工具，以及合适的测验过程，则能将因听觉障碍所引起的不利因素，减少至最低程度，进而更正确地了解听障者的智力发展，将听障者的长处发挥至极限，并补救其不足之处[2]。

三、社会－情绪发展

晚近学者的研究理论将听障学生的"社会－情绪"诠释为社会和心理发展。其发展范畴约可归纳为三个重要领域：社会发展、自我形象以及人格发展。并认为影响听障学生"社会－情绪"发展与适应的七项因素为：听力损失程度、成聋时期、对残障的态度、父母的听觉状况与态度、沟通能力、教育安置及残障的原因、单纯性，并以之为自变项以探讨及建立听障学生"社会情绪"发展与适应的理论[3]。

就父母的听觉状况与态度而言，国外的学者[4]大都认为听障父母所生的听障孩子比父母是听力正常所生的听障孩子有较积极的自我形象和社会适应，因为前者有良好的家庭沟通，当其在子女被鉴定为聋时所受的创伤亦较少。至于沟通能力与听障病因两因素，学者大都认为听障者伴随着沟通问题，而沟通问题又常导致其社交和行为上的困扰[5]。此外，导致听障的病因，也可能同时引起其生理障碍；一般而言，听障学生所附带的其他生理障碍越少，则伴随其他的情绪及行为问题也就越少。

四、心理特质

听障者外观和一般听人无异，行动自如，会哭会笑，会同情人。在成长过程中，因为家庭环境不同，学校气氛不同，教师的教材教法不同，遂被塑造成不同的性格及不同的思想人格。若问听障者的心理特质有哪些？看看一般人的特质有哪些，应该就相差不远。只不过因为一般人从小接受的教育环境差别不大，所以彼此间就较类似；而听障者则可能因为在不同的教育安置下接受教育（普通班、资源班、启聪班、启聪学校）长大，再加上与家人、亲友、同事、师长的沟通欠佳，信息接收困难，而产生不同的人格特质或异于常人的行为表现[6]。

---

[1] 萧金土．听觉障碍学生"非语文智力"测验修订之研究 [J]，特殊教育学报，1992(7)：127-169.

[2] 郭为藩．特殊儿童心理与教育 [M]．台北：文景书局有限公司，1985.

[3] 张蓓莉．各种教育安置下初中听觉障碍学生自我概念与适应，载于刘信雄、张蓓莉和王振德合著，生理残障学生的自我观念与道德，台北：台湾师范大学特殊教育中心，1979：69-122.

[4] Meadow, K.P. (1982). Deafness and child development. Berkeley: University of California Press.

[5] Kirk, S.A., & Gallagher, J.J. (1986). Educating exceptional children(5th ed.).Boston: Houghton Mifflin.

[6] 林宝贵．听觉障碍理论与实务 [M]．台北：五南出版社，2006.

听障者又由于缺乏听觉的认知来源，对道德的事理解与情境的了解较为困难，听障生又不易为一般同学所理解，因为外表不若肢障、视障同学外观明显，因此易被一般同学视同非残疾人看待，一般师长或同学不理解听障生的困难，不知如何与听障生沟通，他们结交朋友机会较少，若再加上若学习程度较差，功课赶不上，或有补考、休学、退学，留级的可能性时，则更容易有挫折感，焦虑、低自尊的现象。

五、语言和说话发展方面

国外研究听障儿童语言能力的文献不少，但无论在口语能力、阅读能力、书写能力等方面，听障儿童的能力都比同龄听觉正常者低[1]。为了改进与提升听障学生语言能力，张蓓莉[2]曾对台北市小学三至六年级听障儿童的语言能力进行分析与探讨，结果发现：听障学生的语言能力比同年级听常学生低落，低落的程度则随年级之增加而呈直线上升趋势。至于写作能力，听觉障碍学生由于受到手语特殊语法语序的影响，又缺乏适当的说话与语言知识经验，通常具有以下的写作特征：

（1）比一般儿童的作文简短；

（2）文句颠倒，例如，将"读书"写成"书读"，将"赶快排队"写成"排队赶快"；

（3）抽象词汇的困难，例如，"牺牲""奋斗"等词皆不易适当应用；

（4）论说文的写作较叙述文困难；

（5）难以适当使用助词或虚字；

（6）缺乏适当的语用知识，例如，将"王先生长得很英俊"写成"王先生长得很美丽"[3]。

在美国社会，影响听觉障碍者最深者，乃是英语的理解与表达。在此，我们之所以强调"英语"乃因它是美国听常者的优势语言。换言之，听障者有语言上的缺陷乃是与"听常者"社会比较而来。这个区别是重要的，因为听障者可以精熟地使用他们自己的语言型式，现在的观念认为：听障者所使用的手语也是一种语言；英语的理解、表达及说话对听障者而言，是一种不利但又不可抗力的因素。

一般而言，大多数听障者可以说话，传统观念以为聋就是哑。现在认为即使听觉障碍妨碍了正常说话的发展，但只有极少数听障者不能学说话。表13-2标示了听力损失程度影响语言发展的情形，这只是一般性的叙述，因为影响听障儿童语言流畅的因素很多，可提供我们理解听力损失程度和语言、说话理解的关系[4]。

[1] 张蓓莉. 启聪学校的过去、现在、与未来 [J]，特殊教育季刊，1989（33）：20-27.

[2] 张蓓莉. 听觉障碍学生之语言能力研究 [J]. 特殊教育研究学刊，1989（5）：165-204.

[3] 林宝贵. 听觉障碍教育与复健 [M]. 台北：五南出版社，2003.

[4] 林宝贵. 听障儿童语言沟通法国语文教学法之研究 [M]. 台北：台湾教育主管部门教育计划小组，1981.

表 13-2　听力损失程度和语言、说话理解的关系

优耳听力损失（分贝）	听力损失对语言、说话理解之效果
27~40 41~55	对远距离的说话和语文的听取有困难。 能理解 3～5 英尺（面对面）的对话，但对课堂上的讨论如果声音细微或视线以外的，就可能 50% 听漏。可能存在语汇限制及说话异常现象。
56~70	对话时必须大声才能理解。团体讨论有困难，可能有说话缺陷。对语言的使用和理解有困难，所用语汇局限。
71~90	可听取一英尺内的大声音，可听辨环境的声音，可能听辨元音及部分子音。有说话和语言缺陷并且可能变质。
91 以上	可能听到一些大的声响，但多是听到振动而非音调（声音）；在与人沟通时多仰赖视觉。有语言和说话缺陷并且可能变质

第三节　听觉障碍儿童教学策略

多年来已发展出许多教导听障儿童的教学策略。以下就教学方法、科技辅具与替代声音支持系统三方面来说明。

一、教学方法

一般用来教导听障者的教学法可以归纳出三种：口语法、综合沟通法和双语双文化法。

（一）口语法

口语法（oral approach）强调听障者必须使用口语在听障的世界里生活，口语法的训练只用来教导听障生说话和理解话语。纯口语教学，不准学生使用任何形式的手势来沟通。口语法在 1970 年以前相当盛行，但是目前，只有四分之一听障儿童教育方案认定自己是纯口语法。然而，随着助听辅具科技发展，听障儿童在普通班级接受教育人数逐渐增加，实际接受口语法教育的比例逐渐增加。

1.听觉学习

听觉占成人日常沟通的 45%，而儿童有 60% 以上的学校情境学习仰赖有效的听觉学习。许多听障儿童的听觉潜能远超过实际用到的沟通情况，通过日常生活的对话经验获得改善。所有听障儿童，不论他的主要沟通模式是口语法还是手语法，都应接受听力训练，改善听觉效能。

2.听力训练

听障婴幼儿的听力训练要从声音的觉察能力开始，家长可引导子女注意周遭环境的声音，如门铃响或水龙头流水声，接着教导声源的定位，例如，在房间的某个地方藏了一台收音机，鼓励幼儿把它找出来。声音的分辨也是听力训练很重要的部分，听障幼儿要能分辨男声和女声、节奏快和慢的声音，以及分辨 rock 和 rug 的语音。声音的辨识可以依序从

声音、语词到句子的听辨训练，更重要的是有意义声音的理解。

3. 读话

读话的历程是借由观察说话者的脸部线索来理解口语信息。所有的听障儿童，不论他们的残存听力多寡、主要沟通模式为何，视觉的运用有助于对说话的理解。口语中有些语音可以借由说话者的嘴型来分辨，例如，发 pail 的音时，刚开始双唇要闭上；如果双唇拉开，嘴角翘起，就会发成 rail。专注说话者的嘴型可以帮助听损者掌握重要线索，特别是听觉、手势、脸部表情，以及情境脉络以外的信息。

然而，读话是相当困难，也有不少限制。一半以上的语言，语词拼音的不同，嘴型相似，但是发音不同。例如，bat、mat、pat，三个语词光看说话者的嘴型几乎无法分辨。在中文里的声调，如妈、麻、马、骂、吗更是不易分辨。如果视觉线索被手势、铅笔、嚼口香糖或留小胡子阻碍，读话的困难度就更高了。尤其是 2019 年以后几年因为新冠病毒疫情，大部分人戴上口罩，对依赖读唇语的听障者是一大障碍，尽管读话有本质上的问题，但它仍是听障者沟通模式中一项有价值的工具。

4. 口手标音法

口手标音法是一种由手部信号辅助口语的沟通方式，口语的视觉表征可以用 45 个英语音素来表示，口手标音法可以帮助听障者辨识口语中构成音节和语音的特征，而这些是通过读话无法区辨的，手部信号必须伴随口语同时出现，它既不是手势也不是手语字母，单独看也读不懂。口手标音法是 Orin Cornett 在 1964 年创设的系统，它能提供听障儿童密集的语言输入，能澄清英语口语的组型有不会打乱语音的自然规律。在中国台湾地区也有陈彩屏老师编辑的中文口手语标音法，左手为声母，右手为韵母。

5. 视觉语音法

视觉语音法的目的在厘清口语与书面文字之声音 - 音节对应关系。相较于听力正常学生的语音教学策略，视觉语音法不是一套声音系统，而是视觉系统，其中包括 45 个手形和图像提示。

虽然视觉语音法发展至今几十年了，直到最近几年才出现较多轶事性报告和逻辑论证来支持这个方法。近年来，越来越多相关研究证实它的效能存在。

（二）综合沟通法

综合沟通法（total communication approach）强调使用各种沟通模式教导听损学生。实务应用时，说话和手语同时进行（指拼音和打手语），学生可选择一种或两种沟通模式。从 1960 年代起，综合沟通法已成为聋校最普遍采用的教学法。美国一项跨 39 州 137 个听觉障碍学生早期干预方案的调查研究显示，其中 66% 采用综合沟通法。

1. 英语手语码

教师在使用综合沟通法时，通常会尽可能依口语的语词结构打出对应的手语手势，为了增进听障学生在阅读、写作及语言能力相关技巧，已发展多种以英语为主的手势系统。英语手语码是指以教育为导向所发展的手势系统，包含打出要点的英语、打出精确英语，以及手势英语。英语手语码借用了许多手势并融合一些美国手语的特征，依正确英语的字词使用顺序打出来。然而，听障生为了沟通对象的需求，往往要学两种以上的手势系统。

2. 指拼

指拼是一种手语字母，只能用于当某字或名字没有对应的手势或语意表达不清之时。指拼是美国手语的一部分，并且是双语双文化的重要向度。它包含 26 个区别性的手部方位，每个英文字母，都有一个对应的手语结构。在美国及加拿大，采用单手打手语字母，有些字母手势形状像它的英文书写体，例如 C、L 和 W；有些则完全没有关联，例如 A、E 和 S。在指拼时，每个语词就像打字一样，逐一打出字母。

（三）美国手语（ASL）和双语双文化法

在美国及加拿大，聋文化的母语是美国手语（American Sign Language， ASL)。虽然当地听障者所用的手语系统曾被视为非语言模式，在语言学家 Willian Stokoe 的努力下，认定 ASL 是一种合法的语言，它拥有语言应具备的要素。ASL 是一种视觉 - 空间的语言，注重手部的形状、位置及动作模式；打手语者的情绪强度及脸部表情都代表着沟通的意义及内容。ASL 有自己的语音、构词、语法、语意及语用规则，并不对应英文口语及书面形式。因此，它的冠词、介系词、时态、复数及手势次序都和英文不同，很难与英文作正确的字对字直接转译。

（四）该接受哪一种教学法?

教育家、科学家、哲学家及家长，对于听障生该接受哪一种教学法已争论多时，这项争议到现在依然存在。过去，争论的核心在语言表达的范围，表达只用口语并鼓励读话及残存听力接收其他人的沟通内容。今日争论的焦点变成哪一种形式 - 听觉或视觉 - 最适合第一语言的习得。相关研究还无法提供一个明确的答案（也许永远无解）。

> 你能说出教导听障者有哪些教学法吗？如果你是他们的老师，如何来决定使用哪些教学法?

思考与练习 13-1

二、科技与支持

过去，很多人都误以为听障者就只是听不到。然而听损有不同程度、不同类型，几乎所有听障儿童都有残存听力可以知觉部分声音。现代的听力测量及辅导性听觉科技都能让重度、极重度儿童有效运用其残存听力。以下介绍相关的辅助性听觉扩大系统：

（一）助听器

助听器是一种声音扩大设备，它可以使声音增强。早期的助听器毫无选择地将所有音频声音同等放大，这对感觉神经性听损儿童没有帮助。现代的助听器可以有区别地增加特定音频，强调每位儿童的个人听力分布状况。助听器又可分为耳挂型、耳内型、深耳道型、口袋型以及眼镜型。儿童可佩戴单耳或双耳。不论是什么形状、尺寸、电量，助听器都会接收外界声音，放大声音音量，传送到用户的耳内。助听器配有麦克风、增幅器及音调音量调整控制，并且能自动调整音量及降低环境背景噪声。为使助听器发挥最大效能，建议全天佩戴，除了洗澡和睡觉之外。

（二）团体辅助性听觉设备

团体辅助性听觉设备解决了普通班中上课无法克服的距离、背景噪声及音响问题。这种科技运用 FM 广播频道的原理，直接连接老师与听损学生之间的信息收发。老师对着夹在衣服上或挂在身上的麦克风说话，学生则是借由连接在他们助听器上的接收器接收声音。FM 无线调频系统让老师和学生可以在教室内自由移动，得以延伸接收声音的对话情境，而不受距离的限制。

（三）人工耳蜗

人工耳蜗不像助听器把增强的声音信号传送至耳朵，它绕过受损的内耳毛细胞，将声音信号直接由听神经传至大脑。人工耳蜗有四个基本部件：可分为外部的麦克风、语言处理器、植入的接收器和线圈。耳蜗内的电极列将电子信号刺激了仍有功能的听神经纤维，传至大脑。人工耳蜗的植入，需配合术后密集的治疗才能帮助儿童习得语言、说话，并发展社交性技巧。

三、替代声音的支持系统

（一）手语翻译员

手语翻译员协助将老师或其他人的口语信息转换成手语。他们必须通过翻译员的能力鉴定方能取得执照。原先主要是提供聋人在公共场合，如法庭、医院，与听人互动时所需的协助。听障生要成功地融入普通课程，最需要的相关服务之一就是学校手语翻译员协助，这项服务有逐渐增加的趋势。

（二）说话／文字转换系统

这是利用电脑辅助系统将现场演说的语言，如公开演讲或课堂讲解，立即转换成文字呈现在荧幕上。目前较领先的系统有 C-print，它是由美国罗切斯特聋人技术学院所研发的说话\文字转换系统。目前手机和计算机也大都具备了这种功能。

（三）电视字幕

目前，大部分的公共电视台广告、现场直播新闻、体育赛事都内建字幕（亦即在电视荧幕下方出现文字，像看外国影片中的字幕），让听障者可以接触到电视新闻和娱乐。对聋人来说，视频伴随文字播放要比只有书写文字更容易理解。

（四）文字电话

长期以来，听障者要用电话与雇主联系或进行社会互动一直有障碍，但是借由辅助性科技可以让听障者能接听电话，文字电话最早被称为 TTY 或 TDD 系统，听障者文字电话可以让用户将传统电话的语音、信息，以文本模式将信息传送到接受方也有 TT 设备者。在美国，在《美国残疾人法案》（ADA）的倡导下，大多数的公共场所如机场、图书馆都设有 TT。目前的手机及通信系统（如微信）也为听障者提供了很大的便利。

（五）警报设施

警报设施是通过扩大声音或视觉、触觉，让听障者知道环境中发生的重要事件或声音，门铃、火警警报器或闹钟，这些设备与声音敏感监视器或震动监视器串联，以闪烁的灯光或震动作为信号。现在还有受过训练的听力狗，可以提醒听障者环境中发出的重要声音。

第四节　听觉障碍教育论题与发展趋势

在听觉障碍教育的发展中，有若干重要论题与未来发展趋势，分别叙述如下：

一、听觉障碍教育论题

目前美国有 46% 的听障儿童来自非白人家庭，来自各地的移民，人数也在增加中。这些听障移民对于美国的学校是一个很独特的挑战，他们需要大量接触手语世界及职业训练课程。美国自从 94—142 公法以及之后 IDEA 法案的颁布，父母亲可以合法地让他们的听障子女接受各种教育安置，包括提供回归主流、公立学校的自足式班级及融合教育。特殊教育法案中规定的"零拒绝"，让每个孩子都有权利选择回到社区中的普通学校。

在各国都存在有地方性语言的问题，听障儿童在学习口语时，是学习普通话还是方言？听障儿童需要一个学习场所，使他们可以用第一语言发展出适合其年龄的语言技巧以及发展相对应的读写能力。无论其第一语言是何种语言，听障儿童必须有很多在沟通、年龄与认知方面的朋辈，以发展健康的自我认知[1]。

把听障儿童安置在普通学校是一种融合式教育，但事实上它对于很多听障儿童来说可

---

[1]Stinson , M., & Leigh, I.W. Inclusion and the psychosocial development of deaf children and youths. In B.D. Snider (Ed.), Inclusion? Defining quality education for deaf and hard of hearing students (pp.153-161) [M]. Washington DC: Gallaudet University, 1995.

能是一种排除型的安置。虽然立意很好，但却使得很多听障学生在听力正常的班级不是没有渠道取得支持性的服务，就是渠道有其限制，而这些支持性的服务对于这些学生的有效沟通、语言发展与学业学习都非常关键。其后果是，原本很适合听障儿童文化的视觉和语言环境就被剥夺了。这些学生很可能要面对学业不及格、孤独感、被排挤、负面的自我价值。毫无疑问，如果有适当的服务，不管是何种安置情境，这些学生有很大的机会在学科方面获得成功，以及有最佳的心理社会发展。

二、听觉障碍教育发展趋势

我们可以从特殊学校的式微、多重障碍儿童的教育、听觉障碍者的生涯辅导、分子遗传学和人工耳蜗的进展、科技的进步，来探讨未来听觉障碍教育的发展趋势。

（一）特殊学校的式微

在过去，特殊学校学生多的时候可以上达千人，然而近年来，因应融合教育的倡导，美国、日本及中国，听障学生就读的特殊学校人数逐年递减。听障学生因科技辅具的先进，特教法规的保护及社会福利的眷顾，大多数回归到普通学校就读。某些国家因种种理由大量扩充和兴建特殊学校之时，应考虑未来推动融合教育时，特殊学校的工作人员调配及硬件设施的转运用问题。

（二）多重障碍儿童的教育

在美国，一项估计报告中指出约有 20% 的听障生属于多重障碍者，其中又以听障兼具智力障碍或听障兼具学习障碍者为最多 [1]。此外，另有些研究则指出全美在 25 岁以下的听障者中有 2% 具有严重情绪行为问题，须立即给予精神治疗 [2]。由此可知，听障者中兼有其他障碍之学生，其比率相当高。此问题在听障教育发展中不可等闲视之。听障学生是一群异质团体，若兼有其他障碍，则会使得教育计划变得更为复杂与困难，因此未来如何提供听障兼具其他障碍的学生一套完整又适当的个别化教育方案，实为听障教育发展中至为重要的课题。

（三）听障者的生涯辅导

听障成人所面临的问题大都与就业有关。有限的语言能力、教育经验和职业训练，再加上雇主的偏见，使得听障者很难找到适合的工作。由于未能充分就业和低层次的就业，使得听障者除了生理障碍外，还要面临经济上的困难。对此问题，未来如何发展出一套完整的生涯发展计划，亦为听障教育发展的另一个重要课题。

现今由于适当教育的提供及法律保障不歧视等方面的改善，使得听障者能和更宽广的

[1]Kirk, S. A., & Gallagher, J. J. Educating exceptional children [M]. 5th ed. Boston: Houghton Mifflin, 1986.

[2]Delgado, G. L. Beyond the norm-social maturity and deaf [J]. American Annals of the deaf, 1982, 127: 356-360.

社会结合，他们越来越受益于这个社会所提供的教育、就业与娱乐。有越来越多的工作领域提供就业给他们[1]，如果听障者未来受到残疾人保障法中定额雇用条款保障，听障者的潜能便有较大发展的机会，听障教育工作者应加强听障者的生涯辅导，提供其潜能发展的机会。

（四）分子遗传学和人工耳蜗的进展

现今科学家在与遗传性听障有关的基因辨识与定位方面取得很大的进展，找到了至少30种遗传基因，且其生化与分子特质已被发现[2]，最近对于connexin 26的辨识对非综合征的失聪更有重要发展，得以改进听障者及其家庭有更好的遗传咨询渠道[3]。基因的信息如果适当运用，可以让听常者、听障者及其家人都得到很多好处。但基因信息如何适当运用？需要慎重思考伦理问题。对操弄基因消除遗传性疾病（包括遗传性听力损失），争议性还是很大的。

另一个争议性的问题是，人工耳蜗的植入，对说话和语言的发展有很大的成效，但是何时植入？植入后对幼儿耳蜗内的基因状况之影响为何？尚不清楚。人工耳蜗为侵入式助听器，有些人可以最佳地接收，有些人手术失败，也有些人只对环境声音有反应。为了促进听障子女的语言发展，父母亲对子女的人工耳蜗的植入的决定是否越早越好？至今尚有疑义。

聋文化与听障群体

小智库 13-5

随着人工耳蜗的植入人数越来越多，很多人开始担心，因学习语言的成功，他们表现和听常儿童一样，这样可能导致聋文化是否消失？美国高立德大学针对他们的教职员、学生和校友，做了一个有关人工耳蜗的调查研究，结果显示，大多数听障者、听常者都认为聋世界不会消失，进一步分析这些数据，发现有这种想法的人，在听障者中占了半数[4]。

（五）科技的进步

很多听障者使用的听觉科技包括听觉辅助系统、人工耳蜗等。视觉科技包括：即时字幕、字幕软件、笔记抄写软件以及一些系统，这些也都可以用于教室、会议、法庭、医院，将当场进行的一切口语沟通时逐字转译或摘要。这些沟通科技都是提供听障者获取信息的渠道。在教室或工作场合除了手语，呈现给听障学生的还有：投影仪、有字幕的电影、电子书、数字相机、摄影机、网络课程、文字投影机等。科技不断演进，人类的需求也不断

---

[1] 失聪者：心理、教育及社会转变中的观点[M]. 陈小娟，邢敏华，译. 新北：心理出版社，2007.

[2] Arons, K. S. Genetics and deafness; Impacts on the deaf community [J]. Sign Language Studies, 2002, 2: 150-168.

[3] Arons, K. S. Genetic counseling for hearing loss [J]. The Volta Review, 95 (monograph 5), 1999: 85-96.

[4] 柯林听力团队. 助听器学[M]. 新北：柯林仪器股份有限公司，2011：273-292.

改变。这也挑战听常者和听障者沟通时的改变，语音识别系统需要越来越精细，在这同时，听常者也必须要提供新科技来设法减少听障者在运用这些软件时所碰到的困难。同时由于科技的进步，助听器的使用也已不再局限于近端的沟通，搭配成熟稳定的蓝牙技术，助听器更可能跃升为远端的沟通，其角色从传统的听觉辅具转变成为沟通的界面[1]。

请你尝试分析听觉科技进步对聋文化保存的冲击？如何采取行动保存聋文化呢？

讨论问题

1.听觉障碍的定义为何？从医学角度来看，有哪些鉴定方法？

2.听障儿童的教学方法中，采用口语法教学时有哪些教学方法？采用综合沟通法时又有哪些教学方法？

3.请说明科技辅具的进步及融合教育的倡导，是否会影响听障者融入聋文化？替代声音的支持系统对于听障者有何获益？对听障者生活有何改变？

4.请述说听障学生在融合学习环境中的利弊得失，在未来的发展趋势中要如何来协助听障者？

延伸阅读

1.雷江华.听觉障碍学生唇读的认知研究 [M].北京：中国社会科学出版社，2009.

2.刘盈江.听觉障碍青少年心理咨询 [M].南京：华夏出版社，2007.

3.张茂林.听觉障碍学生阅读策略及相关干预 [M].南京：南京师范大学出版社，2016.

4.沈晓明，等.国家卫生计生委新生儿听力筛查培训教材：新生儿听力筛查 [M].2 版.北京：人民卫生出版社，2014.

本章作者：蔡瑞美

---

[1]Stinson, M., & Leigh, I.W. Inclusion and the psychosocial development of deaf children and youths. In B.D. Snider (Ed.), Inclusion? Defining quality education for deaf and hard of hearing students [M]. Washington DC: Gallaudet University, 1995: 153-161.

第十四章 肢体障碍与脑性麻痹儿童心理与教育

学习目标

□知识目标

1. 了解肢体障碍的定义。

2. 了解脑性麻痹（脑瘫）的定义。

3. 了解肢体障碍与脑性麻痹学生的特殊教育需求。

□能力目标

1. 能正确辨识肢体障碍与脑性麻痹的迷思与正思。

2. 能根据肢体障碍与脑性麻痹学生的特殊教育需求，评析特殊教育安置措施。

3. 能依据肢障与脑性麻痹学生的特殊教育需求，诠释"有教无类""因材施教"的理念。

□情意目标

1. 拥有尊重差异、照顾肢体障碍与脑性麻痹学生的特教情怀。

2. 肯定肢体障碍与脑性麻痹学生的特殊教育需求，愿意提供相关服务。

3. 愿意接纳协助安置在普通教育环境中的肢体障碍与脑性麻痹学生。

本章重点

　　多数肢体障碍学生智能正常，主要的教育问题在于身体的限制形成社会与情绪的调适困难，了解疾病的相关医学常识可以提供教学情境特殊辅导的参考。肢体障碍是由于神经系统、肌肉骨骼、心肺系统、发展迟缓等相关疾病，或者是意外伤害所造成的永久性障碍，无法自主地控制肢体，以至于影响行动。若肢体障碍导源于脑伤或脊髓损伤的中枢神经系统疾病，则除了肢体问题之外，更可能同时出现心智迟缓、学习认知问题、缺乏协调、注意力转移、情绪与行为异常、沟通异常等问题；必须通过身心评量，了解并掌握学生的真实状况。肢体障碍主要影响到学生的运动功能，连带造成学习上的特殊需求，但是由于肇因疾病非常多样，个案间差异极大；即使肇因于同一种疾病而被归类成肢体障碍的学生，其个案之间的需求，通常也会有很大的不同。

　　至于脑性麻痹（脑瘫），是指某些因素或疾病，导致脑功能严重损伤，从而引发患者出现多种功能障碍，是在幼年早期出现的永久性运动障碍统称，征兆与症状都因人而异，患者常有语言、智力、肢体运动、精神等多种方面的异常。

　　依据肢体障碍与脑性麻痹学生的特殊教育需求，通过专业团队跨领域整合性服务、适应体育的积极干预、搭配辅助科技建构无障碍的环境，以建立适宜的个别教育计划，提供学生高品质的教育。

关键词： 肢体障碍、脑性麻痹（脑瘫）、专业团队、适应体育、辅助科技肢体障碍与脑性麻痹（或称"脑瘫"）（cerebral palsy, CP）的成因非常多元，除大约三成的脑性麻痹学生外，多数不会有心智或认知的显著障碍，必须提供学生与家属参与专业团队[1]跨领域整合性服务，包括特教教师、物理治疗师、职能治疗师、语言治疗师、医师、护理师、心理治疗师，以及社会工作师等，通过建立适宜的个别教育计划，提供他们高质量的教育；实务上建议由专业团队的合作与沟通、适应体育的积极干预、搭配辅助科技[2]以建构出无障碍的环境[3]。

第一节　肢体障碍的定义与鉴定

肢体障碍乃因为神经或肌肉骨骼系统发生病变，妨碍肢体控制，导致行动的困难[4]。

一、定义与鉴定

（一）定义

肢体障碍是指因为身体限制、生理或健康问题，妨碍在学校的参与或学习，影响与社会的正常互动，以至于需要特殊教育服务、训练、设备、教材或仪器等的学生，但不包括视觉障碍、听力障碍，或认知、智力障碍[5]。依据中国台湾地区特殊教育相关规定，肢体障碍的定义是指："上肢、下肢或躯干之机能有部分或全部障碍，致影响参与学习活动者。肢体障碍应由专科医师诊断，其鉴定基准需符合下列情形之一：①先天性肢体功能障碍，②疾病或意外导致永久性肢体功能障碍。"肢体障碍归属于世界卫生组织2001年发表的国际健康功能与残障分类系统（International Classification of Functioning, Disability, and Health, ICF）第七类"神经、肌肉、骨骼之移动相关构造及其功能"，依据其鉴定维度再区分为：关节移动的功能、肌肉力量功能、肌肉张力功能、不随意动作功能、上肢结构、下肢结构，以及躯干等，最后再分别区分其障碍程度与基准。

国际健康功能与残障分类系统（ICF）对残障的分类

第一类 神经系统构造及精神、心智功能

第二类 眼、耳及相关构造与感官功能及疼痛

第三类 涉及声音与言语构造及其功能

[1]P. Dettmer, A. Knackendoffel & L. P. Thurston. 专业合作与沟通：合作、咨询与团队运作支持特殊需求学生 [M]. 韩福荣，等译. 台北：华腾文化有限公司，2014.

[2] 佘сн吉. 辅助科技在特殊教育之应用 [J]. 辅具之友：健康智慧生活系列（六）校园生活篇，2016（39）：7-12.

[3] 钟高基，等. 辅助科技学 [M]. 台中：华格那企业有限公司，2014.

[4]Kirk, S. A., Gallagher, J. J., & Anastasiow, N. J. Educating exceptional children [M]. 10th ed. Boston: Houghton Mifflin, 2003: 492-534.

[5]Cross, D. P. Students with physical and health-related disabilities// Blackhurst, A. E., & Berdine, W. H. An Introduction to special education [M]. 3th ed. New York: Harper Collins College Publishers, 1993: 351-397.

第四类 循环、造血、免疫与呼吸系统构造及其功能

第五类 消化、新陈代谢与内分泌系统相关构造及其功能

第六类 泌尿与生殖系统相关构造及其功能

第七类 神经、肌肉、骨骼之移动相关构造及其功能

第八类 皮肤与相关构造及其功能

ICF 重新看待残障的定义，不再仅将残障局限于个人的疾病及损伤，同时须纳入环境因素与障碍后的影响，使服务提供者更可贴近残障者的需求。

ICF 将残障的评估分为两大部分，第一层次包含身体功能与结构的损伤情形及因为以上的损伤所致的活动限制与参与局限的潜能与现况，在每个身体功能与结构损伤类别下，再分别观察、测量活动、参与维度；第二层次则是指环境因素与个人特质这两种因素跟障碍互动的情形。借由这两个部分的评估，帮助残障者获得更贴近自己需要的服务。

资料来源：Üstün,T.B., Chaterji,S.,Bickenbach,J.,Kostanjsek,N.,& Schneider, M.(2003) The International Classification of Functioning,Disability and Health：A new tool for understanding disability and health,Disability and Rehabilitation, 2003, 25：11–12, 565–571.

思考与练习 14–1

反思在你求学过程中，是否遇到过"肢体障碍"学生？他（们）在班上是否受到友善的对待？你怎看待他（们）？

（二）分类

肢体障碍分成：

（1）神经系统缺损：如脑性麻痹、多发性硬化症、脊柱裂／脊髓脊膜膨出（或称脊髓膜囊肿）、脊髓损伤等，主要是影响中枢神经系统相关运动区功能的疾病；

（2）骨骼肌肉异常：如年少型类风湿性关节炎、缺肢、肌肉萎缩及脊柱侧弯等；

（3）其他身体状况：如意外、烧烫伤、虐待等[1]。

（三）障碍程度

重度障碍是指，若没有适当的处置，将几乎完全失能；中度障碍是指，对步行、自我照顾与沟通造成严重障碍，但尚未达到完全失能；轻度障碍是指，活动或协调性有着极小限制。[2]

---

[1]Patton, J. R., Kauffman, J. M., Blackbourn, J. M., & Brown, G. B. Exceptional children in focus [M].5th ed. New York: Merrill, 1991: 91-108.

[2]Jones, M. H. Cerebral palsy// Umbreit, J. Physical disabilities and health impairments An Introduction [M]. Columbus, OH: Charles E. Merrill, 1983: 41-58.

二、肢体障碍的成因

肢体障碍的成因可能是先天的或后天的；出生前、出生时或出生后都可能因为基因、身体受伤、缺氧、中毒、疾病、不当医疗、饮食、吸烟、饮酒或药物滥用，或其他综合原因等，造成肢体障碍[1]。

描述肢体障碍类别时，应依照不同疾病，分别叙述造成障碍的原因[2][3]，说明如下：

神经管缺陷[4]：发生率约为千分之一至二，导因于基因及环境因素，使得原本应该中空封闭保护脊髓神经的脊椎管闭合不全，此症分为脊柱裂、脑脊髓膜膨出、脑膨出、脊髓膜膨出、无脑无脊髓等；脊柱裂的囊状突起意指位于脊椎管中的组织溢出成胞囊，有时局部体表长出毛发，似乎和胎儿羊水中的胎蛋白高浓度有关，可能会出现下肢瘫痪、水脑、肥胖、大小便失禁、皮肤感觉异常等相关的器官功能缺陷。

脊髓损伤与头部外伤：以交通意外居多，除了影响下肢或四肢功能，可能还伴随骨折、脱臼、大小便功能障碍、褥疮溃疡等，发生小范围的脑伤时，智能通常不受影响。头部外伤包括挫伤、脑膜上血肿、脑膜下血肿与脑震荡。复原分三个时期，包括脊髓震荡期、脊髓反射与痉挛增强期及稳定期；居家自我照护及体能维持运动是复健的重点。

截肢：其病因是天生的缺肢略多于车祸及癌症所造成的，建议训练其使用义肢，并注意是否影响日常生活功能，或者会出现不正常的代偿动作而引起其他问题。选配义肢有助于坐姿平衡、肢体动作对称，以及改善自我形象。同时要训练其关节活动度、肌力、姿势对称运动、协调、平衡与保护反射等。义肢的材质、外形、重量及使用训练，对于功能与预后都有影响，而且必定定期检测调整。先天或后天截肢、年龄及截肢的高度等因素，都会影响训练的成效。

小儿麻痹：为病毒感染脊髓神经组织，尤其是前角灰质的传出运动神经纤维，影响神经控制肌肉运动的能力，导致肢体障碍的问题。以中国台湾地区而言，目前新生儿已经全面接种疫苗，不再出现大流行，仅少数零星的境外移入案例。现今反而是四十余年前大流行时期的患者于成年后，陆续出现小儿麻痹后肌萎缩综合征，形成严重的问题。

多发性硬化症：是进行性疾病，其机转是因为免疫系统异常反应，造成神经髓鞘被疤痕结缔组织取代；病因不明，可能是免疫系统、基因或环境因素造成，寒带白人女性较为常见。初期会出现视力与动作不协调，逐渐发展成眼盲、语言障碍、大小便失禁，甚至部分肢体瘫痪等。

[1]Nuffield, E. Biomedical perspectives// Hasselt, V, V., Strain, P., & Herson M. Handbook of developmental and physical disabilities [M].New York: Pergamon Press, 1988: 38-57.

[2]Gearheart, B. R., Weishahn, M. W., & Gearheart, C. J. The exceptional student in regular classroom [M]. 5th ed. Columbus, OH: Merrill, 1992: 232-273.

[3]Kaplan, P. S. Pathways for exceptional children: School, home and culture [M]. St. Paul, MN: West Publishing Co., 1996: 530-571.

[4]Rowley-Lelley, F. L., & Reigel, D. H. Teaching the student, with spinal bifida [M]. Baltimore, MD: Paul H Brookes, 1993.

畸形足：为先天的足部肌肉骨骼畸形，脚掌无法与小腿成九十度平贴于地面，走路时犹如踮脚尖行走。

关节炎：由于长期发炎导致关节变形，最后影响行动能力，必须给予适当的药物、手术、运动及教育调适。

脊柱过度弯曲变形：可能是先天、外伤、姿势不良或疾病引起。可以区分成驼背、过度前突及脊柱侧弯等。青春期时的脊柱过度弯曲变形患者的出现比例，女生比男生多，其中侧弯又可依脊椎骨排列的外形，分成 C 型、倒 C 型、S 型、倒 S 型、旋转型等。

成骨不全：俗称"玻璃娃娃"，导因于衍生骨的结缔组织的遗传疾病，因为酵素与氨基酸不正常，造成骨组织与胶原蛋白的结构异常，骨头脆弱易折断、巩膜呈蓝色、身材矮小、牙齿脆弱、皮肤常瘀青、关节韧带松动易脱臼，极可能出现脊柱侧弯、疝气、颅内出血、上呼吸道感染等。必须同时由药物、手术、教育及社会等四方面来协助。学校无障碍环境的建构与意外伤害的预防是首要之务。

股骨头坏死：病因不明，患者多数是男孩，造成骨生长板非感染性缺血性坏死，通过手术重建髋关节及物理治疗，可以让患者重返学校学习。

第二节　肢体障碍儿童心理特征

一、主要心理特征

大部分的肢体障碍学生智力正常[1]，学业的困扰不是主要教育问题，反而是由于身体的限制形成社会与情绪的调适困难。对青春期的肢体障碍者，必须特别注意的是身体形象、朋辈接受度、独立性、自我接纳，以及成就感等。

肢体障碍学生由于敏捷性和动作功能受限、身体疼痛不舒服、无法行动自如且活力不足等原因，常出现和肢体、生活功能上相关问题，因而常觉得被朋辈或家人疏远，也因为肢体疾病而常面对手术或许多的医疗干预。因此，肢体障碍造成学生在教育、心理、医学与社会上的主要特质是由于行动不便或手部操作能力不足，而导致生活自理能力不足、参与社会活动受限等；由于生理的限制，肢体障碍学生从事动态的休闲活动比率较低；因为缺少运动而导致身体机能退化的情形相对较高；也由于无法行动自如，活动范围受限，以致显得较为孤立，缺乏学习及扩展生活领域的机会；再者，由于肢体障碍较容易影响外貌和姿态，因而容易增加人际互动上的不安，导致自卑自怜，甚至产生沮丧、退缩、愤怒、消极、悲观等负面情绪，造成社会适应的困难，进一步降低认知与社会功能的发展。其实，肢体障碍学生的智力与认知功能大多未受到生理障碍的影响，若有适当的辅导措施，使其

---

[1]Batshaw, M. L. Children with disabilities [M]. 5th ed. Baltimore, MD: Paul H Brookes, 2002.

及早进入适应阶段，仍可以有良好的生涯发展[1]。

二、可能的心理问题

肢体障碍学生很可能出现物理上或心理上的孤立、自贬、对前途的忧虑、伪装的烦恼等问题[2]。孤立状态系指由于无法行动自如、活动范围受限，因而产生物理空间上的孤立；再者由于高度自卑，避免与人接触，影响人际情感交流，在心理空间上形成孤立状态。自我贬值系指有些肢体障碍者由于长期依赖他人料理日常生活杂务、用餐、沐浴、如厕等，自觉没有能力而自惭形秽。肢障者在他人好奇的注视、取笑跛脚、歪嘴，或者不合宜的同情表现下，往往触及伤痛，难免打击自尊心。对前途的忧虑是肢障者常有的心情，尤其是伤残程度较重者。由于长期依赖他人，所以内心常缺乏安全感，深恐遭到嫌恶与遗弃。至于伪装的烦恼，系指对肢体健全者认同，在各方面力求表现，尽量掩饰本身的障碍，但又怕被发现，因此心理上一直呈现紧张状态。

生理的障碍对个人的心理生活有深远影响，但也和个人的人格特质有关，不一定会造成正面或者负面的行为。肢体障碍学生在心理上有寻求独立的想法，生活上却需要他人协助，因此可能产生矛盾、缺乏安全感及不确定感。肢障学生会对一般朋辈认同，许多方面的表现会尽其所能，却担心身体上的缺陷会影响人际关系，形成心理上的紧张和冲突，而影响到社会适应和自我概念；外表可观察到的障碍情形越是明显，可能影响的程度也越高；而外貌缺陷也会影响个人的身体形象，以致对自己的外貌产生厌恶、恐惧或羞愧，比较没有自信心或容易在人群中退缩。少数肢体障碍学生在生理上容易出现气喘、失眠、食欲不振、疲惫等反应，在心理上容易出现生气、愤恨、焦虑、自暴自弃等行为。肢体障碍者也可能因为自我概念不佳、对自己缺乏自信心，与他人互动时显得比较退缩、压抑自己的需求，或容易因为小冲突引发较大挫折，因而影响到人际关系的正常发展。此外，由于行动的限制，肢障学生的活动领域及生活空间较朋辈狭隘，可能在情绪上产生自我封闭的现象。

第三节　肢体障碍儿童教学策略

首先要针对每位肢体障碍学生提供个别化教育计划。肢障学生的教育，除了一般知能课程的学习外，尚应配合适当的医疗，给予机能训练、语言训练、心理辅导与职业陶冶，以增进身体机能及生活适应能力。首先要了解肢障学生在生理、情绪、智能或感官机能方面有多少功能限制？影响哪些方面的发展？造成哪些学习上的困难？肢体障碍对个人的角色认同与社会参与造成哪些改变？在人际互动、学习形态、休闲方式等社会文化方面有何限制？从而针对学习情境的特殊需求，做全面性的考虑与改进，例如：考试时间的延长或

---

[1]Livneh, H., & Evans, J. Adjusting to disability: Behavioral correlates and intervention strategies [J]. Personnel and Guidance Journal, 1984, 62: 363-365.

[2] 郭为藩．特殊儿童心理与教育 [M]．台北：文景书局有限公司，2007：85-118.

协助，以及全方位无障碍环境，如厕所、上课场所、实验与实习、电梯与辅助科技的可及性等。

肢体障碍学生的教育与辅导必须是"全面性"的，且考虑到"生态"的观点[1]。"全面性"指的是不只单独针对肢体障碍所引发的个别问题处理，而必须整体考虑教育相关课题，包括：心理、医疗与社会态度，以协助学生发挥潜能、实现自我；"生态"指的是个体和环境的相互调适，以提升知觉与概念学习经验的质与量，减少参与的限制，促进其认知与社会发展。肢障学生的智能和认知能力与一般学生的分布相似，其教育及辅导应偏重在心理与学习问题，必须先观察并评估他们的学习、行动、生活自理能力是否受到影响？使其日常生活功能足以克服肢体障碍，增加与朋辈互动的机会。一般来说，应优先考虑学习情境的特殊需求，针对学生的学习条件，在不同的时间或教学环境中，提供个别化的教学辅助与相关的辅导。

一、教育设计的原则

教师在编选教材、进行教学时，必须充分考虑学生肢体障碍程度、身心特质及各种实际条件，并把握下列教学原则[2]：

（1）设计适合儿童障碍程度、学习能力的教材。教材以实用为主，让儿童学习之后能立即应用于日常生活中。

（2）应用工作分析技术，分析教材内容，使之能循序渐进，达成教学目标。

（3）需参考学生的障碍状况及程度，酌减各科教学内容。

（4）因病或医疗上的需要而缺课，需给予补救教学，以免影响进度。

（5）考量障碍情形，指派工作或考试时，给予较多的时间完成，或是减少其作业量。

（6）若是学生无法书写，允许其以打字、录音或口述来替代。

（7）若是阅读或翻页有困难，则提供有声教材，让学生由听觉渠道学习。

（8）弹性应用各种教学评量的方法，教学中注重形成性评量。

（9）妥善运用教学评量的结果，以作为改进教材、教学方法及学习辅导的依据。

肢体障碍学生应该加强训练语言沟通能力与生活自理能力，提供充实生活经验、生计教育、休闲活动与体育，以及一般学科学习等方面的教育协助[3]。制订肢障学生的个别化教育计划时，必须检视医疗、通勤、移位、沟通、自我照护、摆位及教育等七方面的问题与需求。

医疗需求方面，应先检视除了主要障碍外，是否有其他问题？如癫痫、糖尿病、感觉异常等；是否必须在学校服药？次数及数量为何？有没有副作用？紧急医疗的程序和联络

[1] 何华国. 特殊儿童心理与教育 [M].3 版. 台北：五南出版社，1999：229-276.

[2] 王亦荣. 多重障碍儿童心理教育 // 王文科，等. 特殊教育导论 [M]. 新北：心理出版社，2000.

[3] 徐享良. 肢体障碍与身体病弱者教育 // 王文科，等. 新特殊教育通论 [M]. 台北：五南出版社，2005：163-195.

人为何？有何禁忌或限制？

通勤需求方面，应先检视其是否需要校车或康复巴士接送服务？

移位需求方面，应先检视其是否需要移行辅具及无障碍设施？

沟通需求方面，应先检视其是否有口语能力？是否有书写或阅读障碍？

自我照护需求方面，应先检视其日常生活功能，包括：进食、穿衣、盥洗、如厕等活动的独立程度。

摆位需求方面，应先检视其是否需要特殊坐姿摆位辅具等？

教育需求方面，应先检视学生现有的课业能力、发展的里程碑与职业能力，有哪些优势与缺点？肢体障碍会影响到哪些学习成就？参与学校活动时有哪些医疗上的需求或考虑？教室或学校内应该提供哪些无障碍环境？有哪些软硬件与服务必须提供？在调整教学策略时，应注意增进对于学生障碍状况的真正了解，着重生活素质的提升。

在生活的其他面向，则是协助学生，增加其对于日常生活独立能力的控制感，并鼓励他们参与适当的适应体育活动[1]。

二、辅导方法

肢体障碍学生的辅导，要注意躯体缺陷是否会影响其自我概念的发展；影响自我概念的并不是直接导因于身体上面的缺陷，而是因为缺陷所导致的挫折与自卑[2]。因此，应辅导学生面对现实、接受生理功能的限制，把握实际的生活目标，适应生活环境，并实现自我的理想，至少要努力做到日常生活功能的独立。肢障学生常因身体的缺陷而无法培养正面的自我概念，负面的自我概念是由许多原因造成，包括社会经验、被限制的机会，以及被贴上残障或残疾的标签等。这样的经验与信念通常导致其容易有疏离感、被贬抑、被诬蔑及歧视的想法。要提升肢障者的自我接纳度，最好的方法就是运动或是适应体育活动及休闲活动。提供残障者符合年龄的适当体育或休闲活动，有助于其社会适应和提升自我概念。

肢障学生必须经过一系列的改变与适应，才有办法接受其残障的事实。具体的辅导措施与价值调整可通过扩大价值的范围，理解身体外表是次要的，限缩障碍的影响，进一步从"比较价值"转换为"内在价值"，给予自己肯定的评价，重视自己本身的价值，不需要去跟一般人比较，知足常乐；使学生了解自己的长处与价值，才是最重要的[3]。

教师应注重个别的差异给予个别的辅导，借由改变教学和学习环境，适应肢体障碍者的个别需要。协助学生建立积极的人生观，与肢障学生及其父母合作，使其重新体认生活目标是多方面的，人生中值得追求的价值还有很多。针对残障造成的后果做较公允的评估，

[1]Bigge, J. L., Stump, C. S., Spagna, M. E., & Silberman, R. K. Curriculum, assessment, and instruction for students with disabilities [M]. New York: Wadsworth, 1999.

[2] 郭为藩. 特殊儿童心理与教育 [M]. 台北：文景书局有限公司，2007：85-118.

[3]Olkin, R. What psychotherapists should know about disability [M]. New York: The Guilford Press, 1999.

找出其限制与专长处，以发现重建或补救的途径。

教师应协助学生了解"肢体障碍"是一种个别的特殊状态，不是值得害怕、羞耻或自卑的事。教师应诚实回答学生的问题，承认并尊重肢障者对障碍的感受。协助学生把障碍视为生活中及自己的一部分，经由坦然面对及讨论分享中，认识个人的限制与专长，积极地找寻帮助他人的能力。借由动作、健康、自理技能等课程，帮助肢体障碍者适应生活、克服身体的障碍，增加处理事物的能力。实施令他们有成就感的活动，累积成功的经验会促使他们拥有成就感，不愿意去学习。失败的经验也会造成他们习得的无助感。教师要针对他们的优点，多给予自我表现的机会，适时地给予奖励，减少他们的挫折感，增进正向自我概念。随着回归主流和融合教育的推展，特殊需要学生融入一般教室生活与学习，以"最少限制环境"作为安置的原则。建立校园无障碍环境之目的，在于增进行动不便学生校园生活、学习与适应能力，借由校园内软硬件设备设施的改善，以消除校园内各种有形与无形的障碍，期使行动不便学生能在最少限制条件的环境下，与一般学生一起学习，共同享用各种教育资源，参与各种学习活动。教师宜注意学校提供的无障碍环境，应该包括物理、心理及社会环境的无障碍[1]。

物理无障碍环境包括：是否将学生安排在一楼或电梯可以抵达的教室，确认各科的学习场所都可以抵达；让学生拥有适当大小的活动空间；适当座位安排，以方便轮椅或助行器的移动；是否能够让他独立地完成上厕所等基本的日常生活需求，如入口与走道的适当安排；可以使用固定的电脑、纸张书写、书本阅读、进行美劳课程的桌面；学习动线的适当规划，以利取得学习资源与进行学习活动；协助科技辅具的取得与使用，如书写、用餐辅助器、沟通板等；若肢体障碍的问题影响学生的上课笔记抄写、报告缴交与考试，建议使用替代或调整方式，允许学生使用录音机、电子计算机辅具、延长时间，或者改变考试题型等方式。

心理与社会环境则包括：帮助学生建立自信心与自尊，社会与情绪适应技能等。在课程与教学策略的调整方面，包含动作与移动技能的教学、生活自理能力训练、增进其他学生对障碍特质的了解、强调生活品质的重要性、增进学生自我管理的能力等。

通过班级各项团体辅导技巧，可提升同学对肢障学生的正确认识，学习不好的相处方式。通过体验活动的角色扮演，让每位同学实际体验肢障学生的不方便，进而将心比心，随时随地同理肢体障碍学生的感受。安排班级事务及学习活动时，不要预设立场或先入为主地认为肢障学生无法达成目标而排除其参与的机会、剥夺其公平学习的权益。举办校外教学或参访活动时，可先征询学生的意见，鼓励其参与，若有必要，宜进行必要的心理辅导。

---

[1]Lewis, R. B., & Doorlag, D. H. Teaching special students in general education classrooms [M]. 5th ed. Englewood Cliffs, NJ: Prentice-Hall, 1999: 342-365.

第四节　脑性麻痹儿童心理与教育

脑性麻痹（脑瘫）（Cerebral Palsy, CP）在独立分类以前，大多被鉴定为肢体障碍，少数较为严重的学生，依据则判定为以肢体障碍为主的多重障碍。2001 年以后，依联合国世界卫生组织所发表的国际健康功能与残障分类系统（ICF），脑性麻痹可以归属于第七类"神经、肌肉、骨骼之移动相关构造及其功能"。依据鉴定维度，再区分为：关节移动的功能、肌肉力量功能、肌肉张力功能、不随意动作功能、上肢结构、下肢结构、躯干等；其中大约有三成多可能同时具有第一类神经系统构造及精神、心智功能的问题，依据其鉴定维度区分为：意识功能、智力功能、整体心理社会功能、注意力功能、记忆功能、心理动作功能、情绪功能、思想功能、高阶认知功能、口语理解功能、口语表达功能、阅读功能、书写功能等十三个维度；最后再分别区分其障碍程度与基准。

一、定义与鉴定

依据中国台湾地区特殊教育相关规定，脑性麻痹的定义是指："脑部发育中受到非进行性、非暂时性之脑部损伤而显现出动作及姿势发展有问题，或伴随感觉、知觉、认知、沟通、学习、记忆及注意力等神经心理障碍，致在活动以及生活上有显著困难者。其鉴定由医师诊断后认定。"

脑性麻痹患者若以肢体受影响的范围来看，则有单肢麻痹、双侧麻痹、三肢麻痹、下肢麻痹、半身麻痹、双侧半身麻痹、四肢麻痹等。

单肢麻痹指仅有一肢受影响；双侧麻痹指四肢均受影响，但是双侧下肢较严重；三肢麻痹指三肢罹病，通常为双下肢与一上肢；下肢麻痹指双下肢受影响；半身麻痹指单侧一臂一腿罹病；双侧半身麻痹指四肢均受影响，但是双侧上肢较严重；四肢麻痹指四肢均受影响。

若依照肌肉张力的性质，脑性麻痹可以区分为痉挛型、手足徐动型、运动失调型、僵硬型、震颤型、弛软型、混合型等（图 14-1）。

痉挛型会出现显著的肌肉张力、协同动作、协同反应与原始反射；手足徐动型属于运动困难，在动作过程中会出现快速无法预期的动作，清醒时肌张力较强，睡着时肌张力较低，常合并高频听力损失；运动失调型主要是平衡功能障碍、手眼协调功能差；僵硬型是主动肌和拮抗肌同时收缩，肌张力有铅管和齿轮等两种表现型式；震颤型是指肌肉出现重复、有节奏的收缩；弛软型是指肌肉低张力。

脑性麻痹患者除运动功能及肌张力的问题外，还可能出现其他相关的问题，包括：学习障碍、智能障碍、癫痫、语言障碍、吞咽喂食障碍、感觉缺损、关节活动度异常、剪刀脚或踮脚尖步态，以及骨骼畸形等。约有 40% 至 70% 的脑性麻痹儿童具有正常智能[1]，但

---

[1]Batshaw, M. L. Children with disabilities [M]. 5th ed. Baltimore, MD: Paul H Brookes, 2002.

是由于受限于肢体障碍，而影响到口语或书写表达。

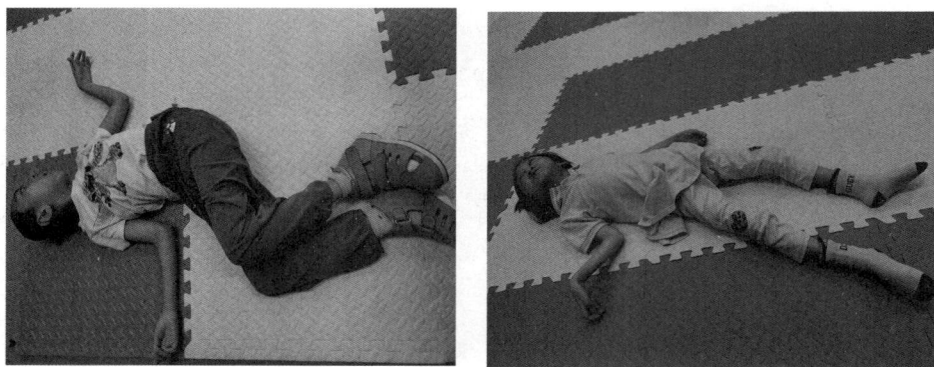

图 14-1　左图为痉挛型；右图为弛软型

　　脑性麻痹的发生率约为千分之一点五至五[1]，主因在于神经系统未发展成熟前的病变，所造成的运动功能缺损，导致非进行性骨骼肌控制的动作、姿势及协调异常。超过三分之二的脑性麻痹是出生前及出生时的各种并发症所造成，例如：缺氧、母体感染、母体代谢疾病等；出生时的缺氧肇因于脐带绕颈、产钳伤害、麻醉或难产等，早产也是重要的病因之一；出生后的脑伤、脑膜炎、脑炎、血管疾病、缺氧等。由于神经系统受损范围及程度不同，脑性麻痹的症状非常多样，除了典型的关节活动度异常、肌肉张力异常，以及出现原始反射外，约有一半的脑性麻痹患者可能合并有癫痫、视力缺损如斜视与眼球震颤等、高频听力缺损、语言障碍、脊柱弯曲、认知及感觉整合等问题。学者推估，智能与普通学生一样呈常态分布的人数约三分之二，其他约三分之一有轻度、中度或重度之智能障碍。

思考与练习 14-2

　　访问调查一位普通教育教师和一位特殊教育教师，了解并比较他们对于脑性麻痹学生的看法。

二、教育与辅导

　　脑性麻痹学生的教育与辅导与肢体障碍学生相近，但是必须通过更细致的评估，鉴别多重障碍所造成的个别化特殊需求[2]。若智力或学习能力未受损害，提出了包括生理、心理以及社会环境的无障碍，需要考虑教室位置的安排、活动空间、座位安排、桌面安排、

---

[1]Jones, M. H. Cerebral palsy// Umbreit, J. (Ed.) Physical disabilities and health impairments: An Introduction [M]. Columbus, OH: Charles E. Merrill, 1983: 41-58.

[2]T. Holowach. 中、重度障碍者有效教学法：个别化重要技能模式（ICSM）[M]. 李淑贞，译. 新北：心理出版社，1997：89-126.

移动动线规划、上厕所的行动协助、科技辅助等；课程与教学策略调整则包含：动作与移动技能的教学、生活自理能力的训练、增进一般学生对障碍特质的了解、强调生活品质的重要性，以及增进自我管理的能力[1]。

在程序上，先依据学生基本能力评量结果，规划个别化教育方案；再分析教学活动，教导学生参与多样的环境，在自然情境中教导学生生活技能，教导日常生活中的例行之事；而后再通过分析自然环境中的重要活动、分析日常生活中的例行之事、确定评量与教学的环境、确定学生在决定的重要活动中目前的表现水准等步骤，以确定学生目前的表现水平，以发展年度与教学目标。

通过辅助科技的评估团队，针对个案需求及能力评估，例如通过其摆位评估椅（图14-1），评估个案坐姿摆位功能，再根据个案需求及能力选择合适的辅具，训练个案使用辅具并作记录，定期追踪个案使用辅具情形；配合控制界面与特殊开关选择，配合适当摆位辅具、电脑相关沟通辅助系统、移行辅具、感官类辅具与生活相关辅助科技，协助脑性麻痹学生更容易地参与普通班的学习。

定制轮椅 1 定制轮椅 2 普通轮椅

图 14-2 摆位评估椅

第五节 肢体障碍与脑性麻痹教育论题与发展趋势

脑性麻痹的专业治疗需与其他相关医疗及教育目标和活动相互协调[2]。个别治疗时间是设计用来评估治疗效果，了解儿童与照顾者之问题，教导训练方法；而平时训练应尽量在团体活动或融入日常生活活动中进行，治疗目标也应该符合在特定时间范围内的特殊需求；家属与教师的训练活动尽可能地落实。医疗康复专业人员于特殊教育系统中常用的训练方法则有：治疗性运动、感觉统合、任务取向之功能训练、辅助科技服务、日常生活自

---

[1] 邱上真. 特殊教育导论 [M]. 新北：心理出版社，2004：234-236.

[2]Wilson, H. J. M. Cerebral palsy// Campbell, S. K. (Ed.). Decision making in pediatric neurologic physical therapy [M]. New York：Churchill Livingstone, 1999：23-83.

理训练、操作治疗技术、认知与行为处理、沟通功能训练、转位技巧、摆位原则等。

一、辅助科技的应用

辅助科技包含设计、制造到评估、处方，必须由跨领域专业团队合作，才能够有效的达到目标。辅助科技使用的目的在于达成学习与日常生活的独立，减少对他人的依赖，回归主流教育。如果没有适当的辅具、辅助科技及无障碍环境，往往会限制肢障学生的行动与学习。教学与辅助科技意指支持与加大信息效益的相关设施；辅助科技则意指扩大障碍学生适应功能的科技协助。

重度肢障学生可以通过头控鼠标、沟通板等辅具，代偿失去的功能。中、轻度障碍学生可通过行动辅具，如手杖、腋下拐、助行器、轮椅、电动轮椅等，配合预防关节畸形的合适装具，如踝足支架，以及相关的无障碍厕所辅助装置、具有适当人机界面的电脑沟通辅助系统等，增进其行动和学习能力。

由于肢体障碍的个别差异太大，辅具的评估处方并不适用一般量产制造的通用设计，量身订制成为早期发展不得不的选择。此一设计理念，已广泛应用在避免骨骼肌肉系统后遗症的坐姿摆位系统，借以诱发坐姿平衡、使肢体对称活动、矫正坐姿，以避免严重的脊柱弯曲影响呼吸及手功能，并通过持续的伸展运动，预防关节挛缩。

通过适当的辅助科技，可以提供更好的坐姿摆位、日常生活活动，如饮食、穿衣、如厕、个人卫生、烹调、旅行及交通工具等自我照顾、动作及移位、沟通辅具，提供转衔服务及休闲娱乐活动，以增进学习适应、发展学业潜能。

实务上可以考虑降低课业负担，依据学生个别障碍情形，在指派工作或考试时，给予较多的时间完成，或是减少其作业量。若是学生无法书写，允许其以打字、录音或口述来替代。若是阅读或翻页有困难，则可以提供有声教材，让学生由听觉渠道学习。弹性应用各种教学评量方法，教学中注重形成性评量。妥善运用教学评量的结果，以作为改进教材、教法及辅导的依据。上课笔记部分，若上肢障碍学生有抄写上的困难，可允许其采用课堂录音的方式替代，或请同学代劳。评量方式及原则由于有动作上的障碍，在完成作业或考试时，常较其他同学需要更多的时间。因此，在作业和考试方面应给予弹性延长时间，以使其有充分的时间完成。对于肢障学生，在作业和考试时应允许以电脑、口语录音、专人代笔的方式作答。例如：上体育课或其他动态课程时，要依据肢障学生的体能状况，提供个别的指导和协助，使他有团体的参与感和隶属感。

在最少限制环境的环境中，应排除各种不利的限制：上下学时，可以提供轮椅进出的复康巴士及公共交通工具，让障碍学生接受最适当的教育，也就是说要尽量接近正常的融合环境。体育方面的教学评量，除了涉及上肢障碍者的手部动作、下肢障碍者的行动、移位外，应与一般学生的评量方式并无多大的差异，若有涉及弱势项目部分，可以坐轮椅或挂拐杖支架、义肢替代之；或是修正环境器材和规则，不要强调技能为成就标准。

通过校内各处室提供的信息和支持，协助肢障学生认识各项场地设施的使用方法，以及可能受到的伤害和限制。安排教室时，要考虑肢障学生的体能负荷和行动方便；需将座位安排于方便出入的位置，避免课桌椅对其造成障碍。应依据学生肢障的程度，尽量将其教室安排在一楼及靠近厕所的位置。提醒学生维持正确的身体姿势，并注意适当的摆位方式。

总而言之，无障碍环境及辅助科技的提供，可以有效提供语言领域以及适应体育等学习时的特定需求，更可以大幅提高肢障学生日常生活功能与生活品质。

思考与练习 14-3

肢体障碍与脑性麻痹学生有哪些特殊需要？他们的特殊需求有哪些特点？

二、未来的展望

针对肢体障碍与脑性麻痹学生应持续加强心理辅导制度，提供诸如自我形象管理、面对疾病与生死的哲学与辅导等。因此，有必要全面落实与完善就学辅导的相关软硬件设施，包括资源教室的设置，提供特别考试服务、延长修业年限、建构无障碍学习环境、减免学杂费和提供奖助学金及提供个别化辅具等。

转衔服务方面，须经由一连串协调、整合的活动，用以协助障碍学生各教育阶段及离校的衔接，以便回馈提供更完整的特殊教育服务。例如：学校教育逐渐重视日常生活知识与技能的训练，尤其是家庭、社会、休闲、职业生活、转衔服务及生涯发展，强调全人的五育均衡发展，避免因脑性麻痹造成偏态的自我意识。未来应该着重在毕业转衔服务的整体规划上，相关专业整合服务则强调整合卫生、社政、教育及劳动等诸多资源，提供跨专业的整合性服务。例如：为了脑性麻痹员工的就业，可以提出职务再设计的补助申请，奖励项目包括改善工作环境、改善工作场所机具设备、适当调整工作内容、改善工作条件等。

考虑肢体障碍与脑性麻痹学生学习能力、社会适应能力、学业成就、家庭需求、家长意愿，以及社区化等因素，安置方式也应由早期的隔离教育，回归统合教育，逐步迈向融合。无障碍环境使得入学机会均等的理想得以实现，并且通过多渠道的入学机会、入学方式的弹性与个别化考虑，期待有特殊需要的肢体障碍与脑性麻痹学生也有机会由早期疗育一直到高等教育阶段，受到良好的教育。

讨论问题

1. 肢体障碍学生在学习上有哪些特殊教育需要？

2. 脑性麻痹学生在学习上有哪些特殊教育需要？

3. 肢体障碍与脑性麻痹学生何以需要特殊教育专业团队干预？

4. 适应体育干预对肢体障碍与脑性麻痹学生的重要性为何？

5. 辅助科技干预对肢体障碍与脑性麻痹学生的重要性为何？

延伸阅读

1. 佘永吉. 肢体障碍及身体病弱的学习者 // 张正芬. 特殊教育导论 [M]. 台北：华腾文化有限公司，2016：第 14 章.

2. 吴亭芳、陈明聪. 辅助科技的应用 // 林宝贵. 特殊教育理论与实务 [M]. 新北：心理出版社，2012：535-580.

本章作者：佘永吉

第十五章　性格与行为异常儿童心理与教育

学习目标

□知识目标

1. 了解性格与行为的含义与鉴定。

2. 掌握性格与行为异常儿童的心理特征。

3. 了解性格与行为异常儿童教育论题与发展趋势。

□能力目标

1. 能够对性格与行为异常做出基本的鉴定。

2. 能对儿童的心理问题进行评估。

3. 能用恰当的方法对性格与行为异常儿童进行教育和辅导。

□情意目标

1. 对性格与行为异常儿童给予理解和尊重。

2. 愿意对性格与行为异常儿童进行辅导和教育。

本章重点

性格与行为异常儿童，从广义上看，也属于特殊儿童的范畴。此类儿童外表并无明显障碍，但由于家庭和社会处境不利，或遭受忽视或虐待，使其性格和行为表现出某种程度的异常或变态，国外称为"情绪和行为障碍"。有部分儿童的心理健康严重受损，甚至表现出神经症和精神病的症状，给自己、他人以及生活和学习等带来了很大的困扰，对其身心发展造成了不利影响，因此需要进行及时和有效的教育及干预。

通过对性格与行为含义的界定，能让我们更好地理解异常性格和行为。性格和行为异常的鉴定和评估是有效干预的基础和前提，主要的方法有自陈量表法、投射测验法、观察法、访谈法和自然观察法等。这些方法各有优长和不足，应根据儿童的年龄、身心发展状况和特征，适当地选择运用。

性格与情绪异常儿童的心理特征表现为：认知失调、负性情感体验强烈、自我中心偏差和抗挫能力弱化等。辅导策略主要有早发现，早干预；建立良好关系；做好儿童心理问题的评估，采用适当的教育方法等。

关键词： 性格与行为异常、鉴定和评估、心理特征、辅导策略、早干预

第一节　性格与行为异常的定义与鉴定

性格与行为是人的心理的重要构成部分，对性格与行为的界定可以让我们更准确和深刻地理解儿童心理，而且其表现如何也是判断儿童心理是否健康的重要指标，对性格和行为异常的鉴定也是对儿童心理教育与辅导的前提和依据。

一、性格与行为的含义

性格是指表现在人对现实的态度和相应的行为方式中的比较稳定的、具有核心意义的个性心理特征，是个体独有的并与其他个体区别开来的整体特性，是有一定倾向性的、稳定的、本质的人格差异。与社会相关密切的人格特征，是在后天社会环境中逐渐形成的，包含人伦道德含义，体现了人们对现实和周围世界的态度。

这里需要对性格和人格的概念进行讨论，因为二者在含义上有复杂的关系。心理学对人格尚缺乏公认的概念界定，只是指出人格具有独特性、稳定性、统合性和功能性的特征，并且往往将性格作为人格的下位概念，认为人格包含性格、能力和气质，性格是人格的核心，二者在内涵有相互重叠的部分。因此，为了更简明地阐释相关内容，本章将性格和人格通用。

与气质相比，性格有好坏之分，并且具有较高可改变的可能性。影响性格形成的因素很多，可以概括为以下三个方面：①生物学条件，即基因遗传因素，是指人从亲属那里遗传下来的生理解剖上的特点，如机体的结构、形态以及感官和神经系统的特征，特别是脑机能的特点。②环境，包括自然环境和社会环境两个方面。环境的影响在大部分情况下是自发的和偶然的。它对个体身心发展的影响既可能是有利的、积极的，也可能是不利的和消极的。③教育。在三个因素当中，教育在人的发展中起主导作用。这是因为教育是一种有目的、有计划、有组织、系统地培养人的活动。它依据儿童和青少年的身心发展规律和特点进行正确引导，可以最大程度地消除环境对人的影响的自发性和盲目性，促进儿童和青少年性格的成熟和健康发展。

性格的结构比较复杂，主要包括：①性格的态度特征，是个人对现实的态度之倾向性特点。例如，对社会、集体、他人的态度上是诚实或虚伪、谦逊或骄傲等；②意志特征，是个人自觉控制自己的行为及行为努力程度方面的特征。如勇敢或怯懦、果断或优柔等；③情绪特征，是个人受情绪影响或控制情绪的程度、状态的特点。如热情或冷漠、开朗或抑郁等；④理智特征，是心理活动过程方面的个体差异之特点。如思维敏捷、深刻、逻辑性强或思维迟缓、浅薄、缺乏逻辑性等。

人的性格是通过言谈举止，也就是行为表现出来的，因此，二者可以说是一体两面。行为可以是内隐的，如大脑内部的思维活动；也可以是外显的，如书写活动等。行为的特征表现为：有具体的表现；具有一种或多种的测量维度，例如频率、强度和持续时间等；可被观察、记录和描述；可对外界环境产生影响；受自然规律的制约；可以被改变。再者，性格与行为相互作用，彼此影响。

二、性格与行为异常的界定

性格与行为异常，可以从以下几个方面界定。一是性格和行为表现与年龄和文化背景不符，偏离常态；二是时间持续时间较长，一般为半年以上；三是影响自己和他人的生活、学习以及安全等。

总之，性格和行为异常的主要表征是当事人的情绪和行为表现与所处的社会情景不一致，显著地异于常态，且妨碍个人对正常社会生活的适应。

性格与行为障碍主要表现为社会性适应不良、品行障碍、情绪困扰、行为失调或行为异常等。儿童期行为问题包括依赖、选择性缄默、社会性退缩、饮食障碍、咬指甲，拒绝上学和口吃等。

儿童性格与行为障碍形成的原因可概括为先天的生理或遗传因素、脑损伤、生化失衡（即体内维生素或矿物质不足或过量）、内分泌障碍或相关的严重的疾病、母亲妊娠期内遭受严重的心理刺激或创伤、儿童先天的气质，以及家庭和学校教育失当、社会的不良影响等。

性格与行为异常的类型与特征

1. 按照异常的程度，可分为轻度、中度和重度。

轻度的性格与行为异常儿童，主要表现为情绪不稳定，敏感、害羞、易焦虑和爱发脾气。这些情绪和行为表现并不顽固，并且随着生活、学习环境的改变和年龄的增长，通过父母、老师的提醒、教育，可以得到纠正和改善。

中度的性格与行为异常儿童，其不良的情绪和行为表现较为严重。他们经常和同学，甚至家长、老师发生冲突，扰乱课堂秩序等，属于非适应性社会行为。在心理辅导老师以及家长等对其进行特殊教育、心理辅导和行为矫正之下，能收到较好效果。

重度的性格与行为异常儿童，其情绪状况很差，某些不良的非适应性社会行为已转变成反社会行为，例如偷窃、吸毒和虐待等。一般的教育和心理辅导此时已很难见效，需要长时间、特殊的条件和方法进行矫治。

2. 按照控制程度，可分为超控型和低控型。

超控型的性格与情绪障碍儿童表现为对自己的情绪和行为表现过度地设限，往往过于焦虑、胆怯和退缩和自我孤立，害怕参加集体和社交活动，有较强的心理防卫御意识和行为。

低控型的则表现为对自己的情绪和行为控制力很弱，或缺乏控制，冲动性较强，且易于迁怒他人，经常表现出攻击、侵犯和伤害性行为，极少能够理智地、心平气和地处理问题。

3. 按照表现，可以分为如下几类：

（1）破坏性行为障碍，包括品行障碍、多动症。其共同特征是情绪和行为缺乏控制、学业不良、违反社会规则，有意或无意地伤人毁物等。

（2）情绪压抑障碍，包括儿童焦虑症、抑郁症、恐怖症等。主要的表现是焦虑不安、压抑恐慌、消极懒散和悲观无望等，并伴有不同程度的躯体症状，例如心跳加速、头晕、出冷汗和乏力等。

（3）进食障碍。是以进食行为异常为显著特征的一组综合征。主要包括神经性厌食症，神经性贪食症。神经性厌食的主要特征是儿童用过度节食等各种方法有意地造成体重过低，拒绝保持最低的标准体重；而神经性贪食的主要特征是反复出现的暴食及暴食后不恰当的抵消行为，如诱吐、节食或过度运动等。某些儿童也会出现异食癖，患此症的儿童通常会啃咬一些无营养价值，甚至有害的东西，例如泥土、纸张或某些脏东西，主要是心理因素所致。

除此之外，儿童的异常行为还包括排泄障碍，例如遗尿和大小便失禁，以及睡眠障碍，例如失眠、夜惊和梦游等。

资料来源：自编

三、性格与行为异常的鉴定

对性格与行为异常儿童的精准鉴定与评估，是心理健康教育、辅导与咨询的前提。常用的主要方法如下：

（一）自陈量表法

人格自陈量表是一种对人格作客观测量的工具，以自我报告的形式出现，对拟测量的人格特征编制若干测试题，即描述人格的项目，要求被试以"是非法"或"选择法"的方式选择答案，从而把自己的人格特点陈述出来。施测者依据答案来衡量和评价其人格特征，是心理测试中最常用的一种测评方法。常用的量表有明尼苏达多相人格测验（MMPI）、十六种人格因素问卷（16PF）、艾森克人格问卷（Eysenck Personality Questionnaire）、基本人格量表（BPI），以及大五人格量表（Big Five Personality Scale）等。

（二）投射测验法

所谓投射测验是指给受测者一系列的模糊刺激，如抽象模式，可以作多种解释的未完成图片、墨迹或不明确的人物图片和绘画等，要求受测者叙述、完成图片或讲述画中的内容。用这种方法，可以绕过受测者的心理防御机制，使潜意识得以表达出来。因为受测者的解释会带有自己潜意识的思想，施测者以此来探测其真实想法和内在的心理活动。人格的投射测验主要有主题统觉测验（TAT）和墨迹测验（inkblot test）。

（三）观察法

常见的观察法有两种，一种是实验观察法，另一种是自然观察法。

实验观察法是指在人工控制的环境中，包括实验室内，进行系统观察的方法。通常对观察的程序等有较为严格的设计，有时还要利用一定的设施或仪器控制特定的因素，从而探索这些因素与被观察者的行为表现之间的关系。

自然观察法是在日常生活等自然条件下，有目的、有计划地创设和控制一定的条件或因素，对观察对象进行系统的观察和记录，然后对所做记录进行分析，发现其心理和行为特征的方法。主要有两种方法，即项目核查法和等级评定法。项目核查法是指，在观察前把所要观察的目标行为进行分类，并将其记在预先准备的纸上。观察时对拟观察的行为进行检核，记下这些行为的出现或不出现。等级评定法的基本做法是，要求观察者对被观察者在某一（或某些）性格特征上的轻重程度进行评定，可以以数字表示，例如以 0 表示完全没有，10 表示完全有。数字越大代表程度越高，也可以以文字加以表述。这是用一定的评定尺度去评定被观察者的性格和行为特征的方法。

在采用上述两种方法来评定一个人的性格特征时，首先必须明确地列出行为的特征。同时还要注意，依据特殊情况下观察到的行为特征去推测受测者的性格特征不一定是准确的。

除此之外，单纯的经验性的生活观察，也能发现儿童性格和行为的异常之处。因为此类儿童有一些具体的表现，例如智力和健康状况正常，但学习能力低下；不能与同龄者、家长和老师等建立并维持正常的、令人满意的关系；在没有非正常刺激的情况下，出现过度的情绪反应、困扰和行为表现以及难以接受的行为方式；过于敏感，心境长期处于抑郁、压抑、沮丧或易激惹等不良状态，或有冲动、攻击等反社会行为；对某些常态的人、事和物表现出无意识的抵触行为，并且表现出社会性退缩和孤僻等。

（四）访谈法

访谈法是研究者与受访者在事先约定的时间、地点进行面谈，就相关问题询问受访者，要求其回答并准确地记录回答内容的方法。心理学中的访谈法是同受访者面对面地交谈了以解其相关信息的方法。交谈的内容包括受访者的现状、生长史、教育史、医疗史以及家庭状况等。进一步也可以了解他对特定的人的感情、态度，以及对于自身的认识内容等。此外，还可以找与受访者有关的人进行谈话，例如了解一个学生的性格和行为特征，可以和他的老师或父母面谈。

（五）自然实验法

自然实验法是指在自然的情况下或日常生活情境中，适当地控制和创设某些条件，给被试的心理活动以一定的刺激和诱导，以引起某种心理活动和行为，并进行观察和记录其心理活动和行为的各种具体表现。

这种方法具有两个主要特点，即主动性和自然性。主要体现在研究者可以按照研究的目的，有意控制或改变某些条件和因素，让被观察者处于日常活动的环境中，并尽量避免让其觉察到实验者的意图以及自己是实验观察的对象。前一特点可以避免观察法等待考察现象出现需要时过长，或者难以分辨结果的多因性等缺点，后一个特点则有可能排除实验室实验中因人为的实验环境或紧张气氛影响被观察者心理和行为表现的不足。

用自然实验法也可以对儿童的性格和行为特点进行研究。例如，在游戏或上课时，让儿童完成一些实验性的作业或任务，以此来探查其性格和行为特征。

上述的鉴定或评估方法，各有其优劣，有的比较适合儿童，例如观察法、自然实验法以及投射测验法中的绘画测验，有的则不太适合，例如自陈量表和访谈法。因此，心理测评人员应根据儿童的年龄、心理和行为特征有选择地运用。

性格和情绪异常评估的重点

儿童性格和情绪异常评估的主要目的是找出问题的症结，发现儿童内在的心理需求，揭示其潜在的心理优势，为进一步的心理诊断以及干预方案的制定提供可靠的依据。可以从以下几个方面入手：

1. 意识水平

指的是观察水平。在观察力中，自我观察是对自己的情绪、思维、个性特点及行为表现的体验及察觉，通常也称为自觉性。对环境的观察力包括对客观事物的存在、发展以及细小差异的察觉。意识活动正常与否是心理健康的敏感指标。

2. 思维的品质

思维品质反映了每个个体智力或思维水平的差异，主要包括深刻性、灵活性、独创性、批判性、敏捷性和系统性六个方面。思维品质以其现实性和逻辑性为标志。不良的思维品质多表现为空泛性和反逻辑性。如果一个人的思维活动不具备现实性、不合逻辑性，那么在现实生活中必然处处碰壁，并由此造成种种不愉快的情绪，影响身心健康。

3. 环境的适应能力

主要是指生活、学习环境发生变化后，例如搬家或转学，个体是否能够较快地调整心态，情绪保持相对稳定，能否顺利地建立起新的人际关系，以及生活和学习环境的变化不会对其造成较大的困扰。

4. 心理承受力

也可理解为心理抗挫能力。具体而言，当面对生活或学习压力的时候，是否具有较高的心理弹性。心理弹性是主体对外界变化了的环境的心理及行为上的反应状态，是指个体面对危机时能够发展出有效的应对策略。心理弹性包含危险因素与保护因素之间的相互作用。心理弹性是一种动态形式，有其伸缩空间，它随着环境变化而变化，并在变化中达到对环境的动态调控和适应。心理弹性状况可以运用相关的心理弹性量表施测进行判断。

5. 心理自控能力

指人对自己的情绪、情感表现和思维活动，以及自己的言行举止的控制能力，这种能力有个体差异。一个心理比较健康的人，自控力比较强，反之则较弱。

6. 自信心

在含义上，自信心类似于班杜拉的自我效能感，指个体对自身成功应对特定情境能力的估价。当一个人面临生活问题和工作任务时，首先要估计一下自己的能力，以及自己有无足够的能力去应对客观要求。真正的自信心有赖于对客观现实和自己能力的正确评价。因此，自信心和自我效能感是一种积极、有效地表达自我价值、自我尊重、自我理解的意识特征和心理状态，是心理健康的核心支柱之一。

7. 心理活动的节律性

人的心理活动有自身的节律或称生物钟，是生物体内的一种无形的"时钟"，由生物体内的时间结构顺序所决定。生物钟紊乱，将牵动体内许多生理功能的紊乱，出现睡眠障碍、内分泌失调、免疫功能下降，有损身心健康，甚至引发疾病。比如，意识状态就有明显的节律，觉醒—睡眠周期就是意识的节律性表现。这种周期被破坏，便会产生所谓的失眠，进而可能引发心理焦虑。

8. 人际关系

符合人情事理的人际交往能够形成正常的人际关系，可以增强人的生活情趣，增进社会适应能力。在重大的生活事件发生时，良好的人际关系使得个体能及时获得社会支持。所以，社会交往和人际关系状况既可作为心理健康的指标，又是增进心理健康的途径。

资料来源：自编

思考与练习 15-1

用自然观察法对一位疑似性格与行为异常的儿童进行鉴定与评估。

第二节　性格与行为异常儿童的心理特征

性格与行为异常儿童的心理特征，与普通儿童相比，主要表现为认知失调、负性情感体验强烈、自我中心偏差和抗挫能力弱化等。对这些特征的把握，有利于我们及时地发现性格与行为异常儿童，并及时地进行干预。

一、认知失调

认知失调理论是由美国心理学家费斯廷格（Leon Festinger）在 1975 年提出的，包括两个要素，一是关于自身特点和自己行为的知识；另一个是关于周围环境的知识。认知要素之间的关系有 3 种：无关系、协调一致的关系、不协调的关系。

儿童由于自身经验有限，以及其他因素的影响，对自己、他人以及所处的环境，很难形成理性与客观的认知，因此易于出现认知偏差。认知偏差是指人们根据一定表现的现象或虚假的信息而对他人作出判断，导致判断失误或判断本身与判断对象的真实情况不相符合的情况。这种情况下，就有可能产生认知失调，出现心理上的冲突、矛盾和紧张，使得认知、情感和行为不协调，但儿童又不知道如何解决，或用不当的方法处理，从而有可能造成较为强烈的负性情感体验。

二、负性情感体验强烈

性格和行为异常儿童由于认知偏差，在处理问题时往往表现出非理性的情绪化特征，因此会频繁遭受挫折，继而产生负性情感体验，例如焦虑、忧伤、愤怒和恐惧等，如果这样的情绪反复出现，就会形成恶性循环。这不但强化了其负性情绪体验，而且还出现对负性情绪刺激的选择性偏好和易感性，最后使他们沉浸于其中，难以自拔，对其生活和学习造成严重的不利影响。负性情感是人类对某类环境刺激的正常反应。但是，如果对此类刺激反应过度，以及负性情绪持续过长，就需要关注和干预。

三、自我中心偏差

自我中心偏差是指，人们夸大自己在某种事物中的作用的倾向。社会心理学家认为，认知偏差跟自我中心的思维倾向有关，是为了维持积极的自我形象，保持自尊或者维持良好的自我感觉。

自我中心的概念最早源于皮亚杰（Jean Piaget）的儿童认知发展阶段理论，皮亚杰认为处于 2 ~ 7 岁的儿童，其自我意识还不成熟，尚不能区分自己的观点和别人的观点，以及不能区分主体与客体的相互影响，把一切都看作与自己有关。所以此阶段个体常以自己的想法推断他人的想法，皮亚杰把这种思维的发展特点称为"自我中心"。

20 世纪 60 年代，艾尔金德（David Elkind）认为青少年自我中心主要有两个特征：假想观众和个人神话，并将其作为自我中心的构成要素。前者指青少年认为，其他人像自己那样关注他们，相信自己是众人关注的焦点，对他们的想法和行为感兴趣，而在实际的社会情境中，并没有这样的众人存在。这样的信念导致了对自我意识的强调，对他人想法的过度关注和对于现实和想象情境中他人反应的预期。因此产生了这样的负面作用：个体青少年的精神经常处于警觉状态，以免做出不当行为而招致嘲笑和拒绝等，使得自己处于尴尬、困窘的状态。

个人神话是指青少年相信自己的情感体验是与众不同的，是独一无二、无懈可击和无所不能的。但是，当他们发现事实情况并非如此的时候，就会对自我产生怀疑，并且走向另一个极端，即悲观、失望和自我否定。

四、抗挫能力弱化

所谓挫折，是指一切能造成人精神紧张、疲劳和较为强烈的负性心理变化的刺激性生活事件，而使个体的动机和需要无法满足的消极的情绪状态，被称作挫折感。抗挫能力则是指，个体在遭受挫折时，在经得起压力的同时，能够摆脱困境，使自己的心理和行为保持正常的能力，属于个人意志方面的特征，具体而言是个体控制、调节心理和行为以适应环境的能力。

性格和情绪异常儿童，由于上述心理特征，即认知失调、负性情感体验强烈、自我中心偏差等因素，使得他们心理耐受力低，一些微小的挫折就会让他们意志消沉，情绪低落，难以承受生活和学习的压力，这些反过来又强化了他们的性格和行为异常的程度和表现。

第三节　性格与行为异常儿童辅导策略

性格与行为异常儿童应得到及时有效的干预，这样才有可能尽早地康复，否则对其一生会产生持续和严重的不利影响。由于性格与行为异常儿童年龄小，异常敏感和脆弱，因此需要特别的辅导策略和方法。

一、早发现，早干预

在许多人看来，儿童不会出现心理和行为异常或障碍问题，想当然地认为小孩子不懂事，受点委屈或情绪低落，不是什么大事，对他们所做的伤害性的事情，比如训斥、嘲笑和打骂等，孩子很快就会忘掉。殊不知小孩子是最敏感的，高兴、悲伤、忧愁、挫败等情绪或心理感受总是表现得比成年人还强烈。如果疏忽或粗暴对待，会对孩子的身心健康造成不利影响。当儿童遭受到强烈精神创伤，如父母离异，亲人亡故，或经历重大的自然灾害，如强烈的地震、火灾等，如果不进行及时有效的干预，严重时就有可能诱发精神病，例如儿童分裂性精神病和儿童抑郁症等。

那么，如何早发现呢？严重的暴怒、睡眠障碍、进食障碍、异食癖、婴儿期和童年早期的反应性依恋障碍等，都提示儿童精神病的可能。对那些曾经遭受过心理创伤、社会处境不利或性格过于敏感、脆弱，且严重缺乏安全感的儿童，应密切关注，必要时到专业机构做心理健康状况检查和诊断，如发现异常，应及时进行心理教育、辅导或治疗。当然，根本上还是以预防为上策，给孩子提供一个有利于其身心发展的良好环境。

二、建立良好关系

一旦儿童被确认为有不同程度的性格或行为异常问题，就要为他们提供科学、系统的心理教育或咨询。无论教育还是咨询，老师或咨询师与儿童建立良好的关系是必不可少的，因为这是心理教育或咨询的前提。良好的关系意味着老师或咨询师和儿童之间相互接纳、理解、信任。也就是说，老师或咨询师要能和学生产生共情，给学生足够的信任，这样他们才能够敞开心扉，并且对心理教育和辅导表现出积极的态度，接受指导，主动配合，使得异常的性格和行为得以改善。建立良好关系的基本方法是真诚地接纳、无条件地积极关注、准确的共情以及即时性的反馈等。

三、做好儿童心理问题的评估

心理评估与心理诊断二者之间是有区别的。前者是指对个体心理和行为的独特性、能力和存在的问题等信息的收集，而心理的诊断定则是指在临床心理学中运用某种程序或工具，对被评鉴对象的心理和行为特征作出诊断的过程。由此可见，心理评估是心理诊断的准备，和后者相比，专业性要求较低。学校中负责心理健康教育的老师，由于种种主客观条件和主观因素的限制，适合于做心理评估。如果儿童的心理问题比较简单，或不严重，可以在评估的基础上进行教育；如果情况比较复杂或严重，就需要到专业机构做进一步的测验或诊断。对儿童进行心理评估还有两个作用，即心理问题筛查和建立心理档案。二者对掌握儿童心理健康状况，预防儿童性格和情绪异常，对有性格和行为异常倾向的儿童追踪观察、辅导，以及合理安置具有重要作用。

四、采用适当的教育方法

每个年龄段的儿童都有其不同的心理特征和发展规律，在对他们进行心理教育的时候应以此为依据，并且教育的内容和方法都要具有针对性。

儿童期最突出的心理特征是好奇心强、活泼好动、情绪受行为支配、好模仿、形象思维占优势等。有鉴于此，在对儿童进行心理教育的时候，最常用的方法有：

（一）鼓励法

种需要被承认、需要鼓励的心理特点。他们喜欢成功，喜欢得到老师、家长的认同和赞扬。因此，要经常鼓励孩子，孩子通过不断地被鼓励和赞扬，自身的表现和行为才能得到肯定，进而产生心理升华。除此之外，还要找出并利用儿童的心理优势，发掘其潜能，以优补短，而不是仅仅盯着不足，一味地试图矫治。

（二）行为矫正法

法的实质是运用学习理论来对个体的行为和情绪方面的问题进行处理的一种方法，是以减轻或改善当事人的不良行为为目标的一类心理治疗技术的总称。行为矫正法的基本主张是，环境和教育决定一切，行为矫正只需就事论事，不必考虑深层的原因。这种方法具有针对性强、易操作、疗程短、见效快等特点。常用的技术主要有系统脱敏法、厌恶疗法、行为塑造法、代币制疗法、暴露疗法、松弛反应训练以及生物反馈训练等。适应证包括情绪和行为障碍，如儿童焦虑症、恐怖症，注意缺陷多动障碍、神经性厌食等。

（三）讲故事法

儿童都爱听故事，老师和家长可以利用有心理教育意义的绘本等，对孩子进行心理教育和辅导。一个好故事能给孩子进行一次心理上的启发和调适。在讲故事的过程中，通过与儿童的互动，可以发现其内在真实的心理需求，有利于针对性地解决问题。

（四）游戏法

指将游戏作为心理教育或辅导的媒介，游戏也是儿童最自然地表达自我的方式之一。儿童（一般是 3~11 岁）通过游戏的协助，可以表露他们的感受和心理困境，如恐惧、憎恶、孤独、觉得失败和自责等，也就是让儿童玩出自己的问题。通过辅导老师有针对性的游戏设计、引导以及与儿童的互动，使儿童增加对自我行为和情绪的认识，增强自我面对困难时的信心和能力，并习得应对问题的能力，从而达到心理教育和辅导的目的。

（五）音乐治疗法

以心理治疗的理论和方法为基础，运用音乐特有的生理、心理效应，在当事人和音乐治疗师的共同参与下，通过各种专门设计的音乐行为，经历音乐体验，达到消除心理障碍，恢复或增进心身健康的目的。[1] 音乐治疗是综合医学、心理、物理学、音乐、美学等学科产生的一种心理治疗和辅导技术。它利用音乐艺术的结构特点、音响的物理性能，例如音乐的频率、节奏和有规律的声波振动等，以及音乐情绪的感染力和音乐意象的联想作用，协调人的神经活动功能，改善人的心理状态和行为表现，产生训练、调节、矫正、教育的效果。音乐治疗的适应证包括某些生理缺陷、情绪失调、行为异常及社会交流障碍等。

（六）绘画治疗法

绘画治疗是儿童心理辅导和治疗的方法之一。因为儿童是先会画图再学文字的，加之儿童语言表达能力还不完善，用图画传递出的信息要比语言更直接、更丰富，并且带有主动性、非语言性和构成性，可以说一幅图画胜似千言万语。

儿童在绘画的创作过程中，通过绘画工具，可以将无法或不知道如何用语言表达的压抑的感情与冲突呈现出来。同时，在绘画的过程中，他们能够释放负能量、缓解压力、宣泄情绪、调整心态和行为，获得满足感、成就感和自信心。另一方面，训练有素的绘画心理治疗师通绘画过程和作品，可以准确地解读儿童的性格、情绪状态、智力、人格特点以及人际交往能力，从而把握儿童的性格和行为特征。

（七）构建立体的心理教育网络

目前，社会正处于一个快速变化的时代，儿童所处的环境也日益复杂。因此，儿童的心理教育不能仅仅依靠学校，而是家庭和社会，尤其是社区都要参与进来，构建一个立体的、全方位的心理教育网络。

首先是家庭。我们都说父母是孩子的第一任老师，这句话其实是说父母的言传身教和潜移默化，都会对孩子产生最直接的影响，在心理和行为方面尤其如此。因此，良好的家庭心理环境，是预防儿童性格和情绪异常，以及保证儿童心理健康的重要前提。所以，在

---

[1] 刘斌、余方、施俊 . 音乐疗法的国内外进展 [J]. 江西中医药大学学报，2009, 21(4)：89-91.

这个立体网络中，家庭应处于核心地位。其中父母和家庭其他成员的心理健康又是重中之重。因而，提高父母和家庭成员的心理健康水平是必不可少的一个环节。然而，遗憾的是，这个问题往往被忽略，许多人经常把希望寄托于学校。所以，当家庭心理教育失败的时候，学校就要担负起责任，发挥学校心理教育的专业性、系统性的优势，改善儿童的心理和行为状况。

除了家庭、学校之外，另一个儿童生活的重要环境是社区，而社区心理学是开展社区心理服务的理论基础和实施的依据。社区心理学的主要目标是预防心理问题的出现；调整环境，增强居民的环境适应能力，促进二者的互动；尊重社区居民的差异性，提升每个人更主动地掌控自己生活的能力。以上这些目标对儿童性格和情绪的健康发展有着积极作用。因此，有必要建立社区心理辅导站制度，将社区对儿童的心理服务落到实处。

思考与练习 15-2

第四节　性格与行为异常儿童教育论题与发展趋势

性格与行为异常儿童教育的论题是个关键问题，它告诉我们应从哪些方面着手以及教育的重点是什么。性格与行为异常儿童教育的发展趋势表明了未来对此类儿童进行辅导或干预的方向。

一、性格与行为异常教育论题

性格与行为的健康发展是儿童心理健康的核心，相关教育的主要论题应包括：

（一）儿童心理问题的筛查

儿童心理问题的筛查是早发现、早干预的前提。但是，长期以来这个问题一直没有得到足够的重视，而且儿童的性格和行为异常往往被误解，认为是孩子不听话，不守纪律，品行不端和性格不好等，以至于错过了最佳干预时机，导致儿童性格和行为问题迁延至青春期而集中爆发，极大地增加了干预的难度，有的甚至转化为精神疾病而难以治愈，给家庭和社会造成了沉重的负担。因此，联合国教科文组织和国际心理学会，为了保护儿童的心理健康提出了《儿童权利公约》《儿童心理权益宣言》等文件，把维护儿童的健康放到了极其重要的地位。

所以，应该在幼儿园和小学建立心理问题筛查制度，建立心理健康档案，对有性格和行为异常倾向的儿童进行重点关注、追踪及心理辅导，真正做到预防为主、及时干预，为儿童和青少年筑起一道牢固的心理健康防线。

（二）构建良好的亲子关系

父母对儿童的身心成长和状态的影响是一个无法回避的课题，而且孩子年龄越小，受父母或监护人的影响越大，也更加深刻和持久，这种作用是通过亲子关系及亲子互动实现的。因此，良性的亲子关系和互动，是儿童身心健康发展的基础。

亲子关系具有如下特征：其一是不可选择性，因此也具有稳定性。孩子无法选择父母，因此也无法选择亲子关系，同时也无法选择父母的性格和情绪、行为特征。这种固定关系造成的结果是亲子关系对儿童身心健康及其成长的影响和作用也是不可选择的。其二是亲子关系具有不平等性。父母对孩子而言处于支配地位，而孩子则处于被动和被支配地位，而且在儿童期，虽然孩子的心理和行为表现会对父母产生一些反作用，但是，无法从根本上改变这种亲子关系模式。其三，亲子关系具有发展性。虽然亲子关系具有以上特征，然而，随着儿童身心的成长以及自我意识的觉醒，婴幼儿时期完全由父母主导的状况会发生变化，这为通过亲职教育来改善亲子关系提供了可能。

（三）强化儿童心理辅导

心理健康教育和心理辅导现在虽然很普及，但是，儿童心理健康教育与儿童心理辅导还没有得到足够的重视，是个薄弱环节，很有必要加强。例如，将心理健康教育纳入幼儿园和小学的课程体系，建立规范的心理辅导中心，配备专职、专业的心理健康教育和辅导教师；开展多样化的心理健康教育和心理辅导活动；建立心理档案；对家长进行亲职心理健康教育和心理健康技能培训等，为儿童心理健康发展打下良好基础。

二、儿童性格与行为异常教育的发展趋势

（一）教育目标以积极心理学为导向

积极心理学反对二战后一直占主导的消极心理的倾向，充分肯定人的本性和心理品质的积极性，提倡对生活中遇到的问题做积极解释，并且聚焦于人的潜能发挥和健全人格的培养。以积极心理学为导向的心理教育，对儿童的心理的引导和发展，尤其具有不可替代的重要价值。以积极心理学为导向的心理教育，应充分尊重儿童，对儿童存在和发展中所遇到各种问题给予关注并进行积极引导，为儿童的心理成长注入正能量和积极的动力。

（二）教育内容进一步扩展

儿童心理教育的内容，除了情绪情感、人际关系、自尊自信和学习问题之外，还应包括环境和生活适应、生命教育、潜能开发、挫折应对、心理弹性培养等。需要特别指出的是，对马上要进入青春期的高年级的小学生，还要进行青春期心理教育，尤其是性心理教育。总之，教育的内容应符合儿童身心发展特点，聚焦儿童的心理需求，抓住重点，解决难点，全方位地覆盖儿童生活和学习的各个方面，这样才能最大程度地消除儿童性格和行为出现

异常的可能性。

（三）教育模式灵活多样

国内外已经开发出了多种心理健康教育模式。国内的主要有：①教育辅导式。该模式认为心理健康教育应当遵循人本主义思想，关注学生的生存环境，给学生潜能的发挥创造条件。②四结合模式，即心理测量、心理咨询、心理行为矫正和班主任管理工作相结合。③五结合模式，即心理健康教育与专业心理咨询相结合；心理健康教育与对学生心理咨询相结合；心理健康教育与班主任工作相结合；心理健康教育与家庭心理咨询相结合；心理健康教育与修身养性相结合。

除此之外，还有六结合模式和系统模式等。

国外的主要有①发展性辅导模式，认为辅导即是发展性的过程。②辅导—目的性行为模式。强调心理健康教育要融入学生生活学习中的各个方面。③辅导—心理健康教育模式，主要是一系列课程计划。④辅导—全员辅导模式。认为在学校心理健康教育中，心理辅导是对学生进行全面发展教育的一部分。[1]

由上可见，儿童青少年心理健康教育模式多样。教师在心理健康教育工作中，应根据具体情况，有选择地使用，发挥各模式的优势，以期收到最优的教育效果。

讨论问题

1. 性格与行为的含义是什么？如何理解二者的复杂性？

2. 如何界定性格与行为异常？鉴定的方法有哪些？你认为哪些适合儿童性格与行为异常的鉴定？

3. 性格与行为异常儿童的心理特征中，你认为哪些是关键？为什么？

4. 关于性格与行为异常儿童的辅导策略，你有什么观点？

5. 在性格与行为异常儿童教育论题和发展趋势问题上，你有何看法？

延伸阅读

1. 美国心理学会. 美国经典儿童心理健康绘本 3~6 岁 [M]. 美国心理学会，绘. 袁蕾，等译. 北京：化学工业出版社，2018.

2. 曹刘霞. 儿童积极心理学 [M]. 成都：四川科学技术出版社，2018.

3. 高雪梅. 儿童心理健 [M]. 重庆：西南师范大学出版社，2012.

本章作者：郑荣双

---

[1] 张冲，孟万金. 国内外中小学心理健康教育模式述评 [J]. 中国特殊教育，2006（3）：34-37.

第十六章 自闭症儿童心理与教育

学习目标

□知识目标

1. 了解自闭症儿童的诊断标准。

2. 理解自闭症儿童的心理特征。

3. 掌握自闭症儿童的教学策略。

□能力目标

1. 能根据 DSM-V 诊断标准，观察与分析自闭症儿童案例。

2. 能依据自闭症儿童心理特征，提供有效教学服务与支持。

□情意目标

1. 尊重自闭症儿童，以平常的心态对待自闭症儿童。

2. 关爱自闭症儿童，正视自闭症儿童的社会交往需要。

本章重点

　　自闭症又称孤独症。近十年来，自闭症儿童的人数逐渐增多，他们的教育与治疗问题也越来越受到重视。本章主要说明自闭症的定义与鉴定、自闭症儿童的心理特征、教学策略以及未来发展趋势与议题。

　　2013年《精神疾病诊断与统计手册》第五版（DSM-V）将自闭症鉴定标准由三个改为两个，一为人际沟通及社会互动障碍，二为表现出重复、刻板的行为、兴趣及活动。DSM-V对自闭症诊断标准的改变，增加了自闭症的流行率、差异性，也影响了自闭症差异性的研究；反映了临床诊疗的需要，以及做好完善支持服务、强化权益保障政策等趋势。

　　自闭症儿童的人际沟通和社会互动缺陷，固定而有限的行为模式及兴趣，加上认知能力、注意力等缺陷及动机与行为问题，均影响学习，需要特别的教学策略，如采用结构化教学法、社会故事教学法、图片交换沟通系统教学法、应用行为分析法、单一尝试教学法、自然环境教学法、图片活动簿教学法等

　　关键词：自闭症（孤独症）、鉴定标准、人际沟通、行为模式、教学策略

第一节　自闭症的定义与鉴定

一、自闭症定义的发展与诊断

最早提出自闭症定义的是美国约翰·霍普金斯大学教授、儿科精神科医生利奥·肯纳（Leo Kanner），他在 1938 年发现有些病童表现出与精神分裂症不同的临床特征。根据这些特征，他于 1943 年发表论文"情感接触的自闭障碍"，报告了 11 个病例，共同特征为：很难与他人发展人际关系、言语获得的迟缓或丧失、有重复和刻板行为、缺乏想象、擅长于机械记忆、强迫性地坚持同样的机械性操作、有正常的生理外表；他首次正式提出"早期婴幼儿自闭症"的说法。1944 年，奥地利维也纳精神病专家汉斯·阿斯伯格（Hans Asperger）发现有一群孩子虽然有语言能力，但不会与他人交流和沟通，他将之命名为"阿斯伯格综合征"（Asperger Syndrome）。1968 年，英国儿童精神病学之父迈克尔·路特（Michael Rutter）认为自闭症有四大特征，即发生于儿童两岁半前，缺乏社会性的反应和兴趣，缺乏言语或有独特言语方式，有刻板、仪式强迫的诡异行为。1978 年，美国自闭症学会将自闭症定义为发病于两岁半前，发育速度和顺序异常，言语、语言认知及非言语性交流异常，与人和事物的联系异常，且对所有感觉的反应异常。1980 年，美国精神医学学会（American Psychiatric Association, APA）颁布的《精神疾病诊断与统计手册》第三版（The Diagnostic and Statistical Manual of Mental Disorders, DSM-Ⅲ），将自闭症归为"广泛性发展障碍"（Pervasive Developmental Disorder, PDD），患者在症候上具有多样差异性，且其早期诊断体系与病因学理论关系复杂，与其他儿童期障碍又存在着一些共同特征，亦即自闭症在诊断和分类上具有很大的复杂性。1994 年，《精神疾病诊断与统计手册》第四版（DSM-Ⅳ）将自闭症也归类于广泛性发展障碍，包含典型自闭症及其他类似自闭症儿童；2000 年，《精神疾病诊断与统计手册》第四版修正版（DSM-Ⅳ），继续将自闭症归类于广泛性发展障碍。2013 年，《精神疾病诊断与统计手册》第五版（DSM-V）则将之归类为"自闭症谱系障碍"（Autism Spectrum Disorders , ASD)。DSM-V 将自闭症的三个诊断标准改为两个，诊断标准的改变，关联到自闭症流行率及差异性的增加。[1]

（一）DSM-Ⅳ修正版诊断标准

在下列分属于三大项中的十二个小项目至少具有六个的项目，其中至少具有 1 中的两个项目、2 中一项以及 3 中一项。

> 1. 社会互动中有质的缺陷，并且至少具有下列之中的两项：
> （1）在多种非口语语言（如眼神接触、面部表情、身体姿势等）使用上，有显著的障碍。
> （2）无法发展出适合其年龄水平的同伴关系。

---

[1]Tarbox, J., Dixon, D. R., Sturmey, P., et al. Handbook of early intervention for Autism Spectrum Disorders [M]. New York, NY: Heidelberg Dordrecht London, 2014.

（3）缺乏主动性寻求与人分享喜悦、兴趣或成就的行为（例如很少拿自己喜欢的东西给别人看）。

（4）缺乏社会性、情绪性的交动关系。

2. 在沟通方面有质的缺陷并且至少具有下列中的一种：

（1）完全没有口语或口语发展迟缓。

（2）有语言能力，但在开始或与他人持续谈话的能力上有显著缺陷。

（3）使用刻板的、重复的语言。

（4）缺乏符合其年龄的、富有变化的、自发性的假装性游戏或社会性模仿行为。

3. 在行为兴趣或动作方面有局限的、刻板的、重复的形式，并至少具有下列一项：

（1）在兴趣方面，有一种或一种以上刻板的、有限的形式，兴趣强度与对象均异于常人。

（2）对特别的、非功能性的常规或仪式有异常的坚持。

（3）有刻板而重复的动作（例如扭动手指、拍手或摆动身体等）。

（4）经常沉迷于物体的一部分。

三岁以前有下列领域中至少一种发展性迟缓或功能性异常。

（1）社会互动。

（2）社会性沟通时的语言使用。

（3）象征性游戏或想象性游戏。

此障碍无法用雷特症或儿童崩解症加以说明。

（二）DSM-V 诊断标准

依据美国精神病协会出版的 DSM-Ⅳ诊断标准，自闭症是指个体具有社交能力发展障碍、沟通能力障碍、重复刻板及有限之行为、兴趣和活动模式等。依据 DSM-V 诊断标准上的界定，自闭症不再限制症状于三岁前出现，对自闭症的定义由 DSM-Ⅳ版的三大项减为两大项：

（1）社会沟通及社会互动障碍；

（2）表现出重复、刻板行为、兴趣及活动。

这使自闭症的认定标准有了更精确的准则，是美国精神病协会 14 年来第一次的重大更新，意义深远。DSM-V 规定自闭症谱系障碍确诊需满足五个标准，其中前两个标准阐明了自闭症谱系障碍的核心症状。其诊断标准的变化具体表现为以下几个方面。[1]

1. DSM-V 中自闭症名称及分类发生变化

新手册中用自闭症谱系障碍（ASD）取代广泛性发展障碍（PDD），取消原先在该

---

[1] 刘慧敏，陈越洋. DSM-V 中自闭症儿童诊断标准的变化述评及启示 [J]. 赤峰学院学报（自然科学版），2015, 31 (12)：86-88.

类障碍下包含自闭症、阿斯伯格症、雷特综合征、儿童期崩解症以及待分类广泛性发展障碍的亚型。而雷特综合征是由位于 X 染色体上的 MECP2 基因突变导致，不再归类在 DSM-V 中。

2. 精简合并核心症状

由 DSM-Ⅳ 的社会交往、语言交流、重复有限的刻板行为三大类核心症状合并为 DSM-V 的两大类别：社会沟通的交往障碍、限制性兴趣 / 重复行为；取消沟通发展迟缓这一大类。

3. 针对症状的严重程度进行分级

DSM-V 发布的精神疾病诊断标准，对自闭症谱系障碍的不同严重程度根据社会交流及局限重复行为这两类症状，分为三级；三级为最严重的表现，需要非常大的帮助，而一级最轻微，仅需要一般协助。

4. 增加感知觉的诊断标准

在限制性兴趣 / 重复行为这一诊断标准中，新增了感官方面"过多"或者"过低"的反应（包括疼痛、温度、声音、触感等）。对感官刺激过高或过低的反应这一特征，首次被列入诊断的标准。

5. 放宽发病时间

发病时间由原来定义的三岁前发病放宽到整个童年早期，并认为发病症状在年幼时就有体现，但有可能因为家长或照顾者在社交沟通上的支持，而比较晚发现自闭症儿童的症状。

1982 年，中国儿童精神医学之父陶国泰教授首次报道了中国 4 例自闭症患者。期刊网搜索发现，1985 年以来关于自闭症儿童研究的学术文章也陆续多起来，绝大多数来自医学上的临床研究。1989 年，中国精神障碍分类与诊断标准第二版（Chinese Classification and Diagnostic Criteria of Mental Disorders, CCMD-2）将自闭症归类于儿童精神病。1994 年，第二版修订版（CCMD-2-R），明确将自闭症归类于广泛性发育障碍。2001 年，第三版（CCMD-3）对自闭症的诊断标准做了明确规定，将自闭症定义为："儿童孤独症（自闭症）是一种广泛性发育障碍的亚型，以男儿多见，起病于婴幼儿期，主要为不同程度的人际交往障碍、兴趣狭窄和行为方式刻板。约有四分之三的患儿伴有明显的精神发育迟滞，部分患儿在一般性智力落后的背景下具有某方面较好的能力。"

（三）CCMD-3 诊断标准

症状标准：在下列 1、2、3 项中，至少有 7 条，且 1 项中至少有 2 条，而 2 和 3 项中至少各有 1 条：

1. 人际交往存在质的损害，至少 2 条：

（1）对团体游戏缺乏兴趣，孤独，不能对团体的欢乐产生共鸣；

（2）缺乏与他人进行交往的技巧，不能以适合其智龄的方式与同龄人建立伙伴关系，如仅以拉人、推人、搂抱作为与同伴的交往方式；

（3）自娱自乐，与周围环境缺少交往，缺乏相应的观察和应有的情感反应（包括对父母的存在与否亦无相应反应）；

（4）不会恰当地运用眼对眼的注视，以及用面部表情，手势、姿势与他人交流；

（5）不会做扮演性游戏和模仿社会的游戏（如不会玩家家酒等）；

（6）当身体不适或不愉快时，不会寻求同情和安慰，对别人的身体不适或不愉快也不会关心和安慰。

2．言语交流存在质的损害，主要为语言运用功能的损害；

（1）口语发育延迟或不会作用语言表达，也不会用手势、模仿等与他人沟通；

（2）语言理解能力明显受损，常听不懂指令，不会表达自己的需要和痛苦，很少提问，对别人的话也缺乏反应；

（3）学习语言有困难，但常有无意义的模仿言语或反响式言语，应用代词混乱；

（4）经常重复使用与环境无关的言辞或不时发出怪声；

（5）有言语能力的患儿，不能主动与人交谈、维持交谈，并应对简单；

（6）言语的声调、重音、速度、节奏等方面异常，如说话缺乏抑、扬、顿、挫，言语刻板。

3．兴趣狭窄，活动刻板、重复，坚持环境和生活方式不变：

（1）兴趣局限，常专注于某种或多种模式，如旋转的电扇、固定的乐曲、广告词、天气预报等；

（2）活动过度，来回踱步、奔跑、转圈等；

（3）拒绝改变刻板重复的动作或姿势，否则会出现明显的烦躁和不安；

（4）过分依恋某些气味、物品或玩具的一部分，如特殊的气味、一张纸片、光滑的衣料、汽车玩具的轮子等，并从中得到满足；

（5）强迫性地固着于特殊而无用的常规或仪式性动作或活动。

严重标准：社会网功能受损。

病程标准：通常起病于 3 岁前。

排除标准：排除阿斯伯格综合征、Heller 综合征、Rett 综合征、特定感受性语言障碍、儿童精神分裂症。

综合上述资料，根据诊断标准，诊断儿童是否属于自闭症谱系障碍，需要结合多种自闭症诊断用的评估量表。

二、自闭症的筛查与诊断工具

（一）自闭症的筛查工具

筛查工具：婴幼儿自闭症筛查量表（Checklist for Autism in Toddlers, CHAT）；自闭症婴幼儿图片筛查量表（Pictorial Autism Screening Scale for Infant and Toddler, PASS-IT）；2 岁儿童自闭症筛查量表（Screening Tool for Autism in Two Year-Old, STAT）；早期自闭症筛查量表（Early Autism Screening Items, EASI）；儿童自闭症谱系测验（Childhood Autism Spectrum Test, CAST）；广泛发育障碍筛查量表（Pervasive Developmental Disorders Screening Test-Ⅱ,PDDST-Ⅱ）；自闭症行为检核表（behavioral checklist, ABC）；社会沟通问卷（Social Communication Questionnaire, SCQ）；高功能自闭症谱系障碍筛查问卷（High-Functioning Autism Spectrum Screening Questionnaire, ASSQ）等。

在筛查量表中，国际上常用的《自闭症行为检核表》（ABC）由 Krug 在 1978 年编制，有 5 个维度，计 57 个条目。各维度分别为感觉（S）9 条目，交往（R）12 条目，躯体运动（B）12 条目，语言（L）13 条目，生活自理（V）11 条目。各条目依 1～4 四级计分，评分相加得到总分，筛查阳性界限分数为 57 分。ABC 量表适用于 18 个月到 35 岁自闭症谱系障碍患者的筛查和辅助诊断，由家长或教师填写。

（二）自闭症的诊断工具

诊断工具有《儿童自闭症评定量表》(Childhood Autism Rating Scale, CARS)、《自闭症诊断访谈量表》（Autism Diagnostic Interview, Revised, ADI-R）、《自闭症诊断观察量表》（Autism Diagnostic Observation Schedule, ADOS）、《社会交往问卷》（Social Communication Questionnaire, SCQ）、《阿斯伯格综合征和高功能自闭症诊断访谈量表》（Asperger Syndrome and High-functioning Autism Diagnostic Interview, ASDI）等。

在诊断量表中，《儿童自闭症评定量表》(Childhood Autism Rating Scale, CARS)，由 Schoplen (1980) 编制，是由 15 项内容组成，由评估者通过观察儿童行为表现，结合家长访谈和分析病史的基础上进行综合评定。CARS 量表每项按 1～4 四级标准来评分，每级评分的意义分别是"与年龄相称的行为表现""轻度异常""中度异常"和"严重异常"。筛查阳性界限分为 30 分，最高分为 60 分。总分大于或等于 30 分可诊断为自闭症；30～36 分时则为轻—中度自闭症，大于 36 分时为严重自闭症。

三、自闭症的出现率与成因

（一）自闭症的出现率

由于自闭症患病率的增加和诊断标准的变化，作为复杂的神经发育性疾病，自闭症的确诊率越来越高。2018 年美国疾病控制与预防中心公布了 2014 年自闭和发育障碍监测网络统计数据，发现美国当时满 8 岁的儿童中，自闭症儿童的患病率为 1/59。2020 年，

CDCP 公布 2016 年的数据，显示自闭症儿童的患病率为 1/54。2021 年，CDCP 发布报告显示，2018 年统计数据分析自闭症儿童的患病率为 1/44。美国自闭症儿童患病率呈逐年增长的趋势。根据 2019 年美国联邦政府教育部国家教育统计中心的报告，2017—2018 年度美国 3 ~ 21 岁残障学生达 696 万 4 千余名，占全体学生的 13.7%。其中自闭症学生有 71 万名，占特教生总数 10.2%、学生总数的 1.4%，在 13 类残障学生中排名第四。中国大陆对自闭症的出现率没有进行详细统计。2019 年发布的《中国自闭症教育康复行业发展状况报告》显示，中国大陆自闭症患病率达 0.7%，当年已约有超过 1000 万自闭症谱系障碍人群，其中 12 岁以下的儿童约有 200 多万人。

（二）自闭症的成因

自闭症儿童患病率呈现逐年增长的趋势，自闭症的成因也越来越受到关注。由于自闭症发病机制的多样化，目前尚未找到导致自闭症的病因及诱因。肯纳医师第一个清晰地界定了自闭症的定义，他通过对自闭症家长的观察，认为自闭症是父母养育方式不当导致的。20 世纪 70 年代之前，人们认为儿童自闭症是父母对儿童情感需要的冷漠所致，尤其是母亲的冷漠性格，故又称为"冰箱妈妈"。20 世纪 70 年代之后，研究发现中枢神经系统的功能异常是导致自闭症的因素，而神经化学和遗传因素也发现与自闭症有关。目前，只是发现自闭症的发生与中枢神经系统、神经化学和遗传相关，但现有的研究还未能证明有直接的关系，自闭症的发生可能是多种因素导致的。

由上可知，自闭症儿童的鉴定标准由 DSM- Ⅳ 的三个变成 DSM-V 的两个，即第一，社交沟通和社会互动缺陷；第二，固定而有限之行为模式及兴趣。诊断标准的变化也影响自闭症儿童的出现率，自闭症儿童的患病率遂呈逐年增长的趋势。为了给自闭症儿童提供高质量的教育与康复训练，需要了解其心理特征及学习表现。下一节将着重解析自闭症的心理特征及学习表现。

第二节　自闭症儿童心理特征

自闭症儿童因神经心理功能异常而显现出沟通及社会互动困难，而社会互动困难是自闭症儿童的主要特征之一。自闭症儿童缺乏眼神接触，沟通交流障碍较明显，缺乏依恋关系，较难与父母或照顾人员建立亲情，这是较早引起父母关注的异常现象之一。

一、自闭症儿童心理特征

如前所述，自闭症儿童的核心障碍有两项，即人际沟通与社会交往的缺陷和有限、重复的行为模式、兴趣或活动。

（一）人际沟通和社会互动缺陷

人际沟通方面的缺陷是自闭症的核心症状，自闭症患者普遍缺乏社会互动的兴趣。具体表现为：①对外界事物不感兴趣，不易察觉别人的存在；②与人缺乏目光接触，即使有足够的眼神接触，但视线接触是空洞的，不喜欢主动与人交往，或参与活动；③在群体活动方面，模仿能力较弱，缺乏社交技巧，不善于与人合作；④想象力薄弱，较难开展象征性游戏。

自闭症儿童存在沟通问题，具体表现为：①语言发展迟缓或没有语言，说话内容、速度及音调异常；②使用的词汇与通常的意义不同，对语言理解和非语言理解有困难；③缺乏语言沟通能力。有学者研究发现，到成年期仍有一半自闭症者没有语言沟通能力。[1]

（二）固定而有限的行为模式及兴趣

自闭症儿童在视、听、触、嗅、味、痛等感觉有某种程度的变异，造成其怪异行为，对感官刺激有过高或过低的反应或对某种物件有奇特的兴趣。执行功能缺陷，导致自闭症儿童常常抗拒变更生活常规，坚持一致性，固执于常规或语言或非语言的仪式性动作，而这些仪式行为并不具有功能[2]。自闭症儿童玩耍时除了刻板而重复的固定玩法和知觉运动偏好之外，也会出现异常刻板而局限的兴趣模式。

由上可知，自闭症儿童有显著的社会互动与人际沟通困难及固定而有限之行为模式及兴趣，此两项特征被认为是自闭症儿童的衍发性障碍。导致衍发性障碍的原因是情绪知觉障碍、心智能力缺陷、执行功能缺陷，这三项障碍属于认知障碍，会影响自闭症儿童的学习。

二、自闭症儿童学习特征

有学者调查发现小学普通班自闭症儿童在学校的整体适应并不理想，其中社会互动不佳，而以"学习适应"的表现最差[3]。自闭症儿童的特质影响学习，以下将简述其学习表现。

---

[1] 宋维村. 自闭症学生辅导手册 [M]. 台北：台湾教育主管部门，2000.

[2] 王大延. 自闭症教材教法 [M]. 新北：心理出版社，2010.

[3] 张喜凤，林惠芬. 小学普通班自闭症学生学校适应与学校支持之研究—以中部地区为例 [J]. 特殊教育与复健学报，2011，25：25-46.

（一）认知能力不均衡影响学习

前述自闭症儿童的两项核心缺陷，影响其认知能力发展。根据众多研究报告指出，约有 70% ~ 80% 的自闭症儿童伴有智力障碍，且大多数自闭症儿童主要通过视觉或听觉单一途径学习，且统合两个途径信息有困难，出现知觉发展障碍，导致认知能力落后。执行功能缺陷，使得自闭症儿童的组织统整能力欠佳，不恰当地着重事物的细节部分，使用具体思考方式，计划能力及类化能力薄弱，这些都影响自闭症儿童的学科学习[1]。另一方面，自闭症儿童在认知学习上的强项则不容忽略，包括视觉辨别能力较强、对有提示性及非语文教材的记忆强、以规则来学习抽象概念、喜欢有秩序和可预测的环境等。

（二）注意力不足影响学习

自闭症儿童固定而有限之行为模式及兴趣，影响自闭症学科学习的专注度。自闭症儿童有注意力问题，常常不会跟随教导者的提示去注意该注意的事情，若能注意时注意的时间也极短暂，在教学时要引领他们去看和注意要教的事物上十分困难。自闭症儿童对感兴趣的刺激十分专注，这种过度选择性注意力也会干扰学习。这种注意力容易分散不能持久的特质，对学习极为不利，不但影响其学科学习、语言学习，也造成听从指令的困难，影响其社会化，无法与人建立亲密关系，无法与同伴合适地游戏而被排斥。

（三）动机缺乏影响学习

自闭症儿童人际沟通和社会互动的缺陷，影响其学习动机。由于缺乏象征性游戏，没有联合注意的行为，他们通常不会与同伴做团体性的活动或游戏；人际关系差，缺乏同理心，较难体会别人的情绪感受。自闭症儿童自我意识发展不完善，动机不强；教师常抱怨学生缺乏学习动机，教学活动难以引起学生的注意和兴趣。一项研究指出，自闭症学生学习主动性差，过于依赖指示、缺乏"结束"概念；在教学时，教师需要不断找寻可以引起学生动机的新强化物，才能维持他们参与学习活动的动机。[2]

（四）行为问题影响学习

自闭症儿童人际沟通和社会互动的缺陷，也导致行为问题。轻微的行为问题，如发脾气、不合作、自我刺激等，在自闭症儿童身上十分常见；严重的自我伤害和攻击行为问题只在少部分的自闭症儿童身上出现，但却会严重干扰教室秩序。自闭症儿童大多数情绪不稳定，内心多紧张焦虑，恐惧外部环境；其焦虑反应是生理因素、无法掌控环境及不明白环境的要求等所致。固定而有限的行为模式及狭隘的兴趣，均会影响其学习；而其仪式性行为，会对课堂学习和日常生活构成妨碍。

由上可知，自闭症儿童的认知能力不均衡、注意力不足、学习动机缺乏及行为问题，

---

[1] 何美慧. 温柔引领自闭症学生：顺应感觉／知觉的介入方案及其应用 [M]. 高雄：新裕丰出版社，2011.

[2] 潘倩玉. 自闭症者之特质及结构化游泳教学与评量 [J]. 大专体育, 2014, 103：41-47.

都会影响其学科学习表现，需要教师采用合适的教学策略，以降低对学习的冲击，促进其潜能发展。

思考与练习 16-2

> 观察一名自闭症儿童，分析其课堂表现如何。

第三节 自闭症儿童教学策略

教师和学校所提供的支持越高，对自闭症儿童的社会性发展越佳，学校适应也越好。自闭症儿童由于自身差异性，需要在教育内容、方法等方面予以协助。[1]

一、教育内容

自闭症群体多数伴随智障，在具体教学中，除了要教自闭症儿童一般的学习规则、处理改变之外，还要针对是否伴随智障，进行教学内容的调整。伴随智障学生的教育内容有性教育、建立有效沟通系统、增进社会认知、掌控行为问题等；无伴随智障学生的教育内容有计划/问题解决、维持友谊、辨认与表达情绪和观点、处理沮丧等。[2][3]

二、教学方法

自闭症儿童的可视化提示、结构环境安排、语言沟通训练、行为管理等，可以减缓个体自闭症的症状，促进个体的生活与学习适应能力。自闭症的差异性很大，需要有多种教学方法，才能促进其发展。

（一）结构化教学法

结构化教学法以自闭症儿童的认知学习特征为教学设计的原则，希望借由结构化的环境、时间和教材教法的调整，使自闭症儿童易于取得前后连贯的线索而投入学习。结构化教学预告即将进行的不同活动，有助于减少自闭症儿童的不当情绪反应，并增进其语言表达及生活弹性变化。

自闭症儿童表现出固定而有限的行为模式，结构化教学切合自闭症特质及模式，运用视觉优势，提高他们的学习动机与学习效果。结构化教学包括四个要素：一是结构化的教

[1] 张喜凰，林惠芬. 小学普通班自闭症学生学校适应与学校支持之研究——以中部地区为例 [J]. 特殊教育与复健学报，2011，25：25-46.

[2] 李芃娟. 面对听力损失并有自闭症学生——我们的了解有多少 [J]. 小学特殊教育，2013，56(12)：41-54.

[3] Sigman, M., Capps, L. Children with autism: A developmental perspective [M]. Cambridge, MA: Harvard University Press, 1997.

结构化教学法

结构化教学缘起于 20 世纪 60 年代美国北卡罗来纳州大学医学院的 TEACCH 项目，是针对自闭症及沟通障碍儿童而开发设计的一套教学模式。该项目将自闭症认为脑部神经生物因素的发展失调，而并非情感障碍。同时强调采用特定的、结构化的教学活动，来发掘儿童的学习强项和处理视觉信息的能力。结构化教学是 TEACCH 项目中最引人注意的一个环节，倡导在干预过程中布置结构化的教学环境及教材，使用结构化的教学方法，利用视觉线索，训练学生独立完成一连串的学习活动。

资料来源：曾刚，于松海. 自闭症文化特质与结构化教学 [J]. 中州大学学报，2014，6(31)：92-95.

学环境，强调要明确教室内工作区域，减少视觉与声音等干扰刺激，使自闭症儿童专注于学习活动，也使学生了解何种环境做何事；例如学习区、游戏区、电脑区等。二是结构化的作息时间，利用作息表、计划表、日历等与自闭症儿童沟通在何时何地做何事，例如可借助视觉线索（图片、图画、照片、字卡）呈现作息时间表，让自闭症儿童了解每天作息或活动安排，涉及开始时间、系列活动、活动地点、结束时间等。三是结构化的个人工作系统，告知自闭症儿童在其个人工作区里要学习和完成的工作任务，具体传达给自闭症儿童做什么、做多少、如何做完、完成后做什么等基本信息。四是结构化的视觉线索，凭借颜色、图示、图卡、文字、容器结构、完成工作图及工作流程图等手段的配合使用，帮助自闭症儿童了解日程安排及需要完成的作业，增加其对环境的可预测性。

（二）社会故事教学法

为了解决自闭症社会互动困难，1991 年美国心理学家格瑞（C. A. Gray）发明了社会故事教学法，并在 1993 年发表了第一篇应用社会故事的研究报告。

1. 社会故事的定义

所谓"社会故事"，是指由专业治疗师、教师或父母为自闭症患者编写的小故事，对所发生事件的时间、地点和参与人员等信息进行具体描述，对人们在事件情境中通常会怎么做、有什么想法或感觉等进行说明，并强调指出重要的社会线索，进而以患者能理解的语言说明与此情境相适应的行为方式。[1] 社会故事法并不直接教导社会技能，而是向自闭症患者解释环境中可能会发生的事件，利用自闭症患者擅长视觉加工和对文字的兴趣来增进他们对环境的理解，从而引发符合社会规范的行为或社会技能。

2. 社会故事法的应用

社会故事应用目标：向自闭症儿童说明人与环境互动的情况及适当的行为；向自闭症

---

[1]Gray, C. A. Teaching children with autism to "read" social situation, In K.A. Quill (Ed), Teaching children with autism: Strategies to enhance communication and socialization [M]. New York, NY: Delmar Publishers, 1995.

儿童解释特定的目标行为; 训练自闭症儿童开展新的活动, 表现社会期待的行为。史密斯（C. Smith）指出, 社会故事可应用于自闭症儿童危险行为的处理、减少自闭症儿童发脾气的行为、改变自闭症儿童有违常规的不适当行为、帮助自闭症儿童掌握生活技能、帮助自闭症儿童改善同伴互动、帮助自闭症儿童适应情境转变等。[1]

社会故事编写原则:

（1）社会故事要有目的地向自闭症儿童呈现可靠的信息，鼓励儿童取得进步;

（2）编写社会故事应包括主题导言、主体、结论三部分;

（3）能够回答"是什么""为什么""怎么做"等问题;

（4）用第一人称或第三人称写作;

（5）使用肯定的语言，少描述消极行为，以突出积极行为;

（6）必须使用描述句，其他几种句型选用;

（7）描述应多于指导;

（8）编排形式要适合自闭症儿童的能力和兴趣;

（9）提供自闭症儿童个人的图解，以强化对文本的理解;

（10）有适当的标题。

社会故事是用第一人称教导自闭症儿童人际互动等行为，有明确的架构，符合自闭症儿童的特质。大量研究皆显示社会故事干预自闭症儿童大多有立即和持久的成效。

社会故事《问好》

我是童童。/ 我是有礼貌的小朋友。/ 有礼貌的人见面时会互相问好。/ 在路上遇见老师应该问好，老师您好。/ 碰见认识的叔叔阿姨要问好，叔叔阿姨您好。/ 我向老师问好，老师会很高兴。/ 别人向我问好，我可以对他微笑招手。/ 有人向我问好，我会很高兴。/ 见到邻居爷爷奶奶，我会说 _____。/ 幼儿园小朋友向我问好时，我可以说 _____。

社会故事《跑》

我叫小明。/ 我喜欢跑，快跑很有趣。/ 在操场上可以跑。/ 在房间里不可以跑，特别是在教室里。/ 在人群里跑，老师会担心有人受伤。/ 跑步时摔伤，我可以告诉老师，老师会带我去看医生。/ 在走廊上我会走，只在操场上跑。/ 上楼梯时，我会 _____。

（三）图片交换沟通系统教学法

图片交换沟通系统教学法于1985年由美国学者邦迪（A. S. Bondy）和佛洛斯特（L. A. Frost）设计开发，是一套旨在帮助重度、无口语的自闭症以及沟通障碍儿童利用图片来交

---

[1]Smith, C. Using social stories to enhance behavior in children with autistic spectrum difficulties[J]. Education Psychology in Practice, 2001,17(4)：337-345.

换物品和表达需求的沟通辅助系统。自1990年起，图片交换沟通系统在美国重度自闭症儿童干预中广泛应用，并取得了积极的成效。与他人互动困难是自闭症者的特质，功能性沟通训练有助于改善这种状况，指导自闭症者学习使用图片沟通，可增进良好人际关系。有研究发现两位低功能小学自闭症儿童能提升其图片交换沟通能力从阶段一到阶段三，且能提升其自发沟通能力。[1]

完整的图片交换沟通系统教学法分为六个阶段，包括：①以物换物；②拉远距离和增加自发性；③图片辨识；④句式结构；⑤回应"你想要什么"；⑥评论。图片交换沟通系统教学法的六个阶段不断递进、深入，后一个阶段任务的实现以前一阶段或前几个阶段的训练为基础，要求前一阶段的目标达成后才能进入下一个阶段的训练。[2]

（四）应用行为分析法

自闭症儿童恐惧外部环境，存在行为问题。应用行为分析是人们在尝试理解、解释、描述和预测行为基础上，运用行为改变的基本理论和方法对行为进行干预，使其具有一定社会意义的过程，最基本的原理是刺激、反应和强化。[3]应用行为分析研究的是行为与环境之间的因果关系，是客观、可测量、可观察的。应用行为分析向自闭症儿童提供多种刺激，对于正确反应给予强化物强化，而对自闭症儿童不当行为不提供强化物，而是教导恰当行为以替代问题行为。应用行为分析采用教导自闭症儿童有用的技巧，并予以强化，经由区辨强化法使其出现越来越多功能性技巧，而自我刺激行为等问题行为就会逐渐减少，甚至消失。应用行为分析运用于自闭症儿童教育应注意：①将任务分解为小的单元；②将恰当使用强化程序；③应尽早实施干预；④应长时间实施干预。

（五）单一尝试教学法

自闭症儿童的注意力容易分散不容易持久。单一尝试教学可有效提升初中自闭症儿童响应与询问的能力，并可类化到不同对谈者，也能提升其专注行为。[4]单一尝试教学，是根据应用行为分析三个基本要素刺激、行为表现、结果所发展出来的一种教学法，强调教学刺激、行为与结果的相互连接关系，将教学技能细分到最小教学单位，一次只教一个技能直到该技能精熟，给予适当协助，使用大量强化来增加正确反应并减少错误反应，以下将详述单一尝试教学法的教学要点。

单一尝试教学法的教学要点有以下方面：①将技能细分到最小的教学单位；②一次只能教该技能，直到完全学会；③对学生的反应立即给予反馈；④使用强化原理强化适当反

[1] 林欣怡，杨宗仁. 图卡兑换沟通系统对改善小学低功能自闭症学生自发性沟通行为类化之成效 [J]. 特殊教育研究学刊, 2005, 29：199-224.

[2] Bondy, A. S., & Frost, L. A. The picture exchange communication system[J]. Focus on Autistic Behavior, 1994, 9(3)：1-19.

[3] 方俊明. 特殊儿童应用行为分析 [M]. 北京：北京大学出版社, 2011.

[4] 凤华，姚祥琴. 单一尝试教学法对增进初中自闭症学生——主题式谈话行为之成效研究 [J]. 东台湾特殊教育学报, 2004, 6：89-116.

应及削弱减少不正确的反应；⑤提供密集式教学；⑥若需要则给予协助，但要尽快减少协助的程度；⑦随时记录学生的学习结果，作为继续或修正课程的参考，也是评量学习成效的重要信息；⑧类化学习的安排，在类似的刺激物、不同的情境、不同的教学者及不同的时间下，针对学生需求安排类化学习。

（六）自然环境教学法

低功能自闭症儿童的学习迁移能力很低，无法将模拟情境所学到的技能技巧类化到自然生存环境中，类化困难是自闭症儿童教学最大的问题。自然环境包含邻近校区和小区，学校和班级等，教自闭症儿童购物，可实际到邻近小区的超市或市场直接教学，而不是在虚拟的环境进行模拟教学。自然环境教学有助于减少类化困难，已被快速运用于处理自闭症儿童的沟通。在自然情境下进行核心技能训练教学，注重发展已有先备能力，能协助自闭症儿童发展象征游戏行为，也能提高自闭症学童的维持与主动的互动行为，并能产生类化效果。[1]

（七）图片活动簿教学法

自闭症儿童视觉辨别能力较强，喜欢有秩序和可预测的环境。图片活动簿教学强调结构、使用视觉支持，教导社会互动技能，有助于促进自闭症儿童独立使用技能。国外研究发现小学自闭症儿童使用图片活动簿，增加了适当行为，并减少了咬手、尖叫、扔石头、敲击等问题行为。[2]

由上可知，自闭症儿童的自身特质影响其学习表现，教师可采用结构教学法、社会故事教学法、图片交换沟通系统教学法、单一尝试教学法等教学策略等，以促进自闭症儿童发展。随着社会科技的进步，人们对自闭症儿童的研究将越来越深入。

第四节　自闭症教育论题与发展趋势

关于 DSM-V 与 DSM-Ⅳ-TR 对自闭症诊断标准的研究，不同学者的观点不同。有学者认为，回顾 DSM-V 与 DSM-Ⅳ-TR 对自闭症诊断标准的研究，只有 DSM-V 的两个标准是自闭症个案的最适切特质。也有学者认为 DSM-V 没有窄化标准，而是向着相反方向发展，很可能导致自闭症人数的激增；对社会、医疗、康复、教育及社会支持系统都是一个严峻的考验。[3] DSM-V 对自闭症诊断标准的改变，增加了自闭症的盛行率、差异性，也

[1] 钟佳蓁，凤华. 核心反应训练对学龄前自闭症儿童象征性游戏行为学习成效之影响 [J]. 特殊教育研究学刊，2005，29：175-197.

[2]Mac Chalicek, W., et al. Increasing play and decreasing the challenging behavior of children with autism during recess with activity schedules and correspondence training[J]. Research in Autism Spectrum Disorders, 2009,3：547-555.

[3] 陈俊莲. 自闭症诊断与服务的发展趋向——美国《精神疾病诊断与统计手册》第五版草案评介与预测 [J]. 中国特殊教育，2011，8：59-64.

影响了自闭症差异性基因方面的研究。[1]

一、自闭症教育论题

现有的关于自闭症教育的研究模式主要有以病理学为基础的药物治疗模式、以病因学为基础的临床治疗模式和以儿童能力为主的教学模式。

（一）自闭症社会互动障碍模式的变异伴随其发展的所有阶段

一些自闭症幼儿与父母有依恋关系，但一些没有；而依恋关系是不寻常的，自闭症幼儿会依恋父母的一部分，也会依恋不寻常的物体；一些自闭症幼儿从不主动找寻父母或照顾者，从不参与简单社交游戏，而一些却可以做到。一些自闭症幼儿开始与人互动，另一些不会；一些自闭症儿童展现对他人的同情，而许多则不会。自闭症儿童在社会互动反应上有明显的差异，可分为隔离型、被动型及主动型。隔离型自闭症儿童与人接触时，会表现出强烈的负面情绪；欠缺口语的表达能力；非口语能力严重欠缺，没有意愿从事沟通或互动。被动型自闭症儿童与人接触会主动要求他想要的，但没有主动与他人互动的行为。主动但特异型自闭症儿童会主动与人接触、亲近人，但却是单向的；声调及发音上有异常的现象。

关于自闭症儿童融合教育的论题，涉及不同年龄的融合、新的融合方式、如何避免隔离等。在融合教育的视角下，应当在自然环境中教导自闭症学生技能，比如一对一的个训教室，在融合环境中进行行为的类化训练，激发未教导的行为。

（二）自闭症的社会沟通障碍也有很大变异

如前所述，自闭症儿童的语言发展缓慢或没有语言，使用的词汇与通常的意义不同。一些自闭症儿童对语言会没有反应，在6—12个月之前喊他们的名字会没有反应，2岁之前没有任何语言；一些自闭症儿童有接收语言、语言模仿及说话时使用适当手势等问题。虽然沟通技能随着训练会逐渐改善，到成年期仍有颇多自闭症者没有语言沟通能力。

关于以科技为主的干预方式的论题，越来越受到重视。现有研究比较常见的是以视频为主的教学，但随着科技的发展，更多高级技能能够借助电脑科技的支持完成教学，例如借助电脑教学教导社会情感、自我帮助、语言类化等。目前可用于自闭症社会沟通技能的新兴科技主要有，借助电子设备的辅助和替代性沟通系统、增强虚拟实境技术和人工智能机器人等。运用行为分析解释认知方面的问题，并用行为分析的方法增进认知技能，如联合注意、象征性游戏、自闭症心智发展等。

（三）自闭症的局限兴趣和重复行为也存在变异

自闭症者的局限兴趣和重复行为有四种亚型，即沉迷于局限兴趣、非功能性常规或仪

---

[1]Tsai, L. Y. DSM-5 on Epidemiological and genetic studies of Autism Spectrum Disorder in Taiwan [J]. Taiwanese Journal of Psychiatry [Taipei], 2014 (28)：86-94.

式、重复的动作方式及持续沉迷于事物的某一部分。[1]一些自闭症者可能有千篇一律的语言模式、重复的感官兴趣，以其他形式表示手或手指动作；一些自闭症者可能不会表达复杂重复动作行为。许多自闭症者在日常生活中，表现出视、听、触、嗅、味、痛等感觉有某种程度的变异，造成怪异行为。高功能自闭症者比较可能有仪式行为和偏见，有些自闭症者喜欢同样路线、同样食物和衣服，有些可能重复把物体排成直线。[2]

有关自闭症的理论研究，是自闭症未来的教育论题。理论研究是实践干预的指导，例如有等价刺激、命名理论和关系框架理论等。自闭症行为的研究，也是热门课题，自闭症的刻板行为即是其核心障碍之一。针对自闭症复杂的言语行为和行为流畅等问题，例如互动式语言、自动引发的第三者言语、互动式语言的发散和聚合控制、内隐事件等，也越来越受到重视。

二、自闭症教育的发展趋势

当今美国，有三个主要因素影响自闭症儿童的发展趋势：第一是政策，政策关注的方向，能够成为研究热点；第二是资助团体，包括国家与民间的基金会；第三为人民的需求，国家的纳税人能够根据自己的需求，以人民的名义发声，影响自闭症的研究方向。美国精神医学协会（APA）出版的 DSM-V 对整个自闭症谱系障碍结构进行调整，并对三大核心症状进行了修订，使自闭症的认定标准有了更精确的准则。相对于 DSM-Ⅳ，DSM-V 将广泛性发育障碍改为自闭症谱系障碍、三联症状改为两大核心障碍，以及按照严重程度进行障碍分级等，均显示变化。DSM-V 不仅在诊断结果上更加科学，诊断也变得更有效率，能够更有效的对自闭症进行干预指导。新版本 DSM 反映了重视临床工作的需要以及要做好完善支持服务和政策改革的准备等诊断趋势。

（一）重视临床工作的需要

DSM-V 改变诊断标准的原因之一，是有些地方不为病患提供特殊服务，或提供的服务少于被诊断为自闭症者。我们以往可能把较多的精力放在将患者归类到某个亚类中，而没有意识到这可能不是临床上的真正需要。从自闭症研究的需要角度来说，研究者可能有充分的理由选择考察是否在自闭症谱系中可能发现特定的、不同的亚群；而从帮助患者的角度来说，花费很多时间把他们归类到某个亚类中是没有意义的。临床工作的主要任务是确定其是否有自闭症谱系障碍，然后去评定其能力模式。DSM 取消了原广泛性发育障碍的亚类，也体现了要把帮助自闭症谱系障碍者的需要和研究的需区分开来这一趋势。

---

[1]American Psychiatric Association. Diagnostic and Statistical Manual of Mental Disorders (DSM-V) [M]. 5th ed. Washington, D.C: The Author, 2013.

[2]Kim, S. H., & Lord, C. Restricted and repetitive behaviors in toddlers and preschoolers with autism spectrum disorders based on the Autism Diagnostic Observation Schedule (ADOS) [J]. Autism Research, 2010 (3): 162-173.

（二）完善诊断工具和方法

DSM 诊断标准的变动必然引起自闭症诊断方法的调整以及诊断工具的修订。与 DSM- Ⅳ相比，首先，DSM-V 在疾病分类差异发生了极大变化，新增 15 种，删除 2 种，合并 28 种；其次，在精神疾病诊断评估的维度上，DSM-V 建议采用人格障碍采用的类别，进行多维度评估，以便使诊断结果更为准确，且此评估因素与多数患者的治疗方案高度相关；第三，心理因素影响其他医学情况在 DSM-V 中是一个新的精神障碍，以前在 DSM- Ⅳ，这是被包括在"其他可能成为临床关注的焦点的情况"中，突出其作为主干的诊断；第四，DSM- Ⅳ过于强调对躯体症状医学解释的缺乏，难以解释的症状以不同的程度呈现，而 DSM-V 新增医学难以解释的症状，因为它可能确定地显示出症状与医学病理生理学的不一致性；最后，重新界定发病的起始年龄，可以更有效的根据新近研究成果，针对低龄幼儿进行早期筛查或评估，并有助于完善整个临床诊断系统。

（三）完善支持服务及政策改革

DSM-V 的诊断标准延续了 DSM- Ⅳ对自闭症的诊断标准宽泛化的趋势，这有可能将导致自闭症确诊人数的再次激增，这将导致医疗、康复、教育以及社会支持系统等面临较大的压力。此外，从前广泛性发育障碍中的各亚类别，在新标准通过后，都应为其制定相关的政策，使他们在干预上获得支持，不会因为阿斯伯格等诊断症状的合并而导致失去国家和社会的医疗福利政策的支持与帮助。政府需要完善当前自闭症儿童干预及相关服务的法律及政策，并推动自闭症医疗保险相关法案出台，在自闭症各项干预服务上给予更多经济或政策支持保障。

自闭症未来的研究方向会走向何方？第一是干预体系的改变。通过扩大干预体系，影响儿童身边的人，从而改变儿童的行为。干预体系的改变可以包括训练方式、监督管理、增加咨询、父母干预、教师干预，甚至通过人为技术帮助边远地区自闭症儿童获得干预。第二是年龄方面的变化。目前，绝大部分关于自闭症的干预都针对年幼儿童，对于青少年、青年、成人的研究较少。在中国大陆，大龄儿童或成人自闭症的研究更少。例如，与大龄自闭症儿童和自闭症成人相关的职业技能训练、友谊、情绪管理、肥胖问题、与性有关的问题、自我管理等研究均较稀少。未来自闭症研究将朝着扩大干预体系和干预群体方向发展。

讨论问题

1. DSM- Ⅳ与 DSM-V 关于自闭症儿童的鉴定标准有何不同？

2. 自闭症儿童的心理特征为何？

3. 教师在教学中，针对自闭症儿童的具体教学方法有哪些？

4. 如何对自闭症儿童实施社会故事教学法？

5. 自然环境教学法对自闭症儿童的主要功能是什么？

6. 自闭症教育未来发展趋势是怎样的？

延伸阅读

1. 卜凡帅，徐胜 . 自闭症谱系障碍诊断标准：演变、影响与展望 [J]. 中国特殊教育，2015，2：40-45.

2. 香港协康会 . 孤独症儿童训练指南 [M]. 广州：广东海燕电子音像出版社，2016.

3. 魏寿洪 . 自闭症谱系障碍儿童社会技能的评估与干预 [M]. 北京：科学出版社，2017.

4. 庞艳丽，卜瑾，董良山 . 自闭症谱系障碍儿童动作发展障碍研究述评 [J]. 中国特殊教育 ,2018, 7：46-52.

5. 胡梦娟 . 应用行为分析法对自闭症儿童心理理论能力教学成效的个案研究 [J]. 现代特殊教育（高教），2015（7）：44-51.

本章作者：卢祖琴

第十七章　多重障碍儿童心理与教育

学习目标

□知识目标

1. 了解多重障碍的定义、类型及评估多重障碍儿童的方式。

2. 知道多重障碍儿童的心理特征及教学策略。

3. 认识多重障碍儿童教育的基本论题及未来的发展趋势。

□能力目标

1. 依照多重障碍儿童的类型，适当地进行教育评估。

2. 根据多重障碍儿童的需求，进行适性的教学训练。

□情意目标

1. 关心多重障碍儿童，体察多重障碍儿童的需求。

2. 以正常的态度，平等地对待多重障碍儿童。

本章重点

多重障碍是两种或两种以上的障碍。同属多重障碍儿童的类别，有的可能没有认知的障碍，有的可能具有轻度或甚至严重认知的缺损。由于两种或两种以上的障碍组合多而复杂，多重障碍的异质性高，因此，有多种多重障碍的分类类型，例如，有以智力障碍为主的多重障碍、以情绪行为问题为主的多重障碍，以及以感官为主的多重障碍的类型之区分。多重障碍的鉴定与评估，通常应参照各类障碍之鉴定评估原则与基准。整体而言，包括一般医学检查与评估、治疗性评估，以及心理教育的评估。

多数多重障碍儿童的身心特征显现：认知能力低，学业能力表现低下，以及日常适应技能差。此外，仅具有少许口语表达能力，沟通技能有障碍，感官能力缺损，以及身体健康欠佳，需长期的照顾与协助支持，才能参与部分正常的社区活动。因此，适当的教育与训练及专业团队的服务与支持，便显得相当重要。其中，教育的训练包括，沟通技能、独立生活技能的教导与训练；专业团队的服务包括，摆位的训练及辅助科技的支持。

关键词：多重障碍、认知障碍、适应技能、沟通技能、专业团队、独立生活技能

第一节　多重障碍的定义与类型

　　中国以"综合残疾"或"多重残疾"来指称多重障碍；美国则直接称之为"多重障碍"。多重障碍的意义通常是指残障儿童同时具有两种或两种以上的障碍。当然，具体的定义内涵，各国不尽相同。由于多重障碍者的异质性非常高，虽然名义上都可归属于同一类的障碍—多重障碍，然而其各自所包含的单一障碍的类型，可能完全不同。因此，学术界有多种不同的分类方式来理解此类的身心障碍儿童。

一、多重障碍的定义

　　中国曾经两次对中的"多重残疾"一词下了定义。分别是：1987 年第一次全国残疾人抽样调查残疾标准中的定义及 2006 年第二次全国残疾人抽样调查残疾标准中的定义，均由中国残疾人联合会发布。具体内容如下：1987 年为五类残疾加上综合残疾，2006 年改为六类残疾加上多重残疾（《中华人民共和国残疾人保障法》用语）。为与国际接轨，采用世界卫生组织（WHO）在 2001 年发布的《国际功能——残障和健康分类》（ICF) 的理论模式，分类与编码系统，并用于调查方案设计。听力语言残疾分别为听力残疾与语言残疾；精神病残疾改为精神残疾；综合残疾改为多重残疾，其定义为：存在两种或两种以上残疾者为多重残疾。多重残疾应指出其残疾的类别，其分级按所属残疾中最重类别残疾分级标准进行分级。

　　美国重度残障碍协会 (TASH）认为重度障碍及多重障碍的对象包括各年龄层儿童，其日常生活活动需要广泛性、持续性的支持，以便参与融合式的社区环境，享受与非障碍者相同的生活质量。其中，日常生活活动包括：动作、沟通、自我照顾、独立生活的学习、就业与自足等的支持[1]。2004 年美国《残障碍者教育法》（IDEA）则将多重障碍定义为"多重障碍系指同时伴随有多重伤残（诸如：智力障碍儿童兼具有视觉障碍、智力障碍儿童兼具有肢体障碍等），此种合并障碍会造成重度的教育需求，而此种教育需求并不能借由仅为单一一种障碍类别所设之特殊教育方案来加以调整改善者，但此多重障碍类别并不包括盲聋在内"。一般而言，多重障碍有：感官缺陷、动作缺损、健康或神经异常、认知、社会、心理技能的问题。

　　值得注意的是，美国多重障碍的定义中，排除了盲聋，将盲聋另立为一障碍类别——盲聋双障，特别强调其教导的特殊性。归纳言之，多重障碍即是具有两种或两种以上的障碍，因为此种障碍比其他类别的障碍复杂，无法以单一种障碍类别所提供的特殊教育或相关服务来满足其独特的需要，因此，必须再加上另一障碍类别来加以调整和因应。

---

[1]Meyer, L. H., Peck, C. A., & Brown L. Critical issues in the lives of people with severe disabilities[M]. // Gaylord-Ross, R., & Browder, D. Functional assessment: Dynamic and domain properties. Baltimore: Brookes, 1991: 45-66.

小智库 17-1

多重障碍的名称及定义

多重障碍，也称多重残疾、多重缺陷、综合残疾。是指生理、心理或感官上两种或两种以上障碍合并出现的状况（如盲聋、智力落后兼肢体障碍等）。

美国在 94 -142 公法中将多重障碍定义为："多重障碍，是指多种障碍的伴随出现（诸如智能不足与盲等），这种障碍状况的合并所造成的严重教育问题，并非为某单一障碍所设的特殊教育方案所能解决，但是该障碍并不包括盲聋在内。"此定义强调多重障碍造成在学生教育方面的严重问题。

1987 年，中国残疾人抽样调查时使用了"综合残疾"一词，在朴永馨教授主编的《特殊教育辞典》中将其定义为："指人的生理和心理发生两种或两种以上的失调状况。"2006 年，第二次全国残疾人抽样调查修订此概念为"多重残疾"，并将其标准界定为："存在两种或两种以上残疾为多重残疾。"多重残疾应指出其残疾的类别，多重残疾分级按所属残疾中最重类别残疾分级标准进行分级。中国台湾地区《身心障碍及资赋优异学生鉴定办法》(2013)中，将多重障碍定义为："指包括两种以上不具连带关系且非源于同一原因造成之障碍而影响学习者。"

比较而言，此定义更强调个体所具有的不同障碍之间的关系。因此，我们可以认为，多重障碍是指人的生理、心理或感官上两种或两种以上障碍。合并出现的状况，并且这两种或两种以上的障碍不具有连带关系且非源于同一原因，这种状况给教育带来极大的挑战。

【资料来源】2019-06-08[广州星语]http: //wap.gzxy.net/h-nd-170.html

二、多重障碍的类型

同样是两种或两种以上多重障碍的儿童，彼此间的差异非常大，虽然名义上都可归属于同一类的障碍—多重障碍，然而其各自所包含的单一障碍的类型，可能完全不同。例如：智力障碍兼具视觉障碍者及情绪行为障碍兼具肢体障碍者，二者都同属于多重障碍，然两者可能具有各自不同的障碍类型与特质。由于多重障碍儿童的异质性非常高，不是所有的多重障碍儿童都是智能不足者，同样是多重障碍儿童中，其认知能力的差异也很大。例如：有极重度智力障碍的多重障碍者，其认知能力很低；然而，也有些又盲又聋的多重障碍者，却有正常的认知能力。目前，对此高异质性的多重障碍群体，专家学者们较无统一的障碍类型分类。有的学者将多重障碍儿童分为以下四类[1]：

（1）轻微肢体障碍，高认知能力者：例如，高认知功能而有轻微脑性麻痹者。若能提供早期的干预与适当的教育，则可以获得完整的教育经验—读专科学位、独立生活、工作经验等。

（2）重度肢体障碍，高认知能力者：例如，高认知功能而有严重的脑性麻痹。需广泛性的治疗、轮椅、手杖、脚护木的协助，可能也需要辅助沟通系统（AAC）的沟通辅具

---

[1]Rothstein, L. F. Special education law [M]. New York: Addison Wesley Longman, 2000.

设备。经由某些协助，可以完成教育与独立生活。

（3）轻微肢体障碍，低认知能力者：例如，低认知功能而有轻微脑性麻痹。需要某些物理治疗，但障碍的程度可能限制他们的工作经验。

（4）严重肢体障碍，低认知能力者：例如，低认知功能，严重脑性麻痹。可能无法习得符号或口语；但可以通过手势、面部表情、肢体动作、实质的象征系统，以及 AAC 的协助来表示要求或拒绝。

而有的学者将多重障碍儿童分为以下三类[1]：

（1）以智力障碍为主的多重障碍：例如，智力障碍兼脑性麻痹、智力障碍兼听觉障碍、智力障碍兼严重行为问题等。

（2）以情绪困扰为主的多重障碍：例如，自闭症、情绪困扰兼听觉障碍。

（3）感觉器官为主的多重障碍：例如盲聋哑、尤塞式综合征（Usher's syndrome）等。

总而言之，多重障碍的异质性高，学者们有各种不同的分类方式，有的以儿童的智力与肢体动作能力来分类；有的则以单一的障碍为主且伴随其他障碍作为分类的基准，希望能将此多种与复杂的多重障碍稍加分类与区分，以便于讨论分析与研究。

第二节　多重障碍儿童的评估

假如没有对多重障碍儿童进行评估，缺乏适当评估的数据，教导者将不知从何教起，也会不知道教导什么内容较为适当。有了多重障碍儿童的评估资料，教师将能了解儿童现在的表现水平，才可设计适当的个别化教育计划（IEP）。一位多重障碍儿童通常需要两位教职员来协助，才能适当地进行评估。精确的评估将有助于了解其独立生活水平，以及在体育课时要提供多少人力的协助。此外，精确的评估，也会让教学者知道，哪些课程必须加以调整。通过持续性的评估，教学者才会得知儿童的学习是否进步。多重障碍儿童的学习速度通常很慢，若无持续性的评估，将不易掌握其逐渐进步的程度。整体而言，多重障碍之鉴定与评估，应参照各类障碍之鉴定评估原则与标准。多重障碍儿童的专业团队评估，除了一般医学的检查与治疗性评估外，通常也会包括智力及日常性功能活动等的教育评估。

一、医学检查

多重障碍儿童通常有生理、感官方面的问题，需进一步地仔细地检查与评估，以了解其是否有异常。一般医学检查与评估的项目通常包括：眼耳鼻喉系统、心脏血管系统、胃肠肝胆消化系统、生殖泌尿系统、皮肤骨骼系统、脑神经系统、呼吸系统等，以评估这些

[1]Kirk, S. A., Gallagher, J. J., & Anastasiow, N. J. Educating exceptional children [M]. 8th ed. Boston, MA: Houghton Mifflin, 1997.

系统对生理造成的影响。特别是需要针对儿童进行视觉、听觉、肢体动作等进行检查，以评估儿童是否有视觉障碍、听觉障碍、肢体障碍、自闭症或有注意力、过动的情形。通常婴儿出生后 1 ~ 5 分钟即可实施阿伯格测试 (the Apgar Scoring System)。阿伯格测试可以评估孩子的动作功能、皮肤颜色、心跳、呼吸与外表，某些视觉的缺陷（如：白内障）容易发现；多数听觉缺陷要到 2 ~ 3 个月大才可能发现；而肢体缺陷则可经由观察婴幼儿是否缺乏正常的反射及身体的动作而发现；另外，早产儿、体重过轻儿可能缺氧，脊柱裂可能由身体的畸形而发现，唐氏综合征也可由幼儿的平脸、上斜眼、低 Apgar 得分发现。

二、治疗性评估

（1）职能治疗评估：包括头部、颈部控制、知觉动作能力、生活自理能力等的发展及功能评估。

（2）物理治疗评估：包括肌肉张力、关节活动度、动作能力等的发展及功能评估。

（3）语言治疗评估：包括开展语言之前的发展（口腔功能与进食能力）、前语言的发展能力、非语言的发展能力、语言能力（呼吸形态、发音、声音）、表达性语言或接受性语言的理解程度等。

三、智力的评估

涉及以智力障碍为主的多重障碍儿童的评估与鉴定时，仍需依靠一般标准化的智力测验。虽然要评估多重障碍儿童的能力与教育需求，但因为该儿童具多种的障碍，其中之一可能是智力低下，故仍需先以标准化智力测验，评估儿童是否有智力障碍的问题，接着再进行其他障碍的评估。标准化智力测验若无法适当地评估与鉴定重度或多重障碍儿童，则可以功能性或生态性的评估方法替代之。

四、日常活动的功能性评估

评估多重障碍儿童日常生活的技能，包括每日如厕、穿衣、用餐、沟通及行动等需要用到的功能性能力。这些日常生活技能的评估，包括评估行动能力（走路、移动能力）、动作技能（粗大动作、精细动作能力）、移动范围、反射动作、反应、稳定性、躯干或头部的控制、抓握能力、注意力及沟通能力等的使用评估 [1]。

（一）如厕技能的评估

（1）如厕训练准备度的评估：多重障碍儿童的生理年龄至少 2.5 岁，需有稳定的排泄类型，需有保持身体干燥的习惯，没有用药问题，能适当的坐在便盆椅上；

（2）排泄类型的评估：每隔 1 ~ 2 小时评估儿童内裤干或湿、小便或大便、是否在

---

[1] Orelove, F. P., & Sobsey, D. Educating children with multiple disabilities: A transdisciplinary approach [M]. Baltimore: Paul H. Brookes, 1999.

马桶上大小便（有些多重障碍学生行动不便，无法自己到马桶如厕）；

（3）如厕相关技能的评估：如厕的调整衣裤、冲水、洗手、擦手等技能。如厕的相关技能可通过工作分析加以评估。

（二）穿衣技能的评估

（1）认知准备度的评估：评估是否能① 模仿他人所表现的动作；②能遵从口语的指导；③衣物能配合身体适当的部位，如手对袖子、头对圆领；④调整衣物使适合身体。

（2）身体平衡的评估：评估是否能 ①单独地坐在床上；②仰卧或侧卧，能移动身体穿衣服；③不需要依靠椅子背或轮椅背；④能独坐于凳子上；⑤能跪下，无须协助；⑥能单手握站立；⑦能斜靠站立，双手活动自如；⑧能站立，双手活动自如。

（3）肢体动作范围的评估：评估是否①能以单手或双手穿衣、扣纽扣；②能将单手或双手伸到颈部、腰部、脚的后面；③能将双手放在头部的上方；④能使用适当力道完成穿衣工作的要求；⑤能协调动作完成穿衣工作的要求。

（三）用餐技能的评估

评估多重障碍儿童在进食时是否有①头部、下巴、嘴巴、躯干、颈部肌肉张力的异常；②身体动作的不正常反射或原始反射；③唇裂（兔唇）、颚裂、高弓颚等口部结构的异常；④学习到不当的进食技能。

五、沟通能力的评估

要进行沟通训练之前，必须要有适当的评估。评估时须考虑到四个要素：第一，决定哪一种沟通功能对当事人最有用；第二，决定要沟通的特定内容或信息；第三，选择要使用的沟通形式；第四，选择要使用的教学方式。

当然，实际在进行时，可以生态评估来决定"当前的环境"要求什么样的行为，以及"未来最少限制的环境与年龄"适当的需求是什么（参阅图 17-1）[1]。若经评估的结果，当事人已具有此沟通的功能，

就不需要再教导，但可能仍需加强部分训练，使其表达更加流畅，或使其外显行为的姿态更加清晰，以便让沟通的伙伴更容易了解他所要表达的内涵。使人容易了解的沟通及表达流畅的沟通，应尽可能经由自然的强化物给予继续维持，并能有效地类化到其他的自然情境。从另一方面来看，若出现的沟通功能形式，实为社会所无法接受时，就必须要进一步地教导替代性的功能沟通，以取代其原有的不当行为。若当事人根本就没有沟通功能出现时，则必须考虑教导他适当的表达形式。这表达的教导就要衡量环境、沟通伙伴、当事人的能力，以及沟通功能与形式的适配度来做选择和决定。

---

[1]Reichle, J., & York, J., & Sigafoos, J. Implementing augmentative and alternative communication: Strategies for learners with severe disabilities[M] // Sigafoos, J., & York, J. Using ecological inventories to promote functional and alternative communication. Baltimore: Paul H. Brookes, 1991：61-70.

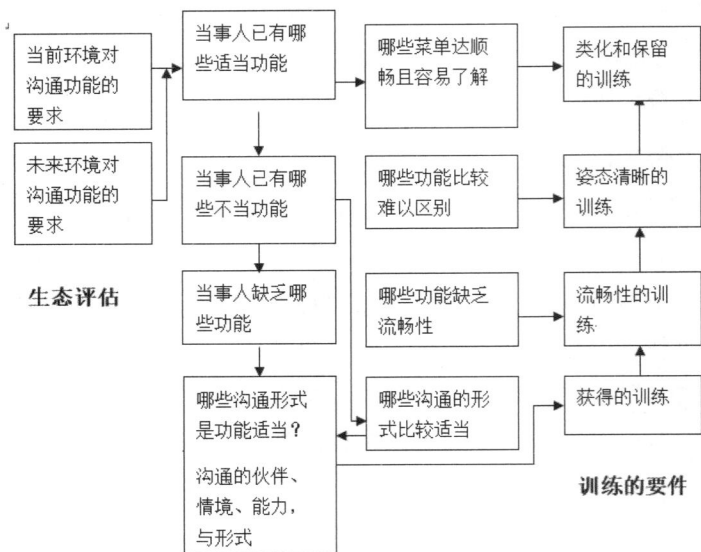

图 17-1 沟通训练的决定模式：以生态评估来决定要教导沟通的功能与形式

传统的评量特别强调找出需要接受沟通训练的对象，这方式有不少的缺失。近来，学者主张"参与模式"的沟通评量[1]，此种评量应较适用于多重障碍的学童。此模式假定，每一个人都有可能成为沟通干预的对象，特别强调需要提供当事人沟通的机会与可接近性的生态性评量。以生态评量的方式找出学童沟通参与的类型与同伴表现间的差距，作为将来沟通训练及教学的依据。个别化教育计划团队将以此为考虑，设计一些协助其沟通的装置或调整影响其沟通的环境，以减少当事人和同伴的差距。此模式的基本原则，即在增加当事人有意义地参与自然的情境，从而提升其沟通能力。

思考与练习 17-1

1. 多重障碍儿童有哪些需求？如何对这些需求进行评估？

2. 您认为学校的特殊教育教师应该怎样对待班级里的多重障碍儿童？教师如何为多重障碍儿童提供适切的服务？

3. 调查多重障碍儿童的教师，了解班级里的多重障碍儿童需要哪些特殊的沟通训练？

4. 调查多重障碍儿童的家长，了解家里的多重障碍孩子需要哪些日常生活活动的训练？

---

[1]Mirenda, P., & Iacona, T. Communication options for persons with severe and profound disabilities：State of the art and future directions[J]. Journal of The Association for Persons with Severe Disabilities, 1990, 15：13-21.

第三节　多重障碍儿童的身心特征

虽然多重障碍儿童的异质性高，次类型多，但是多数多重障碍者仍具备有一些共同的心理特征。例如：相较于一般正常的学习者，多重障碍者智力或认知能力通常较差，学业成就较低，日常的适应与沟通技能较不佳，且有身体病弱或视觉听觉的感官问题，有时也容易出现偏差行为。

一、智力与学业成就

许多多重障碍儿童的类型为智力障碍为主并伴随着其他障碍者，这些多重障碍儿童的智力是无法按照一般标准化智力测验程序去进行评量的。这类障碍儿童的智商（IQ）倾向落在 25 以下，导致学习与记忆能力拙劣，习得新技能的速度慢，需要较多的教导练习，才能学会新技能。一旦学会后，又容易忘记。再者，不但对抽象概念不易了解，情境的类化技能及综合的技能有困难，保留记忆及应用信息能力也较差。因此，多重障碍儿童必须接受持续的、密集的教学与督导，才可能学会新的技能。基本学科的教导宜在日常生活的情境下进行：语文科的阅读宜教导环境文字，例如：厕所、餐厅、出口、危险等常见的字汇；数学科则可教导辨识时间与金钱的使用。[1]

总而言之，传统使用的教科书、读本、卡片等教材不一定适合多重障碍儿童，必须要使用真实情境的教材，且应在环境脉络的线索引导下来教导他们有关的学业技能，才能让他们将所学应用于自己的家庭或社区环境。

二、适应技能

对任何人而言，学习适应环境的技能，是相当重要的。适应环境的技能包括个人独立和社会互动。个人独立技能有饮食、穿衣、个人卫生、工作、管理金钱等需要的满足；社会互动技能则有沟通个人的需要和喜好，甚至是倾听与响应他人。多重障碍儿童大多缺乏这些适当的适应环境技能，需要特殊训练或调整技能顺序，且持续性的教导与支持服务，才能让他们学会这些基本自理技能。

三、沟通技能

许多多重障碍儿童的语言发展只能达到说话前期与语言前期的阶段。他们说话能力及沟通表达能力有限，多数仅具有少许口语能力，甚至有的终其一生也无法发展口语能力。此外，他们的语言接受能力也较差，有时可能无法理解他人的要求与指令。

此说话前期与语言前期阶段的沟通发展具有以下几个特征：

（1）主要依靠非符号的形式来与他人进行沟通，诸如以手势、声音、眼神的接触及

---

[1]Hardman, M. L., Drew, C. J., & Egan, M. W. Human exceptionality: Society, school, and family [M]. Boston, MA: Allyn and Bacon, 1999.

肢体语言来和别人沟通。

（2）无法进一步地证实与他人的沟通是否属于有意图的沟通。

（3）使用一些非符号系统来表达基本沟通功能的信息。诸如：请求、拒绝、分享信息或要参与会话。

（4）大多只能使用一些非电子沟通设备或简单的科技（如开关），来与他人沟通。

语言的成分

Muma (1986) 将语言的发展分为三个时期：

前语言时期：婴儿出生到 9 个月大时，行为信息的功能对照顾者产生的影响；照顾者会试着解释婴儿的无意图行为，宛如是有意的行为。此时，婴儿虽然有沟通的功能行为，但他仍无法觉知此沟通行为的结果。例如，婴儿吞下一口三明治后，发出"m m"的声音（语言行动的信息）→照顾者将此无意图的行为，解释为"他要咬另一口三明治"，并向他说"这是你要的三明治"。

非语言时期：婴儿 9 ~ 13 个月大时会使用行为动作与传统的手势，有意地影响他人的行为；当照顾者喂婴儿吃三明治时，他的头会转向另一边，并有意地发出"eng eng"的声音（语言行动的信息）→照顾者将此有意的行为解释为"他已经吃饱了"。

语言时期：婴儿 13 个月大以后会使用口语文字，有意地影响他人的行为。当照顾者拿一杯果汁给幼儿时，他微笑着，并说"是的"（语言行动的信息）→照顾者解释为"他想要饮料"。

【资料来源】Muma, J. Language acquisition：A functionalistic perspective [M]. Austin, TX：Pro-Ed, 1986.

四、身体健康

多重障碍儿童有显著的身体与健康照顾的需求，例如：相较于一般正常儿童，多重障碍儿童容易有先天性的心脏病、癫痫、呼吸问题、糖尿病，以及代谢异常的高出现率。他们也较会出现痉挛、低肌肉张力或高肌肉张力的问题。这些健康照顾的问题，可能需要相关医护人员提供药物、导尿、鼻胃管喂食及呼吸通气的协助。

五、感官的缺损

多重障碍儿童通常有视力或听力缺损的问题。学者的研究显示，约有 40% 多重障碍儿童有严重视力与听力损失的问题。特别是同时又盲又聋的儿童，其所需要提供的协助与服务，往往不是为盲童或聋童单一障碍提供的训练所能完全应对的。必须要同时考虑盲聋兼具儿童本身的教育需求，再提供符合个别化的教育训练。

六、偏差行为

多重障碍儿童常见的偏差行为包括：耍脾气、打人、尖叫、推人、或打头、拉头发、戳眼睛等的自我伤害行为，以及摇摆身体、弹手指的固着行为等。不少学者认为，这些挑战性的偏差行为可解释为自然情境下当事人的一种沟通方式。这些学者的研究进一步地指出，若能发现偏差行为的功能，再去教导当事人合理的、适当的沟通方式，将能有效地替代及减少偏差行为的产生。

偏差行为的功能

偏差行为的功能有下列五种：

1. 社会性正增强：例如：以打头自伤行为来引起照顾者的注意。

2. 社会性负增强：例如：以打头自伤行为来逃避照顾者对她的要求。

3. 感官性正增强：例如：以打头的自伤行为来获取感官自我刺激的快感。

4. 感官性负增强：例如：以吸吮手指的自伤行为来暂时避免龟裂皮肤的不舒服。

5. 多重增强：同时兼具上述两种或两种以上的强化机制。

【资料来源】自编

七、社会情绪发展

多重障碍儿童也是儿童，他们也是父母亲的孩子。就像其他的身心障碍儿童一样，也需要获得情感与他人的关注。他们可能没有办法以完整的语言或说话来表达，有时可能会出现哭闹或不顺从的行为，借以表示自己的情绪或社会互动的需求。教导者必须能解读其行为讯号的意义，从而做出适当的回应。此外，多重障碍儿童跟一般正常儿童一样，也需要有朋友与建立友谊关系，他们更需要安排环境提供机会去与同伴互动，并发展积极的友谊关系。

第四节　多重障碍儿童的教学策略

如前所述，有些多重障碍儿童（简称多障）的语言发展只能达到说话前期与语言前期的阶段。换句话说，他们一直停留在学习真正有意义的第一个字汇之前所需的技能。严格来说，他们仍然没有能力使用语言，可说还是停留在非符号沟通的时期。在自然情境下教导日常生活活动，多障儿童通常可学会说话及语言应用。对他们而言，符号、图卡、沟通板，以及手势等功能性沟通系统的教学相当重要，不管是选用哪一种沟通系统的教学，必须要确保他们在家庭、学校或社区等多种不同的环境下能反复地练习，才可能让他们学会基本沟通模式，达到与人沟通的目的。

一、沟通技能的教学

对于语言能力低，甚至没有口语表达能力的多重障碍儿童进行沟通教学，重点如下：

（一）发展良好的抚育关系

亲子间建立良好的抚育关系，可以促进多障儿童语言前期—非符号沟通能力的发展，进而有机会发展较高的认知、语言及社会能力。

（1）给予支持、舒适感及情感：父母或照顾者若能和多障儿童建立良好的关系，给予积极的支持与期待，有耐心地重复一些明确的信息或线索，他们将有机会主动发展沟通的意愿与尝试。

（2）创造正向的互动环境：多障儿童虽然无法以语言符号来与环境互动，但通过环境有意、有顺序、重复性的安排，他们也会以非符号的方式对环境产生反应。

（3）扩展多障儿童先发动沟通行为的能力：多障儿童缺乏机会对照顾者发动沟通及控制沟通的情境。开始训练沟通时，可以通过延宕与消退提示、与沟通伙伴的接近，以及沟通伙伴的注意，来训练多障儿童主动的要求。若儿童已能主动提出要求，则逐渐增加工作要求的难度。

（4）强调儿童的兴趣：照顾者需把焦点摆在多障儿童沟通的欲望与需要上。例如，该儿童可能对饼干（或一场喜欢的游戏）有兴趣，因此，教导使用这些字汇，可能更立即有效。

（二）提升教学者对多障儿童的敏感度

（1）承认非符号行为也是沟通行为，把它视为是有意图的沟通行动：若照顾者、父母或老师能把要多障儿童无意的沟通企图行为，全然解释为是有意图的沟通行动，则他们会有耐心地尝试去让儿童含糊不清的信息有较多的机会再表达出来，多障儿童的沟通能力将可大为提升。

（2）了解学生互动的准备度：多障儿童通常是比较被动的，沟通互动的历程中，常未做好准备。因此，照顾者、父母或老师需敏感地觉察他们是否已经准备要做反应。如此，才能帮助他们及早学会或做出适当的沟通行为。

（3）对多障儿童目前的沟通水平给予适当的反应：照顾者、父母或老师需配合儿童的沟通发展水平，给予适切的及有系统的反应与训练，以提高其主动参与沟通的意愿和能力。

（三）增加多障儿童沟通练习的机会

（1）提供多障儿童选择的机会：老师或照顾人员应尽可能提供儿童自由选择的机会。例如：提供穿着何种颜色衣物的选择、餐点内容的选择、团体活动乐器的选择等。

（2）营造适当的环境，让多障儿童产生请求的需求：照顾者、父母或老师可以安排及设计使儿童必须请求他人协助，才可以满足自己需要的情境。

（3）提供多障儿童互动的机会：照顾者、父母或老师必须设法多提供儿童与他人互动的机会。例如，可对多障儿童微笑或轻拍他身体，来增加他与别人互动的机会。

（四）建构顺序性的经验

（1）期待多障儿童能部分的参与日常性的活动：经由照顾者对他们行为产生积极的期待，才可能提高他们参与事件及预测事件的能力。

（2）经由模仿多障儿童非符号的行为，来提供轮流互动的机会：照顾者、父母或老师可以模仿多障儿童的一些非符号行为，以诱发其主动性的反应，从而建立可行性沟通互动的渠道。

（五）善用多障儿童的动作

（1）视多障儿童的动作为有意义的沟通，而对其反应：照顾者或老师应将多障儿童的动作视为有意义的沟通，并持续且一致地对其做适度的反应，他们才有可能逐渐地学得与他人发展有意义的沟通行为。

（2）注意多障儿童一致性的动作：例如，若你每次要喂他饼干时，他就把头转开，而且紧闭嘴巴。大概是这位多障儿童不喜欢吃饼干。这时你可以给这样的行为一个意义——"你不喜欢饼干"。

（3）以自己的动作来与多障儿童沟通及互动：与多障儿童沟通不能单靠抽象式的语言，教导者或沟通的伙伴必须以他们有兴趣，容易了解的动作与之沟通。

（4）能考虑多障儿童的能力来选择适当的动作：多障儿童沟通能力普遍性低落，照顾者应尽量以动作与他们沟通。

（六）尽早提供语言刺激

早期语言的刺激对改善多障儿童人际互动的沟通有极大的帮助。以下提供一些给多障学生语言刺激的方式：

（1）察觉你自己如何照顾他们及满足他们基本需要的方式。你的态度、表情、声音、字汇及对待他们的方法，将决定你们彼此间是否建立温暖及信赖的关系。

（2）尽量地重复练习：重复的用意并不在于使他们产生厌倦；而是要帮他们学会。

（3）若多障儿童同时兼具听觉障碍时，应尽量将所谈论的物体靠近嘴巴，使他能注意到你的嘴唇。

（七）沟通线索的教导

照顾者与老师可提供脚本行事的线索来引导多障儿童对环境做出适当的沟通反应。以下为沟通线索教导的要领：

（1）触觉线索：照顾者在做每一个动作或行为之前，除了说话外，还能引导多障儿童以触觉的线索去了解该行为的沟通意义。触觉线索对感官有缺损（如视障或听障）的多障儿童非常有用。

（2）语文线索：照顾者在提供多障儿童触觉线索的同时，也需以语文的线索来引导他。

（3）中止：经由同时使用触觉及语文线索来引导多障儿童沟通后，照顾者或老师需停顿10到30秒，来观察他的反应。若他有反应，可解释为他已可接受该信息；相反，若他出现拒绝的信息，则照顾者暂停沟通反应，再尝试用其他的沟通方式做反应。

（4）语文的回馈：在多障儿童出现可接受的沟通讯号后，照顾者将给予一些语文的回馈。

（5）行动：在脚本行事的最后步骤，即照顾者对多障儿童提供语文回馈时，同时表现出如同语文回馈内容所提及的动作。

二、独立生活技能的教学

对多障儿童而言，独立生活技能的学习，是相当重要的。个人独立生活技能有用餐、穿衣、个人卫生、工作、金钱管理、过马路、杂货店购物等生活自理。多数多障儿童的生活自理能力欠佳，因此，这些功能性技能必须在家庭、学校、社区等自然的情境中教导，且需持续性的教导与服务支持，才能让他们学会这些日常的适应技能。

以下就如厕、穿衣及用餐等技能的教导加以说明：

（一）如厕技能的教导

Foxx 与 Azrin 成功地训练9位重度障碍及多重障碍者及34位非障碍者如厕[1]；Duffy则进一步复制其研究于教导3位自闭症者如厕[2]，以下分别说明他们的训练方式：

（1）增加水分的摄取量：使学童有更多如厕练习以及获得增强的机会。

（2）快速如厕训练：他们给学童喝额外的饮料（如咖啡、茶、清凉饮料、水）来增加学童排尿的频率。

（3）膀胱训练：以此训练来控制如厕时膀胱与大肠肌肉的动作。

（4）自发性的如厕训练：①排泄后，立即给予饮料增强；②不再给予如厕的提示；③若需要时，可继续对穿脱裤子与冲水引导及提示，但不可超过先前的如厕训练的提示程度；④儿童每次成功地自发性如厕后，就移动他所坐的椅子，使它离马桶越来越远；⑤逐渐地延长时间来检查内裤的干或湿；⑥间歇性地奖赏正确的如厕动作；⑦当儿童能自发性地如厕，即除去内裤警报器、便盆警报器；⑧要求儿童从房内不同的区域指出厕所的位置；⑨儿童若有9次自发性地如厕后，即进入保留期方案。

（二）穿衣技能的教导

（1）分析多障儿童现有的穿衣技能。

[1]Foxx, R. M., & Azrin, N. H. Toilet training the retarded: A rapid program for day and nighttime independent toileting [M]. Champagne, IL: Research, 1973.

[2]Duffy, B. N. A modified Azrin and Foxx rapid toilet training protocol for children with autism[D]. Ohio: The Ohio State University, 2015.

（2）只有当多障儿童需要时，才提供穿衣的协助。

（3）要有足够的时间让多障儿童去执行与练习穿衣所需的动作。

（4）脱衣服技能通常比穿衣的技能先教导。

（5）教导多障儿童穿衣所需的特别技巧。

（6）教导多障儿童穿什么衣服，何时穿。

（三）用餐技能的教导

（1）训练多障儿童身体的摆位，调整进食的身体姿势。

（2）适当的调整食物，避免让多障儿童使用流质的食物进食。

（3）对于咬合敏感或口腔反射的学童，适度地调整饮食用具。

（4）调整喂食的时间：最好在自然的时间、自然的情境下教导进食的技能。

（5）调整食物呈现的方式：呈现食物与饮料的步调与速度需配合多障儿童个人的呼吸，以免进食困难或造成气道的阻塞。

（6）调整用餐的环境：应提供多障儿童支持性与放松的用餐环境，例如，恰当的灯光亮度、柔和的音乐及舒适温度的环境。

（7）提供身体的协助：头与下巴对饮食的技能影响很大，必要时可给予少量协助，不过，却不可以提供太多的身体协助，以免造成学童过度依赖。

（8）可以触摸嘴、脸或摩擦牙龈、硬腭等方式，来提供感官刺激，放松脸部、口部的肌肉。

（9）应用行为改变技术，提供特定的教导与训练。

（10）预防肺部吸入异物：在进食时，应避免让多障儿童采取仰卧或半斜躺的姿势，以免将饮料或食物颗粒误吸入肺部，造成危险。

三、摆位的训练

提供多障儿童好的摆位姿势，可减轻其身体的疼痛与不舒服，并且进一步预防身体结构的损伤。因为多障儿童缺乏自发性的控制以及感官的缺损，适当的摆位可以让他们容易看到、听到、达到、接触到及参与教材的学习。此外，适当的摆位有利于各种活动有效能的移动动作。通过适当的摆位与处置，多障儿童能有效地提升学习技能。例如，一位多障儿童坐在轮椅上，可以将球推下轮椅，以便踢球；或者可以坐在轮椅上，以球棒来打球。

四、辅助科技的支持

辅助科技（Assistive Technology, AT）可以用于增加、维持或改良多重障碍儿童功能性的能力。通常有七类辅助科技可来协助多障儿童功能性技能的学习，进而改善其生活的质量：

（1）行动辅具：轮椅、电动车、行走器、激光手杖等。

（2）摆位辅具：协助选择和使用轮椅。

（3）计算机辅具：环境控制、文字处理、软件、键盘等。

（4）玩具与游戏：软件与单键开关操作玩具。

（5）日常生活辅具：喂食器、闹钟、记忆书等。

（6）沟通辅具：触控讲话、阅读系统、有声键盘等。

（7）运动休闲辅具：三轮自由车、运动型轮椅、盲用乒乓球、盲用扑克牌等。

（8）其他辅具：盲用点字手表、盲用有声手表、有声报时闹钟、无声震动闹钟、电动翻页机等。

许多多障儿童能从运用这些科技辅具中获益，借由这些辅具的协助，可提升其沟通与行动技能，减少沟通与行动的障碍。

思考与练习 17-2

1. 多重障碍儿童的沟通需求有哪些？如何进行沟通技能的训练与教学？

2. 你认为特殊教育教师应该如何对待班级里的多重障碍儿童？教师如何为多重障碍儿童提供摆位服务？

3. 请调查多重障碍儿童的教师，了解他们面对多重障碍儿童时使用哪些独立生活技能的教学策略。

4. 请调查教导多重障碍儿童的教师，了解他们面对多重障碍儿童时有哪些辅助科技支持的需求。

第五节　多重障碍教育重要论题与发展趋势

在多重障碍教育中，有若干个论题与发展趋势，值得关注，叙述如下：

一、重要论题

美国曾经于 94-142 公法中强调回归主流，并将轻度障碍的学生部分时间回归普通班，与正常同年龄的同伴接受相同的课程。可惜，当时的回归主流，只有做到物理的统合，缺乏教育的统合及社会的统合。目前更大力地推动融合教育，要求中度或重度障碍的学生回到普通班，接受普通教育课程。在此融合教育思潮推动下，多重障碍儿童也有被安置于普通班接受自然而常态教育的可能。当然，这也造成了对普通教育系统的挑战。究竟普通教育环境是否有足够的准备，包括师资、设备、资源与专业团队服务的提供，来支持多障儿童的学习，不无疑问。甚至有专家主张，基于这群重度、极重度或多重障碍儿童的特殊需要，应该再回到过去连续性特殊教育安置体系的考虑，即接受最少限制环境的安置——即按照其障碍类别、障碍程度、能力及功能的高低，安置于最适合、最大发展功能，最少限制的教育环境。然若依此最少限制的准则，这群多重障碍儿童势必仍会被安置于特教班、特殊学校或甚至机构中。究竟多重障碍儿童的安置是要植根于其学习能力本位的考虑，让他们学业学习顺畅，学得进步；还是要坚持其为人本的自然常态的学习尊严，学得正常的社会价值及自然的社会互动？肯定是个没有一定答案的议题。

二、发展趋势

（一）功能性生态情境的评估为导向

多障儿童多半有语言沟通、肢体动作、感官或身体健康等的缺损，以往多从传统医疗的评估来了解其障碍的原因与需要；然而仅从医学检查与评估所得的信息，并无法直接转化为特殊教育实践的需求。因此，除了生理感官效能的评估外，必须再佐以教育评估的数据，特别是在真实的社区等生态情境所获得的评估资料，才容易提供教育工作者教育实践与教导的有用信息，也才能针对多障儿童进行功能性生活活动的教学。

（二）正向行为支持的干预

由于多障儿童的沟通表达能力有限，常易出现严重的自我伤害或攻击等偏差行为，以致干扰教师的教学。对于严重偏差行为的干预，已由传统直接行为改变技术的干预朝向正向行为支持（positive behavior support, PBS）的干预。换言之，要处理多障儿童的偏差行为前，必须要先评估及了解其偏差行为的功能，再依据行为的功能，发展功能为导向的干预方案——即正向行为支持方案，来减少其偏差行为，并进而提升其学习与生活的质量。

（三）前语言沟通能力的教导

多重障碍教育逐渐地强调非符号沟通的重要，认为即使没有口语表达能力，仍能进行面部的表情、身体的动作、注视、手势、触摸，手势等沟通互动的教导。因此，没有口语能力的多重障碍儿童，更应该加强沟通训练，特别是"前语言""非口语"的沟通，即训练他们借由自己的身体和现有的脉络去进行非符号沟通。

（四）跨专业团队的服务

多重障碍儿童同时具有两种或两种以上的特殊需求，这些需求可能必须要同时由一群专业团队人员提供协助和服务，才能满足其多种的学习需求。但是多种专业彼此之间常过于强调专业本位，各自为政，导致陷于难以整合的困境。近年来，已由多专业团队的运作模式，过渡到专业团队间合作的模式，甚至更强调跨专业团队服务的方向；即由特殊教育教师担任个案管理员，以多障儿童的需求为核心，纳入心理、医疗及教育相关专业人员为团队，以满足多障儿童的需求。

（五）强调多重干预、综合康复

基于国内外特殊教育、康复医学的发展趋势及国内特殊学校、康复中心康复工作的现状，黄昭鸣等于2007年构建了特殊学校、康复中心"多重障碍 多重干预"综合康复体系。

该康复体系强调"医学康复"与"教育康复"相结合、"缺陷补偿"与"潜能开发"相结合、"重点训练"与"多重干预"相结合。该康复体系的内容由听觉功能、言语功能、语言能力、认知能力、学科学习能力、心理与行为、运动能力评估与训练七个功能模块所组成。[1]该体系的建构对于提升残障儿童（尤其是多重障碍儿童）的康复水平具有重要的理论意义与实践价值。

讨论问题

1. 多重障碍的定义为何？从特殊教育学视角，有哪些评估方法？

2. 多重障碍儿童的身心特征有哪些？在评量过程中应特别注意哪些问题？

3. 沟通表达能力和偏差行为间有何关系？

4. 多重障碍儿童沟通技能的教学方法中，增加多障儿童沟通练习机会的教学原则有哪些？善用儿童动作的教学原则又有哪些？

5. 在独立生活技能的教学中，一位特殊教育工作者或家长，如何教导多重障碍儿童进行自发性的如厕训练？

6. 多重障碍儿童安置在融合学习环境中，其利弊得失为何？如何融合环境中协助多重障碍者？

延伸阅读

1. 丘绍春. 重度、极重度心智障碍者的辅导 [M]. 新北：心理出版社，2013.

2. 张千惠，丘绍春. 第十五章多重障碍 // 吴武典，林幸台，等. 特殊教育导论 [M].2 版. 新北：心理出版社，2022：507-564.

3. 黄昭鸣，杜晓新，孙喜斌，卢红云，周红省，等. "多重障碍·多重干预"综合康复体系的构建 [J]. 中国特殊教育，2007，10：3-13.

本章作者：唐荣昌

---

[1] 黄昭鸣，杜晓新，孙喜斌、卢红云、周红省. "多重障碍·多重干预"综合康复体系的构建 [J]. 中国特殊教育，2007, 10: 3-13.

第十八章　发育迟缓儿童心理与教育

学习目标

□知识目标

1. 了解发育迟缓儿童的意义及其形成原因。

2. 认识早期干预的重要性、理论基础与实验证据。

3. 了解早期干预的团队合作与服务模式。

□能力目标

1. 能区辨发育迟缓儿童的发展在哪些方面有别于一般正常儿童。

2. 熟悉发育迟缓儿童鉴定标准，协助进行筛检、诊断、评量与课程设计。

□情意目标

1. 接纳发育迟缓儿童融入正常环境，与普通儿童一起生活、快乐学习。

2. 综合幼儿教育、特殊教育与早期干预的实施，师生情感与生活交融。

本章重点

　　本章首先阐述早期干预的重要性与发育迟缓的意义，说明早期干预的服务对象、理论基础与实验证据，期待通过团队合作与适切干预模式，对发育迟缓儿童在实务层面提供更完善的服务。发育迟缓幼儿由于生物与环境等各种因素，导致知觉、认知、动作、生活自理、语言沟通与社会情绪等发展的落后，需要及早进行筛检、诊断、评量与课程设计，订定适合其发展的个别化家庭服务计划（IFSP）和个别化教育计划（IEP），并据以评估课程目标和干预成效。

　　了解一般正常儿童与发育迟缓儿童的发展差异，有助于认识发育迟缓儿童的身心特征，进而善用课程与学习策略，达成教学目标。在融合的班级情境中，教师可根据相同科目相同内容、相同科目不同内容、不同科目不同内容等三种上课方式，实施适切的教学策略，使儿童获得最佳的成长。

　　发育迟缓儿童教育综合幼儿教育、特殊教育与早期干预的教育理念与实施方法，期望未来的特殊幼儿教育，是一个在融合教育的环境中实施的有教无类、因材施教、适性发展的教育。

　　关键词：早期干预、发育迟缓、特殊幼儿、个别化家庭服务计划（IFSP）、个别化教育计划（IEP）、融合教育根据《中华人民共和国残疾人保障法》，普通幼儿教育机构应当接受能适应其生活的残疾幼儿，根据《中华人民共和国残疾人教育条例》，残疾幼儿的教育应当与保育、康复结合实施，卫生保健机构、残疾幼儿的学前教育机构和家庭，应当注重对残疾幼儿的早期发现、早期康复和早期教育。《中华人民共和国母婴保健法》，更具体规范医疗保健机构应当为育龄妇女和孕产妇提供孕产期保健服务，孕产期保健服务包括下列内容：母婴保健指导、孕妇、产妇保健、胎儿保健与新生儿保健。凡此皆表明残疾幼儿教育、保育与康复的重要性。欲掌握发育迟缓儿童心理与教育，必先认识早期干预的重要性，了解其定义与鉴定、教学策略、重要论题与发展趋势。

第一节　早期干预的重要性

本节说明早期干预的意义、服务对象与主要内容，旨在正确地了解早期干预的重要性，掌控理论基础与实验证据，比较和熟悉早期干预的团队合作与服务模式。

一、早期干预的意义和重要性

早期干预指的是经由医疗、家庭与教育单位的初级、次级与三级预防，有效减低障碍儿童的发生，减轻障碍状况与防止恶化现象，借由早期训练与教育，以弥补发育迟缓的状况，有效控制生理缺陷导致的发展迟滞[1]。

残障者接受早期教育是特殊教育领域中发展最快的一环，本着越早越好的大前提，秉持发展的可塑性和成本效益，今日为残障儿童投注的心力，可为明日特殊教育及残障福利节省大笔支出，培养健全发展，残而不废的公民，何乐而不为！[2]

早期干预不仅可以协助特殊儿童，防止迟缓或障碍现象的加重，而且可以协助家庭帮助其特殊儿童。特殊儿童需要早期干预的重要性可归纳如下[3]：

（1）儿童早期学习可作为之后学习的基础，越早学习，可习得越多的知识和技能。

（2）早期干预可提供特殊儿童与其家庭的支持，以避免特殊儿童在某一领域迟缓程度增加，或对其他领域造成不利影响。

（3）早期干预可帮助家庭调适特殊儿童的生活状况，如训练家长协助特殊儿童生活自理的技能，协助寻找咨询服务、经济补助等的支持服务。

[1]Simeonsson, R. J. Primary, secondary, and tertiary prevention in early intervention [J]. Journal of Early Intervention, 1990, 15: 124-134.

[2]Briggs, M. H. A system model for early intervention teams [J]. Inf Young Children, 1997, 9 (3)：69-77.

[3]Bricker, D. Early intervention for at risk and handicapped infants, toddlers, and preschool children [M]. Palo Alto, CA; VORT Corp, 1989.

二、早期干预的服务对象与主要内容

早期干预的服务对象为幼儿，可分为下列几类：

（1）有明显障碍的婴幼儿，如各种感官与机能障碍者。

（2）发育迟缓高危险群幼儿，如有认知、生理、情绪、沟通、适应、社交等明显发育迟缓情形者。

（3）环境不利幼儿，例如受虐儿童、境外移民儿童。

（4）上述各类婴幼儿的父母、主要照顾人与家庭重要成员。

早期干预的主要内容如下：

（1）在性质上属于整合性服务，强调专业整合。

（2）以发育迟缓儿童及其家庭为主要服务对象。

（3）服务提供的时间越早越好。

（4）服务内容涵盖医疗康复健服务、社会福利服务与家庭服务。

（5）服务目的在于增进儿童适应能力与学习准备，有效减少社会长期付出的成本。

三、早期干预的理论基础与实验证据

早期干预有坚实的理论基础，其重要者，有如下列：

（1）布鲁姆（B. Bloom）认为最有效的智力发展是早年，个体 50% 的智力发展在四岁以前完成，80% 的智力发展至八岁定型。

（2）弗洛伊德（S. Freud）强调幼儿早期经验，如喂奶、便溺训练，和成年后的人格发展有因果关系。

（3）Thompson 和 Heron 指出，神经系统在关键阶段的可塑性最大，而早期经验的缺乏，对神经细胞与感官功能造成的结果常是无可弥补的。

（4）White 认为智力与社交的关键阶段在 8 个月至 3 岁，亦即一个孩子 2 岁时才开始注意他们的发展，已为时太晚。

早期干预的实验研究不胜枚举，以下列举若干著名的实验：

（1）Lorenz 的铭印 (imprinting) 实验。实验证明由母鸭孵出来的小鸡，毫不犹豫地随着母鸭前行，显示扶养者与环境对幼儿行为的影响。

（2）Skeels 和 Dye 对孤儿院幼童（3 岁以下，平均 IQ 64) 智力转变的研究，结果显示，实验组 (n=13) 两年间有保姆照顾，IQ 平均增加了 27.5，控制组（没有保姆照顾）IQ 平均增加了 26.2，两组没有显著差异。但经过将近 30 年后的追踪研究，发现干预产生的差异显著，即实验组均能自力更生，不需住在教养机构，控制组有 6 位仍住在教养机构，显示早期干预具有长期的效果。

（3）柯克（S. Kirk）指出早期干预对弱智儿童发展的重要性，他在 1958 把 IQ 45～80 的 81 位学前弱智儿童分成 2 个实验组与一个控制组。一年后发现接受社区学前教育者 IQ 增加 1 分，接受教养机构训练者 IQ 增加 12 分，控制组（不做任何干预）则 IQ 减少 7 分。七年后，追踪 15 位学前教育实验组，有 6 位不在教养机构，控制组不变。

四、早期干预的团队合作与服务模式

以下说明早期干预的团队合作与服务模式，期望对发育迟缓儿童的实务层面能提供更完善的服务。

（一）早期干预的团队合作模式

服务特殊儿童需要相关专业人员的参与，组成团队，彼此合作。其运作方式有下列三种模式：

（1）多专业合作：各专业人员各自独立作业，各自负责提供自己专业的服务，并不与其他专业人员讨论和沟通个案的问题。这种模式通常在开始诊断儿童有无迟缓或障碍时使用。

（2）专业间合作：每位专业人员虽然各自负责个案的评估、干预计划拟定和执行矫治活动，但在每个过程中，专业人员之间会针对个案的情形进行个案讨论、协调和沟通，在各专业领域之间建立沟通渠道，发展成全面性教育计划。

（3）跨专业合作：无论在个案评估、设计干预策略或计划及执行训练活动的过程中，专业人员间充分地合作，彼此互相支持和沟通，专业人员不仅熟悉自己专业用语，也必须学习其他专业领域用语，专业间的界线不复存在，对个案的处理能在深入的讨论后共同决定。同时，家长更是团队的必然成员。[1]

每个专业领域都有专业自主与主导权，要不同领域的专业人员进行合作，需要建立沟通渠道，培养良好气氛，善用经费资源、政策法令支持与解决问题机制。

三种模式中，跨专业合作方式被认为是最佳的专业合作模式。它最大的特色是，在过程中，由一位专业人员担任个案管理员，除了负责将评估结果及目标策略跟家长沟通外，更需负责执行训练活动。

（二）早期干预的服务模式

早期干预有许多服务的模式，家长与专业人员应考虑儿童的身心障碍状况、提供疗育的方便性与家庭需求，选择适合的疗育模式：

（1）中心本位模式：儿童接受疗育地点为早期干预中心的特教机构，儿童进入中心接受托育与教育。障碍程度多为中、重度，通常以同障碍类型编班，亦有倾向混合障碍类型编班。

（2）幼儿园本位模式：特殊儿童在社区幼儿园就读，克服中心本位模式的往返交通与情境类化的限制。且在融合教育情境，有较多与一般儿童互动机会。

（3）医院本位模式：儿童因考虑外界环境对其健康的影响，必须长期住院接受治疗，

---

[1]Briggs, M. H. A System Model for Early Intervention Teams [J]. Inf Young Children, 1997, 9 (3): 69-77.

不能到中心或学校就学者，适合医院本位模式。由医师或治疗师带领团体课程，但无特教专业人员参与，成效犹待评估。

（4）家庭本位模式：特殊儿童年龄太小，居住偏远地区，重度肢体障碍或身体病弱者，较适合家庭本位，着重家长参与，借由专业人员指导，可扮演直接教学者。此项到户服务计划，可因儿童需要做调整。

（5）混合模式：依据儿童发展与学习需求，采取上述任两项或两项以上模式，即为混合模式，如幼儿园本位模式配合中心本位模式的时段疗育。

第二节　发育迟缓的定义与鉴定

本节首先界定发育迟缓，再说明发育迟缓的鉴定，介绍筛检与诊断工具。期望有助于读者对发育迟缓儿童进行筛检、诊断和鉴定，同时根据筛检、诊断出的发育迟缓儿童，拟订适合其发展的个别化家庭服务计划（IFSP）与个别化教育计划（IEP），且据以评量课程目标和干预成效。

一、发育迟缓的定义

每个婴幼儿在成长过程中都会面临两个重要课题：生长与发展。两者意义不同，生长是指身体逐渐长大，如身高变高、体重变重、胸围或头围变大[1]，过犹不及都不好，如太高或太矮，太胖或太瘦，都可能异常。发展则是透过脑部成熟，由不会到已会的历程，如不会爬、不会站、不会说话到会爬、会站、会说话。生长或发展可能单独存在，也可能交互影响，如瘦小身躯可能精明能干，发育迟缓可能身强力壮。

发育迟缓的意思是变慢了，例如大部分幼儿都会走路了，这一幼儿还不会，那就有可能是发育迟缓。发育迟缓通常是指6岁前儿童，由于各种原因，包括脑神经或肌肉神经生理疾病、心理或社会环境因素等，导致知觉、认知、动作、生活自理、语言沟通与社会情绪等发展显著落后。发育迟缓儿童的鉴定标准是：与同年龄的正常儿童做比较，在发展领域有20%以上落后，或在发展评量上低于平均数两个以上标准偏差。鉴定时应了解儿童的能力现况、掌握儿童的真正需求、分析所处的生态环境。因此，在鉴定过程中，邀请家长参与且有良好互动，从中明确了解迟缓儿童的生产、发展史与特殊困难等，取得儿童能力现况与特殊需求的参考数据[2]。

根据世界卫生组织（WHO）统计，发育迟缓儿童约占6岁以下儿童人口数的6%~8%，可看出发育迟缓儿童发生率不低。为什么会发生发育迟缓现象呢？原因非常多，任何影响神经系统发展的生物因素与环境因素，都可能成为原因。生物因素如生产前染色体异常、脑部发育畸形、早产等，生产中脑伤、缺氧、窒息等，生产后代谢异常、头部外伤、营养

---

[1]Raab, M, M., & Davis, M. S. Resources versus Service: Changing the focus of intervention for infants and children [J]. Inf Young Children 1993, 5(3): 1-11.

[2] 曹纯琼，刘蔚萍，等. 早期疗育 [M]. 台北：华腾文化有限公司，2006.

不良等。环境因素如文化刺激不足、受虐儿童与照护不周等。但仍然有相当比例的发育迟缓儿童找不出发生原因。个体从出生至六岁是大脑细胞发育最快速时期，可塑性最大，也是人生发展的黄金时期，根据研究，发育迟缓儿童若能在六岁前接受早期干预，一年疗效，相当于六岁以后十年的疗效，由此可见早期干预或早期疗育的重要性。

二、发育迟缓的鉴定

（一）目的

对发育迟缓儿童进行鉴定与评量，有四个目的：

（1）筛检：简便迅速测量，判断哪位儿童可能有障碍，须接受进一步的评量。

（2）诊断：深入完整的评量主要发展区块，决定儿童是否符合早期干预或特殊教育服务。

（3）课程设计：以课程为基础，决定儿童起点行为，拟定 IEP 与 IFSP 的目标与干预活动。

（4）评定：以课程为目标，测量儿童在 IEP 与 IFSP 目标的进展，评估课程的效益。

（二）工具

至于筛检与诊断工具，分述如下：

1. 筛检工具

一般而言，儿童障碍的情况越严重，就会越早被诊断出来。但大部分障碍儿童并不容易经由明显的身体特征或行为模式辨认出来，尤其是非常年幼的儿童，这也就是为什么需要筛检工具。

（1）阿培格新生儿量表：用来评估新生婴儿在出生时呼吸窘迫的程度，通常会使用亚培格新生儿量表（如表 8-1），对新生幼儿五个生理项目实施两次评估，包括：心跳速度、

表 18-1　亚培格新生儿量表

项目	标准	评定	60 秒	5 分钟
心跳速度	无 低于 100 下 介于 100 到 140 下之间	（0） （1） （2）	1	2
呼吸力量	暂时性窒息 浅而不规律 精力充沛的哭泣和呼吸	（0） （1） （2）	1	1
对轻微刺激的反应	无反应 皱眉 咳嗽或打喷嚏	（0） （1） （2）	1	2
肌肉张力	软弱无力的 小部分肌肉张力大 大范围的高肌肉张力	（0） （1） （2）	1	2
皮肤颜色	苍白、青紫 身体呈粉红、深蓝 全身粉红色	（0） （1） （2）	0	1
合计			4	8

呼吸力量、刺激反应、肌肉张力与皮肤颜色。根据检核表上标准，评定为0、1、2的分数。第一次在出生后60秒，第二次在五分钟后，其中1～3分为轻度窒息，4～6分为中度窒息、7～10分为重度窒息；第二次评量总分若低于6分，表示需进行后续追踪评量，判定造成问题原因和所需干预处理。

（2）新生婴儿血液筛检：新生婴儿在出生后24～48小时，在婴儿脚后跟抽取几滴血液滴在试纸上，再送到实验室进行分析，可以检测出多达30种以上会导致生理健康、感官缺损或发育迟缓的先天疾病，包括苯酮尿酸症、甲状腺机能减退、半乳糖血症、血红素病变等。

（3）发展筛检测验：目前使用最广的筛检工具为丹佛测验第二版（Denver Test Ⅱ），评量四个发展区共125个技巧，包含大肌肉动作、小肌肉动作-适应、语言与个人-社会，在计分纸上显示同年龄儿童在25%、50%、75%和90%典型发展会表现出的技巧。儿童在每个项目的表现受评为通过或失败。总评为超前、良好、注意与迟缓，借此比较与同年龄儿童的表现。

（4）家长的参与：没有人能比父母更频繁、更有趣、更仔细来观察自己孩子，父母对学前儿童发展阶段的评估，通常比专家所做的标准评量还要精准，在筛检过程中家长的参与，可以降低错误分类的数量。认清这个事实，幼儿教育专家已发展出一些供家长使用的筛检工具，例如年龄和发展阶段问卷 (The Age and Stage Questionnaire; ASQ)[1]。

2. 诊断工具

当儿童被筛检出来，疑似某种障碍或发育迟缓，就应转介做诊断测验，通常会测量下列六个主要发展领域的行为表现：

（1）肌肉动作发展：包含灵活度、持续力、大肌肉、小肌肉、手眼协调、精细动作与动作控制力等。

（2）认知发展：将刚学到信息与先前学到的知识技巧做统整，解决问题，想出新奇点子。

（3）沟通和语言发展：使用沟通和语言技巧，与他人分享信息，包括声音、单字与句子的口说语言和姿态、微笑的非语言沟通。

（4）社会和情绪发展：发展社交技巧，懂得分享与轮流，与其他儿童合作寻求问题解决，知道如何表达感觉与情绪。

（5）适应能力发展：发展生活自理与适应能力技巧，如盥洗、用餐、穿衣、洗澡及可以单独操作的能力。这五大能力与同年龄儿童的发展常模做比较，可以了解是否有迟缓现象。

---

[1] 引自 W. L. Heward 原著. 特殊教育导论：教与学的理论与实践 [M]. 黄丽凤，苏佑萩，等译. 台北：华腾文化有限公司，2011.

（6）感觉统合发展：儿童在视觉、听觉、触觉、味觉、嗅觉、本体觉、前庭觉与肢体动作协调与统整的发展情形。

广泛使用来诊断发育迟缓的测验，有巴特尔发展问卷（第二版）（Battelle Development Inventory, 2nd ed.；BDI-2），可检测出从出生到 7 岁 11 个月大儿童的健康或障碍；另有贝莱婴幼儿发展量表（第三版）（Bayley Scales of Infant and Toddler Development, 3rd ed.；Bayley-Ⅲ），可评估 1 ~ 42 个月大婴幼儿的认知、语言、社会 - 情绪和适应行为的发展。

感觉统合发展

感觉统合是美国 A. J. Ayress 博士为学习障碍儿童所开发的治疗方法，从神经生理学的角度来分析感觉统合的问题。他将人类的基本感觉分为视觉、听觉、触觉、前庭觉与本体觉，神经系统能接受、整合这些感觉刺激，并使之有意义与作出适当行为反应。

3. 课程规划和评量工具

早期干预的蓬勃发展，将评量从完全依靠发展常模转变为课程本位的评量 (curriculum-based assessment, CBA)。CBA 提示教师与专业团队要能：①察觉儿童现有的运作阶段；②选取 IEP 与 IFSP 的长、短程目标；③确定最适当的干预方法；④评量儿童的进步状况。CBA 的每个项目直接对应到课程规划的一项技巧，使测验、教学与进度评量形成紧密的对接。

早期干预的服务对象为什么要包含父母？专业团队能提供发育迟缓儿童父母哪些服务？

第三节　发育迟缓儿童的教学策略

在学前特殊教育的课程与教学方面，要落实课程与教学目标、发展适当的实务、选取 IFSP 与 IEP 的目标。在融合发展的教学策略方面，考虑发育迟缓儿童的需求，可分别采用相同科目相同内容、相同科目不同内容、不同科目不同内容等三类课程的融合。

一、学前特殊教育的课程与教学

（一）课程与教学目标

许多学前教育专家认为，早期干预方案应根据下列的成果或目标，进行规划设计与实施评鉴：

（1）协助各家庭达成他们的目标：早期干预的首要功能是协助那些特殊需要家庭，达成他们最急迫的目标，如果将儿童与家庭分开处理，其效果必然有限。

（2）促进儿童的参与、独立与熟练：学前特殊教育目标在于尽可能减少特殊儿童对成人的依赖和缩小与同年龄儿童的差距，干预策略应为促进其主动参与、自发性、独立性，以及在许多情境中表现出符合其年龄的能力。但是要求儿童在许多情境中表现正常是不切实际的，应该及时提供支持与协助，让他们了解情境，直到行为熟练。例如让一位三岁的儿童洗脸，可让他准备盥洗工具 - 脸盆、毛巾与香皂，将脸盆装水与毛巾打湿，至于擦耳背与试水温，则仍需大人的帮助。

（3）增进所有重要层面的发展：早期干预能协助特殊儿童在各个重要关键的发展层面，都能有所成长。学前特殊教育工作者应善用教导式策略，指导他们快速的学习，使原来落后的差距，能迎头赶上。

（4）建立与支持社交技能：社交技能是学习与人相处，如何交朋友的技能，大部分正常儿童能通过与别人玩在一起，自然学会这些技巧，但障碍儿童却较难学会适当的、有效的与其他儿童互动的技能。

（5）增进各类技能广泛使用：正常儿童大都能将所学的类化运用到不同的情境，但障碍儿童的类化能力较弱。Wolery 和 Sainato 即指出，假若儿童学会新的技能，早期干预工作者不应以此为满足，必得儿童在任何时机都能运用这些技能，才算真正学到 [1]。

（6）协助儿童在家庭、学校与社区过正常生活：强调正常原则，鼓励特殊儿童与普通儿童一起游戏与学习。

（7）协助儿童及其家庭能顺利转衔：转衔过程必须由来自转出与转入单位的专业团队，共同计划合作与提供支持，以确保服务持续和减少对家庭系统的干扰。

（二）发展适当的实务

根据儿童不同年龄或发展阶段所经历的情况做合理安排，这种教学即为发展适当的实务 (developmentally appropriate practice, DAP)。DAP 的基本原则是，让障碍儿童参与同年龄者的游戏或较非结构的活动。譬如要求 4 ~ 5 岁儿童端坐在位置上工作一个钟头，让幼儿坐在椅子上学习日历，都是不恰当的 [2]。如何使用玩偶协助障碍儿童学习语文，便是一

---

[1] 引自 W. L Heward 原著. 特殊教育导论：教与学的理论与实践 [M]. 黄丽凤，苏佑萩，等译. 台北：华腾文化有限公司，2011.

[2] 卢明，柯秋雪，曾淑贤，林秀锦. 早期疗育 [M]. 新北：心理出版社，2013.

个很好的事例。

DAP 推荐幼儿教育课程的教学指引如下：

（1）教师应观察儿童的学习兴趣与成长历程。

（2）教师应安排适当环境引发儿童的主动探索与产生互动。

（3）活动教材应是具体的、真实的，并与儿童的日常生活有关联。

（4）教师应提供广泛有趣的学习活动。

（5）活动的复杂性与挑战性应随儿童理解力增长而逐步增加。

（6）教师应根据不同面向综合统整整个活动。

DAP 教学指引应用在早期干预

发展适当实务（DAP）对特殊儿童需求而言，仍有所不足，因此美国特殊儿童协会幼儿分会（CEC-DEC）提出早期干预及特殊幼儿教育的实务建议，主要内涵如下：

·家庭本位的教育经验：课程反映家庭目标与对幼儿的优先事项。

·以研究或价值为导向的教育经验：专业人员采用的策略应有实证研究或家庭有共同价值的认定。

·多元文化的教育经验：肯定儿童家庭的文化背景与价值观。

·跨专业团队意见提供的教育经验：整合各专业领域人员提供的意见。

·发展与年龄合适的教育经验：结合儿童发展与学习需求，注重课程与教学策略、教材与设备调整。

·正常化教育经验：包括特殊儿童教育安置、课程规划、教学策略、物理环境、以家庭为中心等正常化原则的检视。

（三）选取 IFSP 与 IEP 的目标

IFSP 与 IEP 的目标，可从下列五项指标评估其学习内容：

（1）功能性：增进儿童在生活环境中与人、事、物的互动。如果儿童无法做到，可能需由他人执行。

（2）类化性：这项技能呈现一般性概念，可以做调整或修改，适应不同障碍情境，可以类化至不同场所人物或物品材料[1]。

（3）教学脉络：这项技能和儿童日常生活相结合，用有意义的方式教导，在自然情境中使用这项技能[2]。

（4）测量性：这项技能可以测量，表现成果可以看到、听到或感受到。这项技能可以算数、计时，也可客观评估儿童学习的进步状况。

[1] 张文京，陈建军. 特殊儿童早期干预 [M]. 重庆：西南师范大学出版社，2018.

[2] 鲍秀兰. 婴幼儿养育和早期干预实用手册 [M]. 北京：中国妇女出版社，2020.

（5）长期目标与短期目标之间阶层关系：各短期目标彼此有阶层性关联，各短期目标的完成可直接累积达成长期目标。

（四）实施嵌入式学习机会和活动本位干预的自然情境教学法

嵌入式学习机会，将特别教学整合在一般教育活动中，障碍儿童通常需要引导与支持，才能从活动中获益，因此教师必须找出一些方法，在自然情境就会产生的课堂活动，根据儿童的 IEP 目标，嵌入简短的、系统的教学互动模式。

对于特殊幼儿教育工作者，运用嵌入式学习机会支持儿童在沟通与语文的发展，是非常重要的教学任务。大部分正常的儿童只要借由少许，甚至不需要正式教导，就能有效地学会说话与沟通。

但障碍儿童在一般情况下，通常不能像其他正常儿童一样自然地学会语言，由于语言缺陷，学业与社交的发展也随着困难重重。教师应在教学活动中嵌入有意义的沟通机会，让他们自然地学习。

（五）三阶层的干预策略

为了及早有效的协助在融合教育中学习落后的儿童，Buysse 提出学前阶段类似概念的三阶层干预模式（Tiered Model）[1]，改变过去先鉴定再干预的方式，提出先干预再鉴定的转介前干预模式（Responsiveness-to-Intervention, RTI），此一模式分为三个层次，逐步预防与干预学生学习落后的情况，前两个层次在普通教育中推行，最后一个层次在特殊教育中实施，三阶层的教学干预及早进行可避免学生学习问题恶化，针对学习问题提供直接有效的干预，且强化普通教师的教学效能[2][3]。

二、融合环境中发育迟缓儿童的教学策略

发育迟缓儿童融入普通班，与一般正常儿童一起上课，通常课程融合可分为三类：①相同科目相同内容；②相同科目不同内容；③不同科目不同内容。年龄越小发育迟缓儿童的融合，使用课程比较倾向相同科目相同内容，当发育迟缓儿童逐渐长大，与一般儿童差异越大时，就比较倾向使用不同科目不同内容。不管实行哪类课程，基本上都以发育迟缓儿童的需求为主要考虑。

（一）相同科目相同内容

考虑一般儿童的课程内容使用的教材教法，是否需做调整以适应特殊儿童的需要。可分为：

---

[1]Buysse, V. Response & recognition [M]. Chapel Hill, NC: FPG Child Development Institute, University of North Carolina, 2008.

[2]Fuchs, D., & Fuchs, L.S. Responsiveness-to-Intervention: Multilevel assessment and instruction as early intervention and disability identification [J]. The Reading Teacher, 2009,63(3)：250-252.

[3] 张嘉纾，蔡淑桂，苏锡全，曹纯琼，吴美姝. 特殊幼儿教育 [M]. 台北：永大书局，2001.

教具调整：将一般儿童使用的教具，加以修改，使发育迟缓儿童不因障碍状况，而妨碍学习与融入一般活动中。例如运球活动，脑性麻痹孩子使用大点的球，唐氏症儿童使用加大握柄汤匙与底部较重的碗，与一般儿童一样进食。

规则调整：将活动进行程序做调整，例如曲线运球改为直线运球，对于运动障碍儿童使用肢体协助方式，协助完成工作。等待发育迟缓儿童技能渐至成熟，则减少调整程度，使融入正常学习情境。

（二）相同科目不同内容

发育迟缓儿童由于障碍状况不能参加一般儿童活动，可以设计相同科目但不同内容活动，为了让发育迟缓儿童不致学习落单，可将两边活动加以串联，使发育迟缓儿童完成学习目标，也能与一般儿童有良好互动，避免造成发育迟缓儿童独自活动时间过久，减少融合活动的机会。

（三）不同科目不同内容

发育迟缓儿童需要不同康复治疗与强化学习，可能在不同地点进行不同学习项目与活动内容。为达成最佳融合成效，尽量减少不同科目不同内容的安排，对于障碍程度比较严重者，需要花费较多时间与接受治疗与复健，尽可能把握在学校融合时间，有充分机会与一般儿童沟通互动。

思考与练习 18-2

请就某一类发育迟缓儿童，举出他们与一般儿童的相异之处。

第四节　发育迟缓教育重要论题与发展趋势

发育迟缓的论题涉及权力或特权？医疗、补救或预防？早期干预的倡导、家庭支持与干预、服务模式的开发、加强行政与专业统整等。论及发育迟缓教育的未来发展，则涉及发展以家庭参与为中心的支持性体系、提供以融合为主体的教育安置、建立个别化教育为主导的教学策略、规划以专业团队整合为导向的服务模式、树立适应发展与持续服务为核心的转衔服务等。

一、重要论题

（一）权力或特权？

发育迟缓儿童接受早期干预，需要政府机构编列经费，动用特别的医疗、教育与社会资源，这些是一般儿童无法享受到的，是否就是一种特权？抑或发育迟缓儿童的父母有权利要求其子女接受早期干预，以期待获得适当的协助，不影响其身心发展？

（二）医疗、补救或预防？

发育迟缓儿童接受早期干预，应着重于在医院接受治疗，还是针对不足之处进行包含身心健康、学习与社会化的补救，或者预防根本不会发生发育迟缓的问题？

（三）早期干预的倡导

如前所述，依据世界卫生组织的推估，发育迟缓儿童发生率约占儿童人口总数的6%～8%，依此推估，实际通报人数与潜在需求早期干预服务人数，存在很大落差，早期干预的工作有待积极推动。

（四）家庭支持与干预

早期干预的重点，已逐渐从发育迟缓儿童本身转向原生家庭，干预目标以原生家庭为优先考虑，同时采用家长团体和朋辈支持作为服务传递机制，提供普及性与特殊性的家庭服务。

（五）服务模式的开发

每个地区因地制宜发展出自己的服务模式，只是目前直接服务人力仍有不足现象，专业工作人员有关专业素养与知识能力有待提升，才能建构理想的服务模式。

（六）加强行政与专业统整

早期干预从政策面到实务面，牵涉到许多行政系统与专业，由于彼此不相统属，整个体系如何有效运作，一直是早期干预服务的挑战。早期干预服务单位包含医疗、教育与社会福利等多种专业单位，各专业间有不同认知与专业术语，导致相互沟通与统整困难。未来如何加强跨专业机构合作，设置专责协调或早期干预的服务单位，推展到无缝隙的专业团队合作模式，值得大家关注。

二、发展趋势

随着观念变迁与服务需求增加，近几年对于早期干预服务的质量要求与日俱增，如何提升服务完整性、多元化和延续性，是未来发展的重要论题。

（一）发展以家庭参与为中心的支持性体系

家庭在儿童成长阶段具有避风港功能，提供安全、协助与教养，以及心理支持、心态调整、经济支持。因儿童个别差异大，各有不同需求，寻求外力协助和专家帮忙的内容与项目也有很大殊异性，自然需要以家庭需求为最主要的考量。以家庭为中心的服务将是未来的发展方向，如何协助父母，因应家庭需求，进而促进特殊需要儿童的成长，乃是发育迟缓儿童教育的首要工作。

（二）提供以融合为主体的教育安置

联合国于 1975 年发布《残障者宣言》，以"机会均等，全面参与"为主题；1993 年通过残障者机会均等实施原则，呼吁各国政府遵守让残障儿童在融合环境下接受教育的原则。直至今日，融合教育思潮下，不再以残障角度来看待，而以儿童个别化需要为主导。特殊儿童的融合观点，应始自于原生家庭，残障儿童不仅为家庭成员，且与父母手足亲情互动，参与家庭活动与重要决定。也能走入社区，使用社区设施。与社区居民良好互动，未来更可能无障碍地参与社会活动，享有公民的权利，亦克尽公民的义务，将融合观念扩及到家庭、社区，以至整个社会国家之中。

（三）建立个别化教育为主导的教学策略

因材施教是特殊教育的基本理念，个别化教学不等同于个别教学。个别教学是教师一对一地指导儿童，个别化教学是将儿童的个别学习目标融入小组或团体的教学活动，灵活地运用不同的教具、不同的教法，使不同程度的儿童在同一个活动中学习，并且各自达成学习目标[1]。个别化教育着重特殊需要儿童的各自能力与学习特质，必须要有不同专业支持与明确的计划。因此要为每位特殊儿童制定个别化家庭服务计划（IFSP）或个别化教育计划（IEP），根据计划目标提供服务与实施教学，以确保个别化服务或教学目标的实现。

（四）规划以专业团队整合为导向的服务模式

特殊儿童面对的困难经常涉及医疗、教育、卫生、社会福利等各个层面，要实际帮助他们就必须结合各专业领域。专业团队包含医生与护理等医疗人员；相关专业人员包含物理治疗师、作业治疗师、听力师、语言治疗师、心理咨询师、社会工作师等；教育人员则包括学校行政人员、特殊教育教师、普通班教师等；政府相关部门包含社会、卫生单位行政人员等；儿童的父母与家人也是专业团队会议邀请的成员之一。在服务过程中，专业团队需为特殊儿童提供适当的诊断与评估，整合各专业的建议，明确地记载在 IFSP 与 IEP 中，以确保执行内容与服务质量。

（五）树立适应发展与持续服务为核心的转衔服务

转衔服务是根据不同生涯发展阶段，提供持续完整的服务，需要制定转衔计划，以帮助特殊需要儿童适应新的情境和延续、调适或扩大先前提供的各种服务。从事融合教育的教师，除需具备教导一般儿童的能力，还应了解不同需求特殊儿童的身心特质，做好课程与教学调整，并与不同专业人士合作，融入专业建议于儿童的个别化教育计划中，且能提供特殊儿童父母或主要照顾者教育咨询。

---

[1] 傅秀媚，冯瑜婷，等 . 特殊幼儿教育 [M]. 台中：华格那企业有限公司 ,2006.

讨论问题

1. 早期干预的重要性与对发育迟缓儿童的意义为何？早期干预的服务对象与主要内容为何？

2. 发育迟缓的定义为何？在鉴定评量过程中应注意哪些问题？

3. 如何从儿童的身体动作、认知、语言、社会情绪、感觉统合等方面的发展，辨识一般正常儿童与发育迟缓儿童的差异？

4. 针对发育迟缓儿童，如何实施嵌入式学习机会，以提高学习效果？

5. 何谓三阶层的干预策略？转介前干预模式有何重要性？

6. 在融合的班级情境，教师如何根据相同科目相同内容、相同科目不同内容、不同科目不同内容等三种不同上课方式，实行适当的教学策略，使发育迟缓儿童获得最佳的学习效果？

7. 试述发育迟缓论题与未来的发展趋势。

延伸阅读

1. 张文京,陈建军.特殊儿童早期干预[M].重庆：西南师范大学出版社，2018.

2. 苏雪云.婴幼儿早期干预[M].上海：华东师范大学出版社,2016.

3. 鲍秀兰.婴幼儿养育和早期干预实用手册[M].北京：中国妇女出版社，2020.

本章作者：程国选

参考文献

［1］B. Clark. 启迪资优：如何开发孩子的潜能 [M]. 花敬凯，译. 新北：心理出版社，2007.

［2］J. S. Renzulli. 浓缩课程：调整能力优异学生一般课程的全盘指引 [M]. 蔡典谟，译. 新北：心理出版社，2001.

［3］T. Holowach. 中、重度障碍者有效教学法：个别化重要技能模式（ICSM）[M]. 李淑贞，译. 新北：心理出版社，1997.

［4］P. Dettmer，A. Knackendoffel & L. P. Thurston. 专业合作与沟通：合作、咨询与团队运作支持特殊需求学生 [M]. 韩福荣，等译. 台北：华腾文化有限公司，2014.

［5］W. L. Heward. 特殊教育导论：教与学的理论与实践 [M]. 黄丽凤，苏佑萩，等译，台北：华腾文化有限公司，2011.

［6］娜·米·纳扎洛娃. 特殊教育学 [M]. 朴永馨，银春铭，等译. 北京：北京师范大学出版社，2011.

［7］鲍秀兰. 婴幼儿养育和早期干预实用手册高危儿卷 [M]. 北京：中国妇女出版社，2020.

［8］曹纯琼，刘蔚萍，等. 早期疗育 [M]. 台北：华腾文化有限公司，2006.

［9］曾刚，于松梅. 自闭症文化特质与结构化教学 [J]. 中州大学学报，2014，31（6）：92–95.

［10］曾怡惇. 盲生触觉与生物科教学策略之探究 [J]. 小学特殊教育，2012（53）：1–12.

［11］陈云英. 全纳教育的元型 [J]. 中国特殊教育，2003（2）：1–9.

［12］陈云英. 随班就读的课堂教学 [M]. 北京：中国国际广播出版社，1996.

［13］陈云英. 智力落后心理、教育、康复 [M]. 北京：高等教育出版社，2007.

［14］陈昭仪. 良师引导模式之实施与应用 [J]. 资优教育季刊，1997，64：11–19.

［15］陈卓铭，李莹，陈捷文. 儿童行为问题评估量表的使用现状 [J]. 中国康复，2014，29（3）：232–234.

［16］程国选. 谈儿童早期介入的服务与家庭支持 [J]. 幼儿教育，2005，277：14–15.

［17］冬雪. 美国智力障碍定义的演变及其启示 [J]. 中国特殊教育，2011（5）：34–39.

［18］方俊明. 特殊教育学 [M]. 北京：人民教育出版社，2005.

［19］凤华，姚祥琴. 单一尝试教学法对增进初中自闭症学生主题式谈话行为之成效研究 [J]. 东台湾特殊教育学报，2004（6）：89–116.

［20］傅王倩，郭媛媛. 论智力障碍定义演变及其实践影响 [J]. 中国特殊教育，2021（12）：35–40.

［21］傅秀媚，陈英豪，等，特殊幼儿教育 [M]. 台中：华格那企业有限公司，2006.

［22］管美玲. 听见问题—听觉损伤儿童父母常见的问题与解答 [M]. 新北：心理出版社，2016.

［23］郭静姿. 如何指导资优生进行独立研究 [J]. 资优教育季刊，1993，48：5–15.

［24］郭卫东. 中国近代特殊教育史研究 [M]. 北京：高等教育出版社，2012.

［25］郭为藩. 特殊儿童心理与教育 [M]. 5 版. 台北：文景书局有限公司，2007.

［26］韩晶晶，张劲松. 破坏性行为障碍儿童青少年情绪认知特点的研究进展 [J]. 中国儿童保健杂志，2010，18（1）：54–56.

［27］何东墀. 融合教育理念的流变与困境 [J]. 特教园丁，2001，16（4）：56–62.

［28］何玉海，王传金. 论课程标准及其体系建设 [J]. 教育研究，2015，36（12）：89–98.

［29］贺荟中，方俊明. 视障儿童的认知特点与教育对策 [J]. 中国特殊教育，2003（2）：41–44.

［30］贺荟中. 听觉障碍儿童的发展与教育 [M].2 版. 北京：北京大学出版社 .2018.

［31］贺淑曼. 天生我材必有用：英才教育学 [M]. 修订版. 北京：教育科学出版社，2014.

［32］胡怡萍，李娟生，马琨，等. 学龄前儿童感觉统合失调与行为问题关系 [J]. 中国公共卫生，2014，30（4）：510–511.

［33］胡永崇. 特殊教育学生评估的伦理原则 [J]. 特教园丁季刊，2003，18（4）：11–16.

［34］扈中平.现代教育学[M].3版.北京：高等教育出版社，2011.

［35］黄甫全，王本陆.现代教学论学程 修订版[M].北京：教育科学出版社，2003.

［36］黄丽凤，苏佑萩，等.特殊教育导论：教与学的理论与实践[M].台北：华腾文化有限公司，2011.

［37］黄瑞珍，简欣瑜，朱丽璇，卢璐.华语儿童理解与表达词汇测验[M].2版.新北：心理出版社，2012.

［38］黄昭鸣，杜晓新，孙喜斌，等."多重障碍·多重干预"综合康复体系的构建[J].中国特殊教育，2007（10）：3-13.

［39］黄志雄.特教教师与普教教师的合作与协同教学[J].特教论坛，2006，1：34-43.

［40］柯启瑶.当前实施协同教学时可能遭到过的问题[J].翰林文教杂志，2000，15：20-26.

［41］柯雅龄.融合教育支持服务运作之评析[J].台湾教育评论月刊，2012，1（8）：38-41.

［42］兰继军，田芳，王颖.人际圈理论在智力落后儿童性心理健康教育中的应用[J].中国特殊教育，2006（6）：26-27.

［43］雷江华，方俊明.特殊教育学[M].北京：北京大学出版社，2011.

［44］李芳，李丹，方俊明.特殊儿童应用行为分析[M].北京：北京大学出版社，2011.

［45］李芃娟.面对听力损失并有自闭症学生——我们的了解有多少[J].小学特殊教育，2013，56（12）：41-54.

［46］厉才茂.关于融合教育的阐释与思考[J].残疾人研究，2013（1）：53.

［47］林宝贵.听觉障碍教育与复健[M].台北：五南出版社，2003.

［48］林宝贵.听觉障碍理论与实务[M].台北：五南出版社，2006.

［49］林贵美.融合教育政策与实际：融合教育学术论文集[M].台北：台北师范学院特殊教育中心，2001.

［50］林欣怡，杨宗仁.图卡兑换沟通系统对改善小学低功能自闭症学生自发性沟通行为类化之成效[J].特殊教育研究学刊，2005（29）：199-224.

［51］林月仙，曾进兴，吴裕益.中文色块测验[M].新北：心理出版社，2014.

［52］刘斌，余方，施俊.音乐疗法的国内外进展[J].江西中医学院学报，2009，21（4）：89-91.

［53］刘春玲，江琴娣.特殊教育概论[M].2版.上海：华东师范大学出版社，2016.

［54］刘春玲，马红英.智力障碍儿童的发展与教育[M].2版.北京：北京大学出版社，2019.

［55］刘慧敏，陈越洋.DSM-V中自闭症儿童诊断标准的变化述评及启示[J].赤峰学院学报（自然科学版），2015，31（23）：86-88.

［56］刘旺.盲童与正常儿童类比推理的比较研究[D].西安：陕西师范大学，2000.

［57］刘艳红，李惠敏，焦青，等.视力残疾学生与普通学生平衡能力比较研究[J].中国特殊教育，2001（1）：24-26，30.

［58］卢明，柯秋雪，曾淑贤，林秀锦.早期疗育[M].新北：心理出版社，2013.

［59］陆莉，刘鸿香.修订毕宝德图画词汇测验[M].新北：心理出版社，1988.

［60］陆莎.医教结合：历史的进步还是退步？[J].中国特殊教育，2013（3）：11.

［61］吕梦，谌小猛，于靖.视力残疾大学生社交技能与学校生活品质的关系[J].中国特殊教育，2012（11）：36-41.

［62］马施.异常儿童心理[J].上海：上海人民出版社，2009.

［63］钮文英.启智教育课程与教学设计[M].新北：心理出版社，2003.

［64］潘倩玉.自闭症者之特质及结构化游泳教学与评量[J].大专体育，2014（103）：41-47.

［65］彭霞光.中国特殊教育发展面临的六大转变[J].中国特殊教育，2010（9）：3-8.

［66］彭霞光.中国特殊教育发展现状研究[J].中国特殊教育，2013，11：3-7.

［67］彭兴蓬，雷江华.论融合教育的困境：基于四维视角的分析[J].教育学报，2013，9（6）：59-66.

［68］彭兴蓬，林潇潇.特殊教育医教结合的反思：政策分析的视角[J].教育学报，2014，10（6）：59-58.

［69］朴永馨.特殊教育辞典[M].3版.北京：华夏出版社，2014.

［70］杞昭安.初任视障教育教师工作手册[M].台北：台湾师范大学殊教育中心，2015.

［71］钱志亮，Sven Degenhardt，等.如何帮助视障人[M].北京：中国盲文出版社，2008.

［72］钱志亮.盲童的人格特点及其教育对策［J］.心理发展与教育，1998，14（2）：55-58.

［73］钱志亮.视力残疾儿童心理与教育［M］.大连：辽宁师范大学出版社，2002.

［74］邱上真.特殊教育导论［M］.新北：心理出版社，2004：234-236.

［75］邱湘莹.小学导师在融合教育中的挑战与转化［J］.台湾教育评论月刊，2013，2（2）：144-146.

［76］沈家英，陈云英，彭霞光，等.视觉障碍儿童的心理与教育［M］.北京：华夏出版社，1993.

［77］史恩胜，吴岚.送教上门：特教学校功能的创新实践［J］.现代特殊教育，2015（3）：46-47.

［78］苏燕华，王天苗.融合教育的理想与挑战：小学普通班教师的经验［J］.特殊教育研究学刊，2003，24：39-62.

［79］唐健.情绪行为异常儿童教育［M］.天津：天津教育出版社，2007.

［80］唐荣昌.改革中的省思——谈融合教育的困境与突破［J］.云嘉特教，2007，6：4-7.

［81］陶功定，李殊响.实用音乐疗法［M］.北京：人民卫生出版社，2008.

［82］王大延.自闭症教材教法［M］.6版.新北：心理出版社，2017.

［83］王鹤，袁茵.家庭系统与行为障碍儿童［J］.现代特殊教育，2007（3）：17-19.

［84］王辉.特殊儿童教育诊断与评估［M］.3版.南京：南京大学出版社，2018.

［85］王晓玲，李平非，彭元，等.长沙市4～18岁儿童少年的情绪与行为问题调查［J］.中国心理卫生杂志，2012，26（10）：775-779.

［86］王雁，朱楠.中国特殊教育教师发展报告［M］.北京：北京师范大学出版社，2014.

［87］王亦荣.多重障碍儿童心理教育［M］// 王文科.特殊教育导论.新北：心理出版社，2000.

［88］王振德.资源教室的理念与实施［J］.中国特殊教育，1997（3）：22-27.

［89］吴昆寿.资赋优异教育概论［M］.3版.新北：心理出版社，2016.

［90］吴淑美.让不同的孩子一起学习［J］.师友月刊，2011，525：9-13.

［91］吴舒静."全民教育"（EFA）界定融入教育新内涵之分析［J］.教育研究月刊，2007，160：78-91.

［92］吴亭芳，陈明聪.科技辅具的应用［A］// 林宝贵.特殊教育理论与实务.3版.新北：心理出版社，2012：635-580.

［93］吴武典.融合教育的回响与检讨［J］.教育研究月刊，2005，136：28-42.

［94］吴武典.残障者潜能发展刍议［J］.资优教育季刊，1995，55：1-7.

［95］吴武典.从特殊儿童的教育安置谈特殊教育的发展——台湾的经验与省思［J］.中国特殊教育，1997（3）：15-21.

［96］吴武典.海峡两岸特殊教育的演进、特色与展望［J］.教育研究月刊，2021，332：115-129.

［97］吴武典.教育改革与特殊教育［J］.教育资料集刊，1998，23：197-220.

［98］吴武典.融合教育的回响与检讨［J］.教育研究月刊，2005，136：28-42.

［99］吴武典.世界资优教育的发展与展望［M］// 吴武典，高强华，等.优质、创新与前瞻.台北：学富文化事业有限公司，2006：1-28.

［100］吴武典.台湾特殊教育综论（一）：发展脉络与特色［J］.特殊教育季刊，2013，129：11-18.

［101］吴武典.台湾资优教育四十年（三）：惑与解惑［J］.资优教育季刊，2013，128：7-14.

［102］吴武典.特殊教育的基本原理［M］// 何英奇.心理与特殊教育新论.新北：心理出版社，2004：193-220.

［103］吴武典.资优教育中的争议与平议：全球视野，在地行动［J］.资优教育论坛，2013，11：1-15.

［104］伍瑞瑜，杨淑兰.小学口吃儿童与一般儿童沟通态度、沟通焦虑与学校适应之比较研究［J］.特殊教育研究学刊，2007，32（1）：93-120.

［105］武博雅.自闭症儿童情绪行为干预的研究［J］.现代特殊教育，2013（7）：50-51.

［106］萧金土.听觉障碍学生"非语文智力"测验修订之研究［J］.特殊教育学报，1992（5）：127-169.

［107］谢金龙.融合教育情境下的有效教学策略——合作学习法［J］.特教园丁，2008，24（1）：33-41.

［108］徐享良.适应行为评量［M］// 王亦荣，等.特殊儿童鉴定与评量.台北：师大书苑，1999：387-423

［109］许家成.再论智力障碍概念的演化及其实践意义［J］.中国特殊教育，2005（5）：14.

［110］杨淑兰，易禹君．减缓语速取向之整合性教学对迅吃初中生介入成效之研究 [J]. 特殊教育季刊，2016，139：9–18.

［111］杨淑兰，周芳绮．修订中文儿童口吃严重度评估工具 [M]. 新北：心理出版社，2004.

［112］杨淑兰，庄淳斐．修订口吃严重度评估工具——成人版 [M]. 新北：心理出版社，2011.

［113］杨淑兰．沟通与沟通障碍：理论与实务 [M]. 新北：心理出版社，2015.

［114］杨淑兰．口吃：理论与实务 [M]. 2 版. 新北：心理出版社，2017.

［115］杨淑兰．一个感人的口吃治疗故事——我读王者之声 [J]. 学会杂志，2011，27：55–72.

［116］杨希洁，冯雅静，彭霞光，等．中国特殊教育发展报告（2014—2016）[M]. 北京：华夏出版社，2019.

［117］杨晓慧，王宁利．中国视力残疾人群现状分析 [J]. 残疾人研究，2011（1）：29–31.

［118］叶浩生．西方心理学理论与流派 [M]. 广州：广东高等教育出版社，2004.

［119］于晓平．苗栗县资优教育良册典范制之探究 [J]. 资优教育论坛，2016，14：27–50.

［120］余冰，张卫．8—16 岁全盲儿童动觉特点研究 [J]. 心理科学，1992，15（4）：24–27.

［121］袁典典．融合教育视野下教师面临的困境及其对策 [J]. 当代教育理论与实践，2014，6（2）：13–14.

［122］张冲，孟万金．国内外中小学心理健康教育模式述评 [J]. 中国特殊教育，2006（3）：34–37.

［123］张铎严，何慧敏，陈富美，连心瑜．亲职教育 [M]. 台北：空中大学，2004.

［124］张福娟，陈丽竑．青春期轻度智障学生与普通学生心理健康特点比较研究 [J]. 中国特殊教育，2006（6）：34.

［125］张恒豪．特殊教育与障碍社会学：一个理论的反省 [J]. 教育与社会研究，2007，13：71–94.

［126］张华．助听器 [M]. 北京：人民卫生出版社，2004.

［127］张嘉纾，蔡淑桂，苏锡全，等．特殊幼儿教育 [M]. 台北：永大书局，2001.

［128］张文京，陈建军．特殊儿童早期干预 [M]. 重庆：西南师范大学出版社，2016.

［129］张文渊．自闭症的病因、诊断及心理干预 [J]. 中国特殊教育，2003（3）：71–75.

［130］张喜凰，林惠芬．小学普通班自闭症学生学校适应与学校支持之研究——以中部地区为例 [J]. 特殊教育与复健学报，2011（25）：25–46.

［131］赵斌，冯维．精加工策略训练对盲生理解记忆影响的实验研究 [J]. 中国特殊教育，2001（4）：46–49.

［132］赵树铎．特殊教育课程与教学法 [M]. 北京：华夏出版社，1994.

［133］郑津妃．普通班中障碍学生的同伴关系：融合与隔离的差异观 [J]. 特殊教育季刊，2011，120：19–26.

［134］郑静宜．华语儿童构音与音韵测验 [M]. 新北：心理出版社，2018.

［135］钟高基，等．辅助科技学 [M]. 台中：华格那企业有限公司，2014.

［136］钟佳蓁，凤华．核心反应训练对学龄前自闭症儿童象征性游戏行为学习成效之影响 [J]. 特殊教育研究学刊，2005（29）：175–197.

［137］钟素香．美国对"最少限制环境"理念的发展与实践 [J]. 台湾中山大学社区科学季刊，2000，2（1）：143–153.

［138］卓晓园，詹士宜．高中资源班教师角色知觉与角色实践之调查研究 [J]. 特殊教育学报，2013，37：61–92.

［139］Adams J, Swain J, Clark J. What's so special? teachers' models and their realisation in practice in segregated schools [J]. Disability & Society, 2000, 15（2）：233–245.

［140］American Psychiatric Association [APA]. Diagnostic and statistical manual of mental disorders：DSM–5 [M]. 5th ed. Arlington, VA：American Psychiatric Association, 2013.

［141］American Psychiatric Association. Diagnostic and Statistical Manual of Mental Disorders（DSM–V）[M]. 5th ed. Washington, D.C：The Author, 2013.

［142］Armutte S L, Fitzpatrick M, Theoharis N R. Foundations of special education：Understanding students with exceptionalities[M]. 2nd ed. Dubuque, IA：Kendall Hunt, 2016.

［143］Arons K S. Genetics and deafness：impacts on the deaf community [J]. Sign language studies, 2002, 2（2）：150–168.

［144］Bal A, Perzigian A B T. Evidence–based interventions for immigrant students experiencing behavioral and academic problems: a systematic review of the literature [J]. Education and treatment of children, 2013, 36（4）: 5–28.

［145］Batshaw M L. Children with disabilities[M]. 5th ed. Baltimore, MD: Paul H. Brookes, 2002.

［146］Bernstein D K, Levey S. Language development: A review. In D. K. Bernstein & E. Tiegerman-Farber（Eds.）, Language and communication disorders in children [M].5th ed. Boston, MA: Allyn & Bacon, 2002: 27–94.

［147］Bigge J L, Stump C S, Spagna M E, Silberman R K. Curriculum, assessment, and instruction for students with disabilities[M]. New York: Wadsworth, 1999.

［148］Blonigen B A, Harbaugh W T, Singell L D, et al. Application of economic analysis to school-wide positive behavior support（SWPBS）programs [J]. Journal of positive behavior interventions, 2008, 10（1）: 5–19.

［149］Bondy A S, Frost L A. The picture exchange communication system [J]. Focus on autistic behavior, 1994, 9（3）: 1–19.

［150］Briggs M H. A systems model for early intervention teams [J]. Infants & young children, 1997, 9（3）: 69–77.

［151］Brimfield R, Masci F, DeFiore D. Differentiating instruction to teach all learners [J]. Middle school journal, 2002, 33（3）: 14–18.

［152］Buysse V. Response & recognition [M]. Chapel Hill, NC: FPG Child Development Institute, University of North Carolina, 2008.

［153］Cho S J, , Blair K S C. Using a multicomponent function-based intervention to support students with attention deficit hyperactivity disorder [J]. The journal of special education, 2017, 50（4）: 227–238.

［154］Connor D J, Cavendish W. Sharing power with parents: Improving educational decision making for students with learning disabilities[J]. Learning Disabilities Quarterly, 2018, 41（2）: 79 – 84.

［155］Conway M A. Introduction: Disability studies meets special education[J]. Review of Ddsability studies: an international journal, 2005, 1（3）: 3–9.

［156］Cortina M A, Sodha A, Fazel M. Prevalence of child mental health problems in sub-Saharan Africa: a systemic review [J]. Archives of pediatrics & adolescent medicine, 2012, 166（3）: 276.

［157］Council for Exceptional Children. IDEA 1997: Let's make it work [M]. Reston, VA: CEC, 1998.

［158］Cross D P. Students with physical and health-related disabilities// A. E. Blackhurst & W. H. Berdine（Eds.）, An Introduction to special education [M]. 3th ed. New York: HarperCollins College Publishers, 1993: 351–397.

［159］Davis P, Floriam L. Teaching strategies and approaches for pupils with special educational needs: a scoping study [M]. Nottingham: Department for Education and Skills, 2004.

［160］Derguy C, Bailara1 K M, Michel G. The need for an ecological approach to parental stress in autism spectrum disorders: the combined role of individual and environmental factors [J]. Journal of Autism and developmental Disorders, 2016, 46（6）: 1895–1905.

［161］Dunlap G, Sailor W, Horner R H, et al. Overview and history of positive behavior support[M]// Handbook of positive behavior support. Boston, MA: Spring US, 2009: 3–16.

［162］Enest J M, Heckaman K A, Thompson S E, et al. Increasing the teaching efficacy of a beginning special education teacher using differentiated instruction: A case study [J]. International Journal of Special Education, 2011, 26（1）: 191–201.

［163］Facon B, Facon-Bollengier T, Grubar J C. Chronological age, receptive vocabulary, and syntax comprehension in children and adolescents with mental retardation [J]. American journal on mental retardation, 2002, 107（2）: 91–98.

［164］Fiedler C R. Making a difference: Advocacy competencies for special education professionals [M]. Boston: Allyn & Bacon, 2000.

［165］Freedman R I, Boyer N C. The power to choose: Supports for families caring for individuals with developmental disabilities [J]. Health & Social Work, 2000, 25（1）: 59–68.

［166］Friend M, Bursuck W D. Including students with special needs: a practical guide for classroom teachers [M]. 3rd ed. Boston: Allyn & Bacon, 2002.

［167］Friend M. Special education: Contemporary perspectives for school professionals [M].5th ed. Boston, MA.: Pearson Education, Inc., 2021.

［168］Fuchs D, Fuchs L S. Responsiveness to intervention: multilevel assessment and instruction as early intervention and disability identification [J]. The reading teacher, 2009, 63（3）: 250-252.

［169］Gardner H. Intelligence reframed: multiple intelligences for the 21st century[M]. New York: Basic Books, 1999.

［170］Gearheart B R, Weishahn M W, Gearheart,C J. The exceptional student in the regular classroom [M]. 5th ed. Columbus, OH: Merrill, 1992.

［171］Goodlad J I. A place called school（20th anniversary ed.）[M]. NY: McGraw-Hill, 2004.

［172］Gray C A. Teaching children with autism to "read" social situation. In K. A. Quill（Ed）, Teaching children with autism: Strategies to enhance communication and socialization [M]. New York, NY: Delmar Publishers, 1995.

［173］Grundfast K M, Siparsky N, Chuong D. Genetics and molecular biology of deafness- Update[J]. Otolaryngology Clinics North America, 2000, 33（6）: 1367-1394.

［174］Gustafson K, Branch R M. What is instructional design? [J]. Trends and issues in instructional design and technology, 2002, 2: 10-16.

［175］Hardman M L, Drew C J, Egan M W. Human exceptionality: Society, school, and family [M]. Boston, MA: Allyn and Bacon, 1999.

［176］Hefferman R. Serving students with disabilities in general education: the partnership [D]. Unpublished doctoral dissertation, University of San Diego, USA, 1993.

［177］Heiervang E, Goodman R. Advantages and limitations of web-based surveys: evidences form a child mental health survey[J]. Social psychiatry and psychiatric epidemiology, 2011, 46（1）: 69-76.

［178］Hornby G, Grable R A, Evans W. Implementing evidence-based practice in education: what international literature reviews tell us and what they don' t[J]. Preventing school failure: alternative education for children and youth, 2013, 57（3）: 119-123.

［179］Hott B, Berkeley S, Fairfield A, et al. Intervention in school and clinic: an analysis of 25 years of guidance for practitioners [J]. Learning disability quarterly, 2017, 40（1）: 54-64.

［180］Ingoldsby E M. Review of interventions to improve family engagement and retention in parent and child mental health programs [J]. Journal of child and family studies, 2010, 19（5）: 629-645.

［181］Jaehnig W, Miller M L. Feedback types in programmed instruction: a systematic review [J]. The psychological record, 2007, 57（2）: 219-232.

［182］Jenkins J R, Pious C G. Full inclusion and the REI: a reply to thousand and villa [J]. Exceptional children, 1991, 57（6）: 562-564.

［183］Kaplan P S. Pathways for exceptional children: School, home and culture[M]. St. Paul, MN: West Publishing, 1996: 530-571.

［184］Kim S H, Lord C. Restricted and repetitive behaviors in toddlers and preschoolers with autism spectrum disorders based on the Autism Diagnostic Observation Schedule（ADOS）[J]. Autism research, 2010, 3（4）: 162-173.

［185］Kincaid D, George H P, Childs K. Review of the positive behavior support training curriculum[J]. Journal of positive behavior interventions, 2006, 8（3）: 183-188.

［186］Kirk S A, Gallagher J J, Coleman M R, & Anastasiow N J. Educating exceptional children（What's New in Education）[M]. 14th ed. Boston: Houghton Mifflin, 2014.

［187］Kritikos E P, McLoughlin J A, Lewis R B. Assessing students with special needs [M]. Upper Saddle River, NJ: Prentice-Hall, 2018.

［188］Lawrence-Brown D. Differentiated instruction: inclusive strategies for standards-based learning that benefit the whole class[J]. American Secondary Education, 2004, 32（3）: 34-62.

［189］Lee S H, Wehmeyer M L, Soukup J H, et al. Impact of curriculum modifications on access to the general education curriculum for students with disabilities [J]. Exceptional children, 2010, 76（2）: 213-233.

［190］Luckasson R, Borhwick-Duffy S, Buntinx W H, Schlock R L, Coulter D L, Craig E M, Reeve A, Snell M E, Spitalnik D M, Tasse M J, Spreat S. Mental retardation: definition, classification, and systems of supports [M]. Washington，DC：American Association on Mental Retardation，2002.

［191］Marylin F. Special education：Contemporary perspectives for school professionals [M].2nd ed. Boston，MA.：Pearson Education，Inc.，2008.

［192］Mayton M R，Wheeler J J，Menendez A L，et al. An analysis of evidence-based practices in the education and treatment of learners with autism spectrum disorders [J]. Education and training in autism and developmental disabilities，2010，45（4）：539-551.

［193］Minke K M，Anderson K J. Family—school collaboration and positive behavior support [J]. Journal of positive behavior interventions，2005，7（3）：181-185.

［194］Neufeld V，Law K C Y，Luncyshyn J M. Integrating best practices in positive behavior support and clinical psychology for a child with autism and anxiety-related problem behavior：a clinical case study [J]. Canadian journal of school psychology，2014，29（3）：258-276.

［195］Odom S L，Brantlinger E，Gersten R，et al. Research in special education scientific methods and evidence-based practices [J]. Exceptional children，2005，71（2）：137-148.

［196］Ogata V F，Sheehey P H，Noonan M J. Rural native hawaiian perspectives on special education [J]. Rural Special Education Quarterly，2006，25（1）：7-15.

［197］Owens R E，Fairinella K A，Metz D E. Introduction to communication disorders：A lifespan evidence-based perspective[M]. 5th ed. Boston，MA：Allyn & Bacon，2015.

［198］Pappas C. Instructional design models and theories：Programmed instruction educational model [M]. Google Cloud Platform，2014，1-12.

［199］Perelmutter B，McGregor K，Gordon K R. Assistive technology interventions for adolescents and adults with learning disabilities：an evidence-based systematic review and meta-analysis [J]. Computers & education，2017，114：139-163.

［200］Powell J W. Constructing disability and social inequality early in the life course：The case of special education in Germany and the United States [J]. Disability Studies Quarterly，2003，23（2）：57-75.

［201］Reiser R A，Dempsey J A. Trends and issues in instructional design and technology [M]. Upper Saddle River，NJ：Merrill/Prentice Hall，2002.

［202］Renzulli J S. The enrichment triad model：a plan for developing defensible programs for the gifted and talented [J].Gifted child quarterly，1977，21（2）：227-233.

［203］Renzulli J S. What make giftedness? Reexamining a definition [J]. Phi delta kappan，2011，92(8)：81-88.

［204］Reynolds M C. A framework for considering some issues in special education [J]. Exceptional children，1962，28（7）：367-370.

［205］Rothstein L F. Special education law[M]. 3rd ed. New York：Longman，2000.

［206］Rowley-Lelley F L，Reigel D H. Teaching the student with spinal bifida [M]. Baltimore，MD：Paul H Brookes，1993.

［207］Schalock R L，Luckasson R，Tassé M J. An overview of intellectual disability：Definition，diagnosis，classification，and systems of supports（12th ed.）[J]. American journal on intellectual and developmental disabilities，2021，126（6）：439-442.

［208］Sigman M，Capps L. Children with autism：a developmental perspective [M]. Cambridge，MA：Harvard University Press，1997.

［209］Silverman F H. Stuttering and other fluency disorders[M]. 3rd ed. Long Grove，IL：Waveland Press，2004.

［210］Smith C. Using social stories to enhance behaviour in children with autistic spectrum difficulties [J]. Education psychology in practice，2001，17（4）：337-345.

［211］Sugai G，Horner R H. Defining and describing schoolwide positive behavior support[M]//Handbook of positive behavior support. Boston，MA.：Springer US，2009：307-326.

［212］Talmor R，Reiter S，Feigin N. Factors relating to regular education teacher burnout in inclusive education [J]. European journal of special needs education，2005，20（2）：215－229.

［213］Tarbox J，Dixon D R，Sturmey P，& Matson J L. Handbook of early intervention for Autism Spectrum Disorders [M]. New York，NY：Heidelberg Dordrecht London，2014.

［214］Taylor R L. Assessment of exceptional students：Educational and psychological Procedures [M].

Boston, MA: Pearson Education, 2006.

［215］Tomlinson C A, Brighton C, Hertberg H, et al. Differentiating instruction in response to student readiness, interest, and learning profile in academically diverse classrooms: a review of literature [J]. Journal for the education of the gifted, 2003, 27（2/3）: 119-145.

［216］Tsai L Y. DSM-5 on epidemiological and genetic studies of autism spectrum disorder in Taiwan [J]. Taiwanese journal of psychiatry [Taipei], 2014 28（2）: 86-94.

［217］Turnbull A, Turnbull R, Erwin E J, Soodak L C, Shogren K A. Families, professionals, and exceptionality [M]. 7th ed.Boston, MA: Pearson, 2015.

［218］Turnbull H R, Turnbull A P. Free appropriate public education [M].6th ed. Denver, CO: Love Publishing Co., 2000.

［219］United Nations Division for Social Policy and Development Disability. Convention of Rights for People with Disabilities（CRPD）[M]. New York: The author, 2008.

［220］Van Haren B, Fiedler C R. Support and empower families of children with disabilities [J]. Intervention in school and clinic, 2008, 43（4）: 231-235.

［221］Van Zaalen Y, Reichel I. K. Cluttering: Current views on its nature, diagnosis and treatment [M]. Bloomington: iUniverse, 2015.

［222］Ward D, Connally E L, Pliatsikas C, et al. The neurological underpinnings of cluttering: some initial findings [J]. Journal of fluency disorders, 2015, 43: 1-16.

［223］Waterhouse L. Rethinking autism variation and complexity [M]. London, UK: Elsevier Inc., 2013.

［224］Watkins M. "Inclusive education: the way of the future" — a rebuttal [J]. Prospects, 2009, 39（3）: 215-225.

［225］Yairi E H, Seery C H. Stuttering: Foundations and clinical applications [M]. 2nd ed. NY, New York: Pearson, 2015.

［226］Yang S L. Normative disfluency data for the school-age children. Who speak Mandarin [R]. Paper presented at The American Speech-Language-Hearing Association（ASHA）Annual Convention, New Orleans, USA, Nov., 2019

［227］Ysseldyke J E, Algozzine B, Thurlow M L. Critical issues in special education [M]. 3rd ed. Boston: Houghton Mifflin, 2000.

重要名词索引

（名词后数字为章次）